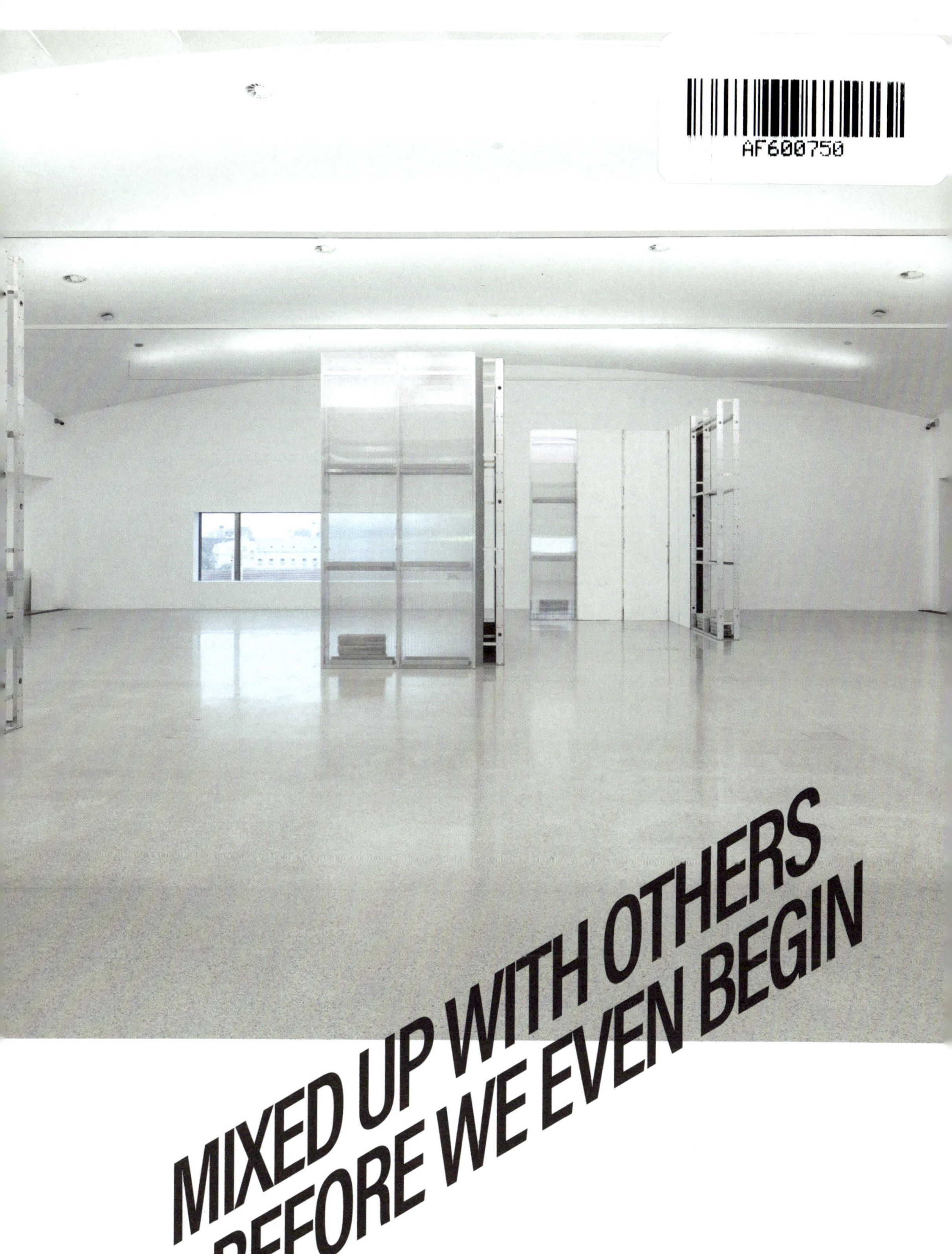

MIXED UP WITH OTHERS BEFORE WE EVEN BEGIN

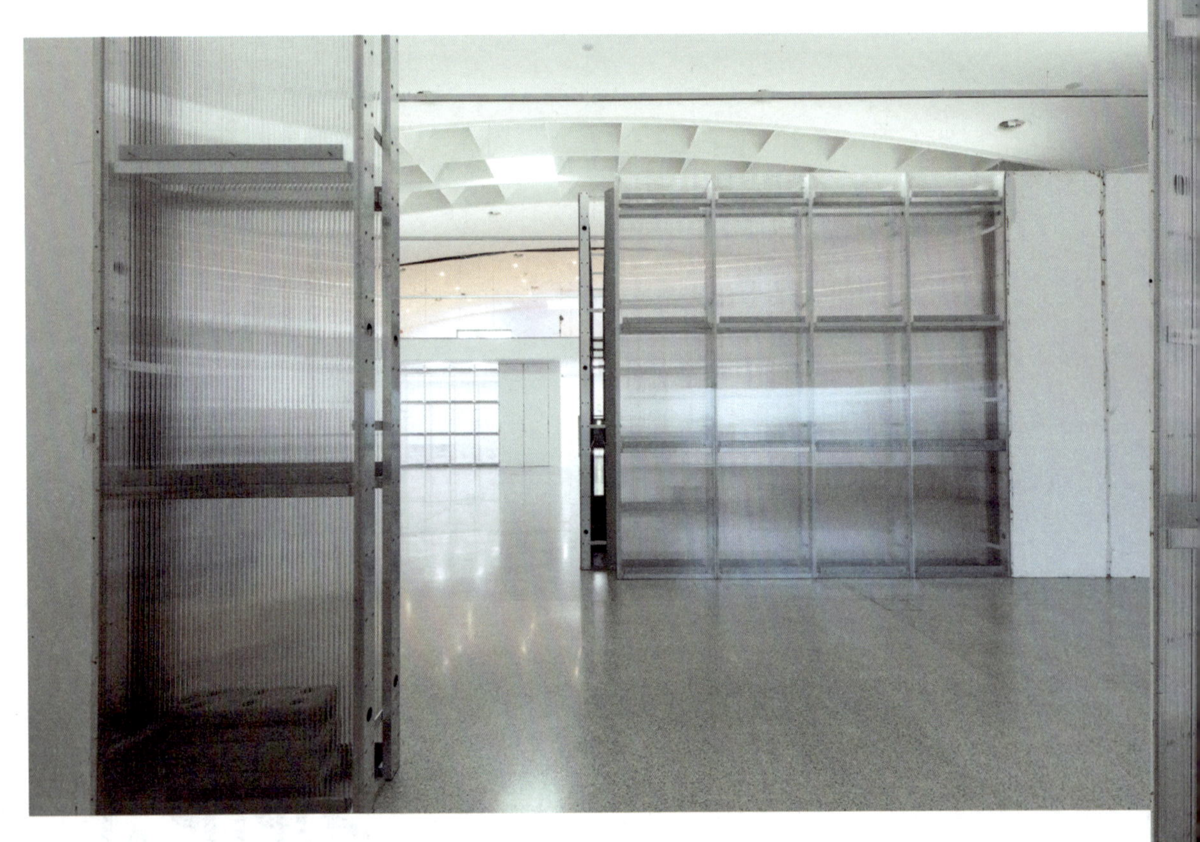

Herausgegeben von Franz Thalmair
Mit einer Textintervention von Ann Cotten

Edited by Franz Thalmair
With a text intervention by Ann Cotten

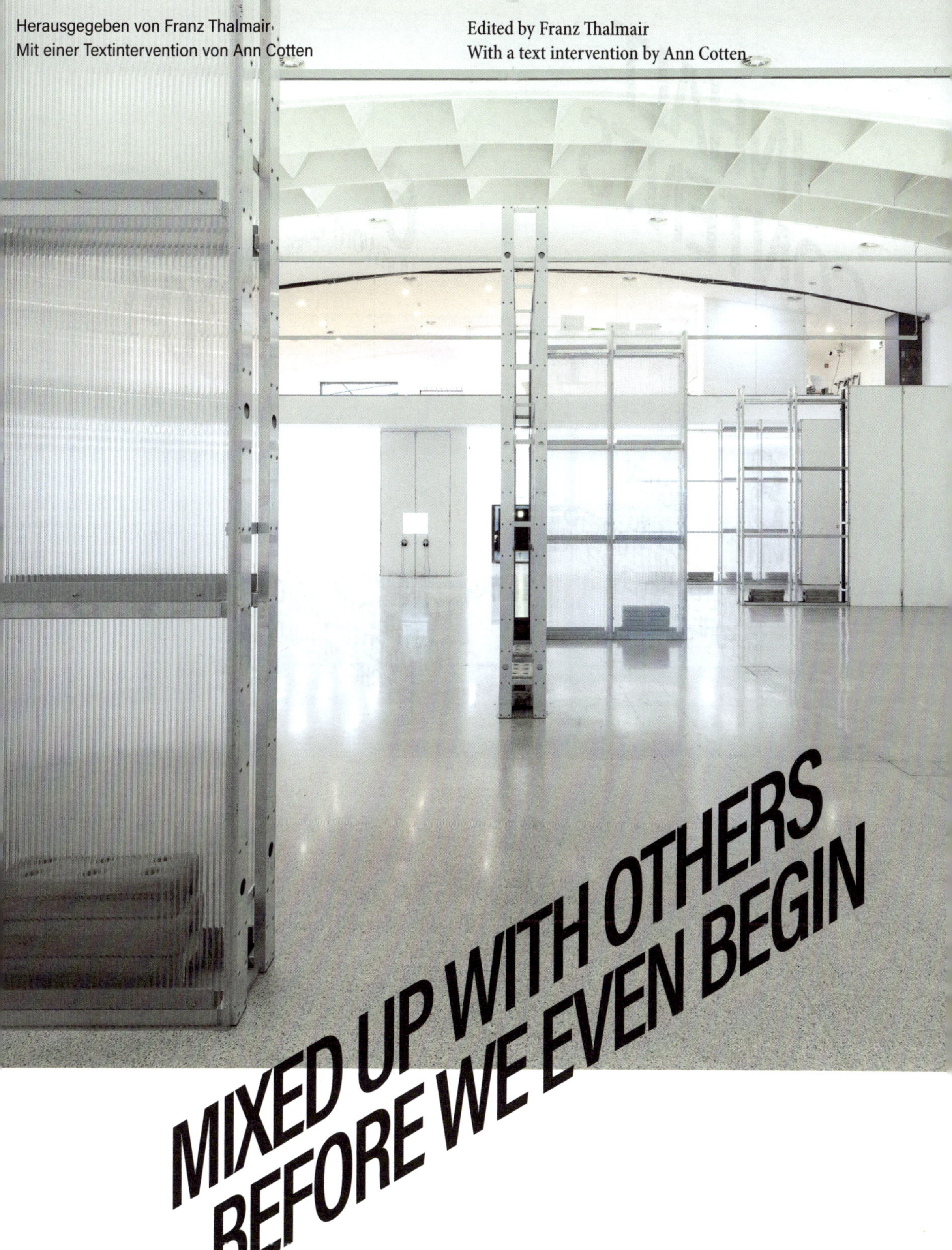

MIXED UP WITH OTHERS BEFORE WE EVEN BEGIN

mumok

Verlag der Buchhandlung Walther und Franz König, Köln

INHALT CONTENTS

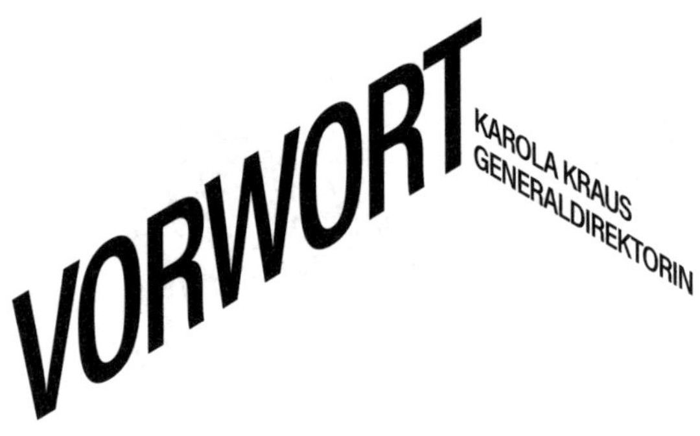

„Wo es Schmutz gibt, gibt es auch ein System", wird Mary Douglas im vorliegenden Ausstellungskatalog aus ihrer Studie *Reinheit und Gefährdung* zitiert.* Schmutz und ein Museum für moderne und zeitgenössische Kunst wie das mumok gehören normalerweise nicht zusammen: Man denke an staubfreie Räume, weiße Handschuhe und die unzähligen Maßnahmen, die etwa Restaurator*innen täglich treffen müssen, um Kunstwerke vor Verunreinigung zu schützen. „Schmutz ist das Nebenprodukt eines systematischen Ordnens und Klassifizierens von Sachen", schreibt die bekannte britische Sozialanthropologin darüber hinaus, „und zwar deshalb, weil Ordnen das Verwerfen ungeeigneter Elemente einschließt." Aus einer solchen Perspektive betrachtet, ist das Verhältnis von Museum und Schmutz vielleicht doch zu überdenken: Denn das Aufnehmen von Werken in die Sammlung und das Klassifizieren dieser von Künstler*innen angefertigten Gegenstände, Bilder oder vorgefundenen Spuren des Alltags ist gleichermaßen Einschluss- wie Ausschlussmechanismen unterworfen. Immer wenn ein Ding in die Museumssammlung kommt, bleiben unverhältnismäßig viele andere Dinge draußen.

Mit derart systemimmanenten Fragen setzt sich die Ausstellung *mixed up with others before we even begin* auseinander, wenn sie die Mischform, das Nicht-unmittelbar-Zusammengehörige, das Uneindeutige und das Verunreinigte ins Zentrum stellt. Schmutz im übertragenen Sinn ist dabei nicht nur ein wertvolles Instrumentarium, um die Institution des Museums als Ort zu beleuchten, an dem sich die in der westlichen Moderne forcierte Idee von Reinheit manifestiert. Schmutz ist auch eine wichtige kultur- und sozialanthropologische Kategorie, um Gesellschaft als System zu begreifen, das grundlegend nach Inklusion und Exklusion strukturiert ist. Umso mehr freue ich mich, dass wir die international tätigen Künstler*innen Leilah Babirye, Mariana Castillo Deball, Anetta Mona Chişa und Lucia Tkáčová, Nilbar Güreş, Nicolás Lamas sowie das Kollektiv Slavs and Tatars gewinnen konnten, sich mit der Sammlung des mumok auseinanderzusetzen und ihre eigenen Werke und die daran geknüpften Inhalte in Beziehung zu den Museumsbeständen zu bringen. Auf diese Weise wird die 1962 unter modernen Gesichtspunkten gegründete Sammlung mit postkolonialen, queer-feministischen und der Hybridität verpflichteten Fragestellungen konfrontiert. Hält man sich die mit Tabus brechenden Arbeiten des Wiener Aktionismus vor Augen, die körperbetonten Werke früher Performancekunst oder die Assemblagen der Arte povera mit ihren Versatzstücken aus alltäglichen Materialien und Abfall, macht gerade dieser Dialog zwischen Werken aus der Sammlung und aktuellen künstlerischen Handlungsfeldern Sinn. Denn ein beachtlicher Teil der Arbeiten in der mumok Sammlung wurde zum Zeitpunkt seines Entstehens als Besudelung, Ferkelei, ja als „Schmutz" bezeichnet.

Allen voran bedanke ich mich – auch im Namen von Franz Thalmair – herzlichst bei den Künstler*innen, die sich in *mixed up with others before we even begin* auf das Experiment mit der mumok Sammlung eingelassen haben und diese unter gänzlich neuen Blickwinkeln beleuchten. Insbesondere sei dem Naturhistorischen Museum Wien gedankt, das Nicolás Lamas ermöglichte, mit Objekten aus seinen Sammlungen zu arbeiten, und das uns das Vertrauen entgegengebracht hat, den naturwissenschaftlichen Artefakten eine temporäre Heimat in der unmittelbaren Nachbarschaft zu geben. Dagmar Steyrer und Natascha Boojar gilt unser herzlicher Dank für die Ausstellungsorganisation und den unermüdlichen Einsatz nicht nur für die künstlerische Idee, sondern auch für deren professionelle Umsetzung. Den Autorinnen Evelyn Annuß, Ann Cotten, Jule Govrin, Julia Grillmayr sowie Karin Harrasser sei für ihre wertvollen Katalogbeiträge gedankt, die aus dem begleitenden Symposium entstanden sind. Ganz besonders möchten wir uns diesbezüglich auch bei unseren Kooperationspartner*innen Thomas Macho und Karin Harrasser vom IFK Internationales Forschungszentrum Kulturwissenschaften Kunstuniversität Linz in Wien für die Zusammenstellung des Symposiums *Die Stärken der Schwäche. Gesellschaften in unruhigen Zeiten* bedanken, das die Rolle des mumok als diskursives Museum einmal mehr unterstreicht. Ein herzlicher Dank gilt auch den Grafiker*innen von Studio Kehrer für die sensible und gleichzeitig zeitgemäße Gestaltung des Buchs zur Ausstellung sowie Ines Gebetsroither, in deren besonnenen Händen alle editorischen Fäden zusammenlaufen.

Auch danken wir dem gesamten mumok Team für seinen vorbildlichen Einsatz: Für das Marketing gebührt mein aufrichtiger Dank Martina Kuso, für die Pressearbeit Katharina Murschetz, für Sponsoring und Fundraising Karin Kirste und Cornelia Stellwag und für die Vermittlungsarbeit Marie-Therese Hochwartner, Benedikt Hochwartner, Jörg Wolfert und ihren Teams. Für die professionelle technische Umsetzung der Ausstellung möchten wir dem Aufbauteam unter der Leitung von Tina Fabijanic unseren Dank aussprechen. Unser allergrößter Dank gilt Franz Thalmair, der sich dieser Ausstellung und der Publikation von Anfang an mit einer liebevollen Hingabe und unglaublicher Präzision widmete. Trotz der schwierigen Rahmenbedingungen während der letzten Monate ist es ihm gelungen, zusammen mit den Künstler*innen neue Aspekte unserer Sammlung aufzugreifen. Bei allen Mitarbeiterinnen und Mitarbeitern, die hier nicht namentlich genannt werden können, bedanke ich mich von ganzem Herzen für ihr wertvolles Engagement.

* Mary Douglas, *Purity and Danger: An Analysis of Concept of Pollution and Taboo*, London/New York 1966, S. 44.

KONTAMINATIONEN

FRANZ THALMAIR

ZUR AUSSTELLUNG MIXED UP WITH OTHERS BEFORE WE EVEN BEGIN

INKLUSIVITÄT, EXTENSIVITÄT, SCHWELLUNG

ANN COTTEN

<1> </1> Palette: starke Unterschneidung
<1a> </1a> Palette in der Palette: stärkere Unterschneidung
<2> </2> Stress: Schriftwechsel, schräg nach oben ragend (für einzelne Signalwörter)
<3> </3> wirkliche Alternative oder Opposition: Teil 1 tiefer und
<3a> </3a> Teil 2 höher gestellt

Umwelt ist generell semantisch, menschliche Sprache ist davon nur eine Teilmenge. Meine Eingriffe in die Typographie, dankenswerterweise umgesetzt vom Grafiker Ulrich Kehrer, dachte ich mir wie jene Pilze und Gallen, die die Stämme und Blätter von Sträuchern deformieren. Deformieren(*): Es sieht so aus, als würde aus demselben Material eine nach anderen Werten bestimmte Form gebildet, und es ist auch so: Die Bedürfnisse des Parasiten(*)/ Symbioten(*)[1] überpegeln in den befallenen Gegenden die der Wirtspflanze. Dier lesende Spaziergängerni[2] erkennt sofort den Unterschied zwischen einem befallenen und einem nicht befallenen Strauch, der eine andere Art von Unterschied ist als der zwischen Arten, Altern oder, bei manchen Bäumen, Geschlechtern(*). Auch an Menschen erkennt man ja Symptome, Spuren und Zeichen[3] von Situationen – Stress, Glück, Müdigkeit, Schwangerschaft, Drogen, Moden, Krankheiten – oder versucht sie zu lesen. Erstaunliche Explosionen von Verwirrung und bei manchen Leuten Aggressionen kommen auf, wenn man solche Zeichen nicht sofort einordnen kann: wenn Geschlechter uneindeutig oder nicht-binär sind, wenn jemand „komisch schaut", wenn soziologische Einordnung verkompliziert wird, wenn man ein Hinken etwa nicht mit einer populärdiagnostischen Narrative einordnen kann, oder ob ein Husten nun ein Raucherhusten, ein abklingender oder ein beginnender Coronahusten, oder vielleicht ein Kommentar auf die Situation ist. Während ich die Aufzählungen erkenne und markiere wie einen Weinbeauerni befallene Stellen an seihrnen Reben, meditiere ich darüber, was diese Grammatiken für uns durchführen, wovon sie abhängen, was sie an Ordnungen, Denkgewohnheiten, Prioritäten, Assoziationen und Wertungen, womöglich auch gegen unsere Intentionen, weitertragen. Es gibt allerdings keinen neutralen Space, in dem man die Teile schön auslegen könnte oder gar ein für allemal festlegen, was sie sind. Wir müssen durch Beobachtung Erfahrung sammeln, während sich alles bewegt. Immer, wenn etwas schiefgeht und so ein Symptom oder eine Störung entsteht, die Gelegenheit nutzen, die stochastischen Mechanismen der Umgebung nachzuvollziehen, und auf diese Weise unsere technischen Intuitionen als Sprachbenutzernnnie in Umwelten immer weiter verfeinern.

1 (*) Das rotten egg sign markiert Wörter, gegen die es so viel einzuwenden gibt, dass die Benutzung Schmerzen verursacht, aber die trotzdem unvermeidlich sind, um noch in Kommunikation mit der gemeinsamen verseuchten Sprachwelt zu bleiben. Hier zum Beispiel finde ich, dass in den Worten Parasit und Symbiot viel zuviel Interpretation steckt – was sich im Problem äußert, die beiden Verhältnisse voneinander abzugrenzen. Deutlich zeigt sich das Denkproblem bei der Würgefeige, die nach und nach den Wirtsbaum ersetzt – von Töten kann aber keine Rede sein, der Baum lebt weiter, mit dem Parasiten verschmolzen und unzertrennlich. Die Situation stellt irgendwie die Verquicktheit von Schönheit und dem, was so scary an Einfluss, Beziehung, Üben, graduellen Anpassungen, kurz: am Leben ist, dar. Am Leben, das viel scarier ist als der Tod.

2 „Polnisches" Gendering: Alle für alle Geschlechter benötigten Buchstaben in gefälliger Reihenfolge ans Wortende.

3 Masato Ishida zufolge kann die Umwelt im Rahmen der Semiotiktheorien von sowohl Whitehead als auch Peirce als symbolischer Raum angesehen werden. Dabei wird mit Peirce zwischen icon, index und symbol unterschieden. Vgl. Masato Ishida: „The Environment Regarded as Symbolic Space: Expanding upon Whitehead's Symbolic Reference", Vortrag auf der 8. Internationalen Whitehead-Konferenz, 26. bis 29. September 2011, Sophia University, Tokio, Japan.

Hybridisierung und Amalgamierung, Verknüpfungen, Verkettungen und Verquickungen, Bastarde, Liaisonen, Aggregatoren, Portemanteaus, Myzele, Rhizome und netzwerkartige Gefüge: Die Ausstellung *mixed up* with *others before we even begin* setzt sich mit künstlerischen Phänomenen auseinander, die innerhalb der gegenwärtigen visuellen Kultur unterschiedliche, teils gegensätzliche Einheiten verbinden. Diese Formen des In-Berührung-Bringens und Miteinander-in-Beziehung-Stehens werden gegen Gebote von Autonomie, Originalität und Authentizität, gegen binäre Erkenntnisformen und Essenzialismen, ja gegen eine in der westlichen Moderne forcierte und zuletzt auf den globalen Bühnen von Politik und Wirtschaft wieder verstärkt propagierte Idee von Reinheit in Stellung gebracht.

Der unter anderem in der Linguistik verwendete Begriff der Kontamination[1], der in Zeiten globaler Krisen und – von der Männlichkeit bis zur Umwelt – alle Bereiche des Lebens durchdringender Toxizität aktueller denn je ist, dient dabei wie sowohl als thematischer Ausgangspunkt sowohl wie als formale, materielle und ästhetische Struktur für die Ausstellung. Die Kontamination ist ein produktives morphologisches Verfahren zur Bildung von Neologismen im Stil von „jein", „Teuro", „Brexit" oder „Denglisch", Wörter, die Einzug in das Lexikon und den sprachlichen wie medialen Alltag gefunden haben. Kontaminationen lassen sich aber auch in der Literaturgeschichte finden, als eines der prominentesten Beispiele etwa in *Finnegans Wake* des irischen Autors James Joyce, das über einen Zeitraum von mehr als 10 Jahren entstanden ist und wegen seiner unzähligen Kofferwörter, teils idiosynkratische aus mehreren Sprachen gleichzeitig gebildete Ungetüme, als schwer übersetzbar gilt: Durch Kontamination verbinden sich mindestens zwei Wörter – unwillkürlich durch Fehlleistung oder aus Gründen des Stils absichtlich – und bringen neue Begriffe zur Beschreibung außersprachlicher Realitäten hervor, indem die Einzelbestandteile zusammengezogen oder überschnitten werden. Aus dem Feld der Sprachwissenschaft gelöst, dient die Kontamination als kulturtheoretischer Begriff, der nicht nur Gewalt am Menschen, an der Umwelt oder am Leben allgemein thematisiert, sondern auch positiv verstandene Mechanismen beschreibt, „um nicht in einer Monokultur stecken zu bleiben, um nicht im Immergleichen aufzugehen, um sich infizieren zu lassen"[2], wie es die Kulturwissenschafterin Karin Harrasser formuliert.

„Wir können aber zwar Wörter ohne eine Welt haben, zwar aber keine Welt ohne Wörter oder andere Symbole", schreibt der Philosoph Nelson Goodman in *Weisen der Welterzeugung* und spricht sich zugunsten gegen die Idee einer einzigen, vorgefundenen Wirklichkeit gegen zugunsten einer Vielzahl von Versionen von Wirklichkeit aus: „Die vielen Stoffe, aus denen man Welten erzeugt – Materie, Energie, Wellen, Phänomene –, werden zusammen mit den Welten erzeugt. Aber erzeugt woraus? Jedenfalls nicht aus nichts, sondern *aus anderen Welten*. Das uns bekannte Welterzeugen geht stets von bereits vorhandenen Welten aus; das Erschaffen ist ein Umschaffen."[3] Ein Ursprung, eine als fixiert angenommene Essenz, lässt sich bei Goodman nicht lokalisieren. Strategien seiner „Welterzeugung" wie Komposition, Dekomposition, Gewichtung, Tilgung, Ergänzung oder Deformation[4] öffnen Tür und Tor für Verunreinigung und das infizierende Eindringen in ein bestehendes System mit dem Ziel, selbiges zu verändern. In diesem Sinn beleuchtet die Ausstellung, wie Künstler*innen durch Kontamination als auch sowohl Verbindungen eingehen sowohl als auch herstellen: Verbindungen mit Menschen und sonstigen Lebewesen, mit Dingen oder Traditionen, Verbindungen über geografische oder soziale Grenzen hinweg, Verbindungen zwischen Konzepten, Materialien oder Formen – es geht letzten Endes um Beziehungen.

ORDNUNG DURCH UMORDNUNG

Das linguistische Verfahren der Wortkontamination hat subversives Potenzial. Scheinbar Unvereinbares prallt aufeinander, indem ein Wort sich in die Struktur eines anderen schiebt. Die Bestandteile treten durch materielle Auflösung in ein Spannungsverhältnis, das eine bestehende Ordnung, wenn nicht zu zersetzen, zumindest ins Wanken zu bringen vermag. Dies gilt sowohl für das Verhältnis der sich verbindenden Wörter untereinander als auch für die Beziehung zu den außersprachlichen Zusammenhängen, die sie beschreiben. Aus Wortkontaminationen gehen ambivalente neue Gebilde hervor, in denen Bedeutungen in Schwebe gehalten und dadurch transformiert werden. Folgt man der lateinischen Etymologie von *subversio* im „symbolischen Feld des Ackerbaus" als „Umkehren der Scholle zur Bedeckung des ausgebrachten Samens", ist das zerstörerisch-verändernde Moment der Subversion auch als Vorgang zu begreifen, „durch [den] die Saat erst gedeihen kann, um Erträge hervorzubringen".[5] Es handelt sich also auch um einen produktiven Mechanismus.

Die unterwandernde Kraft der Kontamination einerseits und ihre hervorbringende Stärke andererseits lassen sich mit dem Verfahren der Hybridisierung in Zusammenhang bringen, das der russische Literaturwissenschafter Michail Michailowitsch Bachtin in den 1930er-Jahren untersucht hat. In seinen Schriften zur literarischen Gattung des Romans unterscheidet Bachtin zwischen bewussten und unbewussten Hybriden. Im unbewussten Hybrid sieht er den „zentralen Modus des historischen Lebens und Werdens von Sprachen"[6] und schreibt diesem Vorgang generatives Wirkungsvermögen zu, während er im Unterschied dazu der bewusst gebildeten Mischform – und damit dem künstlerischen Ausdruck – das subversivere Wesen einräumt: „Sie ist die Vermischung zweier sozialer Sprachen innerhalb einer einzigen Äußerung, das Aufeinandertreffen zweier verschiedener, durch die Epoche oder die soziale Differenzierung (oder sowohl durch diese als auch durch jene) geschiedener sprachlicher Bewusstseinein der Arena dieser Äußerung."[7]

Bachtin beschäftigte sich in der ersten Hälfte des 20. Jahrhunderts mit Themen, die gegenläufig zur offiziellen sowjetischen Doktrin waren. Mit der Reflexion etwa über das Verhältnis des Individuums zumKollektiv, über das Prinzip persönlicher Verantwortung oder über dialogische Kunstformen opponierte[8] er auf subtile Weise gegen die damals herrschende Parteilinie. „Bachtins Kategorie des Hybriden steht in engem Zusammenhang mit seinen Ausführungen zur Dialogizität, aber das Hybride hat eine eigenständige Bedeutung", so die Medien- und Kulturwissenschafterin Irmela Schneider, die dem Begriff eine widerständige, weil sich der Eindeutigkeit und Fixierung entziehende Note attestiert: „Während der Gegenbegriff zur Dialogizität bei Bachtin das Monologische ist, fordert bei ihm die Kategorie des Hybriden als ihren Gegenbegriff das Absolute, Reine, Puristische und auch das Zentralistische."[9]

Wenig erstaunt folglich, dass der politische Aspekt von Hybridität und Sprachmischung auch als „Kennzeichen der Gegenkultur"[10] begriffen und im postkolonialen Denken herangezogen wird, um Momente zu fassen, in denen hegemoniale, sich an Reinheit, Ordnung und kategorialer Stabilität orientierende Diskurse durch die Stimmen der Anderen pluralisiert werden. Ist der Begriff der Hybridität Thomas Schwarz zufolge aus dem Kolonialismus hervorgegangen, um „Rassenmischungen" in den Kolonien als defizitär zu verunglimpfen, ist es der „postkolonialen Umwertung von Hybridität gelungen [...], die semantische Gewichtung radikal zu verlagern, den Spieß herumzudrehen und den kolonialen Diskurs in die Defensive zu drängen".[11] Darüber hinaus ist die Hybridisierung „selbst das Resultat einer intentionalen Hybridisierung[...], einer mit Erfolg betriebenen, polemischen Inbesitznahme"[12] eines Begriffes.

Dies geschieht nicht ohne Reibung, im Gegenteil, handelt es sich doch um eine „dialogische Konfrontation"[13], wenn Bachtin seine Konzeption der bewussten Hybride als künstlerisches Verfahren beschreibt, das dem „Erkennen der einen Sprache durch eine andere Sprache"[14] dient, und im Prozess der gegenseitigen sprachlichen „Erhellung"[15] zwei „individuelle Bewußtseine, zwei Epochen [...] auf dem Territorium der Äußerung miteinander kämpfen"[16] sieht. Erst diese Pendelbewegung, das Hin und Her des Dialogs und die produktive Auseinandersetzung mit den Elementen dieser spannungsreichen Beziehung machen es den hybridisierenden und kontaminierenden Praktiken möglich, gegen vermeintlich fixierte Grenzziehungen und die Rigorosität des Normativen aufzutreten.

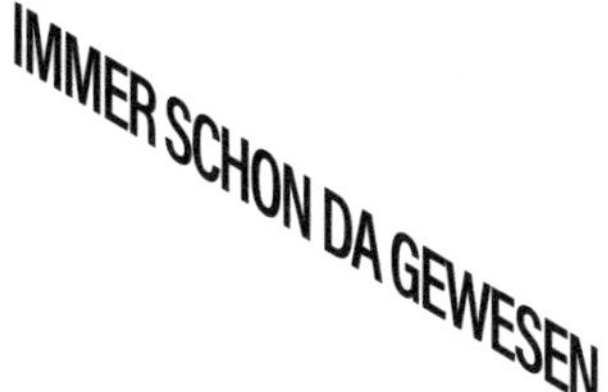

Die Ausstellung *mixed up with others before we even begin* rückt die Kontamination nicht nur als künstlerische und kuratorische Methode, sondern auch als gesellschaftliche und politisch wirksame Strategie im Umgang miteinander in den Vordergrund. Anhand aktueller künstlerischer Arbeiten, die mit Werken der mumok Sammlung und mit Objekten aus den Sammlungen des Naturhistorischen Museums Wien zusammengebracht werden, geht die Ausstellung geschichtlich-kulturellen Prozessen der „Kreolisierung"[17] als immer schon da gewesenen Modi von Welterzeugung nach.

Wie der franko-karibische Schriftsteller und Philosoph Édouard Glissant Mitte der 1990er-Jahre feststellt, verlangt Kreolisierung „die wechselseitige Wertschätzung der heterogenen Elemente, die zueinander in Beziehung gesetzt werden"[18]. Im Unterschied zur geplanten und dementsprechend meist berechenbaren Vermischung (wie etwa der Kreuzung von Pflanzen) ist Kreolisierung dabei von „Unvorhersehbarkeit"[19] geprägt: von einer dem Zufall geschuldeten, sich gegen „die alten Dämonen der Reinheit" richtenden Unsicherheit, die es erlaubt, sich „einem Denken ohne System [anzunähern], das weder beherrschend, noch systematisch, noch bezwingend ist, sondern stattdessen vielleicht ein nicht-systematisches, intuitives, brüchiges, ambivalentes Denken, das der außerordentlichen Komplexität und der außerordentlichen Vielfältigkeit der Welt, in der wir leben, am besten gerecht wird".[20] Momente der freundschaftlichen Begegnung und des lustvollen Zusammenschlusses sind dabei ebenso gemeint wie jene des Aufeinanderprallens von Gegensätzen.

In diesem Spannungsfeld bewegt sich die in Uganda aufgewachsene Leilah Babirye, wenn sie in ihren Skulpturen traditionelles Kunstschaffen aus Afrika mit der westlichen Moderne konfrontiert und in diesem Dialog Mechanismen der Exklusion aushebelt. Als lesbische Künstlerin, die wegen ihrer sexuellen Orientierung Uganda verlassen musste, da dort homosexuelle Handlungen strafbar sind, produziert sie Figuren aus Holz, Keramik oder Metall und erweitert diese mit vorgefundenen Alltagsgegenständen wie Fahrradketten oder Verschlüssen von Getränkedosen. Die Arbeiten können zwar in der Genealogie afrikanischer Kultgegenstände gelesen werden, wie sie durch die ausbeuterischen Machenschaften des europäischen Kolonialismus zuhauf in ethnografische Museen gekommen sind. Die Art, wie Babirye ihre Skulpturen jedoch betitelt, ist gleichzeitig als queere Intervention in das patrilineare Clan-System Bugandas, eines Königreichs auf dem Territorium des heutigen Uganda, zu lesen. Die Mitglieder der hierarchisch organisierten Clans verstehen sich als von ihrer direkten Geburtsbeziehung unabhängige Geschwister und sind nach Totems, häufig Tiere wie Antilopen, Leoparden, Gürteltiere oder Pflanzen, benannt. Indem die Künstlerin ihre Skulpturen analog zu dieser Tradition betitelt, jedoch um das Wort „kuchu" (lugandisch für „queer") erweitert – „ein Geheimwort, das am häufigsten von Menschen verwendet wird, die sich als solche identifizieren"[21] –, kreiert sie ihre eigene Familie und macht diese in einem Umfeld stark, in dem gleichgeschlechtliche Beziehungen und nicht der Norm entsprechende sexuelle Orientierungen verboten sind.

Im mumok geht Leilah Babirye einen Schritt weiter und zeigt ihre Werke gemeinsam mit Skulpturen von Künstler*innen wie etwa Constantin Brancusi, Pablo Picasso oder Sophie Taeuber-Arp. Indem sie die Köpfe, Büsten und Figuren aus der Sammlung temporär für die Ausstellung umbenennt und als Mitstreiter*innen in ihre queere Armee der Liebenden integriert, eignet sie sich den exotisierenden Blick auf afrikanische Bildwerke an, der Anfang des 20. Jahrhunderts in avancierten europäischen Kunstkreisen en vogue war. Mit dieser Geste macht die Künstlerin eine Beziehung sichtbar, in der der Mensch im globalen Zusammenhang „hin- und hergerissen [ist] zwischen einer Tradition, mit der er nicht mehr vertraut ist, und einer Moderne, die ihn von außen befallen hat wie eine zerstörerische, entmenschlichende Gewalt"[22], wie es der Sozialwissenschafter Felwine Sarr ausdrückt. Er beschreibt damit den Weg von einer mit der Kolonialisierung einsetzenden Okzidentalisierung Afrikas hin zu einer „afrikanischen Gegenwart"[23]. Constantin Brancusis *La Négresse blonde II* etwa verliert, ebenso wie alle anderen Figuren, durch den Eingriff Babiryes ihren Status als stabiles Element der Kunstgeschichte und wird zu etwas Hybridem, zur „erst noch zu findenden Idealform".[24] Babiryes Skulpturen beantworten ein Stück weit Sarrs Frage danach, wie eine afrikanische Moderne aussehen könnte, die „keine schlechte Kopie Europas"[25] werden will, indem sie sich die modernistischen Skulpturen als Clan-Geschwister aneignet und damit den Aspekt von Klischeehaftigkeit auf die europäische Moderne zurückfaltet.

Ähnlich wie Leilah Babirye setzt sich auch die in der Türkei aufgewachsene Künstlerin Nilbar Güreş mit den persönlichen und gesellschaftlichen Beschränkungen auseinander, die durch Heteronormativität gestützt werden. In einer eigens für *mixed up with others before we even begin* entwickelten Skulptur, eine Art Baum der Erkenntnis, führt sie die Kategorie Geschlecht und die Binarität von Frau und Mann als etwas vor, das dem Philosophen Paul B. Preciado zufolge „aufgespleißt, aufgeschnitten, bewegt, zitiert, imitiert,[...] injiziert, transplantiert, digitalisiert, kopiert, als Design begriffen, gekauft, verkauft, modifiziert, verpachtet, transferiert, runtergeladen, verstärkt, übersetzt, verfälscht, fabriziert, ausgetauscht, dosiert, geschluckt, extrahiert, kontrahiert, versteckt, negiert, verleugnet, verraten...transmutiert"[26] ist. Wie fragmentiert Identität im 21. Jahrhundert ist und wie zentral sich dabei die Frage nach Geschlechterverhältnissen und sexueller Orientierung gestaltet, kommt in Nilbar Güreş' Werk immer wieder als „subversive Dramaturgie"[27] zum Ausdruck: Der Baum der Erkenntnis mit dem Titel *Mayzu* (2022), von dessen Früchten die Besucher*innen nicht nur naschen dürfen, um sich ihrer eigenen Sexualität bewusst zu werden, sondern dies sogar sollen, setzt sich aus Blättern mit folkloristischen Stoffen und Mustern aus Wien, Istanbul und São Paulo, aus der BDSM-Szene entstammenden Gegenständen, aus bisexuellen Bonobos oder verbotenen Früchten wie Kokosnüssen und Bananen zusammen. Die Besucher*innen sind angehalten, in einem humorvollen Setting Selfies zu machen und auf diese Weise in ihre Bildnetzwerke die Botschaft einzuschleusen, dass das Hochhalten der Geschlechtergrenzen obsolet geworden ist. Preciado, der Experimente mit Testosteron an seinem eigenen Körper als Übung in kontrollierter Vergiftung begreift, beschreibt sein Trans-Sein als „Prozess der inneren ‚Kreolisierung'"[28], durch den es zu akzeptieren gilt, „dass es nur kraft der Veränderung, der Mutation, der Métissage gelingen kann, man selbst zu sein. Die Stimme, die das Testosteron aus meiner Kehle hervorkommen lässt, ist nicht die eines Mannes, es ist die Stimme des Übergangs. Die Stimme, die in mir bebt, ist die Stimme der Grenze."[29]

Es sind nicht notwendigerweise die Grenzziehungen zwischen den Geschlechtern wie bei Nilbar Güreş, die den in Peru aufgewachsenen Nicolás Lamas beschäftigen. Vielmehr sind es die Schnittstellen und Bruchlinien zwischen Kunst, Wissenschaft, Technologie und Alltagskultur. Lamas arbeitet mit einem Fundus teils vorgefundener, teils selbst angefertigter Objekte und Bilder, die er in Ausstellungen zu immer neuen Arrangements kombiniert. Die Politikwissenschafterin Jane Bennett bezeichnet derartige sich rekonfigurierende Vorgänge als widerständige „Gefüge"[30], die sich aufgrund ihrer Instabilität einer konzeptuellen oder materiellen Fixierung entziehen und ambivalent bleiben. In Nicolás Lamas' installativen Setzungen kommen Prothesen, Auszüge aus naturwissenschaftlichen Zeitschriften, Hightech-Materialien und obsolete Fundstücke vom Flohmarkt oder von der Straße genauso zusammen wie Zeichnungen aus dem Ikea-Katalog mit Tierpräparaten, Gipsabdrücken und den Überresten dystopischer Maschinen. Er kombiniert Themen und Gegenstände, die durch die in der Moderne forcierte Ausdifferenzierung der Disziplinen getrennt wurden. Ähnlich wie die „Cyborgs und Gefährt*innenspezies"[31] der Biologin und Wissenschaftshistorikerin Donna Haraway führt er auf frappante Weise „das Menschliche und das Nicht-Menschliche zusammen, das Organische und das Technologische, Karbon und Silikon, Freiheit und Struktur, Geschichte und Mythos, die Reichen und die Armen, den Staat und das Subjekt, Vielfalt und Schwund, Moderne und Postmoderne sowie Natur und Kultur".[32] Durch einen derartigen „Transwissensansatz namens EcoEvoDevoHistoEthnoTechnoPsycho (ökologisch-evolutionäre-entwicklungsgeschichtlich-historisch-ethnografisch-technologisch-psychologische Wissenschaften)"[33], wie es Haraway an anderer Stelle formuliert, löst Lamas nicht nur Kategorien auf, sondern macht allen voran die Komplexität der Verbindungslinien dazwischen sichtbar.

Evident wird diese Methode in der Ausstellung, indem der Künstler seine eigenen Werke mit Objekten aus dem Naturhistorischen Museum kombiniert: Tierpräparate, Zeugen menschlicher Kultur so wie Arbeits- und Präsentationsmittel aus dem „Kühlraum weißer Wissbegier"[34], wie der Kulturwissenschafter Helmut Lethen Museen bezeichnet. Lamas, dessen künstlerische Praxis nicht nur analog im Ausstellungsraum stattfindet, sondern dessen Bildmaterial auch digital in sozialen Netzwerken zirkuliert und der diesen Umlauf als zentral für seinen Werkprozess versteht, folgt damit einer Methode, die Lethen als „Kunstgriff der Isolation"[35] bezeichnet, wenn er die Fotografien in Carl Einsteins Buch *Negerplastik* aus dem Jahr 1915 analysiert. Vom Kontext der ethnografischen Museen befreit und vor einem neutralen Hintergrund fotografiert, löst der Kunsthistoriker Einstein die derart abgebildeten Artefakte „aus den Diskursen der Kolonialmächte, rettet die Dinge, indem er sie aus dem Netz klassifizierenden Wissens herausreißt".[36] Ähnlich verfährt Nicolás Lamas, der einzelne Elemente seiner Gefüge, seien diese aus dem Naturhistorischen Museum oder vom Flohmarkt, zuerst mit fotografischen Mitteln „unleserlich"[37] und uneindeutig macht, um ihre skulpturalen Mischformen schließlich als Kunstgegenstände zu etablieren.

Ähnlich wie Nicolás Lamas zählt auch die in Mexiko aufgewachsene Mariana Castillo Deball auf Vieldeutigkeit, wenn sie ihre *Uncomfortable Objects* als „Produkte der Begierde, der Forschung oder der Phantasie" beschreibt: Gegenstände, die „uns zwingen, ihnen zu folgen und durch ihre Augen zu sehen, bis wir in ihren verschlungenen Netzen gefangen sind".[38] Objekt und Subjekt gehen quasi ineinander auf. Wenn Mariana Castillo Deball über so Unterschiedliches wie die vorspanische Geschichte Mexikos, mathematische und naturwissenschaftliche Modelle, den historischen Zusammenhang von Fossilien, Anthropologie und Kolonialismus oder Fabeln, Mythen und sonstige Literaturen als Werkzeuge der Kollaboration arbeitet, bilden Gegenstände durchwegs das Zentrum ihrer Aufmerksamkeit. Diese Nicht-Menschlichen befragt sie darüber, was sie „über die Welt zu sagen [haben], die wir um sie herum konstruiert haben, über unsere Definitionen, unsere Manipulationen und unseren Gebrauch".[39] Damit greift Castillo Deball auf das zurück, was der Soziologe Bruno Latour als „vollkommen neue Mischungen zwischen Wesen: Hybriden, Mischwesen zwischen Natur und Kultur"[40], oder im Anschluss an den Philosophen Michel Serres als „Quasi-Objekte" beschreibt, die „weder die für sie von der Verfassung vorgesehene Position von Dingen [einnehmen], noch die von Subjekten".[41]

In der Ausstellung äußert sich dieser Zwischenraum etwa dadurch, dass das Video *El „dónde estoy" va desapareciendo* (2011) nicht nur *vom* sogenannten Codex Borgia, einem präkolumbianischen Leporello aus dem Mexiko des 16. Jahrhunderts, spricht, sondern *aus dessen Sicht* und über seine eigene Geschichte; eine mehrsprachige Geschichte von Bücherverbrennungen, Besitztum, der spanischen Inquisition, Glaubensvorstellungen und der Vatikanischen Bibliothek. Weitere Hybridformen findet sich in der Ausstellung auch in hängenden gelben, blauen und roten Skulpturen, die sich wie Epiphyten verhalten, sogenannte Aufsitzerpflanzen, die auf unterschiedlichen Oberflächen wurzeln können und ihre Nährstoffe aus der Luft beziehen. Die Bilder von einem längeren Aufenthalt in Brasilien hat Castillo Deball in Papiermaché, ein leichtes, aber robustes Material, eingearbeitet, das in Mexiko, ihrem Herkunftsland, häufig zur Konstruktion von Theaterrequisiten, Kostümen oder Spielzeug wie etwa Piñatas benutzt wird. Aber nicht nur in den Arbeiten Mariana Castillo Deballs fallen unterschiedliche Zeiträume, Orte, Materialien, Formen und Gedanken in eins und verbinden sich zu seltsam befremdlichen Gegenständen. Auch bei der Auswahl der Sammlungswerke für die Ausstellung – etwa bei den kleinformatigen Assemblagen von Louis Goodman, die sich zwischen kultischen Objekten, wilden Material anhäufungen und Kunstwerken bewegen – legt die Künstlerin jene Parameter an, die es ihr zufolge braucht, um von *Uncomfortable Objects* sprechen zu können.

Dass im Unterschied zu Mariana Castillo Deball nicht nur einzelne Objekte hybriden Charakter haben können, sondern die gesamte Struktur einer künstlerischen Praxis unter den Vorzeichen der Mischform zu sehen ist, wird mit SlavsandTatars deutlich. Das Kollektiv, das sich eher als Plattform begreift, die aus einer Lesegruppe hervorgegangen ist, denn als kooperativer Zusammenschluss von Künstler*innen, wurde vom Kunsthistoriker David Joselit als „Aggregator" beschrieben, ein Begriff, den der Autor von seinen „modernistischen Verwandten: Montage und Archiv"[42], hinsichtlich übergeordneter Kompositionslogik, Unabhängigkeit der Bestandteile und unklarer Auswahlprinzipien abgrenzt: „Aggregatoren filtern eine mit kommodifizierten Informationen gesättigte Welt und machen damit die Ungleichheit der Globalisierung plastisch und sichtbar. Aggregatoren sprechen viele Sprachen."[43]

Slavs and Tatars thematisieren und praktizieren Mehrsprachigkeit in ihrem Werk. Indem sie ihre künstlerische Praxis den gesellschaftlichen und kulturellen Zusammenhängen des Gebiets östlich der ehemaligen Berliner Mauer und westlich der Chinesischen Mauer widmen und dabei Vielsprachigkeit zelebrieren, dekonstruieren sie den vermeintlich „paradiesischen Urzustand der Monoglossie", der Anil Bhatti zufolge „die europäische kulturelle Imagination als Idealzustand bestimmt" und bis heute „in der Ideologie des Kolonialismus"[44] nachwirkt. Dem subversiven Potenzial humorvoller Polemiken und Michail M. Bachtins dialogischem Prinzip der wechselseitigen Erhellung zweier Sprachen durch Hybridisierung folgend, zeigen Slavs and Tatars in der Ausstellung neben Sammlungswerken, die sich mit Körperteilen, der affektiven, sinnlichen Seite der Sprache auseinandersetzen, unter anderem eigene Werke, die auf Marcel Broodthaers' *Poèmes industriels* referieren. Sie spielen dabei mit den Symbolen, Bildern und Formen einer kommerziellen und massenhaft hergestellten Beschilderung. Auf vakuumgeprägten Paneelen präsentieren Slavs and Tatars sogenannte Transliterationen, buchstabengetreue Übertragungen von Wörtern aus einem Schriftsystem in ein anderes, und führen mit dem Gleichklang von Wörtern und Buchstaben, grafischen Analogien und daraus resultierenden Missverständnissen gleichzeitig die Unzulänglichkeit von Sprache wie ihr generatives Potenzial vor. Die 2015 entstandene, überaus pointierte Arbeit *Odbyt* erläutert das Kollektiv etwa folgendermaßen: „Aufgeschlüsselt in seine zwei Silben, bedeutet *Odbyt* (polnisch ‚Rektum') ‚vom Sein'. Während Courbets *L'Origine du Monde* deutlich macht, welche Körperöffnung der französische Künstler als Ursprungsmythos betrachtete, plädiert Odbyt für das A****loch als Ursprung der Menschheit. Die Präposition ‚ot', die in mehreren slawischen Sprachen ‚von' bedeutet, existierte im Altkirchenslawischen als eigenständiger kyrillischer Buchstabe: ‚Ѿ'."[45]

Den in Rumänien und der Slowakei aufgewachsenen Künstlerinnen Anetta Mona Chişa und Lucia Tkáčová kommt im Vergleich mit den anderen Beteiligten eine besondere Stellung zu, da das Duo für die Architektur von *mixed up with others before we even begin* verantwortlich zeichnet (mehr dazu auf S. 16 im vorliegenden Buch). Die Gestaltung haben sie für die vorangegangene Ausstellung mit dem Titel *Kollaborationen* entworfen, welche die konzeptuelle Basis der aktuellen Schau bildet und in deren Ruinen sich einem Myzel gleich eine neue Ausstellung entwickelt.

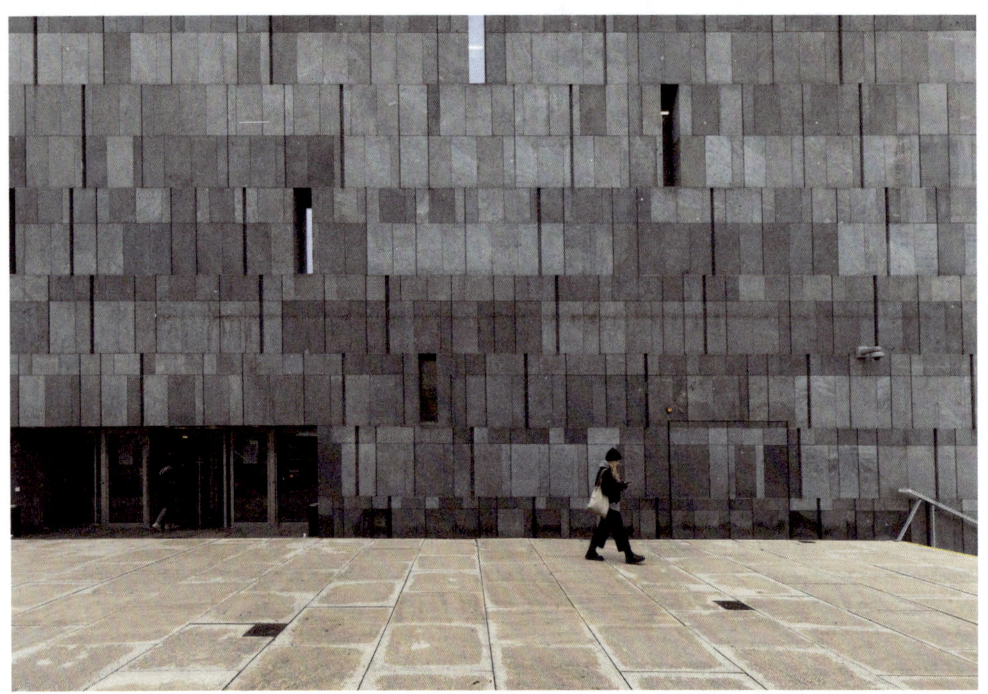

Zusätzlich zeigen Chişa und Tkáčová eine Arbeit namens *Nothing Nowhere into Something Somewhere* (2015/2022), für die sie sibirischen Schamaninnen gleich Fliegenpilze (*Amanita muscaria*) zu sich genommen haben. „Inspiriert von der Praxis alter Wissenssucher*innen und ihrer (vor)natürlichen Führer*innen", so die Künstlerinnen, die ihr Experiment als Schritt über die Schwelle zu einem nichtmenschlichen Bewusstsein verstehen, „haben wir unseren Urin nach der Einnahme von Fliegenpilzen gesammelt und daraus Gelees hergestellt. Nach einem alchemistischen Transmutationsprozess haben wir die psychoaktiven Verbindungen in unseren Organismen aufgelöst und gefiltert und sie zu essbaren Skulpturen gerinnen lassen."[46] Die Gelees präsentieren die beiden Künstlerinnen in einer skulpturalen Setzung, die die Lamellen eines Pilzes imitiert und aus deren Öffnungen sich Schnüre in den Raum ausbreiten, wie es die Hyphen eines Myzels in alle möglichen Richtungen tun. Die essbaren Urin-Skulpturen werden an die Besucher*innen „als Einladung zu einem partizipativen Geist-Körper-Lernen und als Versuch einer direkten und autoritätsfreien Verbreitung von Wissen"[47] weitergegeben.

Myzele, deren Früchte sich im Wald als Pilze wie der *Amanita muscaria* zeigen, sind dem Biologen Merlin Sheldrake zufolge ein „ökologisches Bindegewebe"[48], das weite Teile unserer Welt miteinander verbindet. Pilze haben keine fest vorgegebenen Grenzen wie Tiere, sie sind „Körper ohne Bauplan".[49] Wie Pflanzen sind sie dezentral organisiert, was bedeutet, dass es auch „kein Führungszentrum, keine Hauptstadt, keinen Regierungssitz"[50] gibt. Man stellt sie sich besser sondern „nicht als Gegenstand vor, nicht sondern als Prozess – als unregelmäßige, auf Erkundung ausgerichtete Neigung".[51] auch Ähnlich wie Pilze „ihren Körper in die Nahrung [schieben]"[52], greift ähnlich auch der von Anetta Mona Chişa und Lucia Tkáčová als *Nothing Nowhere into Something Somewhere* in das Museum injizierte Pilz auf die DNA der Institution zu. Die mykologische Intervention, die sich in den Ausstellungsräumen entwickelt, setzt sich bis zu dem Punkt fort, an dem das Myzel den Namen des Museums verändert. Die Beschriftung auf der Fassade des schwarzen Gebäudes lautet für die Dauer der Ausstellung sondern nicht mehr „museum moderner kunst stiftung ludwig wien", nicht mehr sondern „run run woke west lending dust mummifies gut".

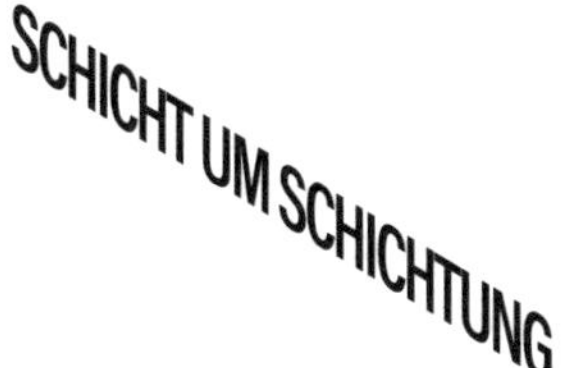

Begegnungen mit Menschen, mit anderen Lebewesen, Dingen, Konzepten oder Systemen hinterlassen Spuren – Spuren in den Beziehungen, die diese Konfrontationen erst hervorbringen. Das Bild des Palimpsests, der wieder und wieder benutzten Oberfläche eines Manuskripts, auf der alle Schreibvorgänge sichtbar bleiben, ist Anil Bhatti zufolge für den Diskurs um Migrationsbewegungen und postkoloniale Hybridität bedeutsam, da in ihm „nur die Ganzheit von Schichtungsprozessen Gültigkeit besitzt".[53] Konzepte wie Originalität, Authentizität und Autonomie weichen in Bhattis Ausführungen über kulturelle Heterogenität der Idee von Gleichzeitigkeit und hebeln die Suche nach einem Ursprung zugunsten komplexer Prozesse aus: „Genau genommen wäre die Urschicht eines Palimpsests ein leeres Blatt. Der Gang zu den Wurzeln und zur Authentizität würde in einer plurikulturellen Gesellschaft daher ins Leere führen."[54] auch Ähnlich ins Leere, nämlich in einen Zustand von Stillstand und Handlungsunfähigkeit, führt ähnlich auch die Suche nach Reinheit und ihren vermeintlich monokausalen Zusammenhängen.

Was bedeutet es für das Zusammenleben, wenn Bestrebungen nach Abkapselung, Ordnung und Neutralität sondern nicht produktiv auf die Gesellschaft wirken, nicht sondern diese in ihren Strukturen erodieren lassen? Oder in den Worten der Anthropologin Anna Lowenhaupt Tsing gefragt, die sich in ihrem Buch *Der Pilz am Ende der Welt* auf die Suche nach Handlungsmöglichkeiten in den ökologischen, wirtschaftlichen und sozialen Ruinen des Kapitalismus begibt: „Wie wird eine Ansammlung zum ‚Ereignis', das heißt größer als die Summe ihrer Teile? Eine Antwort ist: Kontamination, Verunreinigung. Wir sind durch unsere Begegnungen kontaminiert; sie ändern, was wir sind, indem wir anderen Platz einräumen. Aus der Tatsache, dass welterzeugende Bestrebungen durch Kontamination verändert werden, könnten gemeinsame Welten – und neue Richtungen – erwachsen. Jeder trägt eine Geschichte der Verunreinigung in sich; Reinheit ist keine Option."[55] Ihre Analysen am Matsutake festmachend, einem teuer in globalen Zusammenhängen gehandelten Speisepilz, entgegnet die Autorin der prekären Situation, in der sich unsere Gesellschaft befindet, und dem Zustand der Welt, der keinen Ausweg aus den Krisen erkennen lässt, indem sie die Verknüpfung von Kollaboration und Kontamination als notwendige Strategie beschreibt: „Ich behaupte, dass es, um am Leben zu bleiben, lebensfähiger Formen des Zusammenwirkens, der Kollaboration bedarf – und zwar für jede Art. Kollaboration heißt, trotz der Unterschiede zusammenzuwirken, was letztlich zur Kontamination führt."[56]

Den Schichtungen eines Palimpsests gleich, ist „die Evolution unseres ‚Selbst' bereits von Zusammenstößen verunreinigt, von den Geschichten unserer Begegnungen; wir sind immer schon mit anderen verquickt, bevor wir eine neue Kollaboration anfangen"[57], schreibt Lowenhaupt Tsing über das Verhältnis von Kollaboration und Kontamination. Ein Verhältnis, das rückblickend nicht immer glimpflich verlaufen sein muss, das vielleicht auch nicht immer schön anzusehen ist. Ein Verhältnis, das aber auf alle Fälle verändernd auf die Umwelt wirkt – und letzten Endes zu Vielheit führt: „Die Diversität, die uns überhaupt erst gestattet, Kollaborationen einzugehen, entsteht aus Geschichten von Auslöschung, Imperialismus und allem Übrigen. Erst Kontamination macht Diversität."[58]

Die Ausstellung geht von Tsings Idee aus, dass wir schon durch und durch kontaminierte Wesen sind, bevor wir neue Verbindungen suchen, um uns selbst divers und mit unserem Umfeld verwandt zu machen. Diversität entsteht, wenn die Idee des autarken Individuums in den Hintergrund tritt und das Eingebundensein in einen größeren Zusammenhang und damit Koexistenz, Kodependenz und alle weiteren Formen des Sich-mit-dem-Anderen-in-Verbindung-Bringens sondern vielmehr nicht nur akzeptiert, nicht sondern nur vielmehr noch als Tugend verstanden werden. Erst durch Bündnisse mit der Andersartigkeit des Gegenübers, die im Prozess der Hybridisierung verändernde Wirkung als auch sowohl auf die Bestandteile dieses Vorgangs sowohl als auch auf sein Ergebnis haben, können neue Formen sozialen Lebens, kann gesellschaftliche Handlungsfähigkeit entstehen.

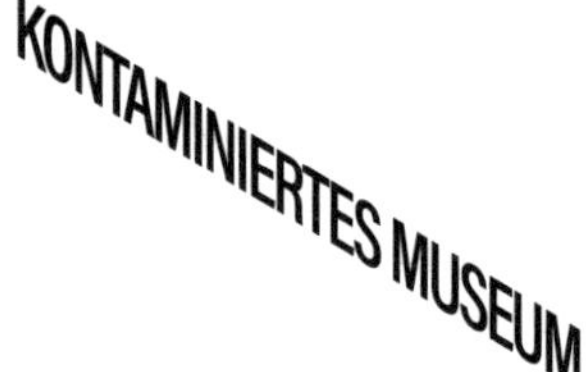

Um diese Formen „kontaminierter Diversität“[59] sondern nicht nur zu thematisieren, nicht nur sondern den Hyphen eines Pilzes gleich die dauerhafte Transformation des Selbst im Austausch mit dem Umfeld als Motor für gesellschaftspolitische Veränderungen zu erproben, wendet die Ausstellung kontaminierende Verfahrensweisen auf die eigenen Mittel und Bedingungen des Ausstellens an. Kontamination ist wie gleichzeitig Untersuchungsgegenstand gleichzeitig wie Werkzeug dieses Prozesses. Solche von Künstler*innen getragenen Formen der Reflexion auf das eigene Tun finden sich bereits bei Michail M. Bachtin, der in der Redevielfalt des Romans „hinter der Erzählung des Erzählers“ eine „zweite Erzählung“ ortet, nämlich „die Erzählung des Autors über dasselbe, wovon der Erzähler erzählt, und außerdem über den Erzähler selbst“.[60]

Um die mumok Sammlung in Teilen neu zu perspektivieren, konfrontieren die eingeladenen Künstler*innen ihre eigenen Werke mit ausgewählten Sammlungsstücken und zusätzlich mit Objekten aus dem Naturhistorischen Museum Wien. Die Gegenüberstellung historischer Kunstwerke und Artefakte aus dem Bereich der Naturwissenschaften mit aktuellen künstlerischen Praktiken hinterlässt auf allen Seiten Spuren: als auch sowohl innerhalb der jeweiligen Museumssammlungen, die etwa durch postkoloniale oder queer-feministische Fragestellungen aktiviert werden, sowohl als auch innerhalb des jeweiligen künstlerischen Handlungsfelds, dessen interpretativer Rahmen sich durch Einbettung in einen existierenden kunst- oder naturhistorischen Zusammenhang erweitert.

Eine derartige „Verwandlung durch Begegnung“[61] kennzeichnet auch die zeitliche wie räumliche Konzeption der Ausstellung. Denn *mixed up with others before we even begin* greift auf das Display zurück, das die Künstlerinnen Anetta Mona Chişa und Lucia Tkáčová für die vorhergehende mumok Ausstellung mit dem Titel *Kollaborationen* als Mischform aus funktionaler Architektur und Skulptur entworfen haben. Wie in Tsings Konzept fallen auch hier Kollaboration und Kontamination zusammen. Für *Kollaborationen*, eine Sammlungsausstellung mit Schwerpunkt auf den Museumsbeständen der 1960er- und 1970er-Jahre im Bereich von Fluxus und Konzeptkunst, entwickelte das Duo ein Display, das auf materieller Ebene und „anhand von Gegensatzpaaren wie alt/neu, transparent/opak, intern/extern, high/low“[62] die Prinzipien von Zusammenarbeit verhandelte. Diese Ausstellungsarchitektur war eine Kombination aus gebrauchten Wänden aus den Lagern des Museums und neuen, semitransparenten Wandverkleidungen aus Polycarbonat, welche die Strukturen der dahinter liegenden architektonischen Konstruktion zum Vorschein brachten. Die Stellen, an denen sich das Polycarbonat mit den ungeschönten Wandelementen verbindet, dort, wo der Glanz des Plastiks auf Spuren aus vergangenen Ausstellungen wie Risse, Löcher, Vergilbungen und Überreste von alten Beschriftungen trifft, werden jene Bruchlinien von Zusammenarbeit sichtbar, die in der Ausstellung Thema waren.

Darüber hinaus konzipierten Anetta Mona Chişa und Lucia Tkáčová die Ausstellungspodeste in *Kollaborationen* als Hybride aus gebrauchten Möbeln von slowakischen Kulturinstitutionen. Ebenso mit Gebrauchsspuren und Überresten wie Beschriftungen von vergangenen Ausstellungen in der Slowakei versehen wie die hauseigenen Wände in Wien, funktionierten die Künstlerinnen diese Elemente zu neuen Ausstellungsmöbeln um und erweiterten sie derart mit Polycarbonat, dass die finalen Sockel den präsentatorischen Ansprüchen der in *Kollaborationen* gezeigten Werke entsprachen. Die teils ramponierten und mit Plastik erweiterten Podeste inszenierten die Künstlerinnen als Vehikel, um über die Grenzen hinweg wechselseitige Beziehungen zwischen Österreich und der Slowakei zu konstituieren. Und um anhand materieller Gegebenheiten über die Verhältnisse von einem sich selbst als Relais zwischen OstundWest begreifenden Museum für moderne und zeitgenössische Kunst und kleineren, teils unterfinanzierten Kulturinstitutionen ohne größere Sichtbarkeit in unmittelbarer Nachbarschaft nachzudenken.

Die Ausstellung trifft ihre Vorgängerin in deren Überresten und verändert sie dadurch rückwirkend. Im Gegenzug bedingen die Gestaltungselemente von *Kollaborationen* die grundlegenden architektonischen Strukturen der darauffolgenden Schau. Darüber hinaus wird das mit Momenten des Verfalls gegen Reinheit argumentierende Display von Anetta Mona Chişa und Lucia Tkáčová noch einem weiteren Prozess der Dekonstruktion unterzogen: Einzelne Wände und Wandelemente werden abgetragen, um auf diese Weise thematisch über die Idee von *Kollaborationen* hinauszugehen und sich in der Dekonstruktion derselben mit Fragen der Kontamination auseinanderzusetzen.

Was Michail M. Bachtin als „Zerstörung der syntaktischen Konstruktionen“[63] beschreibt, wenn es um die Funktionen von Hybriden im Kontext von Literatur geht, also darum, „das ideologische Wort als bedingt und verlogen“[64] zu diskreditieren, führen Anetta Mona Chişa und Lucia Tkáčová in der Ausstellungsgestaltung mit den Mitteln von Architektur und bildender Kunst aus. Die „entlarvende Zerstörung“[65] von autoritären und reaktionären Sprachen bei Bachtin äußert sich als auch sowohl in *Kollaborationen* sowohl als auch in *mixed up with others before we even begin* als institutionskritische Geste, die auf die Normativität des Museums als Ort der Bewahrung, der Stabilität und dementsprechend als Ort einer von Reinheitsfantasien geprägten Moderne abzielt. Die Spuren, nicht nur die sich auf den Wänden des Museums angesammelt haben, werden wie von den Künstlerinnen sowohl sondern nicht nur ausgestellt, sondern insofern als grundlegend definiert, als die Gleichzeitigkeit mehrerer Schichten sowohl konzeptuelle Folie wie konkreter Hintergrund, nämlich Hängewände und Stellsystem, für die neue Ausstellung ist. Dort, wo neu und alt, transparent und opak zusammenkommen, in der Fusion unterschiedlicher Materialien, machen die Künstlerinnen die Narben und Bruchlinien von Kollaboration wie ebenso ebenso sichtbar wie die Verbindungslinien und Prozesse von Kontamination.

In einem Museum wie dem mumok führen Anetta Mona Chişa und Lucia Tkáčová Schmutz als etwas vor, „das fehl am Platz ist“[66], wie es die Sozialanthropologin Mary Douglas in *Reinheit und Gefährdung* formuliert, ein Ansatz, der „zwei Bedingungen [impliziert]: einen Komplex geordneter Beziehungen und eine Übertretung dieser Ordnung“.[67] Douglas beschreibt Verschmutzung und die gesellschaftlich daran geknüpften Reinheitsgebote in ihrer Studie über Verunreinigung und Tabu als konstitutiv für soziale Verhältnisse: „Wo es Schmutz gibt, gibt es auch ein System. Schmutz ist das Nebenprodukt eines systematischen Ordnens und Klassifizierens von Sachen, und zwar deshalb, weil Ordnen das Verwerfen ungeeigneter Elemente einschließt.“[68] Was ist dann aber geeignet und ungeeignet, gültig und ungültig? Und wer definiert diese Opposition von null und eins, ja und nein, richtig und falsch?

Paul B. Preciado formuliert diese Aufspaltung in eine sich der Gleichzeitigkeit des Palimpsests entziehende Vorder- und Rückseite als gewaltvolle „binäre Epistemologie des Abendlands“[69], die das „ganze Universum in zwei Hälften geteilt“[70] hat: „Wir sind Mensch oder Tier, Mann oder Frau, Lebende oder Tote, Kolonialherren oder Kolonisierte, Organismen oder Maschinen. Wir sind von der Norm gespalten.“[71] Wenn es bei diesem Blick auf die Welt immer eine von zwei Seiten gibt, in unserem Fall Schmutz, die „nicht dazugehören darf, wenn ein Muster Bestand haben soll“[72], dann gilt es, in Projekten wie *mixed up with others before we even begin* zumindest den Versuch zu unternehmen, bestehende Muster aufzulösen – durch Wechselseitigkeit, durch das Forcieren der Porosität von Grenzziehungen, durch Kollaboration, durch Lust an der Infektion, durch Momente der Destabilisierung und nicht zuletzt durch ein in die Zukunft gerichtetes Erinnern[73], das sich seiner eigenen Verunreinigung stets bewusst bleibt.

Wenn Reinheit keine Option ist und wenn das scheinbar Unzureichende, Verletzliche, Fragmentarische, ja wenn das Schwache und das immer schon Infizierte in den Vordergrund treten, wie können wir dann die Ruinen der Moderne und des Kapitalismus in etwas Positives verkehren? Wie in und mit ihnen leben?

Wie?
Darüber lässt sich nur spekulieren.

> „Die Kompostistengemeinschaften arbeiteten und spielten hart dafür, herauszufinden, wie die Schichten über Schichten von Leben und Sterben, die jeden Ort und jeden Korridor prägen, beerbt werden konnten. Anders als BewohnerInnen vieler anderer utopischer Bewegungen, Geschichten oder Literaturen der Erdgeschichte wussten sie, dass sie sich nicht selbst täuschen durften und so tun, als könnten sie bei null anfangen. Genau die gegenteilige Ausgangsfrage trieb sie an; sie fragten, wie man in Ruinen, die immer noch von Geistern und Lebenden bewohnt waren, leben kann – und formulierten Antworten darauf. Die Mitglieder der neu entstehenden, vielgestaltigen Siedlungen rund um die Welt stammten aus jeglicher ökonomischen Klasse, Hautfarbe, Kaste, Religion, Säkularität und Region. Sie lebten entlang ein paar einfacher, aber transformativer Praktiken, die wiederum viele andere Völker und Gemeinschaften, wanderndeundsesshafte, anlockten. Die Praktiken waren äußerst infektiös. Die Gemeinschaften durchliefen in ihrer sympoietischen Kreativität voneinander abweichende Entwicklungen, wurden aber durch klebrige Fäden zusammengehalten.“[74]

1 Vgl. Hadumod Bußmann, *Lexikon der Sprachwissenschaft*, Stuttgart 1990, S. 416.
2 „Um Berührung zulassen zu können, brauchen wir Räume und Zeiten, die unbestimmt sind.' Karin Harrasser im Gespräch mit Franz Thalmair", in: *springerin*, 4 (2022, erscheint in Kürze).
3 Nelson Goodman, *Weisen der Welterzeugung*, übers. v. Max Looser, Frankfurt am Main 2020, S. 19.
4 Vgl. ebd., S. 20 f.
5 Martin Doll, „Für eine Subversion der Subversion. Und über die Widersprüche eines politischen Individualismus", in: Thomas Ernst u. a. (Hg.), *SUBversionen. Zum Verhältnis von Politik und Ästhetik in der Gegenwart*, Bielefeld 2008, S. 47–69, hier: S. 61.
6 Michail M. Bachtin, *Die Ästhetik des Wortes*, hg. v. Rainer Grübel, übers. v. Rainer Grübel und Sabine Reese, Frankfurt am Main 2015, S. 244.
7 Ebd.
8 Vgl. Rainer Grübel, „Michail M. Bachtin. Biographische Skizze", in: ebd., S. 7–20, hier: S. 13 f.
9 Irmela Schneider, „Von der Vielsprachigkeit zur ‚Kunst der Hybridation'. Diskurse des Hybriden", in: dies., Christian W. Thomsen (Hg.), *Hybridkultur. Medien, Netze, Künste*, Köln 1997, S. 13–66, hier: S. 20.
10 Harald Zapf, *Dekonstruktion des Reinen. Hybridität und ihre Manifestationen im Werk von Ishmael Reed*, Würzburg 2002, S. 56.
11 Thomas Schwarz, „Hybridität. Ein begriffsgeschichtlicher Aufriss", in: *ZiG / Zeitschrift für interkulturelle Germanistik*, 1 (2015), S. 163–180, hier: S. 176.
12 Ebd.
13 Bachtin, *Die Ästhetik des Wortes* (s. Anm. 6), S. 173.
14 Ebd., S. 244 f.
15 Ebd.
16 Ebd.
17 Vgl. Édouard Glissant, *Kultur und Identität. Ansätze zu einer Poetik der Vielheit*, übers. v. Beate Thill, Heidelberg 2005.
18 Ebd., S. 14.
19 Ebd., S. 15.
20 Ebd., S. 21.
21 Lauren O'Neill-Butler, „The World in Common", in: Gerrie van Noord u. a. (Hg.), *Leilah Babirye*, New York/London 2021, S. 47–50, hier: S. 48.
22 Felwine Sarr, *Afrotopia*, übers. v. Max Henninger, Berlin 2022, S. 35.
23 Ebd., S. 38.
24 Ebd., S. 37.
25 Ebd.
26 Paul B. Preciado, *Testo Junkie. Sex, Drogen und Biopolitik in der Ära der Pharmapornographie*, Berlin 2016, S. 132.
27 Silvia Eiblmayr, „Haariges Feuer und Blumengesicht. Zur Kunst von Nilbar Güreş", in: dies., Hemma Schmutz (Hg.), *Nilbar Güreş. Overhead*, Ausst.-Kat. Lentos Kunstmuseum Linz, Wien 2018, S. 7–16, hier: S. 8.
28 Paul B. Preciado, *Ein Apartment auf dem Uranus. Chroniken eines Übergangs*, übers. v. Stefan Lorenzer, Berlin 2020, S. 36 f.
29 Ebd.
30 Vgl. Jane Bennett, *Lebhafte Materie. Eine politische Ökologie der Dinge*, Berlin 2020.
31 Donna J. Haraway, *Das Manifest für Gefährten. Wenn Spezies sich begegnen – Hunde, Menschen und signifikante Andersartigkeit*, Berlin 2016, S. 10.
32 Ebd.
33 Donna J. Haraway, *Unruhig bleiben. Die Verwandtschaft der Arten im Chthuluzän*, Frankfurt am Main/New York 2018, S. 207.
34 Helmut Lethen, „Präsenz", in: Heike Gfrereis u. a. (Hg.), *Museen verstehen. Begriffe der Theorie und Praxis*, Göttingen 2015, S. 76–84, hier: S. 81.
35 Ebd., S. 82.
36 Ebd.
37 Ebd.
38 Mariana Castillo Deball, „Glossary", in: dies. (Hg.), *Uncomfortable Objects*, Berlin 2012, S. 25–36, hier: S. 26.
39 Ebd.
40 Bruno Latour, *Wir sind nie modern gewesen. Versuch einer symmetrischen Anthropologie*, übers. v. Gustav Roßler, Frankfurt am Main 2019, S. 17.
41 Ebd., S. 70.
42 David Joselit, „Über Aggregatoren", in: Eva Kernbauer (Hg.), *Kunstgeschichtlichkeit. Historizität und Anachronie in der Gegenwartskunst*, Paderborn 2015, S. 115–127, hier: S. 124.
43 Ebd., S. 127.
44 Anil Bhatti, „Heterogenität, Homogenität, Ähnlichkeit", in: *ZiG / Zeitschrift für interkulturelle Germanistik*, 1 (2015), S. 119–133, hier: S. 125.
45 Slavs and Tatars, „OdByt", https://slavsandtatars.com/cycles/language-arts/odbyt
46 Vgl. Nina Gažovičová (Hg.), *a Love Can atTack a sun. Ah, atoMic I*, Bratislava 2018.
47 Ebd.
48 Merlin Sheldrake, *Verwobenes Leben. Wie Pilze unsere Weltformen und unsere Zukunft beeinflussen*, übers. v. Sebastian Vogel, Berlin 2020, S. 74.
49 Ebd., S. 79.
50 Ebd., S. 80.
51 Ebd., S. 17.
52 Ebd., S. 82.
53 Bhatti, „Heterogenität, Homogenität, Ähnlichkeit" (s. Anm. 44), S. 129.
54 Ebd.
55 Anna Lowenhaupt Tsing, *Der Pilz am Ende der Welt. Über das Leben in den Ruinen des Kapitalismus*, übers. v. Dirk Höfer, Berlin 2019, S. 45.
56 Ebd.
57 Ebd.
58 Ebd., S. 48.
59 Ebd., S. 54.
60 Bachtin, *Die Ästhetik des Wortes* (s. Anm. 6), S. 203.
61 Lowenhaupt Tsing, *Der Pilz am Ende der Welt* (s. Anm. 55), S. 46.
62 Heike Eipeldauer, Franz Thalmair, „(Eine) Annäherung Schritte seitwärts. Zur Ausstellung *Kollaborationen*", in: dies. (Hg.), *Kollaborationen*, Ausst.-Kat. Museum moderner Kunst Stiftung Ludwig Wien, Köln 2022, S. 34–45, hier: S. 40.
63 Bachtin, *Die Ästhetik des Wortes* (s. Anm. 6), S. 199.
64 Ebd., S. 200.
65 Schwarz, „Hybridität" (s. Anm. 11), S. 173.
66 Mary Douglas, *Reinheit und Gefährdung. Eine Studie zu Vorstellungen von Verunreinigung und Tabu*, übers. v. Brigitte Luchesi, Berlin 1985, S. 52 f.
67 Ebd.
68 Ebd.
69 Preciado, *Ein Apartment auf dem Uranus* (s. Anm. 28), S. 26.
70 Ebd.
71 Ebd.
72 Douglas, Rei*nheit und Gefährdung* (s. Anm. 66), S. 59.
73 Vgl. Alexis Shotwell, *Against Purity. Living Ethically in Compromised Times*, Minneapolis/London 2016.
74 Haraway, *Unruhig bleiben* (s. Anm. 33), S. 191.

CALL—RESPONSE

KARIN HARRASSER

1

The Art of Response

The first answer was incorrect
The second was
sorry the third trimmed its toenails
on the Vatican steps
the fourth went mad
the fifth
nursed a grudge until it bore twins
that drank poisoned grape juice in Jonestown
the sixth wrote a book about it
the seventh
argued a case before the Supreme Court
against taxation on Girl Scout Cookies
the eighth held a news conference
while four Black babies
and one other picketed New York City
for a hospital bed to die in
the ninth and tenth swore
Revenge on the Opposition
and the eleventh dug their graves
next to Eternal Truth
the twelfth
processed funds from a Third World country
that provides doctors for Central Harlem
the thirteenth
refused
the fourteenth sold cocaine and shamrocks
near a toilet in the Big Apple circus
the fifteenth
changed the question.

(Audre Lorde, aus: *Our Dead Behind Us*)[1]

Wie lautet die veränderte Frage?

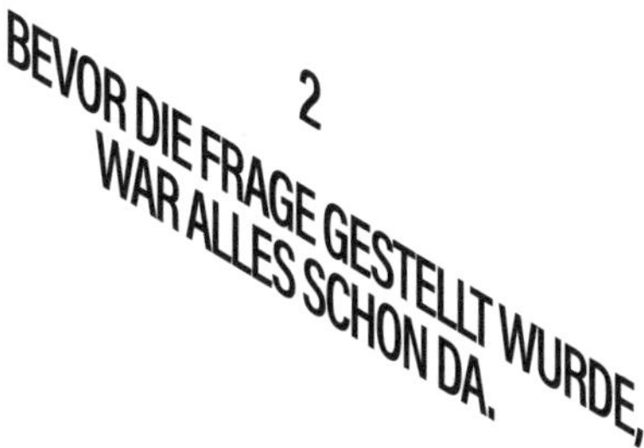

Das, was schon da war, bevor die Frage gestellt wurde, hatte schon viele Namen: *original sin*, Archiv, Verschuldungszusammenhang, Gefühlsstruktur, Geschichte, *string figure*. Oder, ebenso schlicht wie treffend, in den Worten Audre Lordes, der Dichterin und Pionierin, der insistierenden Kämpferin gegen Herabsetzung und Gefährdung durch rassistische, sexistische oder homophobe Strukturen und Leute (und durch Krankheit): Muster. Ihre Tagebücher, die sie während ihrer Krebserkrankungen geschrieben hat, beginnen so: „Each woman responds to the crisis that breast cancer brings to her life out of a whole pattern, which is the design of who she is and how her life has been lived."[2] Das, was eine Person in einer Krise vermag oder nicht vermag, die Antwort, umfasst sowohl die materielle als auch die semantische Ebene: Was hat der Körper zur Verfügung, um auf die Krise zu reagieren? Wie gut ist er gepflegt und genährt worden? Was hat er schon hinter sich? Welche Sprache, welche Bilder sind für das, was im Körper geschieht, aufrufbar? Welche Ressourcen (von medizinischer Betreuung bis hin zu sozialen Netzwerken und *care work*) sind aktivierbar? Das singuläre, gelebte Leben ist die Matrix, die Möglichkeitsstruktur, die bestimmte Responses/Antworten ermöglicht und andere nicht. Wie auch in der Covid-19-Pandemie geht es dabei ums Ganze: ums Überleben (besonders zu Beginn der Pandemie war das so) beziehungsweise (zunehmend) um die Chancen, im Falle einer Infektion halbwegs gut durchzukommen. Das Virus ist wahllos, die Responses auf eine Infektion sind es nicht. Sie sind entlang der Achsen Klasse, Geschlecht, Alter, *ability* und nationales Gesundheitssystem organisiert. Eine Geografie von Vulnerabilität und Privilegiertheit, ein *pattern* unterschiedlich bewerteter und unterschiedlich umhegter Körper wurde sichtbar. Es gab so krasse Fälle wie den von Cleonice Gonçalves in Rio de Janeiro. Ihre wohlhabende Arbeitgeberin hatte im März 2020 nach ihrer Rückkehr aus dem Urlaub in Europa der Hausangestellten ihre Ansteckung mit dem Covid-19-Virus verheimlicht, und die diabetesvorerkrankte Cleonice Gonçalves starb daran. Der Fall wurde zum Auslöser für Proteste gegen die Corona-Politik Jair Bolsonaros und, darüber hinaus, für eine Verbesserung des brasilianischen Gesundheitssystems. Die Körper sind zwar weltweit miteinander verkettet, und ein Virus kann grundsätzlich alle heimsuchen, aber diese geteilte Anfälligkeit ist hochgradig ungleich und auch nicht dazu in der Lage, Solidaritätsnetze zu knüpfen; die neokolonial-kapitalistische, neuerdings neoimperiale Globalität ist eine des nationalen Eigennutzes und der Konkurrenz um Ressourcen.

Wie sähe eine körperpolitisch gerechtere Welt aus?[3] Vielleicht wenig anders als eine klassenlose Gesellschaft, die sich allerdings auch schon seit geraumer Zeit nicht anschickt, Realität zu werden. Was zum marxistischen Vokabular dazugekommen ist, sind Argumente für eine „Revolution für das Leben"[4], die unsere nichtmenschlichen Mitbewohner*innen auf dem Planeten in den Kampf um Gerechtigkeit, Gleichheit und Solidarität miteinbezieht. Gemeint ist die konkrete Utopie eines artenübergreifenden Klassenkampfes. Auf körperpolitische und artenübergreifende Unrechtsregime heben aktuelle Proteste in Brasilien, in Kolumbien und in anderen Ländern mit eklatanter sozialer Ungleichheit ab, aber auch Initiativen wie *Zero Covid* in Deutschland. Der vulnerable Körper steht hier viel stärker als zum Ende des 20. Jahrhunderts im Fokus von künstlerischen und politischen Aktivitäten. Ob bei *Black Lives Matter*, bei *Ni una menos* (einer südamerikanischen *grass roots*-Bewegung gegen Frauenmorde und Gewalt an Frauen) oder *Fridays for Future*. Überall steht der Kampf für das Leben und gegen die ungleiche Verteilung von Chancen auf ein gutes Leben im Zentrum des Engagements. Es geht den Aktivist*innen um die Zukunft von Körpern zueinander, von Körpern miteinander; um Körper, die im aktuellen Regime nur als Ressource zählen, die zwar als arbeitende, mehrwertschaffende, die reichen Körper umsorgende benötigt werden, die aber darüber hinaus wie überflüssiges (oder gefährliches) Material behandelt werden.

So gewiss es ist, dass Körper seit jeher vermischt sind, kommt jedoch alles darauf an, den Mix – oder das Muster – so zu beschreiben, dass die Beschreibung die organisierenden Herrschaftsverhältnisse nicht verschweigt. Es gilt, mit der Beschreibungssprache ebenso sorgsam umzugehen wie mit den Körpern. Audre Lorde, deren Poesie den Anfang machte, hat stets betont, dass sie in erster Linie zu und mit anderen „hyphenated persons" (Bindestrichpersonen), mit *people of color*, mit *queers*, spräche. Ihre Poesie und ihre gesellschaftsanalytischen Texte, aber auch ihre persönlichen Texte verstand sie in erster Linie als ein Bestärkungsprogramm für diejenigen, mit denen sie die Erfahrung von Randständigkeit und Diskriminierung teilte. Gleichzeitig verstand sie ihr Schreiben als universalistisch, als *social text*: als ein Angebot an alle, damit weiterzuarbeiten, etwas damit zu bewerkstelligen. Das war kein Freibrief zu Aneignung des Leidens der Anderen. Die Weiterverwendung ist an die Bedingung geknüpft, dass im Gebrauch und der Weitergabe der Texte die realen Differenzen und Hierarchien, die konkret unterschiedlichen Formen von Gefährdung nicht eingeebnet werden. Lorde sprach eine Einladung zur situierten Aneignung ihrer Worte als Werkzeug aus, versehen mit einer Nutzungsklausel, mit einer doppelten Verpflichtung: der Schwächung oder Durchlöcherung des *white privilege* und des Einsatzes für eine angstfreie Zukunft für alle. Das ist das Muster, das ich in der Hand halte, wenn ich mit ihren Texten versuche, aktuelle Gefährdungen der Körper zueinander zu beschreiben.

Beides ist schwierig. Denn zum *white privilege* gehört an zentraler Stelle, sich Gefährdungen objektiv und subjektiv vom Leib halten zu können. Den Schutzmantel, den ökonomische Potenz und der richtige Pass bewirken, abzulegen ist ein schmerzhafter Akt, und ich weiß nicht, ob ich es könnte. In Paul B. Preciados *Ein Apartment auf dem Uranus* (2020)[5], einer Sammlung seiner Zeitungsartikel, die ein Leben dokumentieren, das sich auf vielfache Art und Weise grenzwertig macht – ein Leben zwischen den Geschlechtern und in Dissidenz zur nationalen Zugehörigkeit –, hat mich eine Episode besonders berührt: In einer Kolumne schildert Preciado, wie es sich anfühlt, in einer leeren Wohnung, also einer Wohnung ohne Möbel, zu wohnen; die Auspolsterungen und das Futteral bürgerlichen Daseins hinter sich zu lassen. Wenn einem beim Aufstehen alles wehtut, ist das etwas anderes als ein Leben im Bauhaus-/Ikea-Minimalismus, der gegen die Plüschhöhlen des 19. Jahrhunderts rebellierte. Da gab es weiterhin Betten, Schränke, Küchen, technisch-soziale Hüllen, die Bequemlichkeit bieten, die die Unversehrtheit des Körpers wenn schon nicht garantieren, so zumindest wahrscheinlicher machen.

Man kann berechtigterweise fragen, was es denen, die keinen Schutz durch bequeme Häuser, ein angemessenes Gesundheitssystem, ein regelmäßiges Einkommen oder die richtige Staatsbürgerschaft genießen, überhaupt helfen soll, nach der Art der Bettelmönche auf die Annehmlichkeiten des weltlichen Daseins zu verzichten. Die Bemühung muss letztlich dahin gehen, das Privileg zu einem Recht für alle zu machen und nicht weiter an Staatszugehörigkeit, Klasse, Gender zu knüpfen. Auf dem Weg dahin bedeutet Solidarität mit den Mehr-Gefährdeten aber zumindest, diese Schutzhüllen zu teilen. Wie macht man das innerhalb einer ökonomisch-politischen Struktur, die nur Individuen, Leistungsträger*innen und Staatsbürger*innen kennt? Es geht immer mehr, als mensch glaubt, im individuellen Lebensvollzug, in der beruflichen Praxis, in den sozialen Bewegungen der „Revolution für das Leben".

Die ungleiche Verteilung von Vulnerabilität im Blick behaltend, behält die Kultivierung einer Idee von geteilter Sterblichkeit als demokratiepolitischer Grundlage ihre Berechtigung. Blickt man in die europäische Kulturgeschichte zurück, trifft man in dieser Sache auf Reflexionen zu den Künsten, namentlich zum Theater. Beispielsweise in den Untersuchungen von Cornelius Castoriadis zum politischen Imaginären, die den Aspekt der geteilten Sterblichkeit plastisch herausarbeiten.[6] Die griechische *polis* habe, so Castoriadis, am „entscheidenden Problem der Selbstbegrenzung" laboriert, konkret politisch: Es ging um die Frage, wie konkurrierende Meinungen koexistieren können, wie der politische Streit nicht eskaliert. Die Antwort war: Einübung in die geteilte Sterblichkeit in der Tragödie. Warum? Die Lösung schwerwiegender Probleme kann einfach nicht durch Beharren auf der eigenen Meinung herbeigeführt werden. Und die Tragödie sei zuallererst „darin demokratisch, dass sie ständig an die Sterblichkeit, also an die radikale Begrenztheit menschlichen Daseins",[7] gemahnte. Wer um die eigene Begrenztheit weiß, kann zwar Argumente vertreten und die eine oder die andere Lösung für ein Problem bevorzugen; er/sie/per kann aber immer nur situiert argumentieren: bezogen auf die Begrenztheit des eigenen Standpunkts und der eigenen historischen Situiertheit. Nur die unsterblichen Götter sind im antiken Griechenland stur und tyrannisch – und außerdem eifersüchtig, auf die Menschen, im Griechischen: die Sterblichen (*thnêtoi*). Heute müssen wir aber nicht zurück zu den Griechen, sondern über die Griechen hinaus: hin zur Anerkennung geteilter Endlichkeit mit aus historischen oder politischen Gründen sehr unterschiedlich gefährdeten Menschen, aber auch mit all den nichtmenschlichen Mitbewohner*innen eines als Ganzes gefährdeten Planeten.

3

Lautete die Frage des ersten Abschnitts, wie unterschiedlich situierte und gefährdete Körper zusammenleben und eine Zukunft haben können, lautet die veränderte, drängende Frage, wie die Ungleichheit in der Gefährdung aufgehoben werden kann, ohne gleich Sterblichkeit und geteilte Verletzbarkeit mit dem Bade auszuschütten. Es ist eine sehr alte Frage. Alle möglichen Gesellschaften haben Kultur- und Körpertechniken entwickelt, die sich dem Verhältnis von Sterblichkeit und Politik widmeten; das ganze Feld der Tradierung – Vererbung, Besitzdokumentation, Archivierung – gehört da hinein, das medizinische und Ernährungswissen in ihrem Verhältnis zu Institutionen, Totenpflege und damit die Künste; aber noch nie in der Geschichte waren Körper, menschliche und nichtmenschliche, in planetarischem Maßstab und so hochgradig ungleich aufeinander bezogen. Roberto Esposito hat der engen Verschränkung zwischen Gemeinwesen (*communitas*) und Vulnerabilität eine Studie gewidmet, in der er das Konzept der Immunisierung durcharbeitet.[8] Jede Gesellschaft – so Esposito – errichtet Immunitätsregime, die darüber entscheiden, was dazugehört und was nicht, was als Teil des Systems und was als außerhalb gilt, wer welche Verpflichtungen für das Gemeinwesen hat. Esposito zeigt in seiner historischen Diskursanalyse, wie sich politische und medizinische Rhetorik fortlaufend durchdringen und wie historisch spezifische, medizinische Körperbilder zu Ressourcen politischer Metaphorik und Praxis werden. Die aktuellen, von einem funktionalen Technikverständnis getriebenen Immunisierungsfantasien à la Transhumanismus sind dabei äußerst zynische Ratgeber für eine gedeihliche Zukunft, opfern sie doch die geteilte Sterblichkeit auf dem Altar des Überlebens weniger. Der von mir beschriebene Interdependismus korrespondiert insofern mit aktuellen medizinischen Körperbildern, als *communitas*, das Geteilte, materiell-semiotisch gedacht ist, was der Auffassung eines Psychosomas entspricht. Gehen die Parallelen zu medizinischen Körperbildern weiter? Wie Esposito zeigt, ist der gegenwärtige immunologische Diskurs, mit der Pandemie zum Alltagsdiskurs geworden, von Kriegsmetaphern geprägt; er ist aber nicht mehr zwingend einer der Reinhaltung, eher geht es in der immunologischen Sprache um das richtige Maß an Heteronomie: Es werden Erreger in richtiger Dosierung gebraucht, um eine heilsame Immunreaktion anzuregen; das Prinzip der Impfung. Esposito weist darauf hin, dass sich darin aber eine äußerst riskante Dynamik artikuliert: die Möglichkeit der Autoimmunreaktion, des Überschießens der Abwehr, die zur Vernichtung des Individuums führt. Dem gegenüber stehen Modelle der Toleranz, zu der der Organismus fähig ist, beispielsweise in einer Schwangerschaft oder, chemisch unterstützt, nach einer Organtransplantation.

Auch in diesem Modell steht jedoch eine abgeschlossene Einheit, der Organismus, der sich verteidigt und im schlimmsten Falle selbst angreift, in seltenen Fällen Gastlichkeit entwickelt, im Zentrum. Vermutlich braucht es aber ein Modell, das Berührungsoffenheit und Wechselwirkung denkt, aber weniger informatisch orientiert ist, als die Regelkreise der Kybernetik, um Interdependismus fassen zu können, all jene sympoietischen, unrunden, wilden und unvorhersehbaren Konglomerate, die neue Freuden, aber auch neue Bedrohungen bereithalten.

4

Die veränderte Frage könnte auch die nach einer Rekonfiguration von Sinneshierarchien sein. Wurde „der Mensch" in der abendländischen Philosophie, vereinfacht gesagt, als Sehende*r und auf Basis des Gesehenen autonom Handelnde*r konzipiert, wird menschliche Existenz im 21. Jahrhundert als verkettet und in Berührung befindlich herauszuarbeiten sein. Lebendige Körper brauchen Berührung, um existieren zu können, sie oszillieren zwischen Kontaktsucht und Distanznotwendigkeit. Selbst das Anorganische ist wesentlich durch die Schwerkraft und Anordnung im Raum, Anliegen und Begrenzen organisiert. Die Kultur- und Medienwissenschaften interessieren sich deshalb vermehrt für den Tastsinn, dessen vermittelnde Funktion die alten Gegensätze von aktiv und passiv, Denken und Wahrnehmen, mein und dein durchkreuzt. Der konsequenteste Vertreter eines tastenden und haptischen Denkens ist sicher Jean-Luc Nancy, der in den letzten Jahren den weltschaffenden Charakter des „Gefühls", wie der Tastsinn altmodisch heißt, herausgearbeitet hat. Es sind, so Nancy, Berührungen, die überhaupt Zugang zur Welt schaffen. Es ist die Schwerkraft, die menschliche Körper zum Himmelskörper Erde in Beziehung setzt, es ist die Endlichkeit des berührbaren Körpers, die überhaupt so etwas wie Sinn generiert.

Hier lässt sich, auch im Konkreten, ansetzen, denn die Pandemie hat unter anderem deutlich gemacht, dass wir derzeit wohl eher an zu vielen Kontakten in audiovisueller Form laborieren und mit Näheverhältnissen hadern.[9] Viele kognitiv und kommunikativ Arbeitenden klagten über Stress und Überlastung durch Videokonferenzen, über Erschöpfung und das Gefühl von Leere nach einer Überdosis Social Media. Echte, nämlich vollsinnliche und dosierte, auf Gegenseitigkeit beruhende, taktvolle Berührung war hingegen oft Mangelware, nicht erst seit den Lockdowns. Es wurde allerdings auch deutlich, dass es in Sachen Berührung keine Verteilungsgerechtigkeit gibt. Die einen, die mit Sorgeverpflichtungen oder in der Pflege Arbeitenden, hatten zu viel davon, die anderen bekamen zu wenig. Berührung ist ungerecht verteilt, weil sie verletzbar macht, an den Schmerz grenzt und deshalb auf Vertrauen fußt. Von allen und von allem angefasst zu werden ist eine Form der Folter; die Doppelbedeutung von Angreifen, vor allem im Österreichischen, spricht hier Bände. Aber was ist das für eine Gesellschaft, in der Berührung zum einen Privileg, zum anderen Überlastung ist? Wie lässt sich eine zukünftige Gesellschaft denken, die die bestmöglichen Bedingungen dafür schafft, dass möglichst viele die Risiken und Freuden von Kontakt, Kontamination und Kollaboration tragen können? Die das Gemeinschaftliche ebenso wertschätzt wie das Bedürfnis nach Rückzug? Die vor Übergriffen schützt und die taktvolle Berührung fördert? Eine Gesellschaft, die niemanden unberührbar macht und es umgekehrt unattraktiv werden lässt, sich unberührbar zu machen (unberührbar in dem Sinn, dass man sich jeder wirklichen Interaktion entzieht). Es wird, denke ich, so sein, dass digitale Technologien in einem Szenario von Kontakt, Kontamination und Kollaboration eine Rolle spielen, schließlich bilden sie so etwas wie die Haut der Globalisierung, eine, wie Jean-Luc Nancy das nannte, „fragile Haut der Welt"[10]. Aber sie werden vielleicht nicht die Treiber der politischen Dynamik eines besseren Zueinanders der Körper sein.

Jean-Luc Nancy hat in einer seiner letzten Äußerungen – es ist die Transkription eines Gesprächs (*call and response*) mit Carolin Meister und kein philosophischer Monolog – einmal mehr auf die Rolle der Technik in der laufenden Neuspationierung der Körper zueinander hingewiesen:

> „Aber wenn man bedenkt, dass Begegnungen stets im Rahmen bestimmter Bedingungen möglich waren (die Milieu, Sprache, Region betrafen), könnte man meinen, dass es immer schon versteckte ‚Programme' und ‚Algorithmen' gab. Und wie viele von ihnen liegen den Geburten zugrunde! Man könnte also sagen, dass wir uns um die Begegnung Gedanken machen, weil die Sichtbarkeit der sozio-technischen Prozesse uns aufmerksamer – und zugleich furchtsamer – werden lässt angesichts der Möglichkeit, dass die Begegnung ihr Mysterium, ihr Glück, ihre uneingeschränkte Gnade verliert."[11]

Die hier gemeinten Begegnungen stehen unter dem Zeichen des Unvermuteten; und in der Tat bleibt aus meiner Sicht der größte Mangel der Kommunikation über Online-Konferenztools, dass kaum jemals irgendetwas Unvermutetes geschieht, wie es bei der Kopräsenz im Raum andauernd passiert: eine schnelle Verständigung durch eine hochgezogene Augenbraue, überraschende Übereinstimmung im Humor, Spannung und Reibung wegen eines weggedrehten Kopfes oder eines angedeuteten Augenrollens.

Nancys Überlegungen zur Berührung betreffen nicht nur das Zueinander und den Nahraum menschlicher Körper, sie schließen andere lebendige und nichtlebendige Körper mit ein. Noch einmal Nancy: „Ein Hauch durchläuft ein Rohr, ein Finger zupft eine Seite oder schlägt auf eine gespannte Haut ... Blicke kreuzen sich. Es gibt eine ‚Erwiderung'."[12]

Das Denken und Ausprobieren von Berührung, von Nähe und Distanz, ist neben der Erweiterung des politischen Imaginären auf geteilte Endlichkeit die zweite wichtige Aufgabe für die Politik und für die Künste gleichermaßen: Für Erwiderung Raum und Zeit zu schaffen, in Ko- und Fernpräsenz, unter den problematischen Bedingungen ungleicher Verteilung von Ressourcen und Gefährdungen – monetären, technischen, psychischen, ökologischen –, das ist vielleicht Herausforderung genug im und für das junge 21. Jahrhundert.

1 Audre Lorde, *Our Dead Behind Us. Poems*, New York 1986, S. 37.
2 Audre Lorde, *The Audre Lorde Compendium. Essays, Speeches and Journals, introduced by Alice Walker*, London 1996 [1980], S. 7.
3 Siehe dazu auch die Ausführungen von Jule Govrin in diesem Katalog, S. 26–29, und in: dies., *Politische Körper. Von Sorge und Solidarität*, Berlin 2022.
4 Eva von Redecker, *Revolution für das Leben. Philosophie der neuen Protestformen*, Frankfurt am Main 2020.
5 Paul B. Preciado, *Ein Apartment auf dem Uranus. Chroniken eines Übergangs*, übers. v. Stefan Lorenzer, Berlin 2020.
6 Cornelius Castoriadis, „Das griechische und das moderne politische Imaginäre", in: ders., *Ausgewählte Schriften. Band 4: Philosophie, Demokratie, Poiesis*, hg. v. Michael Halfbrodt und Harald Wolf, übers. v. Michael Halfbrodt, Lich/Hessen 2011, S. 93–121. Dank an Thomas Macho, der in einem Vortrag im Rahmen der Tagung *Radikale Imagination. Cornelius Castoriadis zum 100. Geburtstag* am IFK/Wien im Dezember 2021 (konzipiert von Jens Schröter, Christoph Ernst und mir) auf diesen Gedankengang Castoriadis' hingewiesen hat.
7 Ebd., S. 103.
8 Roberto Esposito, *Immunitas. Schutz und Negation des Lebens*, Zürich/Berlin 2004.
9 Die Überlegungen dieses Absatzes sind Weiterführungen von Karin Harrasser, „Die Zukunft der Körper, zueinander", in: *Frankfurter Allgemeine Quarterly*, 4 (2021), S. 76–81.
10 Jean-Luc Nancy, *Die fragile Haut der Welt*, Zürich/Berlin 2021.
11 Carolin Meister, Jean-Luc Nancy, *Begegnung*, Zürich/Paris 2021, S. 8.
12 Ebd., S. 104.

KÖRPER IM PLURAL
KRÄFTESPIELE DES POLITISCHEN

JULE GOVRIN

Zwei Figuren des Körpers als Einzelnes und als Einheit. Zur ersten Figur: die Moderne und ihr Körper. Ihr einer Körper. Ihr einziger. Ihr einer und einziger Körper, der ihr ein und alles ist. So der Schein. Schließlich schmiegt sich die Ideengeschichte der Moderne um die Idee des einen Körpers, des Einzelkörpers, des Eigentümer-Körpers, selbstgenügsam und stark, possessiv und produktiv, mit Autorität kraft Autonomie. Indessen geistern die vielen Körper durch die Ideengeschichte, die besitzlosen, die besessenen, die verworfenen Körper, und wühlen sie von innen auf. Die Körperscharen, die im Schatten der Selbstgenügsamkeit des einen Körpers arbeiten, ihn versorgen und umsorgen. Die Körpermassen, die als Bedrohungsbild beschrieben werden, als Pöbel, den die Philosophen der Aufklärung so sehr fürchteten. Die Körpermassen, auf deren Arbeitskraft man abzielt, die dressiert, biopolitisch verwaltet oder nekropolitisch verwertet und vernichtet werden sollen.[1] Im Inneren des Wirtschaftens liegt die Vielheit und Verbundenheit, schließlich schöpft sich die Produktivkraft aus Körpern im Plural. In ihrer Verwertbarkeit werden ihre Verbundenheit und ihr Vermögen zu kooperieren, einkalkuliert, als körperliche Kernkomponenten des Kapitals. Ökonomie, als *body economic* begriffen, besteht in der Organisation von Körpern unter Körpern.[2] Trotz dieser wirtschaftsstiftenden Relationalität von Körpern kürt die Ideengeschichte des Kapitalismus den Einzelkörper zum Sinnbild für Stärke und Erfolg. Der ökonomische Mensch als Robinson Crusoe, dessen Abhängigkeit von Freitag im weiterwährenden Motiv kolonialer Überlegenheit ausgeblendet wird. Sicherlich scheint die phantasmatische Position des *homo oeconomicus* heutzutage durchlässiger, zugänglicher für die Mehrheit der Menschen, die nicht den Körpernormen weißer, bürgerlicher, gesunder Maskulinität entspricht.[3] Indessen bleibt der *homo oeconomicus* an althergebrachte Ideale der Stärke und Selbstgenügsamkeit gebunden, er stählt und stärkt seinen Körper für den Konkurrenzkampf der Individuen, hält ihn für den Markt fit, als humankapitalistisches Investitionsmittel. Neu eingefasst wird diese Figur des ökonomischen Menschen, des zweckrationalen Individuums, welches seinen Eigentumskörper als Ressource zu optimieren trachtet, in neoliberale Narrative der Resilienz und Eigenverantwortung. Der alte Einzelkämpfer als spätmoderner Entrepreneur. Eine Pose des heroischen Selfmademan, des aggressiven Angriffs, des *hire and fire*, eine Pose, in die sich plakativ Donald Trump warf. Einmal mehr der eigentümliche Einzelkörper in seinen maskulinen Mustern unbedingter Unabhängigkeit.[4] Wie er sich auch dreht und wendet, er bleibt beharrlich als Trugbild kapitalistischer Vorstellungswelten bestehen. Seine Spuren finden sich in den gedanklichen Genealogien der Gegenwart. In seinen Naturzuständen zeigt er sich bei Hobbes, als mechanischer Körper, der sich vor anderen durch Eigentum schützen muss, in Rousseaus romantischen, schwärmerischen Schilderungen des selbstgenügsamen, selbsterfüllten Einzelgängers in der Natur und nicht zuletzt bei Locke, der Selbstbestimmung über den eigenen Körper als Eigentum an diesem denkt.[5] In geschichtlich weit entfernten Gegenwartsfassungen findet er sich in den Figuren der Finanzwelt, der Politik, der Unternehmen. In den symbolischen Sphären der Macht. In den selbstsorgerischen, selbsttherapeutischen Anleitungen, den eigenen Körper zu hegen und zu pflegen, ihn resilient zu machen. Sosehr dieses Selbstsorgesubjekt ein netzwerkendes Subjekt ist, im digitalen Schwarm verbunden, so sehr folgt es doch dem eigenkämpferischen Drang im Konkurrenzkampf der Individuen und ihrer kuratierten Körper. Verdrängt aus den Vorstellungswelten der erfolgreichen, eigenverantwortlichen Körper der Wenigen bleiben dagegen die Körper der Vielen – oder sie werden in Bilder von Armut und Ohnmacht verbannt, als Verkörperungen des Vulnerablen gelesen. Die vielen Körper, die die Schattenarbeiten verrichten sollen.

Zur zweiten Figur: Derweilen beschränkt sich dieser eine Körper, der die liberale Ontologie der Moderne durchkreuzt, nicht auf den vereinzelten Körper. Hinzu tritt eine zweite Figur, die auf die Einheit der Vielheit abzielt. Denn der eine Körper manifestiert sich ebenso in der Metapher des Körpers als Gemeinschaft. Die soziale Organisation als Organismus. Das sich beständig wandelnde Sinnbild der *body politic*, welches sich von Äsop über die Antike bis in die politischen Körpermetaphern der Gegenwart fortbewegt.[6] Die organische Einheit des Gemeinschaftskörpers, wie sie in mittelalterlichen Vorstellungswelten vorherrschte, war zergliedert – von oben nach unten. Das Oberhaupt. Das Fußvolk. In der Moderne wandelt sich die *body politic* zum Gesellschaftskörper – einhergehend mit dem Staats- und Nationskörper. Aufgrund seiner Anlagen, Unterschiede zu naturalisieren, äußert er sich in den Vorstellungen eines Volkskörpers, wie sie in nationalsozialistischen Reinheitsfantasien der „Rassenhygiene" vorherrschen.[7] So verschieden die Bilder eines faschistischen Volkskörpers und des demokratischen Gesellschaftskörpers sind, teilen sie die Immunisierungslogik, die der Idee eines einheitlichen sozialen Körpers innewohnt. Er soll nach außen abgegrenzt und von innen bereinigt werden. Abgeschlossen und unterteilt. Gemäß der Ordnung von Körpergliedern, gefährdet durch die Durchlässigkeit der Hautgrenze, durch die Atemluft, die außen und innen überschreitet. Obwohl die Vorstellung des demokratischen Gesellschaftskörpers vom Gleichheitsgrundsatz geprägt ist, wird er von Linien „starker Differenz"[8] durchzogen. Ganz am Anfang der Aufklärung: Während „weiße, besitzende, ‚nichtbehinderte' Männer" durch das „Eigentumsverhältnis über ihre Körper zu politischen Bürgern werden", wird es allen aberkannt, die als Andere erachtet werden, und zwar „aufgrund der Unmöglichkeit eines Selbst-Eigentums am Körper".[9] Die Wenigen, die weiße, bürgerliche Männlichkeit verkörpern, werden zu seltsam entkörperten Wesen; sie werden mit einem symbolischen Überschuss versehen, der ihnen Autorität und Anerkennung als politische Subjekte gewährt. Die Vielen werden aus der Sphäre der Gleichheit ausgegrenzt, mit einem Zuschuss an Natur und Körperlichkeit versehen, als feminisierte, rassifizierte, prekäre, perverse, kranke Körper. Die Gesellschaft war immer schon gespalten. Insofern ist es irreführend, von einem einzelnen sozialen Körper auszugehen, der einzig in Krisen seine Kohäsion verliert, dessen Einheit durch nachträgliche Spaltungen bedroht ist. Es gab ihn nie, den sozialen Körper. Allein als albtraumhaften, zerrissenen, zerfetzten, zerschundenen Körper. Als politisches Trugbild täuscht er Gleichheit wie Ungleichheit vor. In seinen Aus- und Abgrenzungsbewegungen, in den Stellungszuweisungen in seinem Inneren suggeriert er eine gegebene Ordnung der Ungleichheit. Die Leistungsträger. Die Einkommensschwachen. Die Stützen der Gesellschaft. Die sozial Schwachen. Die moderne Idee von Gleichheit beruht gleichsam auf dem Idealbild eines demokratischen Gesellschaftskörpers, dessen Spaltungen erst nach dessen Stiftung eingetragen werden; sie werden erst verzeichnet, wenn sie allzu sichtbar werden, derweilen gelten sie als Ausnahmen. Trotz dieser friedvollen Kohäsionsfantasien, die dieses demokratische Gesellschaftskörperbild zu bestimmen scheinen, unterliegt es einem Kräftespiel, das sich um Immunisierung dreht. Ganz grundlegend wohnt dem Gedanken einer Gemeinschaftsidentität das Fremde, das Gefährden inne, denn im Bestreben, sich zu immunisieren, das Fremde abzusondern, es auszustoßen, wird die Einteilung zwischen eigen und fremd erst erzeugt.[10] Indessen bleibt die Immunität prekär, da der Gesellschaftskörper andauernd gefährdet ist. In seiner Bildsprachlichkeit des Eingeschlossenen gefangen, muss sich der soziale Körper immerfort immunisieren, gegen das Fremde, das zum Feindlichen wird, aber auch gegen die inneren Feinde, die die soziale Ordnung stören. Die Perversen, die Schwachen, die Armen, die Immigrierten – die sündenbocklogischen Linien des Stigmas durchziehen das Phantasma des sozialen Körpers. Wie sehr sich dieses Kräftespiel nicht nur gegen die feindliche Stärke, sondern gegen die eigene Schwäche im Inneren richtet, zeigt sich in Zuschreibungen, verwundbar zu sein. Gegen die Vulnerablen, welche die Körperstärke abschwächen. In sozialdarwinistischen Reinheitsfantasien, berauscht von Stärkeschwärmereien, getrieben von der Angst vor Scheitern und Abhängigkeit. Inmitten dieser Vorstellung vom Gesellschaftskörper vollzieht sich die Abwertung und Abgrenzung von all denen, die mehr in ihrer Körperlichkeit und weniger in ihrer Menschlichkeit angesehen werden, mit denen man nicht redet, weil man über sie redet. In den Diskursschleifen des Stigmas, die sich immer und immer wieder in ihre Körper einschreiben. Währenddessen manifestiert sich die Differenzeinschreibung in materieller Ungleichheit, in prekären Arbeits- und Lebensverhältnissen, in die Menschen gedrängt werden. Schließlich ist Ausbeutung differenziell ausgerichtet auf diejenigen, die als Andere gelten, die mehr Körper als Antlitz sind. Entlang der alten Linien, zwischen Besitzenden und Besitzlosen, zwischen unbezahlter und bezahlter Arbeit. Und im großen Maßstab als globale Arbeitsteilung, die sich in neokolonialen Enteignungen fortsetzt.[11] Die Einen werden strukturell verwundbar gemacht, die Anderen von ihnen versorgt, um sich dem Schein der Selbstständigkeit hinzugeben, dem Stolz auf den eigenen Erfolg, es geschafft zu haben. Die Wenigen, die nicht so sehr an materieller Produktivkraft als vielmehr an Finanzkraft gemessen werden, die mit Zahlen zaubern und im Spektakel der Spekulation mitspielen können, weil ihnen nicht die Schwerkraft des Materiellen anhaftet, weil sie nichts von der wirtschaftlichen Sorge wissen, die um den Körper kreist: zu kalt, zu hungrig, zu krank. Das Vermögen zum Zahlenzauber kommt diesen finanzkräftigen Körpern zu, indem sie vorgaukeln können, ihr Reichtum sei aus ihnen selbst geschöpft. Sie machen ihren Körper vergessen, indem er in Eigentum eingekleidet wird. Die alte Finte von Hobbes und Locke, die Selbstbestimmung über den eigenen Körper mit Selbstbesitz und Eigentumsrecht zu verschalten. Die Verfügung über den eigenen Körper, über den eigenen Eigentumskörper, der mit der Verfügbarmachung der besitzlosen Körper verfährt, der anderen, der ausbeutbaren Körper. Die *body politic*, überführt in die *body economic*. Die *body economic* des späten, von Krisenkaskaden erschütterten Kapitalismus steht im Zeichen der Resilienz.[12] Das Überleben als unbedingtes Überleben des Marktes, der Opfer verlangt. Indessen manifestiert sich die Misere, welche die Mehrheit erfasst und sie trotz aller Verschiedenheit verbindet. Selbst diejenigen, die in der Sicherheit des Wohlstands der Wenigen weilten, sich in den wohltuenden Illusionen der eigenen Stärke und Unabhängigkeit wähnen durften, werden körperlich mit den Krisen konfrontiert. Was manche ausblenden konnten, ist kaum mehr zu verdrängen. Da ist die Pandemie, die sich entlang von Wirtschaftswegen von Körper zu Körper verbreitet, der Virus, der uns alle angreift, in unserer unweigerlichen Abhängigkeit. Ebenso erfasst die Klimakatastrophe allmählich auch die Körper, die in den Wohlstandsgebieten der Welt im kühlen Schatten ausharren konnten, während andernorts die Wälder brannten und das Wasser versiegte. Die Metaphern der sozialen Immunität verlaufen inmitten dieser allumfassenden, alle erfassenden Krisen ins Leere, so sehr sich rechte Stimmen auch anstrengen, sie in Verschwörungserzählungen einzufangen, und Vorstellungen eines bedrohten Volkskörpers verbreiten, der nicht durch Krisen, Klima und Krieg, sondern von Vielfalt gefährdet sein soll. Währenddessen verläuft die Politik beharrlich in den Bahnen eines Wachstumswunsches, dessen immense Zerstörungskraft immer drastischer zutage tritt. Zurück bleibt der aufgewühlte Weltenkörper, auf dem wir leben, der uns überleben wird, auf dem wir leben wollen und doch nicht leben werden, wenn sich unsere Wirtschaftswege nicht radikal verändern. Wenn wir nicht herunterfahren mit der Verwertung und Vernichtung des Lebens. Wie also anders leben? Tatsächlich findet sich eine Fülle an Gegenfiguren, die – entgegen der Figuren eines einzelnen und eines einheitlichen Körpers – Körper in Plural setzen. Und ebendiese Vielheit und Verbundenheit von Körpern enthält ein Versprechen von Gleichheit.

Zwischen den Gegenfiguren: Welche Wege finden sich für eine solidarische Resilienz, um solidarisch die gegenwärtigen und kommenden Krisen zu überlegen? Eine Resilienz, welche die Abgrenzungslinien zwischen Stärken und Schwächen verschwimmen lässt? Die sich nicht im Gegensatz zur Verwundbarkeit veranschlagen lässt, weil sie aus dem Gewahrwerden der geteilten Verwundbarkeit erwächst, die im verkörperten Wissen aufkommt, dass wir miteinander verbunden und voneinander abhängig sind? Wege, um die Vorstellungskraft zu erweitern, liegen im radikalrelationalen Umdenken von Körperlichkeit. Um die Grenzen des Eigentümer-Einzelkörpers zu überschreiten. Körper im Plural, in dem individuelle und kollektive Verkörperungen ineinander übergehen, ohne ineinander aufzugehen, in einer Beziehung, die „kein Besitzverhältnis ist, […] eine Beziehung zum Körper als Komposition", da er „niemals allein von sich selbst [abhängt]".[13] Also Körper, die durchweg durcheinander kontaminiert sind, weil sie voneinander abhängen. Als offenes Gefüge mit Fluchtlinien, die sämtliche symbolischen Grenzziehungen durchkreuzen, als Landschaft, durch die sich die Spuren der Gewaltgeschichten ziehen. Einen solchen Weg zeigt das Körperkonzept des *cuerpo-territorio* auf, das Körper-Territorium, ein indigenes, aktivistisches Konzept, das Körper keineswegs als abgesteckte Territorien kennzeichnet; stattdessen werden sie als Landschaften, als Umwelten sichtbar, die ineinander übergehen. Durchzogen von ihren Geschichten, durchfurcht von Gewalt.[14] In solch einem Bild scheinen Körper in ihrer unumgänglichen Verbundenheit auf. Und es verweist uns auf eine geteilte Verwundbarkeit. Eine Verwundbarkeit, die daher rührt, dass unsere Körper immer schon sozial verfasst sind, unweigerlich voneinander abhängig.[15] In dieser Verwundbarkeit liegt ein Gleichheitsversprechen, das nicht von oben, sondern von unten kommt, von den Körpern her, von ihren Verbindungen und Beziehungen. Mein Körper ist dein Körper ist unser Körper. In all ihrer Bedrohlichkeit bezeugt uns die Pandemie unsere verkörperte Verbundenheit. Sie geht so viel weiter als die bloße Begriffsarbeit, den Kanon der verengten Vorstellungen zu verändern, denn die Pandemie zwingt uns in brachialer Weise zum epistemischen Widerstand, der bis tief hinein in unsere Körper reicht. Das Weiterdenken, Weiterwirtschaften, Weiterverwirtschaften in bekannten Bahnen wird in seinen Irrwegen sichtbar, im toxischen Verhaften am Schutz der Wenigen. Die Pandemie lehrt uns all dies, sie verweist uns darauf, dass man das Körperliche nicht privatisieren kann, wie sich die Luft nicht in meinen und deinen Atem aufteilen lässt. Dass uns die Atemseele eint, auch als vergifteter Atem. Mein Atem ist dein Atem ist unser Atem. Das Soziale als soziosomatisches Miteinander.[16] Unabwendbar ineinander verwunden. So zeigen wir uns als verbundene, verwundbare, verkörperte Wesen. Es wäre zu wenig gesagt, würde man schreiben, die Stärke des Sozialen erwachse aus der Sorge um einander. Allen die Vorzeichen von Schwäche und Stärke zu verkehren, führt ihren falschen Gegensatz fort. Es mag verführerisch sein, Verwundbarkeit als individuelle Selbstsorge und kultivierte Sanftheit zu übersetzen, sie zu verflachen, indem Verbundenheit verdrängt und das einzelne Selbstsorgesubjekt in den Vordergrund gespielt wird. Vielmehr gilt es, Verwundbarkeit gegen den Strich zu lesen. Die kollektive Handlungsmacht zu erkennen, die aus dem Wissen darum entsteht, verbunden und verwundbar zu sein.[17] Die Widerspenstigkeit, die daraus erwächst und sich dagegen wendet, wie Körper strukturell verwundbar gemacht werden. Solidarische Gefüge, die egalitäre Körperpolitiken und alternative Sorgeökonomien stiften. In der Bewegung der besetzten Plätze, im feministischen Frauenstreik, bei *Black Lives Matter*. In den solidarischen Gesundheitskollektiven, in den kommunalen Gärten, in den Hausprojekten, in all den solidarischen Gemeinschaften und Netzwerken, in denen Formen des alternativen Wirtschaftens ausprobiert und eingeübt werden.[18] In den solidarischen Gefügen, die sich dagegen wehren, dass Körper strukturell verwundbar gemacht werden, die in ihren partikularen Politiken zu egalitären Körperpolitiken werden, weil sie dem Anspruch auf gleichen Schutz und Sorge nachgehen, der aus geteilter Verwundbarkeit entsteht. In ihnen wird Gleichheit als Praxis gelebt, eine Gleichheit, die brüchig bleibt. In diesem Sinne machen solche Gefüge auf den Gedanken eines Universalismus von unten aufmerksam, auf eine Gleichheit, die in kontingenten, körperlichen Praktiken der solidarischen Sorge entsteht. Der auf Vielfalt anstelle von Einheit aufbaut, ganz gegenläufig zum Universalismus der Aufklärung und seinen unterschwelligen Körpernormen. Das Umlernen geschieht in all diesen solidarischen Beziehungsgeflechten, die keine befriedete Einheit bilden, sondern sich in unentwegten Aushandlungen befinden, ausgehend von einer Gleichheit in der Differenz[19], in den unabsehbaren Bahnen affektiver Gegen-Habitualisierungen, die in diesen sorgenden Beziehungsweisen[20] entstehen. In dem Miteinander, in der Mannigfaltigkeit von Körpern, zwischen denen eine Gleichheit von unten entsteht. Im Plural, niemals in der Einheit.

1 Zur Disziplin vgl. Michel Foucault, *Überwachen und Strafen. Die Geburt des Gefängnisses*, Frankfurt am Main 1976. Zur Biopolitik vgl. Michel Foucault, *Die Geburt der Biopolitik. Geschichte der Gouvernementalität II*, Frankfurt am Main 2006. Zur Nekropolitik vgl. Achille Mbembe, „Nekropolitik", in: Marianne Pieper, Thomas Atzert, Vassilis Tsianos, Serhat Karakayalı (Hg.), *Biopolitik – in der Debatte*, Wiesbaden 2002, S. 63–97.

2 David Stuckler, Sanjay Basu, *The Body Economic. Why Austerity Kills. Recessions, Budget Battles, and the Politics of Life and Death*, New York 2013, S. 139.

3 Friederike Habermann, „Ökonomische Solidarität? Unbedingt!", in: Lea Susemichel, Jens Kastner (Hg.), *Unbedingte Solidarität*, Münster 2021, S. 207–219.

4 Judith Butler, *Die Macht der Gewaltlosigkeit. Über das Ethische im Politischen*, Berlin 2020, S. 45.

5 Thomas Hobbes, *Leviathan oder Stoff, Form und Gewalt eines kirchlichen und bürgerlichen Staates*, Frankfurt am Main 1966, S. 94–96; Jean-Jacques Rousseau, *Gesellschaftsvertrag*, übers. v. Hans Brockard, Stuttgart 1977, S. 12; John Locke, *Zwei Abhandlungen über die Regierung*, Frankfurt am Main 1977, S. 216.

6 Andreas Musolff, *National Conceptualisations of the Body Politic. Cultural Experience and Political Imagination*, Singapur 2021, S. 18–21. Vgl. Joëlle Rollo-Koster, „Body Politic", in: Mark Bevir (Hg.), *Encyclopedia of Political Theory*, Thousand Oaks 2010, S. 134–137; Imke Schmincke, „Body Politic – Biopolitik – Körperpolitik. Eine begriffsgeschichtliche Rekonstruktion der Body Politics", in: *Body Politics. Zeitschrift für Körpergeschichte*, 11 (2019), S. 15–40.

7 Vgl. Roberto Esposito, *Immunitas. Schutz und Negation des Lebens*, Berlin 2004, S. 27–30; Imke Schmincke, *Körpersoziologie*, Paderborn 2021, S. 115.

8 Philipp Sarasin, *Reizbare Maschinen. Eine Geschichte des Körpers 1765–1914*, Berlin 2001, S. 205–207.

9 Gundula Ludwig, „Körper und politische (An-)Ordnungen. Zur Bedeutung von Körpern in der modernen westlichen Politischen Theorie", in: *Politische Vierteljahresschrift*, 4 (2021), S. 643–669, hier: S. 654.

10 Vgl. Esposito, *Immunitas* (s. Anm. 7), S. 33–35.

11 Zum Konzept der differenziellen Ausbeutung vgl. Jule Govrin, *Politische Körper. Von Sorge und Solidarität*, Berlin 2022, S. 130–132.

12 Vgl. Sarah Bracke, „Bouncing Back: Vulnerability and Resistance in Times of Resilience", in: Judith Butler, Zeynep Gambetti, Leticia Sabsay (Hg.), *Vulnerability in Resistance*, Durham 2016, S. 52–76.

13 Verónica Gago, *Für eine feministische Internationale. Wie wir alles verändern*, Münster 2021, S. 69.

14 Ebd., S. 104–108.

15 Judith Butler, *Gefährdetes Leben. Politische Essays*, Frankfurt am Main 2005, S. 37.

16 Zum Begriff des Soziosomatischen vgl. Jule Govrin, *Begehren und Ökonomie. Eine sozialphilosophische Studie*, Berlin 2020, S. 142–144.

17 Judith Butler, Zeynep Gambetti, Leticia Sabsay, „Introduction", in: dies. (Hg.), *Vulnerability in Resistance* (s. Anm. 12), S. 1–12.

18 Für eine ausführliche Schilderung kommunaler Sorgepraktiken vgl. Friederike Habermann, *Ecommony. UmCARE zum Miteinander*, Sulzbach am Taunus 2016.

19 Vgl. Étienne Balibar, *Gleichfreiheit*, Berlin 2012, S. 110.

20 Zum Begriff der Beziehungsweise und im Besonderen der solidarischen Beziehungsweisen vgl. Bini Adamczak, *Beziehungsweise Revolution. 1917, 1968 und kommende*, Berlin 2017, S. 263.

...DIRTY...DRAGGING ...MIXED UP IN PROJECTS THAT DO...HARM...

EVELYN ANNUSS

Kontamination erscheint – nicht zuletzt in Anlehnung an gegenwärtige transfeministische Positionen[1] – als Gegenbegriff zu überkommenen Autonomievorstellungen. *mixed up with others before we even begin* bringt ihn programmatisch ins Spiel und befragt, im Titel Anna Lowenhaupt Tsing entwendend,[2] den heute veränderten Status von Kunst beziehungsweise des Kunstschaffens. Die Ausstellung will aktuelle künstlerische Arbeiten mit historischen Werken beziehungsweise Artefakten aus der Sammlung des mumok und des Naturhistorischen Museums in Berührung bringen, diese gewissermaßen verunreinigen, queeren und zugleich dekolonisieren.[3]

Vor diesem Hintergrund möchte ich eine Neubestimmung von Drag als im transversalen Sinn queerer Praxis vorschlagen und die Perspektive so vom Programmatischen auf unwillkürliche Berührungen und deren „gewichtige" Effekte verschieben. In den 1990er-Jahren wurde Drag – negativ fixiert aufs Identitäre – als „subversive repetition within signifying practices of gender"[4] diskutiert. Bei weitgehender Ausblendung je spezifischer gesellschaftlicher, historischer Kontexte ging es mithin erst einmal ums Undoing heteronormativer Subjektivierungsformen. Unter heutigen Bedingungen geraten verstärkt globale Perspektiven und Fragen nach je spezifischen Umgebungen ins Blickfeld. Daran ließe sich mit einer Reformulierung von Dragging auch jenseits der bestimmten Negation eines biologistisch fundierten Geschlechterbinarismus anknüpfen. Die „Volksetymologie", also die nicht verifizierbare Ursprungsgeschichte des Begriffs, verweist auf *cross dressing* im vorbürgerlichen europäischen Theater[5] – darauf, wie männliche Schauspieler in Frauenrollen die Schleppen ihrer Kostüme hinter sich herziehen. Die Fama bestimmt Dragging, so ließe sich weiter fabulieren, in fortgesetzter Übertragung als *dirty practice*, als Umschreibung dafür, auch alles mögliche Herumliegende blindlings mit sich zu schleppen. Mein Vorschlag nun wäre, an dieser Lesart weiterzuschreiben, den Fluchtpunkt bestimmter Negation zu dezentrieren und entsprechend nach der möglicherweise unversehens mitgeschleppten Umgebung zu fragen. Was etwa führt die Kontamination von Sammlungsbeständen, deren programmatisches Queering, im hiesigen Kontext unfreiwillig mit sich?

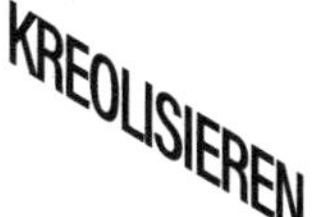

In der Frage nach dem unwillkürlichen Mitschleppen klingt die Auseinandersetzung mit Kreolisierungsprozessen an, über die sich der Blick auf die Materialität von Herrschaftsgeschichte und ihre Nachwirkungen hin öffnet. Kreolisierte, unvorhersehbare sprachliche Nachbildungen bestimmt Édouard Glissants *Poétique du Diverse* als Effekte des kolonialen Extraktivismus im sogenannten *Black Atlantic* (Paul Gilroy).[6] Aus dem „bitteren Rest"[7] des Verlorenen hätten die Kolonisierten, die Verschleppten gezwungenermaßen neue Formen der Bezugnahme entwickelt. Der universalistischen Vorstellung von einem geordneten Weltganzen abgeschlossener Entitäten, wie sie sich als Kehrseite des kolonialen Projekts ab dem 17. Jahrhundert herausgebildet und identitäre Episteme der Repräsentation produziert hat, setzt Glissant entsprechend die notgedrungene Produktivität einer kreolisierten, chaotischen *tout-monde* entgegen. Damit steht Kreolisierung bereits quer zur Rhetorik des Undoing – oftmals auch zu heutigen Dekolonisierungsdiskussionen. Transkulturelle Bezugnahmen schleppen, Glissants Auseinandersetzung mit der karibischen Literatur zufolge, das koloniale Trauma mit sich und geben zugleich durch dieses hindurch den Ausblick darauf, dass Kultur immer schon *dirty* ist. Die Vorstellung von *miscegenation* als Kontamination würde durch das produktive Übersetzungsvermögen der Leute, der *tout-monde*, unterwandert und als retrospektive, indigenisierende Projektion offenbar, so auch Zimitri Erasmus mit Blick auf die südafrikanische Geschichte.[8]

Glissants und Erasmus' Denken korrespondiert mit Walter Benjamins Vorstellung vom Zitieren, die wiederum implizit ans Jiddische und damit an eine andere von Zwangsmigrationen bestimmte (Sprach-)Geschichte erinnert: „die Lumpen, den Abfall; die will ich nicht inventarisieren, sondern sie auf die einzig mögliche Weise zu ihrem Recht kommen lassen: sie verwenden",[9] so Benjamins *Passagen*-Notizen über literarische Praktiken. Jenseits der Literatur lebt das Lumpensammeln heute als environmentale künstlerische Praxis unter kreolisierten Bedingungen etwa in den Abfall-Arbeiten des Künstler*innenkollektivs Atis Rezistans nach. Deren Ghetto Biennale, im haitianischen Port-au-Prince entstanden, wurde während der documenta fifteen in die Kasseler katholische Kirche St. Kunigundis versetzt.[10] Durch die Aufladung des künstlerisch recycelten Materials mit Voodoo-Referenzen wird das hiesige sakrale Environment Teil einer kollaborativen Installation, die die transozeanischen Fluchtlinien des Kolonialen von Europa aus ins Gedächtnis ruft und dieses zugleich in seiner Provinzialität lesbar macht.[11] Im Rahmen der documenta fifteen ausgestellt, provoziert die Arbeit von Atis Rezistans auch zur kritischen Auseinandersetzung mit dem globalisierten Kunstmarkt – mit einem Ausstellungswesen, in dem die Aftereffekte kolonialer Gewalt die Verteilung der Ressourcen bestimmen und noch in der besonderen, essenzialisierenden Vermarktung von Künstler*innen aus dem Globalen Süden fortwirken.

Nun bestimmt Paul B. Preciado, am Kurator*innenteam der vorhergehenden documenta 14 beteiligt, hormonelle Selbstversuche als Kontamination, quasi als *new material drag*. Der proklamierte selbsttechnologische Widerstand gegen die Binarisierung der Geschlechter wird dabei als „innere Kreolisierung" umschrieben und mit dem Verweis auf Kolonisierungsprozesse kurzgeschlossen.[12] Was als transversales Queering und Äquivalenzkette des Solidarisierens erscheinen mag, blendet zugleich die je spezifischen Bedingungen prekarisierter Leben aus und gerät so zur letztlich instrumentalisierenden Appropriation.[13] Kreolisierung im konkreten Kontext einer *spezifischen* Gewalterfahrung situierend, unterscheidet sich Glissants Begriffsprägung von Preciados metaphorischer Verwendung. Die hier aufscheinende politische Notwendigkeit, Kontexte zu unterscheiden, tangiert auch die Programmatik des Kontaminierens. So würden kuratorische Verfahren des Kontaminierens entsprechend auf ihre je spezifische Situiertheit und das kontextuell hervorgerufene, unwillkürliche Mitschleppen von Betriebslogiken, von Essenzialisierungen und Ungleichheiten hin befragbar.

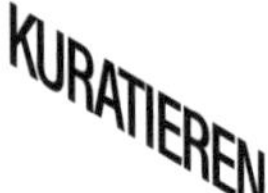

Gezeigt wird *mixed up …* in den von Anetta Mona Chişa und Lucia Tkáčová architektonisch gestalteten Überresten von *Kollaborationen*. Diese vorhergehende Signature-Ausstellung vor allem konzept- und aktionskünstlerischer Sammlungsbestände aus den 1960er- und 1970er-Jahren untersucht kollektive Arbeitsweisen im Kontext heutiger Auseinandersetzungen um künstlerische Autorschaft.[14] Das von Chişa und Tkáčová geschaffene Setting als Ruinenlandschaft begreifend, geht es in *mixed up …* nun um die „Infektion"[15] historischer Sammlungsbestände mit aktuellen, diversifizierten künstlerischen Positionen und das Hinterfragen bisheriger Ausstellungsbedingungen. In ihrem ergänzenden künstlerischen Beitrag *Nothing Nowhere into Something Somewhere* (2015) seien Chişa und Tkáčová in diesem Zusammenhang, so heißt es, in die Rolle sibirischer Schamaninnen geschlüpft, hätten gewissermaßen in Drag[16] halluzinogene Pilze konsumiert, ihren mit Drogen kontaminierten Urin zu Gelee verkocht und in essbare, konsumierbare Skulpturen verwandelt. Chişas und Tkáčovás bernsteinfarbene, das Publikum quasi zur kollektiven Drogeneinnahme animierende Gelees spielen offenkundig mit einer transgressiven Erweiterung des Kunstbegriffs im Spannungsfeld zwischen Ritual und Konsum. Zugleich schleppt diese Arbeit, ins mumok versetzt, vergangene Auseinandersetzungen um den Status von Kunst mit sich.

Aufgerufen wird mit den essbaren Urinskulpturen nicht zuletzt der 1968 skandalisierte Umgang mit Körperausscheidungen der Wiener Aktionisten, für den Günter Brus, der sich im Rahmen der Aktion *Kunst und Revolution* mit Fäkalien beschmiert und gleichzeitig die Bundeshymne gesungen hatte, zu sechs Monaten Haft verurteilt wurde.[17] Gemeinsam mit Otto Muehl, Peter Weibel und Oswald Wiener trat er in einem Hörsaal der Uni Wien gegen die „assimilationsdemokratie"[18] und deren Funktionalisierung der Kunst als gesellschaftliches Ventil an. Später wurden die Spuren dieser „beispiellosen Schweinereien",[19] so ein Flugblatt der damaligen Freiheitlichen Studenten, zusammen mit anderen Arbeiten des Wiener Aktionismus Teil der mumok Sammlung und gehen exemplarisch in die *Kollaborationen*-Ausstellung ein.

Hier wird deutlich, wie merkwürdig quer diese Aktion zu heutigen, institutionalisierten Infragestellungen der Kunstautonomie liegt. Die Arbeit der Wiener Aktionisten ist 1968 von der Abgrenzung vom damaligen österreichischen Kulturbetrieb bestimmt und operiert als Gegenmodell zum darin nachlebenden Entartungs- und Reinheitsideologem des Nationalsozialismus.[20] Ihrerseits im mumok nachlebend, offenbart gerade *Kunst und Revolution* retrospektiv sowohl die eigene Assimilierbarkeit und Transformation in ein Aushängeschild moderner österreichischer Gegenwartskunst als auch die Entfernung vom Horizont heutiger kulturpolitischer Kämpfe. Von den aktuellen Diskursverschiebungen zeugt nicht zuletzt die gerade heftig diskutierte documenta fifteen, die auf die Transposition lokal verankerter artivistischer Kollektive in einen globalisierten Ausstellungszusammenhang setzt, um die Ressourcenfrage zu stellen. Über die Filmreihe *lumbung calling* von ruangrupa, den documenta-Kurator*innen, und die exemplarisch ausgestellten Spuren von *Kunst und Revolution* setzt *Kollaborationen* diese Perspektiven in Beziehung. *mixed up …* antwortet ohne Anführungszeichen zitierend auf diese Konstellation.

In dem von Chişa und Tkáčová gestalteten Raum nehmen nun Leilah Babirye, Mariana Castillo Deball, Nilbar Güreş, Nicolás Lamas und Slavs and Tatars auf die Sammlungsbestände Bezug. *mixed up …* zeugt also auch von einer Diversität, die dem Wiener Aktionismus und seinem negativen Bezug auf das Österreich von 1968 fremd ist. Symptomatisch für die derzeitige Diskursverschiebung, erscheinen die damals an der Aktion Beteiligten heute vielen entsprechend weniger als revolutionäres Kollektiv denn als Stellvertreter der Persistenz institutioneller Strukturen, die von „alten weißen Männern" beherrscht werden und die es zu kontaminieren gilt.[21] Denn postautonom begriffen, wird Kunst heute zunehmend explizit an Biografien gebunden und kommt so kaum mehr umhin, bisherige Exklusionen durch den Betrieb zu hinterfragen. „Im Moment stehen Kunstinstitutionen unter einem enormen Druck, weil ihre Legitimationsnarrative erodieren und herausgefordert werden: durch Proteste und *social-justice*-Bewegungen. Sie sind jetzt gezwungen, sich selbst und ihre Grundlagen zu reflektieren",[22] so Anselm Franke.

Doch der Kunstbetrieb wird momentan nicht nur für artivistische Positionen und bislang ausgeschlossene Kunstschaffende geöffnet. Zugleich geht es zunehmend um die leicht konsumierbare Vermarktung des Ausgestellten, auf die die Arbeit von Chişa und Tkáčova mit verweist. Die medial aufgeheizten, oftmals ressentimentalen Forderungen nach der Schließung der documenta fifteen sind zudem Indikator für ein sich verbreitendes Einverständnis mit einer im Foucault'schen Sinn polizeilichen Kontrolle heutiger Kunst.[23] Diese Kontaminationen des Kulturbetriebs durch aktivistische Forderungen, neoliberalisierte Marktgesetze und „regierungskünstlerische" Reglementierungen bestimmen gegenwärtige Ausstellungspraktiken und provozieren dazu, auch nach der Ambivalenz des Statuswechsels von Kunst zu fragen. „Wenn ich auf die heutige Kunstwelt blicke, kommt es mir so vor, als hätte ich einen Filmriss gehabt und ein paar Jahre verpasst. Auf einmal wirken die Ideen und Ansprüche autonomer Kunst, die die gesamte westliche Moderne prägten, die oft maßlos und radikal, oft aber auch befreiend waren, fremd und wie aus der Vergangenheit", schreibt Wolfgang Ullrich in *Die Kunst nach dem Ende ihrer Autonomie*.[24]

Vielleicht ließe sich *mixed up ...* als Forschungsausstellung[25] über diesen „Filmriss" mobilisieren und zum Ausgangspunkt einer genaueren Bestimmung veränderter künstlerischer und kuratorischer Bedingungen machen. Wie lässt sich etwa die ins Spiel gebrachte Diversifizierung künstlerischer Positionen von der Bürde jener Repräsentationslogik befreien, die gerade im Kontext der Infragestellung alter Legitimationsnarrative und Exklusionsmechanismen mitgeschleppt wird?[26] Wie ließe sich das Museum als Versammlungsraum öffnen, durchlässig machen auch für unverdauliche Positionen? Fordert nicht *Nothing Nowhere into Something Somewhere* – in Referenz auf den postsowjetischen Raum von heute, im Kontext des derzeitigen Krieges in der Ukraine und der Boykottforderungen gegenüber Künstler*innen aus der Russländischen Föderation –, in bislang unabsehbarer Weise zur Frage nach der Politizität des Sammelns und Ausstellens von Kunst heraus – mit Blick auf die geografische Lage Wiens und das Nachleben der Habsburger Geschichte, hinsichtlich des propagandistischen Stellenwerts von moderner Kunst während des Kalten Krieges und, daran anknüpfend, vielleicht auch hinsichtlich der heutigen politischen Funktionalisierbarkeit im weitesten Sinn queerer Positionen?[27] Wie also könnten – mit Anna Lowenhaupt Tsing vom mumok aus andere Begegnungen zu denken gegeben werden, die das durchaus unterschiedliche Überleben in den Ruinen des Kapitalismus reflektieren – wissend um jene unsichtbare Schwellen am Museumseingang, an der Grenze, die eben nicht von *tout-monde* so einfach überschritten werden? Über Kontaminationen angemessen nachzudenken ist jedenfalls nicht zu haben, ohne deren je spezifische gewaltförmige Bedingungen zu erkunden. Immerhin sind diese das *dragging* Gepäck hiesiger Praktiken des Sammelns, des Ausstellens, des Musealisierens, des Kuratierens.[28] „Contamination makes diversity": Tsings aus dem Zusammenhang gerissen allzu neoliberal klingender Slogan ist bei genauerem Hinsehen bestimmt als „mixed up in projects that do [...] the most harm".[29]

1 Vgl. etwa Paul B. Preciado, *Testo Junkie. Sex, Drugs, and Biopolitics in the Pharmacopornographic Era*, New York 2013 und ders., „Vom Virus lernen" (2020), https://www.hebbel-am-ufer.de/hau3000/vom-virus-lernen/

2 Vgl. Anna Lowenhaupt Tsing, *The Mushroom at the End of the World. On the Possibility of Life in Capitalist Ruins*, Princeton/Oxford 2015, zum titelgebenden Zitat S. 29. Zum Ausstellungskonzept siehe den einleitenden Beitrag von Franz Thalmair.

3 Wie Anm. 2.

4 Judith Butler, *Gender Trouble. Feminism and the Subversion of Identity*, New York 1990, S. 146. Zur Trans-Kritik an diesen Lesarten von Drag vgl. Meredith Heller, *Queering Drag. Redefining the Discourse of Gender-Bending*, Bloomington 2020. Zur potenziellen Normativität queerer Dekonstruktion vgl. Bryce Lease, „Dragging Rights, Queering Publics: Realness, Self-Fashioning and the Miss Gay Western Cape Pageant", in: *Safundi* 2 (2017), S. 131–146, hier: S. 132. Vgl. auch meine frühe materialistische Kritik der symptomatischen Ausblendung von Vergesellschaftung und Historisierung in *Gender Trouble*. „Umbruch und Krise der Geschlechterforschung. Judith Butler als Symptom", in: *Das Argument* 216 (1996), S. 505–524; engl.: „The Butler-Boom. Queer Theory's Impact on Women's/Gender Studies", in: Christoph Lorey, John L. Plews (Hg.), *Queering the Canon. Defying Sights in German Literature and Culture*, Columbia 1998, S. 73–86.

5 Vgl. Monica Baroni, „Drag", in: David A. Gerstner, *Routledge International Encyclopedia of Queer Culture*, New York 2012 [2006], S. 191.

6 Vgl. Édouard Glissant, *Poetics of Relation*, übers. v. Betsy Wing, Ann Arbor 1997; Paul Gilroy, *The Black Atlantic. Modernity and Double-Consciousness*, Harvard 1993.

7 Siehe Édouard Glissant, *Kultur und Identität. Ansätze zu einer Poetik der Vielheit*, übers. v. Beate Thill, Heidelberg 2005, S. 13.

8 Vgl. Zimitri Erasmus' Keynote „On Creolization" zur mdw-Konferenz *Facing_Drag* am 23.6.2022, Universität für Musik und darstellende Kunst Wien. Zur korrespondierenden Kritik an *miscegenation* und Hybridität vgl. Tavia Nyong'o, *Amalgamation Waltz. Race, Performance and the Ruses of Memory*, Minneapolis 2009.

9 Walter Benjamin, *Das Passagen-Werk*, in: ders., *Gesammelte Schriften V.1*, Frankfurt am Main 1991, S. 572; N 1a, 8.

10 https://documenta-fifteen.de/en/lumbung-members-artists/atis-rezistans-ghetto-biennale/

11 Vgl. die Forderung von Dipesh Chakrabarty, *Provincializing Europe. Postcolonial Thought and Historical Difference*, Princeton 2007.

12 Vgl. Paul B. Preciado, *Ein Apartment auf dem Uranus. Chroniken eines Übergangs*, übers. v. Stefan Lorenzer, Berlin 2020, S. 36 f.; siehe dazu auch die Einleitung von Franz Thalmair.

13 Zur Kritik am appropriativen Gestus im Zitat aller möglichen Prekarisierungen siehe die vom Berliner HAU organisierte Diskussion mit Preciado vom 30.5.2020, https://www.youtube.com/watch?v=eZ1gvM7Hd5Q

14 Vgl. Heike Eipeldauer, Franz Thalmair, „(Eine) Annäherung Schritte seitwärts. Zur Ausstellung *Kollaborationen*", in: dies. (Hg.), *Kollaborationen*, Ausst.-Kat. Museum moderner Kunst Stiftung Ludwig Wien, Köln 2022, S. 34–45.

15 Vgl. den Beitrag von Karin Harrasser, S. 20–25.

16 Zur Verschiebung des Drag-Begriffs von der Geschlechterforschung und Queer Theory auf Fragen der *cultural appropriation* siehe Katrin Sieg, *Ethnic Drag. Performing Race, Nation, Sexuality in West Germany*, Ann Arbor 2002.

17 Vgl. Donna Haraway, *Staying with the Trouble: Making Kin in the Chthulucene*, Dutham 2016; zum Umgebungswissen auch Sebastian Kirsch, *Chor-Denken. Sorge, Wahrheit, Technik*, Paderborn 2020.

18 So das Ankündigungsflugblatt, https://www.mumok.at/de/ankuendigung-kunst-und-revolution-mit-brus-muehl-weibel-wiener-jirak-stumpfl-subik-am-7-juni-1968

19 https://www.mumok.at/de/kunst-und-revolution-flugzettel-des-rfs-ring-freiheitlicher-studenten-gegen-kunst-und-revolution

20 Vgl. den mumok-Katalog *Wiener Aktionismus*, hg. v. Eva Badura-Triska und Hubert Klocker, Köln 2012.

21 Vgl. etwa die Perspektive von Jule Govrin, S. 26–29.

22 Anselm Franke im Gespräch mit Philipp Hindahl über die documenta: „Hier wird viel zu viel in einen Topf geworfen", in: *Monopol. Magazin für Kunst und Leben*, 25.8.2022, https://www.monopol-magazin.de/anselm-franke-ueber-die-zukunft-der-documenta

23 Preciados Gegenwartsdiagnose einer pharmakopornografischen, vom Überwachungsdispositiv bestimmten Ära nimmt diese gegenwärtige Entwicklung in anderem Zusammenhang vorweg. Vgl. zur documenta fifteen Michael Rothberg, „Antisemitismus als Bumerangeffekt", in: *Berliner Zeitung*, 22.7.2022, https://www.berliner-zeitung.de/kultur-vergnuegen/antisemitismus-als-bumerang-was-die-documenta-debatte-verschleiert-li.243351

24 Wolfgang Ullrich, *Die Kunst nach dem Ende ihrer Autonomie*, Berlin 2022.

25 So die Terminologie von Simon Sheikh, „Towards the Exhibition as Research", in: Paul O'Neill, Mick Wilson (Hg.), *Curating Research*, Amsterdam/London 2015, S. 32–46.

26 Zur Bürde des Repräsentativen vgl. Tavia Nyong'o, *Afro-Fabulations. The Queer Drama of Black Life*, New York 2019, S. 199.

27 Zum postsowjetischen Dekolonisierungsdiskurs vgl. Madina Tlostanova, „Can the Post-Soviet Think? On Colonialiality of Knowledge, External Imperial and Double Colonial Difference", in: *Intersections. East European Journal of Society and Politics*, 2 (2015), S. 38–58. Zur politischen Rolle moderner Kunst im Kalten Krieg vgl. Anselm Franke, Nida Ghouse u. a. (Hg.), *Parapolitics. Cultural Freedom and the Cold War*, London 2021. Das Weaponizing feministischer und queerer Positionen diskutieren Sara R. Farris, *In the Name of Women's Rights. The Rise of Femonationalism*, Durham 2017; Jasbir Puar, *Terrorist Assemblages. Homonationalism in Queer Times*, Durham 2007.

28 Vgl. Ariella Azoulay, *Potential History. Unlearning Imperialism*, London/New York 2019.

29 Lowenhaupt Tsing, *The Mushroom at the End of the World* (s. Anm. 2), S. 29.

WALE UND NACHSILBEN

VERMISCHMASCHINEN ZWISCHEN DEN WELLEN UND DEN ZEILEN

JULIA GRILLMAYR

Die Science Fiction (SF) lässt Körpergrenzen immer schon gerne brüchig werden. Sie erzählt von zusammengestückelten Monstern, von *body snatching*, von Menschen, die zu Maschinen, Tieren, Pilzen oder Pflanzen werden, und umgekehrt. Heute kommen solche Grenzüberschreitungen oft mit dem Hinweis: Menschen sind miteinander und der mehr-als-menschlichen Welt ständig und immer schon *mixed up*, sind in oft überraschenden und nicht immer harmonischen Wechselwirkungen verbunden. „Discrete individualism is a rather dry, if convenient, myth."[1] Um die Idee des in sich geschlossenen Individuums effektiv zu verlernen, werden besonders gewagte und unerwartete Verbindungen versucht. So schlägt Donna Haraway vor, dass wir von den „Wesen der Erde" lernen, *tentakulär* zu denken; von jenen, die „reichlich mit Tentakeln, Fühlern, Fingern, Fäden, Geißeln, Spinnenbeinen und unbändigem Haar versehen" sind, wie etwa „Nesseltiere, Spinnen, fingernde Wesen, beispielsweise Menschen und Waschbären, Tintenfische, Quallen".[2] Ich werde mich im Nachdenken über das unablässige Miteinander-Durcheinander-Geraten anhand von zwei Nachsilben voran-tentakeln. Ich werde „-zän" und „-punk" als Vermischmaschinen ausprobieren und von Begegnungen mit Meeres(säuge)tieren zwischen den Wellen und zwischen den Zeilen ausgehen – *science facts & fictions* eines Wasser-Wesen-Werdens.

> „In der Landschaft verschmelzen die Elemente miteinander, als könnten sie alles ungehindert durchdringen, als gäbe es keine klar umrissenen Konturen. Du spürst, wie sie in dich einsickern, wie sie durch die Algen im Wasser und den Schlamm zwischen deinen Zehen strömen, als nährten sich alle gegenseitig. Du spürst, wie das Beben des Wassers deinen Körper dazu bringt, ihm umgekehrt alles entgegenzustrecken, jedes Haar ein Tentakel."[3]

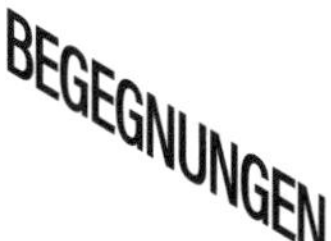

Am Strand des kleinen Orts Lossiemouth an der Nordküste Schottlands steht ein Fernrohr bereit. Ich bin zum ersten Mal hier und selten am Meer, weshalb ich das, was ich beim ersten Blick durch die Linse sehe, vorerst nicht einordnen kann. Helle Flecken zwischen den Wellen – „wie ihre Körper geschmeidig und gewölbt wie Luftpolsterfolie aus dem grauen Wasser auftauchen“.[4] „Interessant, normalerweise sind sie erst etwas später hier, wenn die Flut einsetzt", sagt eine Frau neben mir, die meine erstaunten Ausrufe sofort einordnen kann. Ich sehe Große Tümmler, *bottlenose dolphins, Tursiops truncatus.* „Delfine sind Tiere, denen ich vertrauen kann."[5] Die Bewohner*innen Lossiemouths kennen die Delfine gut. Es ist eine Gruppe beziehungsweise *Schule* von zirka 200 Tieren, die nördlichste Delfin-Population der Welt.[6]

„We will all be marine mammals soon. So thank you for remembering to swim despite everything", schreibt Alexis Pauline Gumbs in *Undrowned. Black Feminist Lessons from Marine Mammals* an die Großen Tümmler.[7] Sie nimmt den Fachjargon wörtlich und lässt die Leser*innen bei Delfinen, Walen und anderen Meeressäugern in die *Schule* gehen. Ich schaue durchs Fernrohr, das Buch unter den Arm geklemmt. Es ist eine schöne Begegnung, auch wenn – oder vielleicht gerade weil – sie einseitig ist. Ich bleibe am Ufer, meine Zehen im Schlamm, aber ich wühle in den vielen *science facts & fictions* über *Cetaceen*, die in Büchern wie *Undrowned* zu finden sind.[8] Sie erzählen von fluiden Grenzen – zwischen Wasser und Luft, zwischen Sprache und Wirklichkeit, zwischen Spezies. Sie erzählen von Verschränkungen; vermischten Körpern, hybriden Lebensformen und geteilten Träumen. Meeressäugetiere sind uns (Menschen) ähnlich und dann auch wieder gar nicht. „Cetaceans both leave the sea and return there, queerly suturing fishy past and watery future together“, schreibt Astrida Neimanis über diese (Un-)Ähnlichkeit: „Thinking about them as part of our own ‚fishy beginnings‘ helps us imagine how our own bodies harbour not only watery traces of evolutionary pasts but also the latent watery potential of evolutionary futures not chosen."[9]

Alexis Pauline Gumbs schreibt einen „guide to undrowning“. Ausgangspunkt von *Undrowned* ist die grausame Geschichte der *Middle Passage*, des Schiffswegs über den Atlantik, auf dem tausende versklavte Menschen ertranken. Das Buch verknüpft Meeressäugetiere und Menschen durch das planetare Phänomen des Atmens und Nicht-mehr-atmen-Könnens: „Breathing in unbreathable circumstances is what we do every day in the chokehold of racial gendered ableist capitalism. We are still undrowning. And by we, I don't only mean people like myself whose ancestors specifically survived the middle passage, because the scale of our breathing is planetary, at the very least."[10]

Ob als Cyborg-Figuren, als verwandte Aliens oder als Symbol für Kraft und gleichzeitig Fragilität der mehr-als-menschlichen Welt, *Cetaceen* tauchen in *science facts & fictions* auf, um die Phänomene und Zusammenhänge zu erzählen, die unter dem Begriff „Anthropozän“ zusammengefasst werden. Und wenn das Konzept des Anthropozäns eines unmissverständlich klarmacht, dann, dass es keine *einseitigen* Begegnungen gibt.

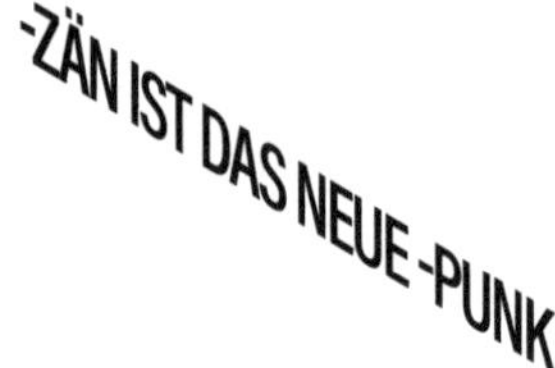

„Anthropo-what?"[11] Was kann in einem Wort stecken? Diese Frage steht am Beginn von Christophe Bonneuils und Jean-Baptiste Fressoz' *L'événement Anthropocène* (2013). Das Anthropozän eher als Ereignis denn eine historische Konstante begreifend, interessieren sie sich für die Neologismen-Flut, die das Konzept in den Geistes- und Kulturwissenschaften, aber auch in der Kunst und in aktivistischen Kontexten nach sich zog. Aus dieser Zusammenstellung schöpfend, schreibt Mark Bould in *The Anthropocene Unconscious* eine lange Liste – von Accumulocene und Corporatocene über Homogenocene und Misanthropocene bis zu Suburbocene und White Supremacy Scene.[12] Ich treffe den Science-Fiction-Forscher kurz nach meiner Begegnung mit den Großen Tümmlern in Glasgow bei der Konferenz *Once and Future Fantasies*, wo ich eingeladen bin, um über die Aktualität von Cyberpunk nachzudenken.[13] Auch die vielen -punks, die sich in Bezug auf die literarische Bewegung der 1980er-Jahre formierten, sind Thema. Wir kommen fast zu einer ähnlich langen Liste – von Atompunk, Dieselpunk und Stonepunk über Teslapunk, Clockpunk und Cattlepunk bis zu den schon mehr etablierten Steampunk, Solarpunk und Hopepunk.[14]

„Willst du das behalten?" Mark Bould hat beim Essen weniger ausgepatzt als ich und überlässt mir sein Papiertischtuch. Ein Grüppchen Konferenzteilnehmer*innen ist in einem Restaurant namens PizzaPunks gelandet. In Neonröhren steht „MAKE SOME TROUBLE" über uns an der Wand, aber wir benehmen uns. Das PizzaPunks-Papier (das A ist ein eingekreistes Anarchie-A) ist eine Erinnerung daran, dass der Punk-Begriff oftmals kommerzialisiert/sinnentleert wird, und genau das wird auch den besagten Cyberpunk-Derivaten oftmals vorgeworfen. Im Gegensatz zu diversen Pizza-, Business- oder Golfpunks bin ich, was diese betrifft, aber optimistisch. Die meisten dieser Labels eignen sich nicht als Genrebezeichnung. Vielmehr dienen sie als Denkanstoß und werden innerhalb SF-Fan-Communitys diskutiert. Das ständige und spielerische Neuerfinden von solchen Labels ist eine Art der Fan Fiction.[15] Auch handelt es sich um Setzungen: Das, was vor -punk gesetzt wird, gehört ins Rampenlicht. Die Nachsilbe funktioniert wie eine Lupe. Ähnlich verhält es sich mit den vielen Spielarten des Anthropozän-Begriffs. Wie Bould feststellt: „-cene is the new -punk" – aber es handelt sich nicht um ein sinnbefreites Wortspiel. „Rather, it is what happens when the implications of a technical stratigraphic issue [...] spill out into wider culture. It is trace evidence of an already-rich history of thinking through what it means for humans to have become a geological force."[16] Die Nachsilbe (könnte man, wenn man großzügig ist, sagen) fordert es, in Zusammenhängen zu denken.

Cyberpunk-Narrative wiederum definieren sich einerseits durch ihre Vorliebe für Cyborgisierungen aller Art und sind andererseits meist von einer Ohnmachtsposition aus erzählt. Ihre Protagonist*innen leben prekär und fremdbestimmt in hyperkapitalistischen, undemokratischen Systemen. Auch wenn viele der zitierten -punks mit diesem Muster brechen, bleibt mit der Nachsilbe im besten Fall ein gewisses Augenmerk auf gesellschaftliche und ökonomische Situierung eingefordert – im allerbesten Fall also kein kommerziell eingeebnetes *Make Some Trouble*, sondern ein ständig in Bewegung bleibendes *Staying with the Trouble*.

In ihrem Buch mit ebenjenem Titel kritisiert Donna Haraway den Anthropozän-Begriff für die Pauschalisierung, die mit dem Fokus auf die Spezies Mensch (*anthropos*) einhergeht –schließlich haben nicht alle Menschen gleichermaßen an der katastrophischen Situation mitgewirkt, die wir mit dem Konzept verbinden. Das Kapitalozän sei schon brauchbarer, allerdings nur als Diagnose, nicht als Zukunftserzählung. Haraway schlägt dazu das Chthuluzän vor, ausgehend von dem klitzekleinen Kritter, der Spinne *Pimoa chthulu*. Üblicherweise für Kriechtiere und unscheinbare Tierchen verwendet, hat das englische *critter* keine eindeutige Definition. „In diesem Text verwende ich *critter* großzügig", schreibt Haraway in einer Fußnote, „für Mikroben, Pflanzen, Tiere, Menschen, Nicht-Menschen und manchmal auch für Maschinen."[17] Könnten auch Wale so bezeichnet werden? Und: Sind die Nachsilben -punk und -zän als Vermischmaschinen für Spezies und für Wissenschaft und Fiktion produktiv zu machen? Was, wenn wir ein paar *science facts & fictions* als *Kritterpunk* lesen und das *Cetaceazän* ausrufen!? Ein Versuch.
Tentakel, tentaculum, tentare![18]

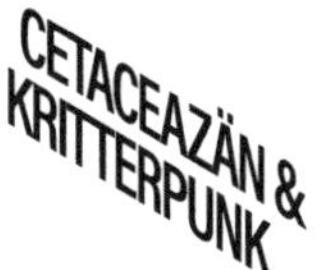

Die vielleicht berühmtesten SF-Meeressäuger in den 1980er-Jahren sind die Buckelwale, die Admiral Kirk und Captain Spock in *Star Trek IV: The Voyage Home* (1986) in die inzwischen wallose Zukunft des 23. Jahrhunderts transportieren, um die Menschheit vor einer allein *Cetacea*-sprechenden Künstlichen Intelligenz zu retten. Spock springt in ihr Aquariumbecken und holt durch wischende Gesten ihr Einverständnis zur Zeitreise ein. William Gibsons Kurzgeschichte *Johnny Mnemonic* aus 1981 bespricht Mensch-Wal-Kommunikation schon ein wenig detaillierter: Der Cyborg-Delfin Jones kommuniziert mithilfe von Leuchtsignalen an seinem hochtechnologisch ausgerüsteten Tank. Als begabter Hacker und drogenabhängig gemachter Kriegsveteran steht er den menschlichen Cyberpunks um nichts nach. Johnny und Jones werden beste Freunde.

Der beeindruckendste *Kritterpunk* aus dieser Zeit ist für mich allerdings der (im Cyberpunk-Kontext viel zu wenig beachtete) Roman *Superluminal* (1983) von Vonda N. McIntyre. Er resoniert auf interessante Weise mit Haraways kurz darauf erschienenem „A Cyborg Manifesto" (1985) und wird darin auch als eine von vielen *science fictions* der Grenzüberschreitungen zitiert: „In a fiction where no character is ‚simply' human, human status is highly problematic."[19] *Superluminal* beschreibt mehrere Weisen des Cyborg-Werdens und die emotionalen und körperlichen Effekte des Vermischens von Mensch, Tier, Maschine und Virus. Durch die Lupe des *Cetaceazäns* fällt die Figur Orca besonders auf. Sie ist eine Taucherin (*diver*) und genetisch so verändert, dass sie im Wasser und mit ihren „Cousins und Cousinen", den Schwertwalen, zusammenleben kann. „Wir sehen tiefer in den Infrarot- und Ultraviolettbereich hinein als die Menschen. / Bezeichnest du dich denn etwa nicht mehr als Mensch?"[20] Anders als ihr Bruder und ihre Eltern empfindet Orca die „Unterschiede zwischen Walen und Menschen [...] so gewaltig, dass sie staunte, wieso überhaupt eine Verständigung zwischen den beiden Spezies möglich war".[21] Diese Verständigung läuft auch alles andere als reibungslos. Die gemeinsame Sprache (*true speech*) ist unzureichend und kann die unterschiedlichen Perspektiven auf die Welt kaum übersetzen. Aber der genetische und kommunikative Link zwischen Taucher*innen und Walen führt dazu, dass sie nun als Personen wahrgenommen und respektiert werden – und, anders als in *Star Trek*, knapp nicht aussterben.

Neben den Taucher*innen, diesen Wesen der Erde und des Wassers, erzählt der Roman von den ebenfalls cyborgisierten Pilot*innen, die ihr organisches Herz gegen ein mechanisches tauschen, um Weltraumreisen in Überlichtgeschwindigkeit auszuhalten. Eine klassische Trope aufrufend, werden die Tiefen des Alls mit den Tiefen des Meeres parallel gesetzt. Ihre Familie, denkt Orca, lebt „unter Kreaturen [im Original *aliens*, in Neuübersetzung *Krittern*? Anm. JG], die ihnen fremd waren".[22] Aber *Superluminal* verkompliziert die Grenze zwischen den Erdgebundenen und den Raumfahrenden. Während die Taucher*innen eine weitere genetische Veränderung in Richtung Meerestier-Symbiose durchmachen (per Virus, geplant) und die Fähigkeiten der Pilot*innen evolvieren (per Virus, ungeplant), entscheidet sich Orca dazu, Pilotin zu werden. *I'd rather be a cyborg than a goddess*.[23] Alle Kontexte, Körper und Räume werden durchlässig und vermischen sich, und so wird auch der in *Superluminal* implizite Ökofeminismus vor einer altbackenen Frau-Natur-Gleichsetzung bewahrt.

... freilich, eine feministische Meeressäugetier-Solidarität bleibt eine bestechende Idee.

> „So gibt es im limbischen System von Orcas – also in dem Teil des Gehirns, der Emotionen verarbeitet – Regionen, die deutlich größer und komplexer sind als im menschlichen Gehirn. [...] Als könnten sie sich in Echtzeit in andere hineinversetzen, eine Art Mega-Empathie oder Telepathie. [...] Wie Frauen!"[24]

In *Wildnis ist ein weibliches Wort* tastet Abi Andrews die Potenziale des Ökofeminismus in Zeiten des Anthropozäns ab, und sie tut das – ganz im Sinne Haraways – im Stil eines *serious play*; Ironie als Vermischmaschine: „Irony is about contradictions that do not resolve into larger wholes, even dialectically, about the tension of holding incompatible things together because both or all are necessary and true."[25]

Der Roman ist ein Filmskript und ein Tagebuch; wir lesen aus der Perspektive der jugendlichen Hauptfigur, die sich manchmal in vorsichtigen Beobachtungen und Fragen äußert, manchmal in Manifesten, in poetischen und oft lustigen und immer unfertigen, in Bewegung bleibenden Gedanken: „Wale sind im Kampf gegen das Patriarchat die Verbündeten der Frauen, weil das Patriarchat die Wale so wie uns kleinhält. Orcas reisen in der Gruppe ihrer Mütter. Die griechische Wurzel des Wortes Delphin, *delphýs*, bedeutet Gebärmutter."[26] Der gesamte Roman ist dem Wal Tilikum gewidmet: „(Tilly) der in seiner Walsprache wahrscheinlich auf einen anderen Namen hörte (1981–2017) ".[27]

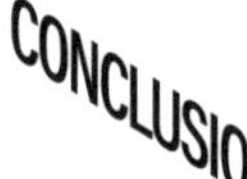

Mit seinem Blick aufs Globale könnte ein Ceteceazän die Kraft und gleichzeitig Vulnerabilität sowie Wandelbarkeit der mehr-als-menschlichen Welt – und uns (Menschen) als einen Teil davon – widerspiegeln. Wie in vielen anderen Darstellungen werden die Wale in *Superluminal* als überlegen und gleichzeitig naiv beschrieben. Sie seien schicksalsergeben und kennten weder Groll noch Hass. Interessanter und spezieller ist, wie hier das Meer beziehungsweise das Wasser als Umgebung beschrieben wird, aus der man sich nicht herausnehmen kann.

> „Das Meer war ein Element, in dem eine andere Familie, die Grauwale, an einem Tag ein Lied singen und vierundzwanzig Stunden später ihr eigenes Echo hören konnte – Echo kam der menschlichen Vorstellung von diesem Phänomen noch am nächsten, doch was die Grauwale, die anderen Cetaceen und die Taucher hörten, war dieselbe Schallwelle des Liedes, gedehnt und moduliert, weil sie den Globus einmal umrundet hatte. / Im Ozean verschwanden intelligente Lebewesen nur dann akustisch, wenn sie starben."[28]

Wale sind Lehrer*innen in *Umwelt*kunde – und wie an den hier als *Kritterpunk* besprochenen Fiktionen sichtbar wird, spielt Kommunikation dabei eine wichtige Rolle. Während ein strategischer Anthropomorphismus für eine erste Annäherung hilfreich ist („Möglich, dass die traurigen Wale in Gefangenschaft einfach immer wieder HALLO HALLO HALLO sagen, weil sie die Dialekte der anderen nicht verstehen"[29]), sind *science facts & fictions* besonders inspirierend, wenn sie über eine sprachliche Verbindung hinausgehen und die spezifischen Ausdrücke der jeweiligen Personen in den Blick nehmen – oder besser: ins Gehör nehmen? „How can we listen across species, across extinction, across harm? How does echolocation, the practice many marine mammals use to navigate the world through bouncing sounds, change our understandings of ‚vision' and visionary action?"[30]

Abschließend soll daher ein *Kritterpunk*-Roman gelesen werden, wo die Mensch-Tier-Maschine-Virus-Vermischungen noch einmal enger und komplizierter und unaufgeräumter sind: Sam J. Millers *Blackfish City* (2018), „stories of people emotionally melded with animals thanks to tiny machines in their blood".[31] In einer postapokalyptischen, unter Wasser stehenden Welt kämpfen die *Nanobounders*, eine verfolgte Gemeinschaft an durch Nanotechnologie verbundenen Menschen und Tieren, ums Überleben und um ihre Rechte. *The Orcamancer* macht besonderen Eindruck; reitend auf dem Schwertwal Atkonartok und mit einem Eisbären im Schlepptau, den sie zu ihrem Sohn zurückbringt. Er wird erst wieder mit seinem Gefährten-Tier körperlich und emotional zu einer ganzen Person. „Water was as much his native element as air. He was amphibious. He was a polar bear." Die Nano-Verbindung verleiht den Menschen die Sensoriken und Kräfte der Tiere, macht sie aber alles andere als zu Superheld*innen. Die Tiere werden weder kontrolliert noch zu einem Zweck eingesetzt. „It goes both ways. You influence his behavior, but, he can influence yours." Sie und ihre spezifischen Attribute und Lebensweisen sind Teil der Gemeinschaft und Kultur. „Every animal serves a purpose, brings a different kind of skill or resource. It was somebody's responsibility to be bonded to a bunch of chickens, if you can imagine that."

Von der beeindruckenden Schwertwal-Symbiose ausgehend, erzählt *Blackfish City* von unerwarteten nano-biotechnologischen Vermischungen. Inmitten eines komplett dystopischen Settings entsteht so die Utopie einer *Mega-Empathie oder Telepathie* zwischen unterschiedlichsten menschlichen und nichtmenschlichen Personen. Wie auch in den anderen marinen *Kritterpunk*-Fiktionen geht es dabei weniger um technologische Details und *dei ex machina* als um Fragen des Zuhörens und der Verortung (der Echoortung?), die jetzt zu stellen sind. *How can we listen across species, across extinction, across harm*?

1 Astrida Neimanis, *Bodies of Water*, London/NewYork 2017, S. 2.
2 Donna J. Haraway, *Unruhig bleiben. Die Verwandtschaft der Arten im Chthuluzän*, übers. v. Karin Harrasser, Frankfurt am Main/New York 2018, S. 10 und S. 49.
3 Abi Andrews, *Wildnis ist ein weibliches Wort*, Hamburg 2018, S. 30.
4 Ebd., S. 37.
5 Ebd.
6 Vgl. https://uk.whales.org/whales-dolphins/how-we-help/bottlenose-dolphins-moray-firth-scotland/
7 Alexis Pauline Gumbs, *Undrowned. Black Feminist Lessons from Marine Mammals*, Edinburgh 2020, S. 117.
8 *Cetacea* ist die lateinische Bezeichnung der biologischen Ordnung der Wale, zu denen auch die Familie der *Delphinidae* zählt.
9 Neimanis, *Bodies of Water* (s. Anm. 1), S. 133.
10 Gumbs, *Undrowned* (s. Anm. 7), S. 1 f.
11 Christophe Bonneuil, Jean-Baptiste Fressoz, „Preface", in: dies., *The Shock of the Anthropocene*, London 2016, zit. nach nicht paginiertem E-Book.
12 Mark Bould, „Introduction ", in: ders., *The Anthropocene Unconscious. Climate Catastrophe Culture*, London 2021, zit. nach nicht paginiertem E-Book.
13 Vgl. https://fantasy.glasgow.ac.uk/
14 Im Juni 2022 war ich eingeladen, diese vielen -punks im Zusammenhang mit Vorstellungen zur Apokalypse am Zentrum für Kunst und Medien (ZKM) Karlsruhe zu diskutieren. Vgl. https://zkm.de/de/person/julia-grillmayr
15 Vgl. die Diskussion zwischen Annalee Newitz und Charlie Jane Anders in „Our Opinions Are Correct", Episode 113, https://www.ouropinionsarecorrect.com/shownotes/2022/8/11/episode-113-lets-get-sweetweird
16 Bould, „Introduction" (s. Anm. 12).
17 Haraway, *Unruhig bleiben* (s. Anm. 2), S. 231.
18 „Ich erinnere mich daran, dass Tentakel vom lateinischen *tentaculum* kommt […]", ebd., S. 49.
19 Donna J. Haraway, „A Cyborg Manifesto", in: dies., *Simians, Cyborgs, and Women. The Reinvention of Nature*, New York 1991, S. 179.
20 Vonda N. McIntyre, *Superluminal*, übers. v. Ingrid Hermann, München 1998, S. 186.
21 Ebd., S. 232.
22 Ebd., S. 16.
23 Mit diesem berühmten Satz endet Haraways „Cyborg Manifesto". Er ist eine Absage an jegliche Reinheitsvorstellungen, etwa sich von Technik reinhalten und ein reines Naturwesen sein zu können.
24 Andrews, *Wildnis ist ein weibliches Wort* (s. Anm. 3), S. 95.
25 Haraway, „A Cyborg Manifesto" (s. Anm. 19), S. 149.
26 Andrews, *Wildnis ist ein weibliches Wort* (s. Anm. 3), S. 99.
27 Ebd., S. 7. Tilikum war die Hauptfigur im schockierenden Dokumentarfilm *Blackfish* (2013) über die Praktiken des Unternehmens SeaWorld.
28 McIntyre, *Superluminal* (s. Anm. 20), S. 233.
29 Andrews, *Wildnis ist ein weibliches Wort* (s. Anm. 3), S. 99.
30 Gumbs, *Undrowned* (s. Anm. 7), S. 15.
31 Sam J. Miller, *Blackfish City*, London 2018, zit. nach nicht paginiertem E-Book. Alle folgenden Zitate aus diesem Buch.

QUEERED FAMILY AND SENSE OF WONDER

ANN COTTEN

Wenn Gegenkulturen institutionalisiert und vormals alternative Methoden zum Mainstream werden, gibt es einen Kipppunkt, mit dem es schwierig ist umzugehen, wenn das Denken auf Prinzipien ausgerichtet ist. Hierbei müssen nämlich die beiden Systeme koordiniert werden, ein Denken in Prinzipien und ein Denken in Hinblick auf Quantität. In einem seltsamen, weil mehrsprachigen, lautlichen Bild lässt sich das mit dem Verhältnis der Worte *quer* zu *queer* veranschaulichen. Quer zur Gesellschaft zu leben lässt sich als eine Art oft habituell werdenden Dauerwiderstand verstehen. *Queerness*, könnte man, etwas poetisierend, unterscheiden, ersetzt die als „Widerständigkeit" reaktiv bis reaktionär gedachte Lebenshaltung durch eine Lebensform, die die vernetzte, co-abhängige Welt als unsere Wirklichkeit anerkennt, und versucht, in diesem Bewusstsein angemessen zu leben – auch, indem man sich selbst als merkwürdig und symptomatisch für eine merkwürdige Welt betrachtet. Queerer Widerstand verstünde sich entsprechend nicht im militärischen Sinn gegen einen äußerlichen Feind, sondern im elektrotechnischen und kinetischen Sinn als eine Art von Trägheit, zum Beispiel gegen als selbstverständlich geltende Gedankenlosigkeiten. *Queerness* schafft und kuratiert durch solche Verzögerungen verschiedene Räume und Balancen, die wir als Lebensräume brauchen.

Wenn meine Sprache hier ungeschickt wird, dann ist dies auch eine Spur davon, dass im Europa der vergangenen Jahrhunderte sehr viel sprachliche Energie in konservative Werte gesteckt worden ist, die weiterhin die Sprache strukturieren. Erstaunliches wird wegerklärt, Bewunderung ist das traditionelle Tätigkeitsfeld von Frauen und Bauern. Ein Wettstreit im Wissen übertrumpfte die Frage des Könnens in Gesprächen der Oberschichten, sofern Arbeit an Untertanennnni und später Geräte delegiert werden konnte. Der in ethnozidärem Kitsch formulierte Satz „Ein echter Indianer wundert sich nicht" verkleidet eine durch und durch europäische Haltung, eine Haltung von unsicheren Neureichen, die mit Staunen und Bewunderung geizen, weil ihr Interesse nicht dem Lernen gilt, sondern der Aufrechterhaltung des Anscheins, alles zu wissen und zu verstehen. Mit der sophistischen beziehungsweise scholastischen rhetorischen Technik der Reduktion werden elegant Unterschiede und offene Fragen unter den Tisch gekehrt. Verstehen und Kontrolle fallen mit Macht in eins, das wiederum erleichtert Empfehlungen blindwütiger Aktion im Dienst unersättlicher Ziele.

Wenn *queering* an verschiedene Wissensdisziplinen angehängt wird, dann sind oft Versuche gemeint, nicht nur die mithin widersprüchlichen Vielheiten (*multitudes*, wie Legacy Russell Walt Whitman zitiert) innerhalb solcher Disziplinen anzuerkennen und sichtbar zu machen, sondern auch den *sense of wonder* über die Merkwürdigkeit und spezifische Geschichte einer Disziplin zu kommunizieren, zu fördern und für neue und notwendige Verwandlungen produktiv zu machen. Die Aufgabe des *queerings* ist es eben, mit den manchmal widersprüchlichen oder konfligierenden Diversitäten umzugehen. Dabei sich entwickelnde Strategien und Eleganzen (Kompetenzen) können beim gemeinsamen Wohnen, Arbeiten, Lieben und Wissen/Wahrnehmen anwendbar und kostbar werden. *Queering* funktioniert also manchmal wie ein Filter oder eine Linse. Viele sich als *queer* wahrnehmende Menschen haben sozusagen von Haus aus eine nicht vorgesehene Perspektive auf Institutionen. In ihrer Erfahrung überschneidet sich häufig der Kampf um für sie lebbare Räume mit der Öffnung und Hinterfragung dieser Institutionen. *Queerness* kann dann kämpferisch auftreten. Aber aus der Sache heraus ist *queerness* schon mit einer grundlegenden *gentleness* verbunden, einer oft verhaltenen, durch Offensiven oder Defensiven gedeckten Zärtlichkeit für die Welt.

Erotisch aufgefasst, verweist *queerness* auf eine diffundierte Sexualität oder Erotik (das heißt auch: Werteordnung, Interessenhaushalt), die sich nicht auf die in Kleinfamilien eingepferchte Reproduktionsarbeit reduzieren lässt, die in den Lehren der großen Monotheismen (ausgenommen immer die schrulligen Ecken der Mystikernnnie und Kaballistennni) der Bevölkerung vorgeschrieben wird – ganz als wären wir Vieh, das von einer Oberschicht zu ihren Diensten gehalten wird.

Was ja der Fall ist. Aber auch Sklavennnnie, Rinder und Algen haben Fantasie und Eigenleben – und diese brechen in *queerness* hervor. Das queere Medium ist traditionell die inoffizielle Seite, die Freizeit, das Spiel, die Zweckentfremdung von Räumen, Geräten, Beziehungen. Homoerotik jenseits von *coming outs* – man kann auch weniger binär sagen: Freundschaft – ist vielleicht immer schon eine noch stärker gestaltende politische Kraft als rationale Argumente, Profitkalkulation, Ehre und Ordnung. Mit Diffusion meine ich auch, dass sich die Erotik nicht unbedingt deutlich auf einen Menschen fixiert, sondern ganze Gegenden leuchten lässt. Als Fantasie und in der Lenkung der Aufmerksamkeit schmiert sie die Verbindungen von Einzelnen zur Welt generell, hält sie sozusagen elastisch. *Amor fati* oder auch Abenteuerlust befeuern eine ergebnisoffene Liebe zur Welt, während traditionelle Verhaltensrichtlinien wie Loyalität oder Treue mit einer großen Ängstlichkeit einhergehen, in der Menschen versuchen, einander mit Unfreiheiten zu binden und zu einem Einfrieren in starre Rollen füreinander zu zwingen, um in Wirklichkeit fragile (empfindungsfähige) Selbste in diesem fixierenden Sinn abzusichern. Dabei bestünde doch die wahre Sicherheit in einer sich ständig verändernden Welt in einem Netzwerk guter Beziehungen gegenseitiger Hilfe.

Wir sind ständig in Erkenntnisprozessen begriffen, in skeptischen Erwägungen, in mithin unangenehmen Einsichten, in Versuchen, uns wieder aus Verstrickungen zu lösen, deren schlimmen Schatten wir erst von drinnen begriffen. Deswegen finde ich es wichtig, zwischen dem Adjektiv *queer* – einer Zuschreibung, als wäre man das von Natur oder von Geburt – und dem Verb *queering* zu unterscheiden, das selbst, als anarchistisches/geschmacksverunsicherndes *verbing* eines Adjektivs, dem verächtlichen Blick konservativer Sprachexpertennnie unterliegt. *Queering* ist eine Tendenz, eine Sitte, ein Prozess, eine Fäulnis. Mit dem Verb lässt sich keine fixe Gruppierung aufstellen, die überredet werden kann, sich gegen andere Interessengruppen zu wenden. Sich mit einer Tätigkeit statt einer Eigenschaft, sozusagen grammatisch statt semantisch, zu beschreiben arbeitet schräge Parallelen auch zwischen ganz Unkompatiblen heraus, etwa zwischen Sportlernnniegruppen, Anarchistennnie, Musikernnnie, Nazi-Hooligans oder ethnischen Minderheiten, die einander an den Dialekten erkennen und sich solidarisieren. So ein Muster kann man pauschal weder gutheißen noch verurteilen, aber die Fähigkeit zu solchen queeren und unvorhersehbaren Allianzen gehört zum Repertoire von Gesellschaften.

Queering ist auch ein Prozess, der unfreiwillig Einzelne und Gruppen befallen kann. Aus Sicht der Mitmenschen sonderbar zu werden kann auf Wertewandel bis hin zu Krisen deuten, die beispielsweise mit Informationszugewinn und Alterung zu tun haben können. Demenz, Kinderwunsch, Midlife Crisis, der plötzliche Einbruch der Anarchie mit Kindern, aber auch schlicht eine neue Liebe, die Entdeckung neuer Arten von Sex, eine neue Zeitschrift oder eine neue Bar können die *queerness* der Krise einläuten.

David Graeber und Andrej Grubacic erinnern in ihrer Einleitung zu Kropotkins *Mutual Aid* an Kondiaronk, Diplomat und Staatsmann der Huron People, dessen Gespräche mit dem Franzosen Lahontan von diesem später verschriftlicht und veröffentlicht wurden und in Europa viele Dekaden für Gesprächsstoff sorgten.[1] In diesen Gesprächen legt Kondiaronk seine Beobachtungen über die – katachrestisch gesagt – schildbürgerhafte Ordnung europäischer Gesellschaften dar. Das Geld und die hierarchische Klassengesellschaft bilden eine Struktur, die notgedrungen und wenig überraschend die größten Übelstände, Hungersnöte und Gewaltexzesse hervorbringe, so Kondiaronk. Er spricht damit keine ganz überraschende Beobachtung aus. Man konnte in Paris über sich selbst erschrecken und sich wundern, dass man den Blick einers Fremden brauchte, dier das eigentlich recht Deutliche einmal aussprach. Beschämt ertappten sich die Europäernnnie bei einer großen Unsicherheit, ob es nicht immer so gewesen war (Nein.) und ob man es denn ändern könne, ohne Vorteile zu verlieren. Die Diskussionen in Reaktion auf die Publikation explodierten.

Weil schon so lange in der Philosophie und Staatstheorie der englischen Tradition jeder Frieden als eine Art strategisch motivierter Waffenstillstand in einem grundlegenden Kampf gesehen wird, ist es mithin schwer, dem konversen Gedanken eines lebensweltlichen Grundfriedens zu folgen, in der die Beziehungen zwischen Individuen, die immer auch Gruppenangehörige sind, und Gruppen, die immer in kleinere Einheiten unterteilt werden können, divers, alternierend, ausbalancierend sind. Neben den Konflikten, die dramatisch erzählt werden, fehlt die Wahrnehmung für das viele Ignorieren, Tolerieren, Anschauen, Zur-Kenntnis-Nehmen, Lernen, das daneben stattfindet und die eigentliche Hauptmasse menschlicher Tätigkeit darstellt. Es wäre sonst auch höchst verwunderlich, dass wir als Spezies überhaupt noch leben.

Pjotr Kropotkin, dessen Buch *Mutual Aid* 1902 auf Englisch erschien, ist kein Einzelforscher. Er beruft sich auf die zu seiner Zeit etablierte, aber von den Engländernnnie ignorierte Petersburger Schule sowie auf nicht wenige englischsprachige Autorennni, die tatsächlich vielfach zu einem süßlichen pastoralen Vokabular neigten und von *universal love* sprachen oder mit Altruismus persönliche, emotionale Beweggründe in das Pflanzen- und Tierreich projizierten. Kropotkins dagegen ganz deflationäres Werk wurde zusammen mit diesen als naiv hingestellt, vielfach ungelesenerweise, denn wer nur die ersten Seiten liest, erfährt seine klare Abgrenzung zu kitschigen Idyllen. Bei Kropotkin wird entschieden kein Gefühl namens *love* ins Spiel gebracht. Vielmehr hat der Orograf auf Expeditionen in die kargen Steppen Nordasiens beobachtet, dass es nicht Konkurrenz, sondern vor allem harsche Umweltbedingungen sind, die Populationen „stressen", wie der Jargon heute lauten würde, und dass gegenseitige Hilfe zumeist eine Praxis ist, die für alle Beteiligten überlebensnotwendig ist.

„Zwei Aspekte des Tierlebens haben mich auf den Reisen, die mich in meiner Jugend nach Ostsibirien und in die nördliche Mandschurei führten, am allermeisten beeindruckt: Der eine war die extreme Härte des Kampfes ums Überleben, die die meisten Tierarten gegen eine ungeneigte Natur führen müssen; die ungeheure Zerstörung von Leben, die periodisch aus natürlichen Gründen erfolgt, und die daraus folgende Spärlichkeit des Lebens im weiten Gebiet meiner Beobachtung. Der andere war, dass ich, obwohl ich danach suchte, sogar an den wenigen Flecken, wo tierisches Leben sich im Übermaß aufhielt, nichts von jenem bitteren Kampf unter Spezies derselben Art um die Mittel des Überlebens fand, der von den meisten Darwinisten (nicht jedoch immer von Darwin selbst) als dominante Charakteristik eines Wettbewerbs ums Überleben und als Hauptfaktor der Evolution angesehen wird."[2]

Die überdramatisierte Narration der Evolutionstheorie besonders im populären englischsprachigen Bereich ist bis heute massiv. Wenn man sich auf der Suche nach Alternativen zu humanistischen Denktraditionen in die Gegend evolutionärer Ästhetik verirrt, beispielsweise, kann einerm schon die Kinnlade herunterfallen angesichts der von wissenschaftlichen Studien unterbauten monokausalen Fantasien. Seltener stößt man auf Forschernnnie, die quasi den Alltag der Evolutionsgenetik in den Blick nehmen. Beeindruckend ist hier Kimura Motoo mit seiner „neutral theory of molecular evolution", der auf die große Masse der folgenlosen Mutationen hinweist, deren Diversität Bedingung dafür sei, dass gelegentlich folgenreiche Mutationen stattfinden können.[3] Zugegeben, der forschende Zugang ist bis zur Mitte des 20. Jahrhunderts von den sichtbaren Fällen rückschließend zu den vermuteten Strukturen und Abläufen vorgedrungen: ein Suchen nach den Grundgesetzen, das, wie der Zugang zu vielen Teilen des eigenen Körpers, mit den Augen blind, aber möglichst fein tastend erfolgt. Tasten, das heißt, nur das zu kennen, womit man in Berührung kommt.

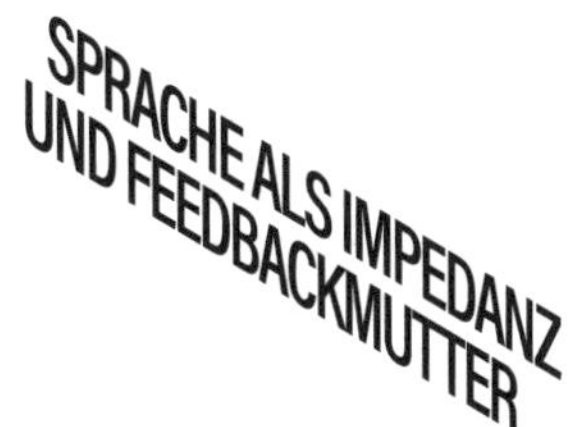

Für das Wort *love* musste in Japan ein neues Wort erfunden werden, das in der Folge gerade wegen seines von realer Denotation ungebremsten Pathos eine überwältigende Popularität erlangte, wie Yanabu Akira erzählt.[4] Auch am Land in Österreich gibt es kein dialektales Wort für Liebe im verkitschten, universalistisch-pathetischen Sinn. In der arbeitsintensiven, dem Tod durchgehend nahen Lebensweise bis zur Einführung des Ski- und Wandertourismus ist nur in Ecken und Nischen neben der Arbeit Spielraum für individuelle Vorlieben. Für die aber ist deklarative Sprache nicht das Medium – wenn einem nicht Trivialromane den Kopf verdreht haben. „Loss mi dei Radl schiam", singt Sigi Horn in einer Hommage an die Ehe ihrer Großeltern den zugespitzten Ausdruck der ultimativen Liebe. Gerade in einer Scham vor Worten, die größere Versprechen machen, als man halten kann, steckt die beeindruckende Schubkraft einer mit Wirklichkeit eng verbundenen Sprache. Die in Myriaden wiederholten Anwendungen mit der Erfahrung sozusagen *vernähte* Sprache lässt sich stark beladen, ohne zu brechen. Hier ist völlig physikalisch, was im Literaturwissenschaftsjargon als klimperndes Stichwort herumgeschmissen wird: sprachliche Spannung, englisch *tension*. Zwischen Widersprüchen oder entgegengesetzten Zugkräften, die man aushält, zwischen Wirklichkeiten, deren Beziehung unklar ist, zwischen einem spürbaren Jetzt und einem noch utopisch träumbaren Später.

Um dieses Später zu konstruieren, werden feste Strukturen gebaut, bei denen die Spannung sozusagen verbaut wird zu Bögen und Räumen. Architektur als fest anzusehen geht einem oberflächlichen Effekt auf den Leim, sie ist voller statischer Zugkräfte und Spannungen. Letztlich könnte man sagen, der „natürliche" Zustand eines Gebäudes ist der Moment seiner Zerstörung, wo man sieht, wohin was fällt. Das Bild lässt sich experimentell als Betrachtungsweise von Gesellschaften oder Beziehungen einsetzen. Der Liebe, und auch der *queerness*, steht das alles noch bevor, sie hält noch die erste zusammengesteckte Zeltstange in der Hand.

Wo die Oper herkommt, wiederum, muss auf die leisen Zwischentöne in der amselgleichen bombastischen Rhetorik gehört werden, um zu erraten, wohin das Herz ders Sängernis wirklich schaut. Das Hören aber ist eine lokal grundierte Kunst. Man hört genaugenommen nicht Töne, sondern schwingende Lufträume, die man aufgrund von Erfahrung zu interpretieren weiß – also nicht nur die Amsel, sondern auch die abendliche Stadt. (Und auch die Amsel erlebt, wie das Echo dessen, was sie in der Kehle spürt, von den Feuermauern und Fliederbäumen reflektiert wird.) Das Ohr muss sich auf die Frequenz einstimmen, das Gehirn den richtigen Sprachfilter installieren, um Grammatik und Semantik aus einem Kontinuum von Lauten zu erkennen. Für das Hören im physikalischen Sinn, aber auch für das Verstehen eines einzigen Wortes bringen wir Elastik auf, indem wir ein Jetzt auf einen riesigen Korpus erinnerter Wirklichkeit beziehen. Diese Fäden von Sinn und die Fähigkeit, sie zu bespielen, sind ein Reservoir von Kompetenz, die wir brauchen, um mit der globalisierten Welt, das heißt: miteinander, angemessen umgehen zu können.

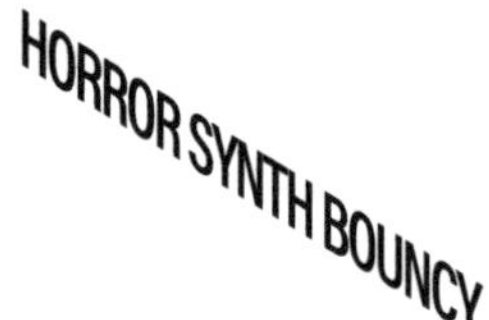

Der Sound, mit dem in den 2000er- und 2010er-Jahren internationale Kollaborationen assoziiert werden konnten, war eine Mischung aus *elevator pitches* und WG-Gesprächen in mehr oder weniger haarsträubendem Englisch. Interessant wurden sie, wenn wir aufhörten zu reden und anfingen zu arbeiten, zu zeigen, wahrzunehmen. Das hat auch damit zu tun, dass europäische Sprachen nicht aufhören können, beim Benennen zu kategorisieren und dabei offen oder stillschweigend zu urteilen. Versuche, sich zu artikulieren, zu erklären, in Erscheinung, in Fühlung zu bringen, lassen besonders im Englischen allzu leicht, auch ungewollt, Phantome von Urteilen, Zuordnungen den neuen, gemeinsamen Raum dominieren oder zumindest irritierend herumgeistern. Aber wie kann man sich in präziseren, lokal dichter verankerten Dialekten international verständigen? Am Ende spielen die ästhetischen Idiome die Rolle von Dialekten. Unsere Arbeiten und Ausdrucksformen kommen aus Gegenden, tragen die Abdrücke von den Nischen, in denen unsere Liebe Anwendungen fand und findet. Fragt man nach den Gründen für ebendiese Art oder Form, wird man Antwort in den Verbindungslinien finden, die individuelle Erlebnisse mit gesellschaftlichen, industriellen, logistischen Verwandlungen verbinden und aus deren gegenseitiger Beleuchtung so etwas wie Sinn zu lesen wäre.

Kollaborationen spielten oft die Rolle einer Gegenposition zum Geniekult, von dem wir in der Kunstwelt unsere Ferne immer betonen müssen, weil das überhaupt nicht offensichtlich ist. Unter dem Druck, sich als sozial funktional und offen zu erweisen, kam es manchmal zu einem Arbeiten aneinander vorbei. In manchen Fällen war dies auch eine glückende Strategie, bei der oblique Blicke getauscht, Konflikte oder Widersprüche sichtbar werden konnten, ohne entschieden gelöst werden zu müssen: die berühmte Spannung oder *tension*. Wenn man sich zu nahe kommt, wird aus dieser Spannung Erosion und Abrieb, und es kann zu Abstumpfungen kommen. In der Aquarellmalerei sagt man *muddy*, wenn Farben zu lange achtlos ineinander verrührt werden. Neulich aber wurde ich von japanischer Seite auf den Schlamm als eine wichtige Zone und schöne Metapher aufmerksam gemacht, verwandt mit dem Phänomen *shear stress, Schubspannung*, das ich feiere, weil das Feiern aus dem Stress etwas macht, was man als Ding an sich stattfinden lassen kann, ohne zu glauben, man müsse es auflösen, wegmachen, lösen.

Ich mag physikalische Metaphern als Modellierungen, die man, bis sie nicht mehr passen, präzisieren kann. Damit bin ich nicht allein, aber die Handhabungsstile könnten unterschiedlicher nicht sein – weswegen es immer verkürzt wäre, politische oder soziologische Metaphern pauschal zu verurteilen oder zu empfehlen. Sie können irreführen, emotionalisieren, manipulieren – als solche ist die rhetorische Metapher traditionell in Verruf. Aber gute Metaphern – besonders auch neue oder neu benutzte, nicht abgenutzte Metaphern – schärfen den Blick – und zwar auch metareflexiv auf die sprachlichen und sozialen Operationen, die gerade stattfinden. Bei der Beschreibung von Gruppen, die aus Individuen bestehen, sind wir notorisch sprachlich in Verlegenheit. Nationen werden personifiziert, Massen als Einzelpersonen dargestellt, die Vorgänge in der Psyche von Individuen wiederum werden aber dialogisch dramatisiert oder als *multitude* ausgewalkt. Dieses *upscaling* und *downscaling* mag fast wie ein obsessiver Tic aussehen. Es zeigt an, dass wir, wie verwirrte Autofokusse, versuchen, mit den unermesslichen Differenzen in der Größenordnung denkerisch zurechtzukommen.

Bilder von hunderttausenden Menschen werden an selbstlernende KIs verfüttert, die aus diesem Pool fiktive Personen generieren. Nigel Clark benutzt mit Gusto Vulkanologie und erdgeschichtliche Metaphern, um soziologische Prozesse zu spiegeln. Daten werden visualisiert, bis Information wie Bakterienkulturen aussieht. Das Gefährliche daran ist offensichtlich, dass jede Metapher ein anderes Wertesystem mit sich bringt, ob Torte, Stab oder Kurve oder, wie neulich gesehen, ein animiertes Diagramm der alternden Bevölkerungsstruktur, in dem, während die Jahre im GIF vergingen, die symbolisch vagen Kugeln wie der Schwerkraft folgend nach unten prasselten; der Begleittext riffte darauf, dass die Form einer Sanduhr gliche. Derartige Animationen dürften in Zukunft als die Bestiarien des frühen Datenzeitalters angesehen werden. Queer sind sie allemal. Um mit dieser Diversität an Schemata und Werteregimes umzugehen, brauchen wir – ebenso wie in den *queered* Familien und Arbeitszusammenhängen – kognitive Viskoelastizität. Das heißt, dass man sich einerseits ohne große Schmerzen verändern kann, um sich sehr schnell sehr unterschiedlichen Notwendigkeiten und Mitmenschen anzupassen oder anzunähern. Andererseits ist nicht jede Veränderung dauerhaft. Natürliche elastische Stoffe sind vielfältig. Besonders Pflanzen stechen hervor: Sie verändern sich, indem sie – in jeweils charakteristischen Regelmäßigkeiten – wachsen.

1 https://www.sustainlv.org/focus-on/introduction-to-pyotr-kropotkins-mutual-aid-an-illuminated-factor-of-evolution/

2 Pjotr Kropotkin, „Introduction“, in: ders., *Mutual Aid. A Factor of Evolution*, London 1902 (Übersetzung A.C.), https://theanarchistlibrary.org/library/petr-kropotkin-mutual-aid-a-factor-of-evolution

3 Kimura Motoo, *The Neutral Theory of Molecular Evolution*, Cambridge 1983.

4 Yanabu Akira, *Modernisierung der Sprache. Eine kulturhistorische Studie über westliche Begriffe im japanischen Wortschatz*, übers. u. kommentiert v. Florian Coulmas, München 1991. Original: 柳父章『翻訳語成立事情』東京、岩波商店、1982.

AUSSTELLUNGSANSICHTEN
EXHIBITION VIEWS

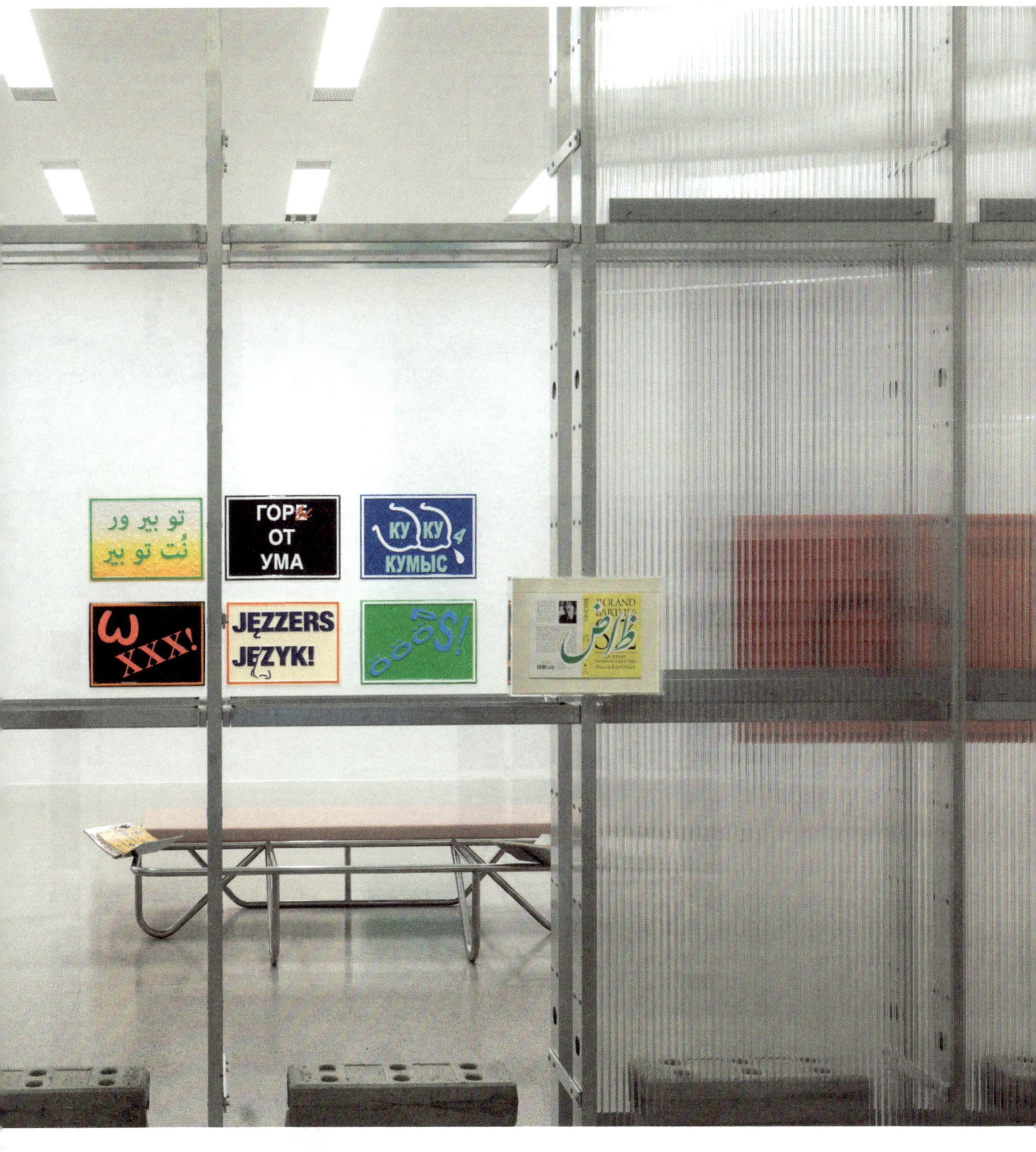

ГОРЕ
ОТ
УМА
КУ КУ
КУМЫС
XXX!
JĘZZERS
JĘZYK!

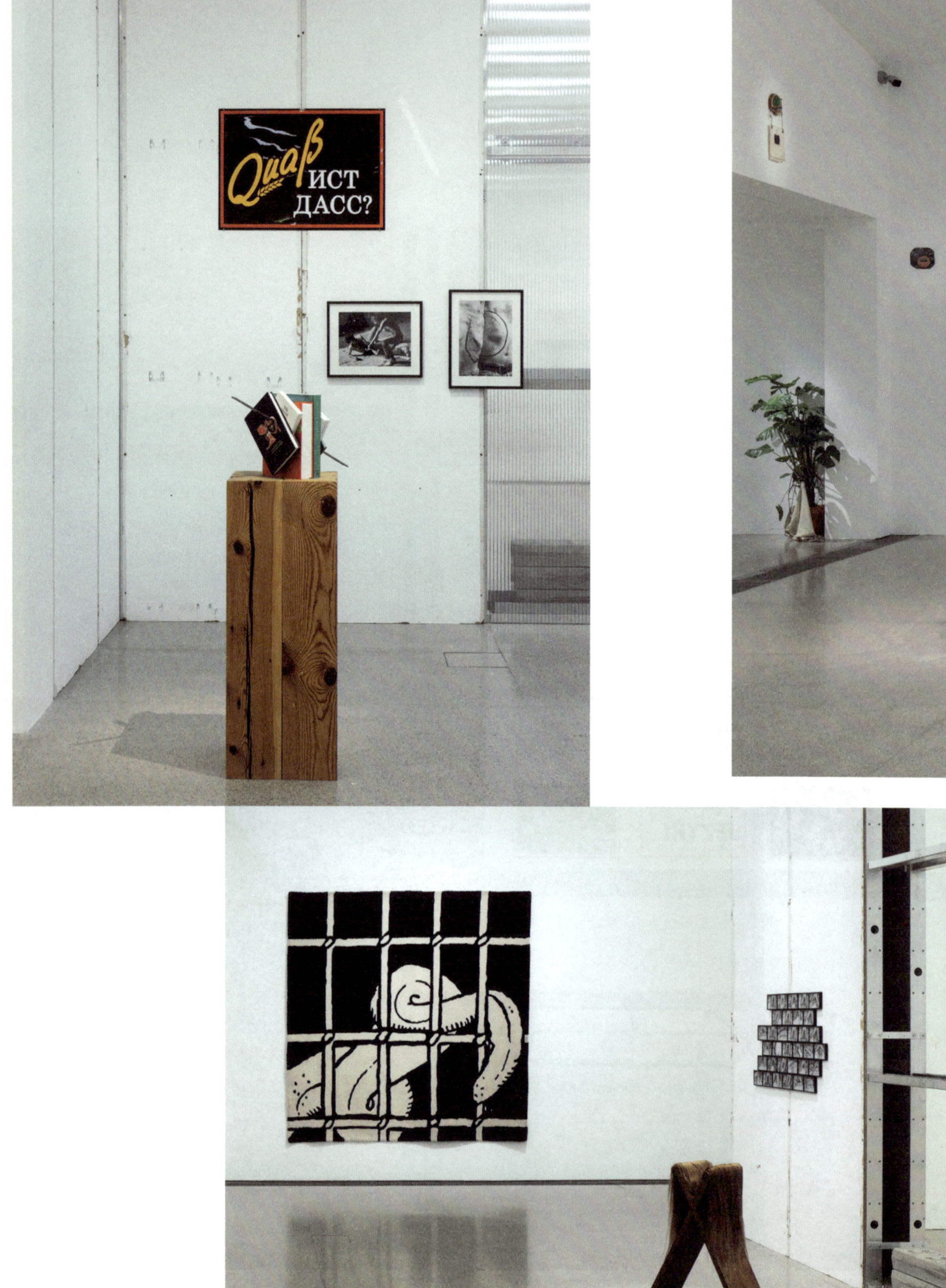
Quaß ИСТ ДАСС?

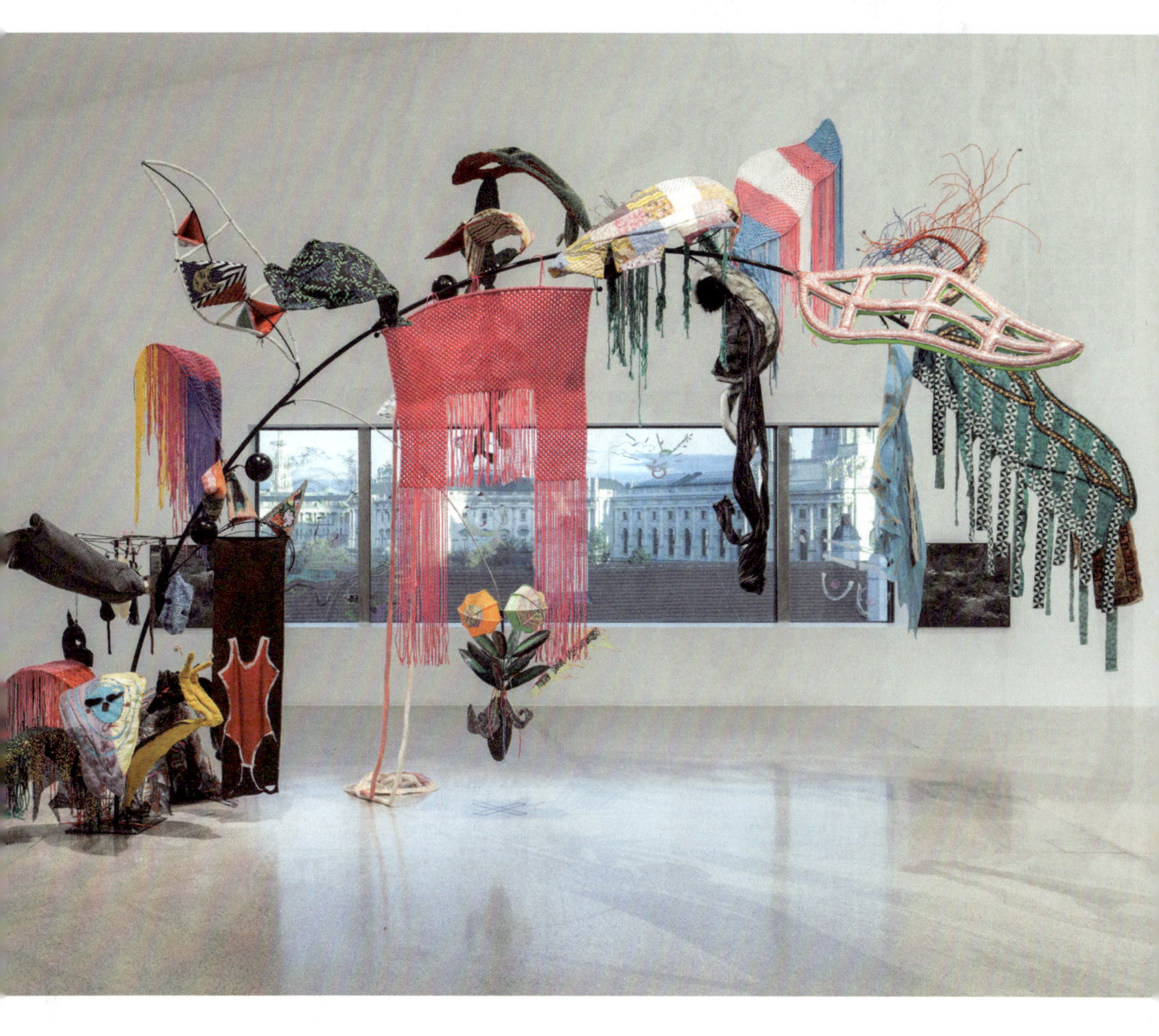

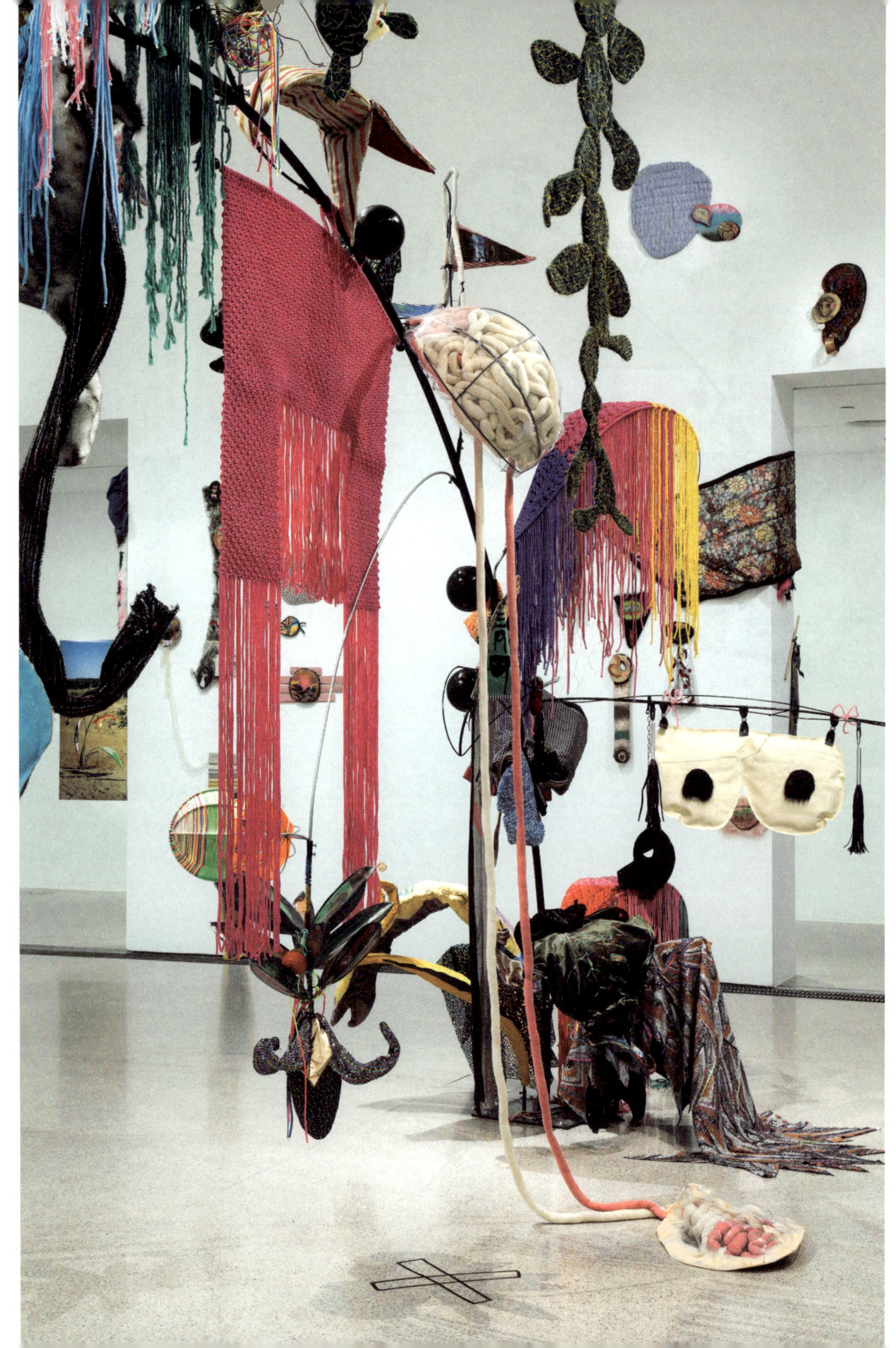

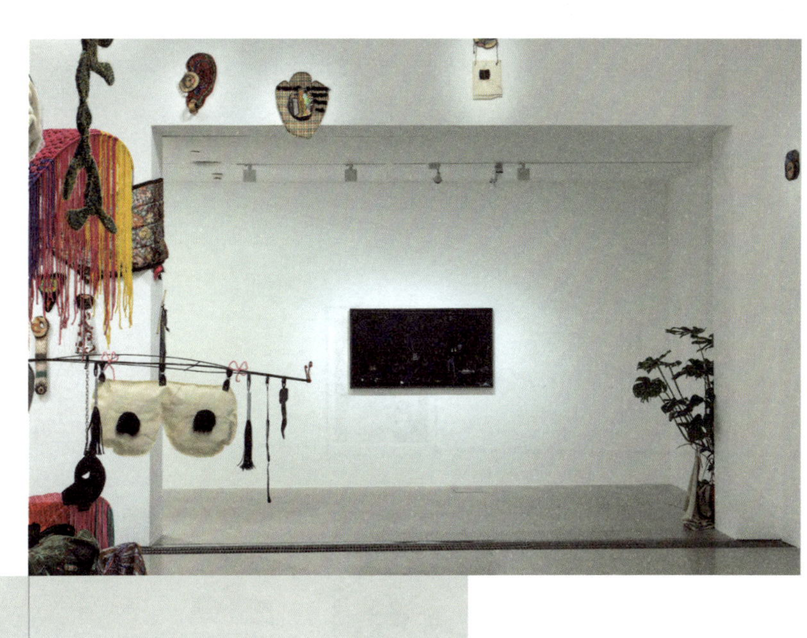

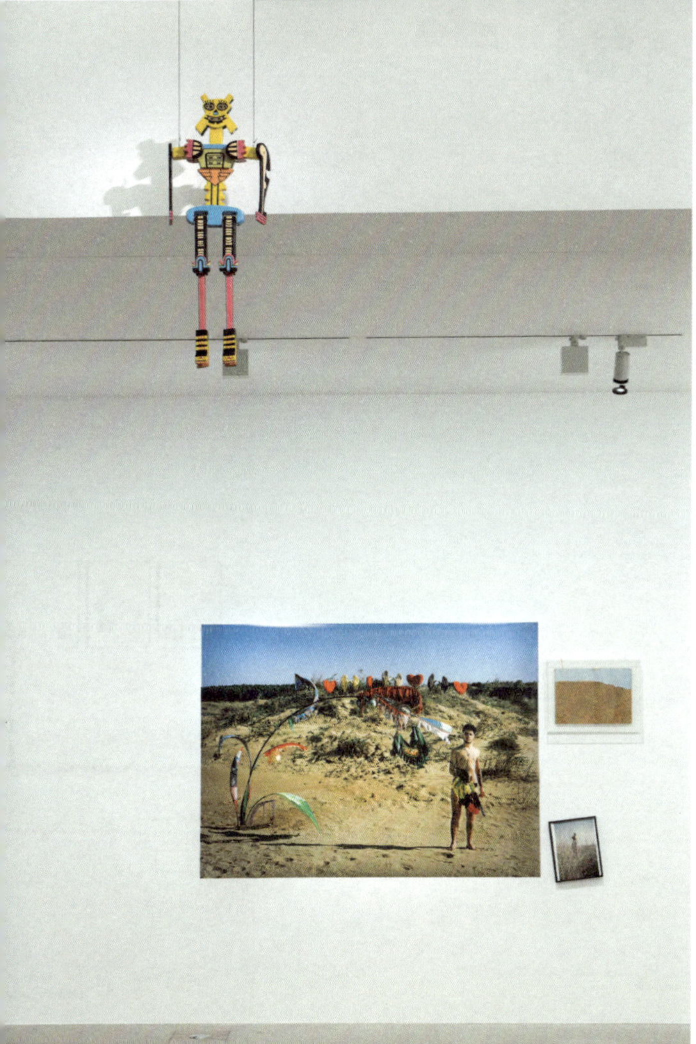

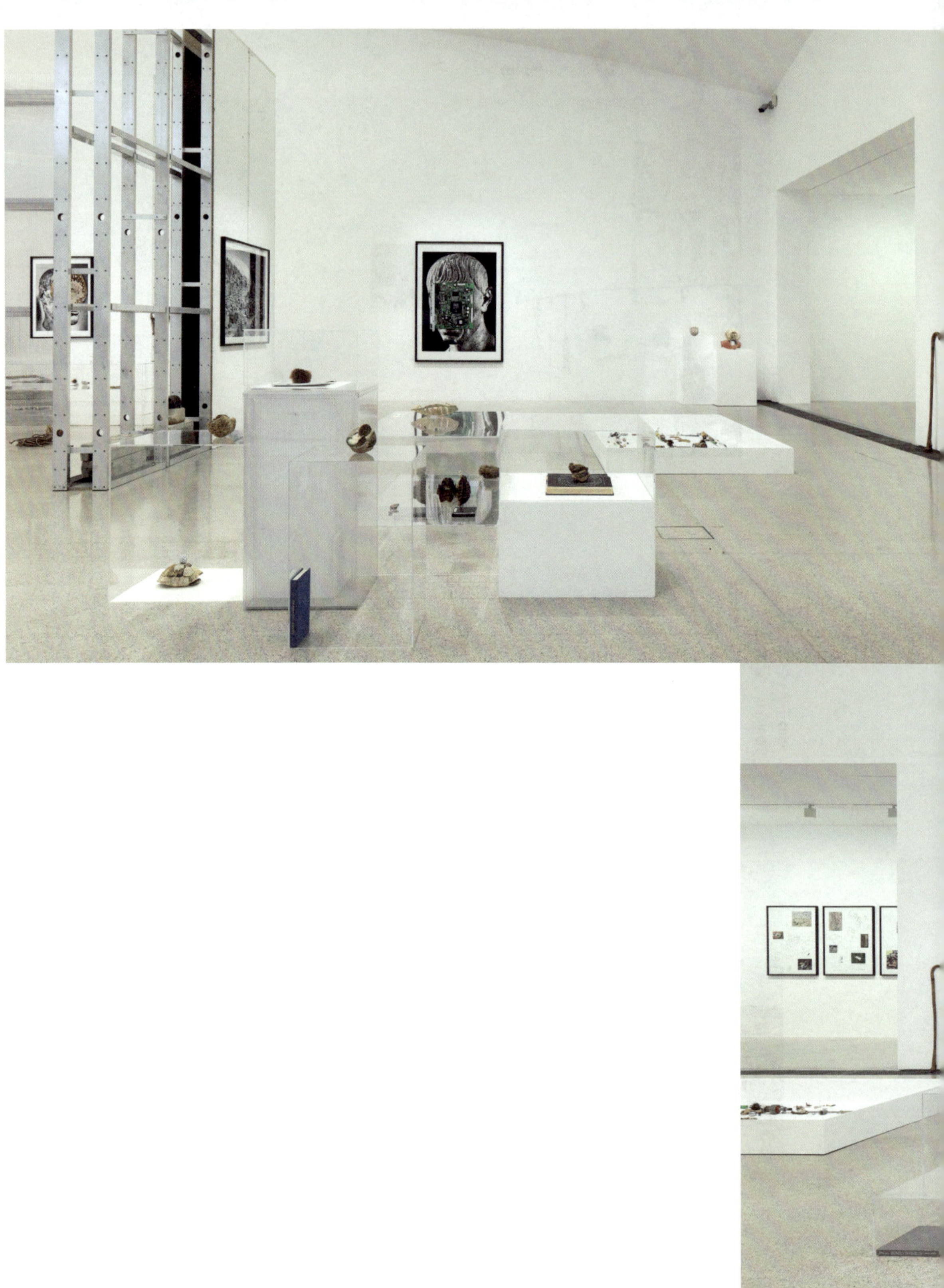

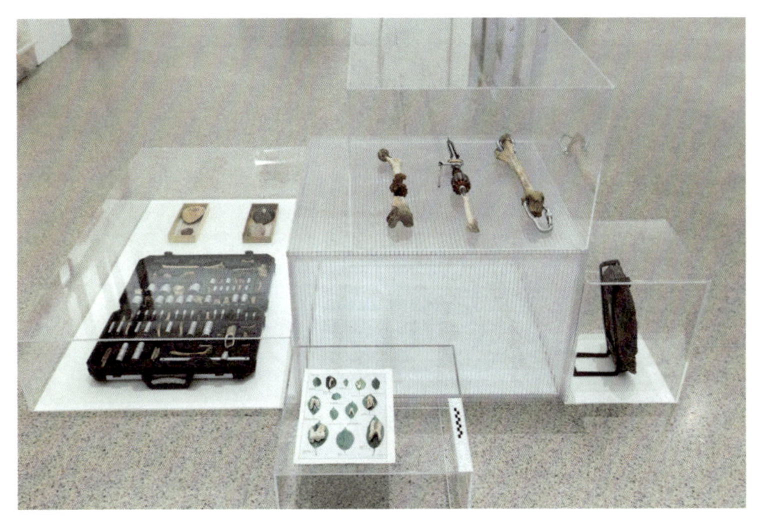

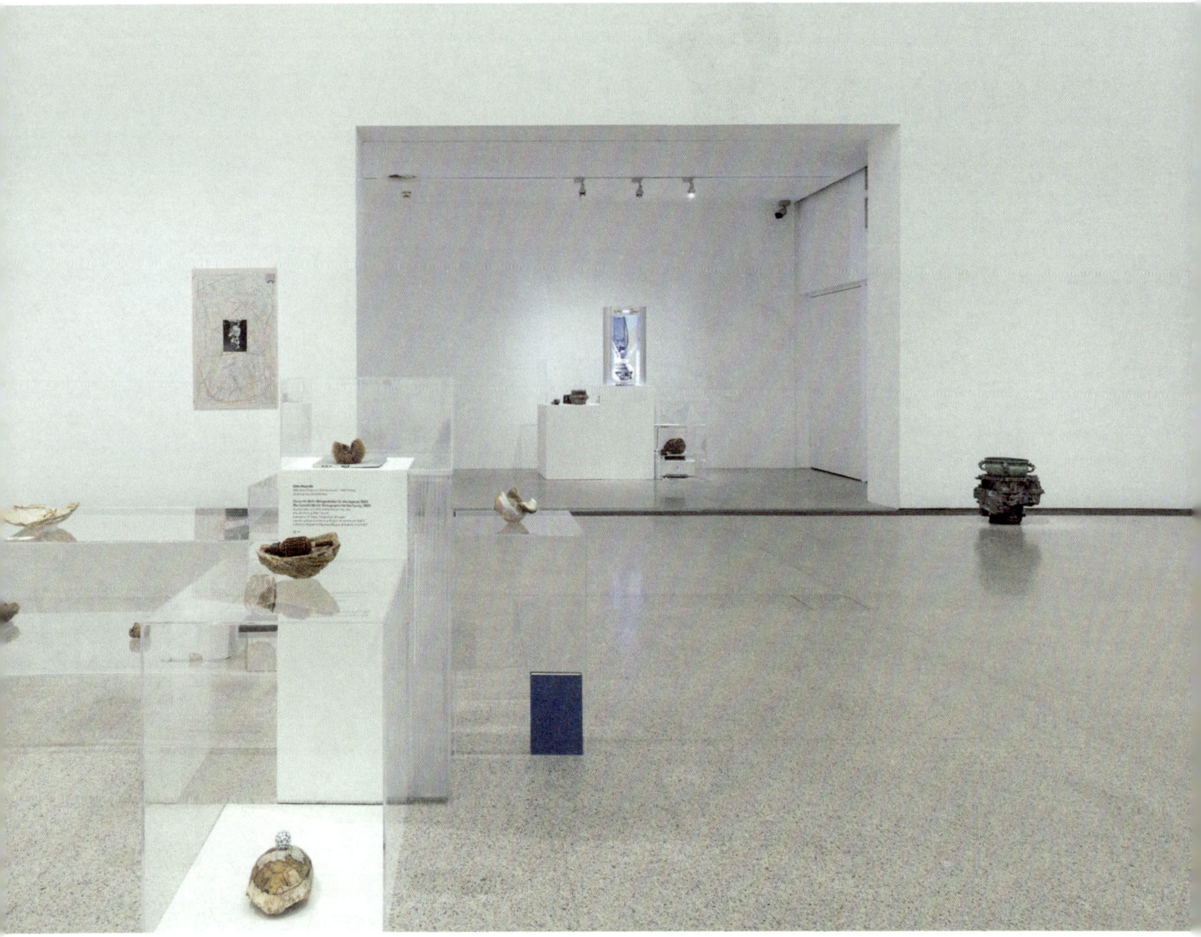

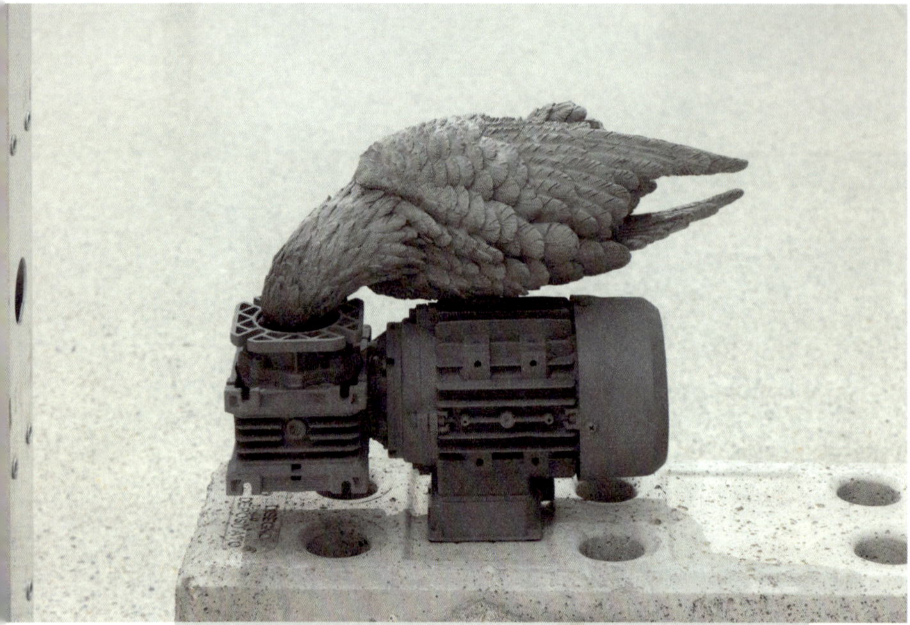

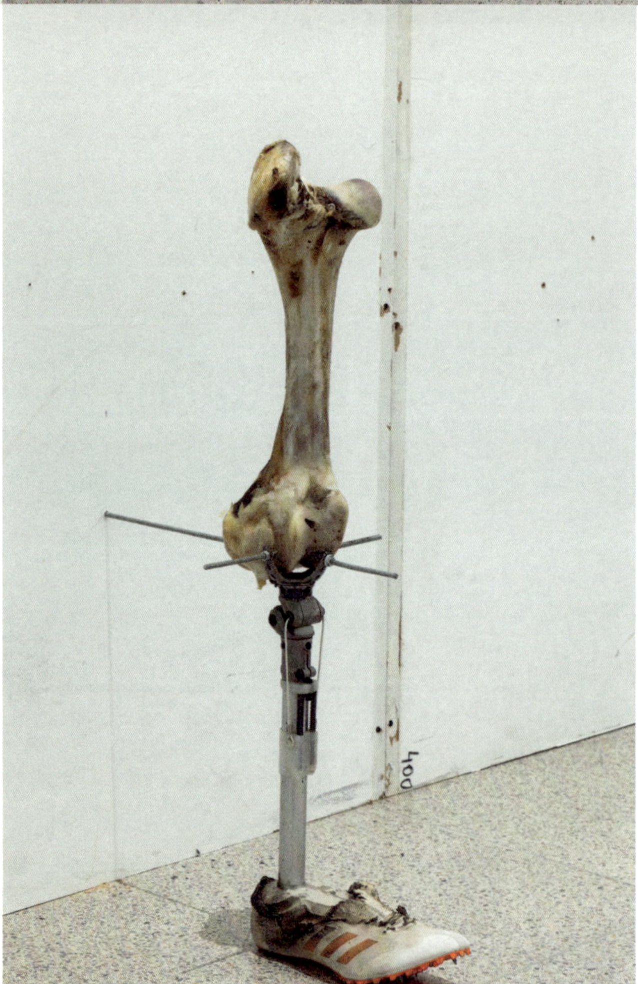

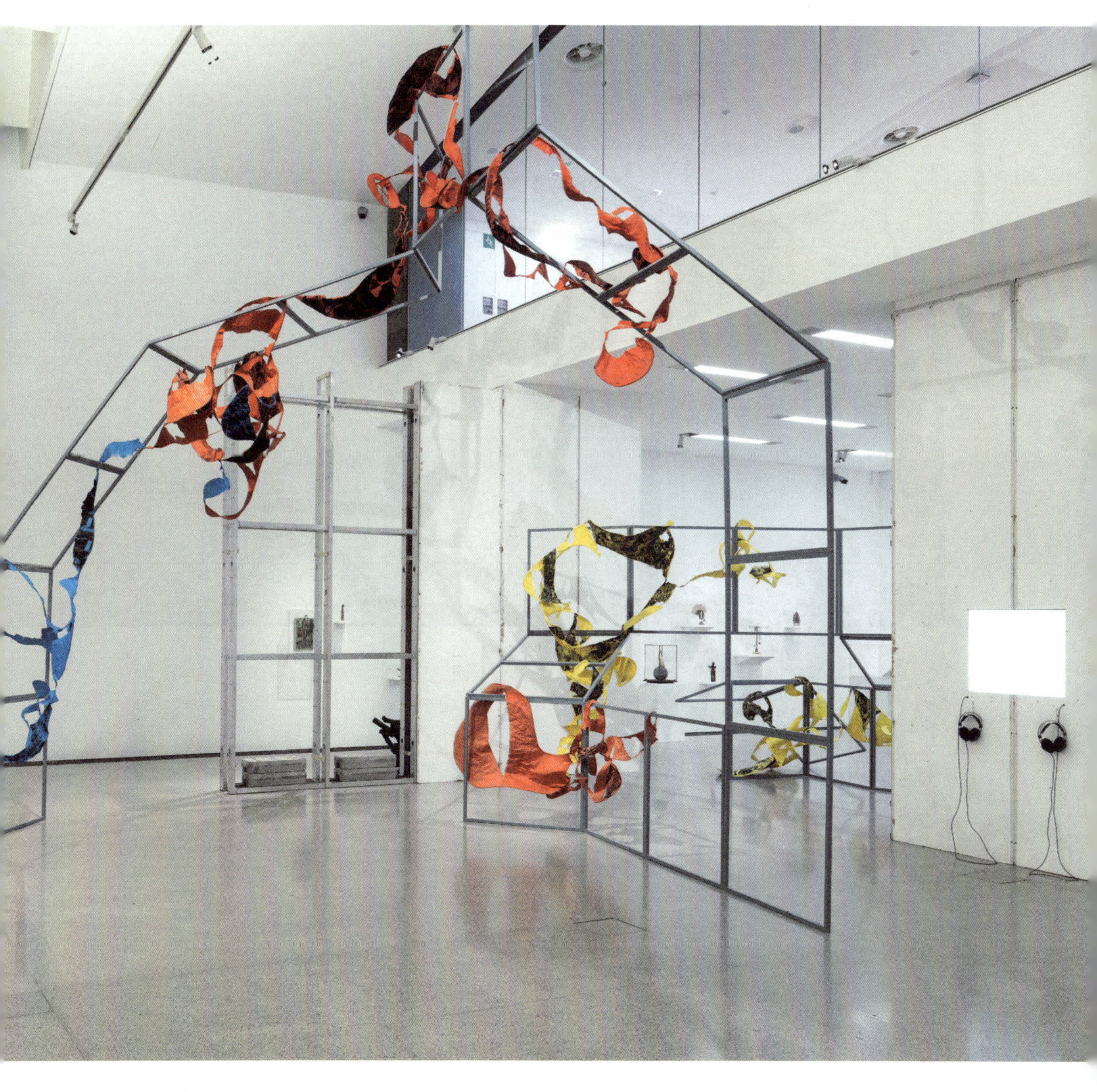

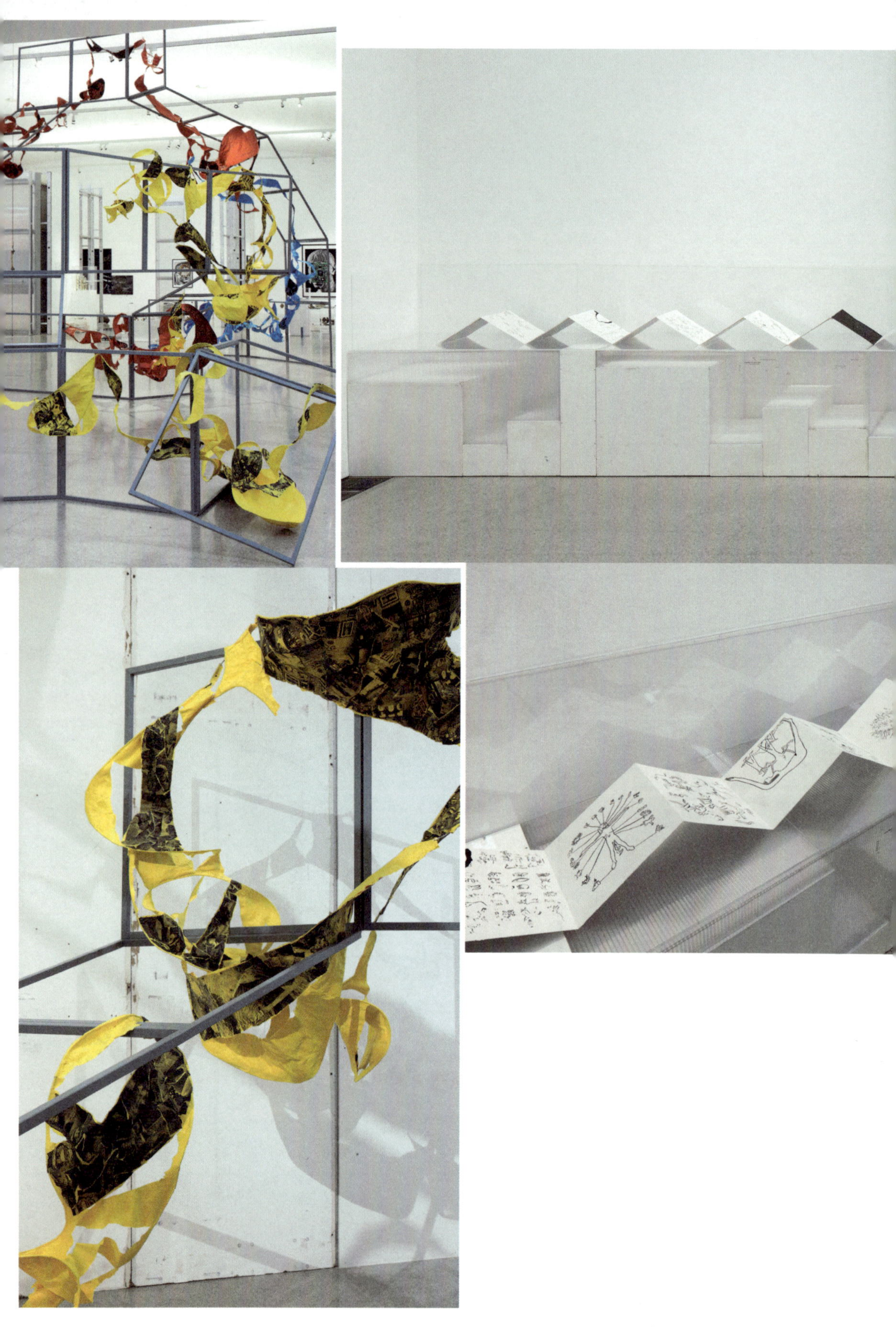

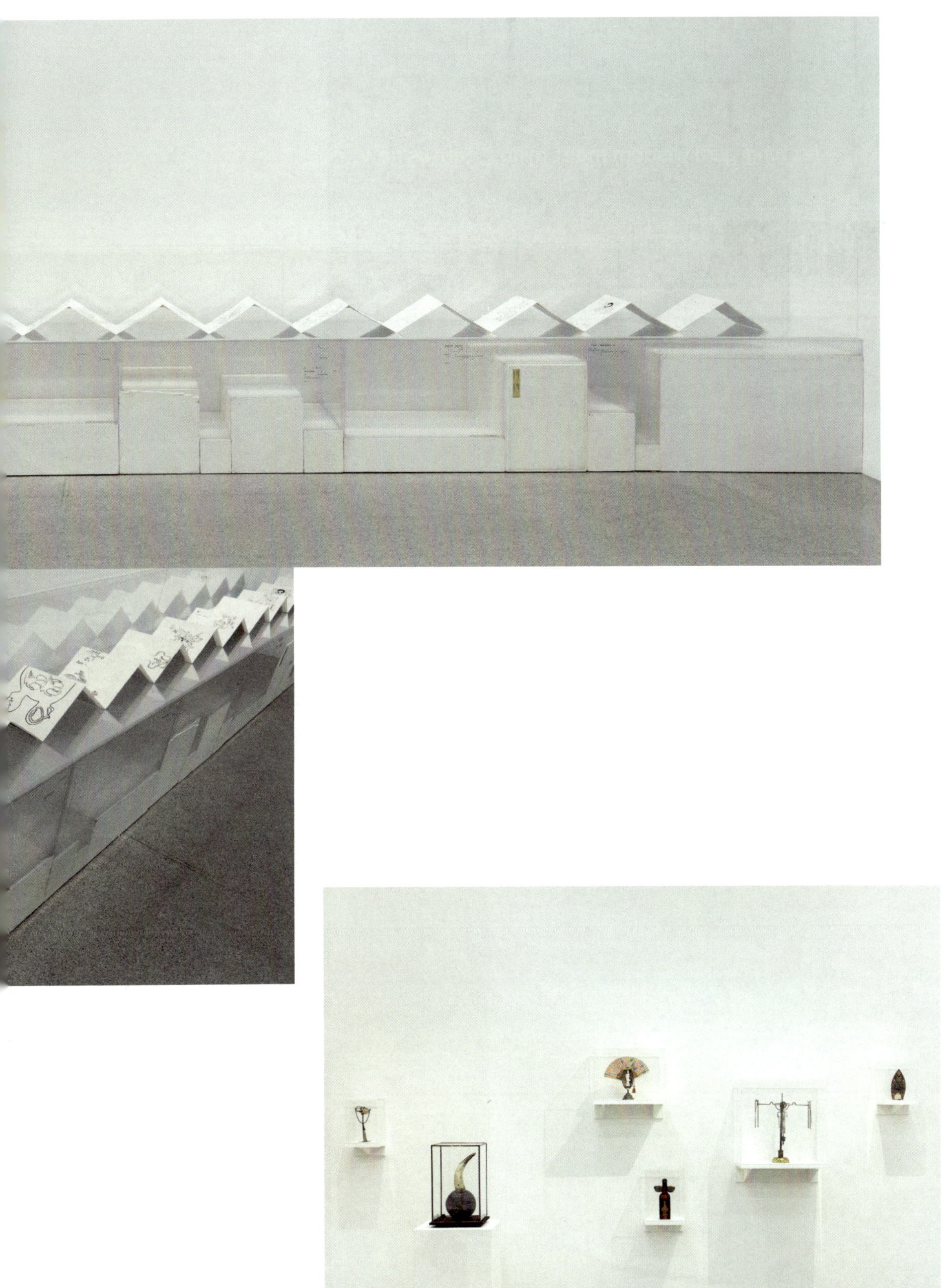

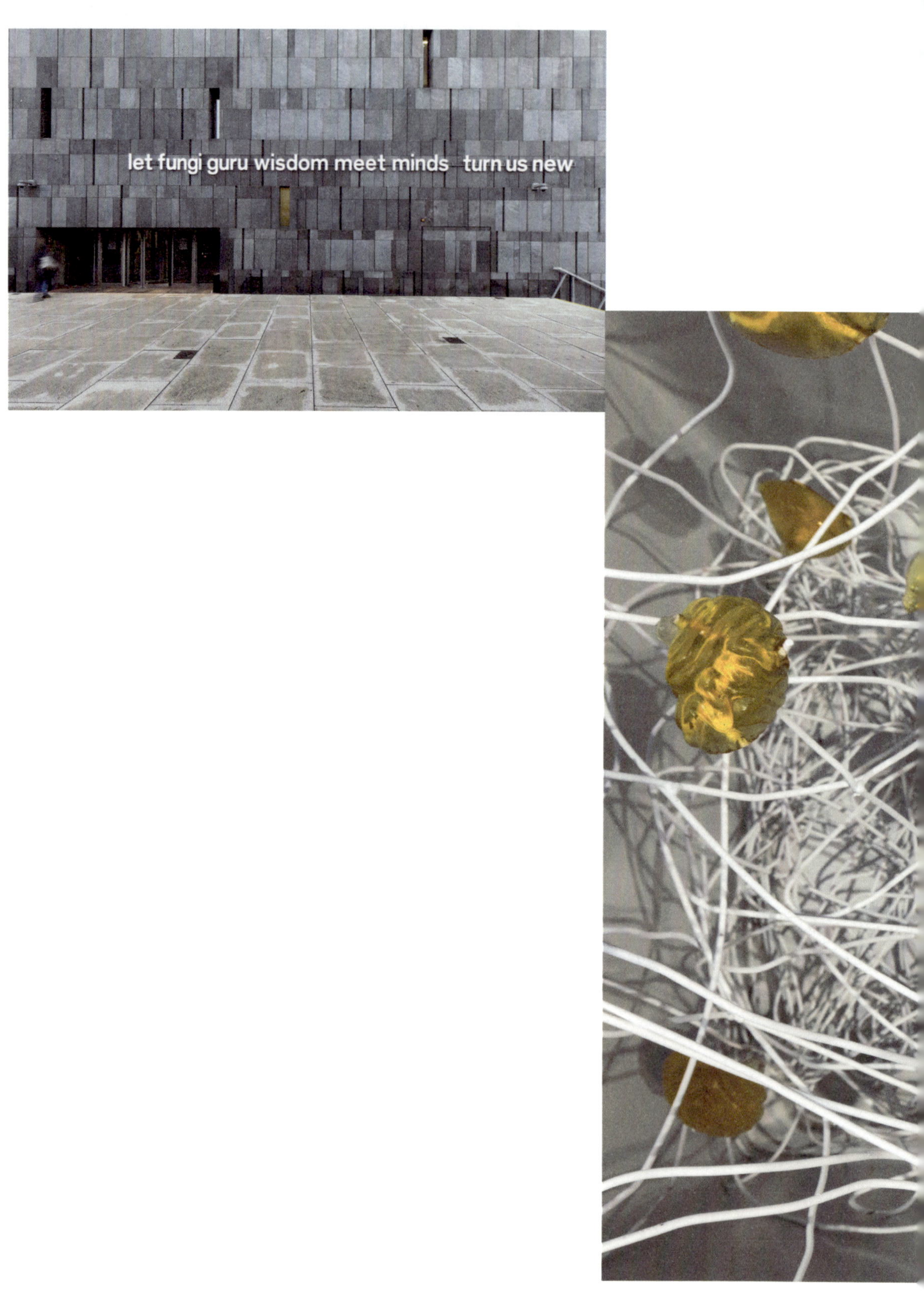
let fungi guru wisdom meet minds turn us new

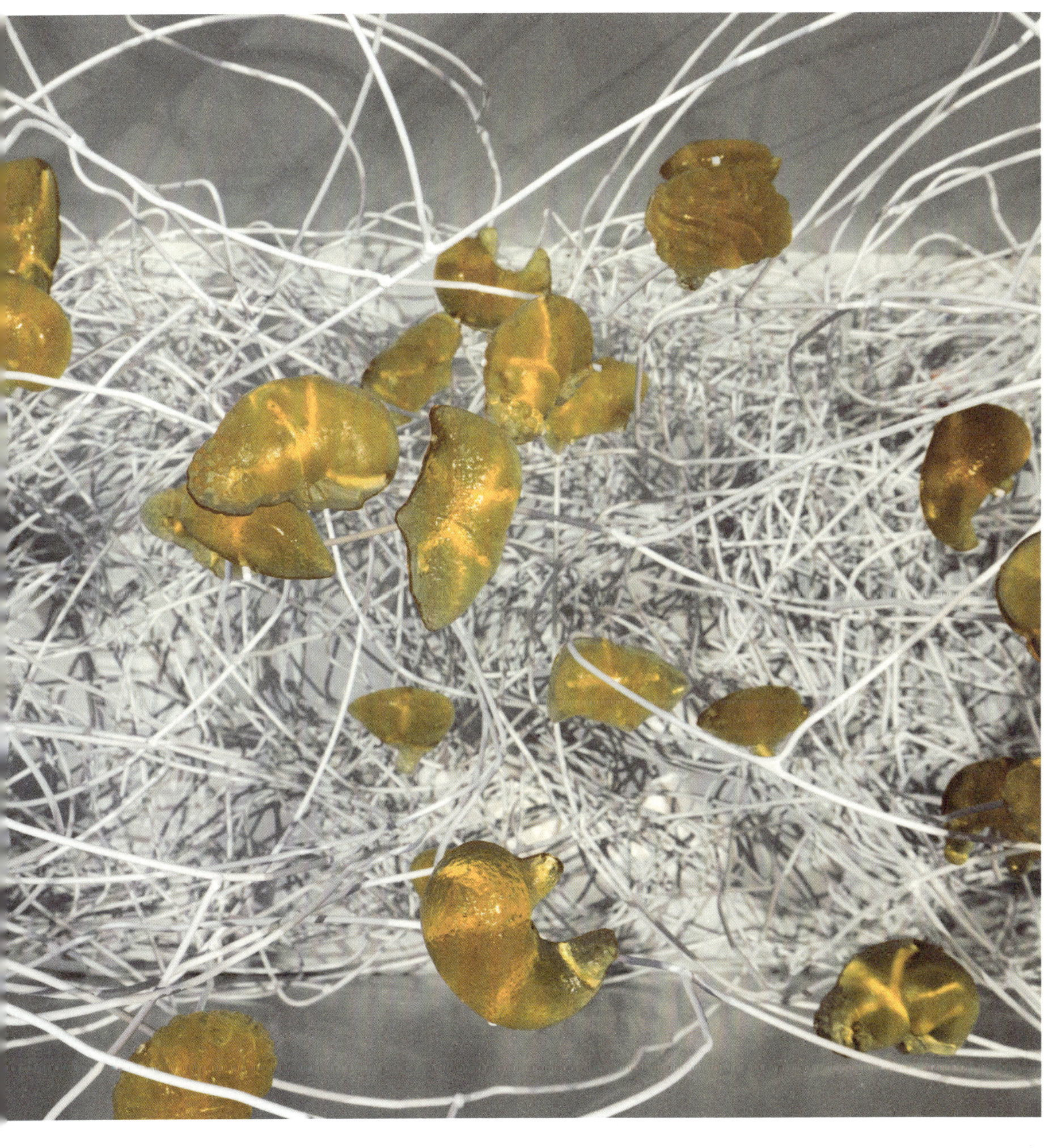

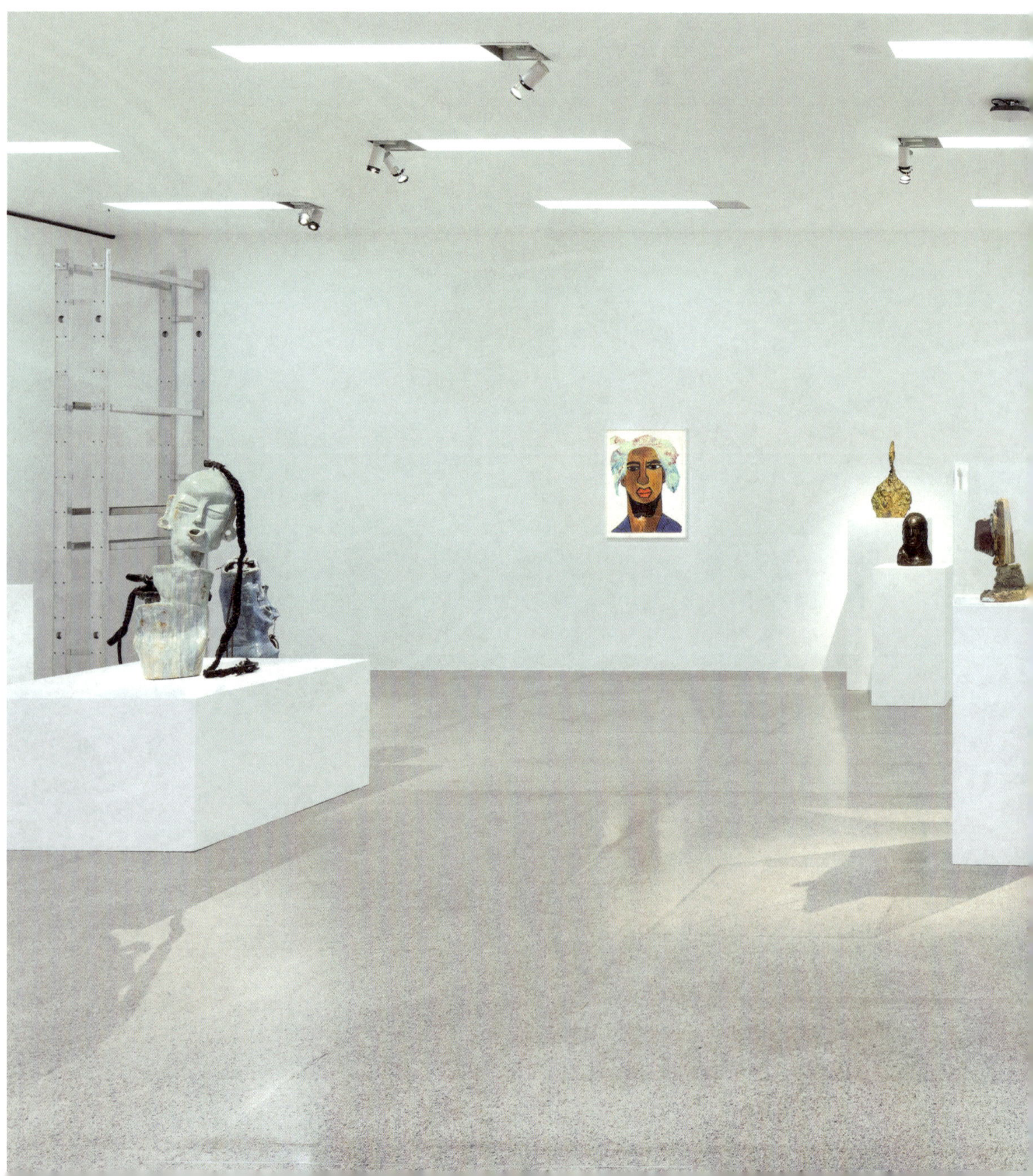

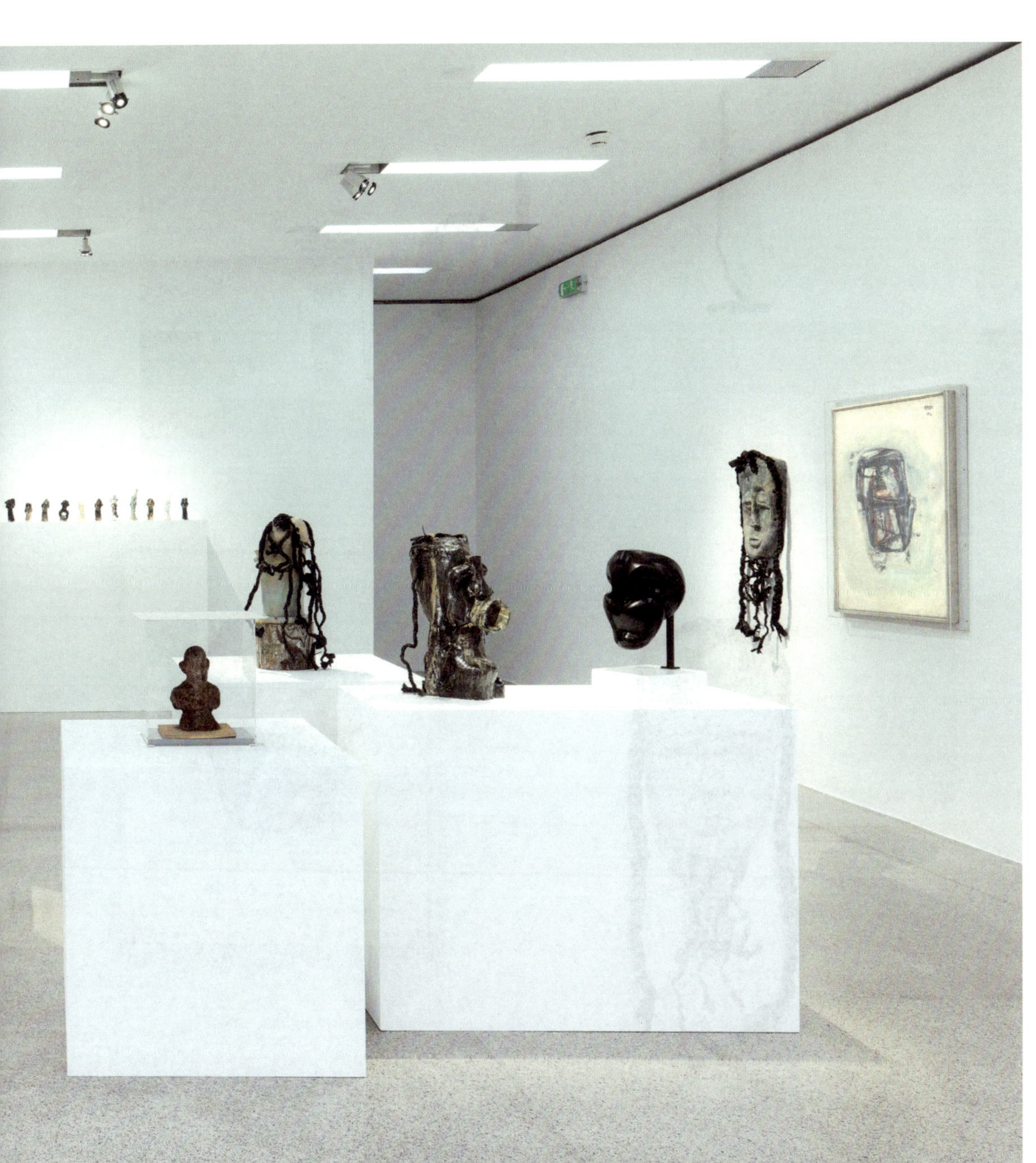

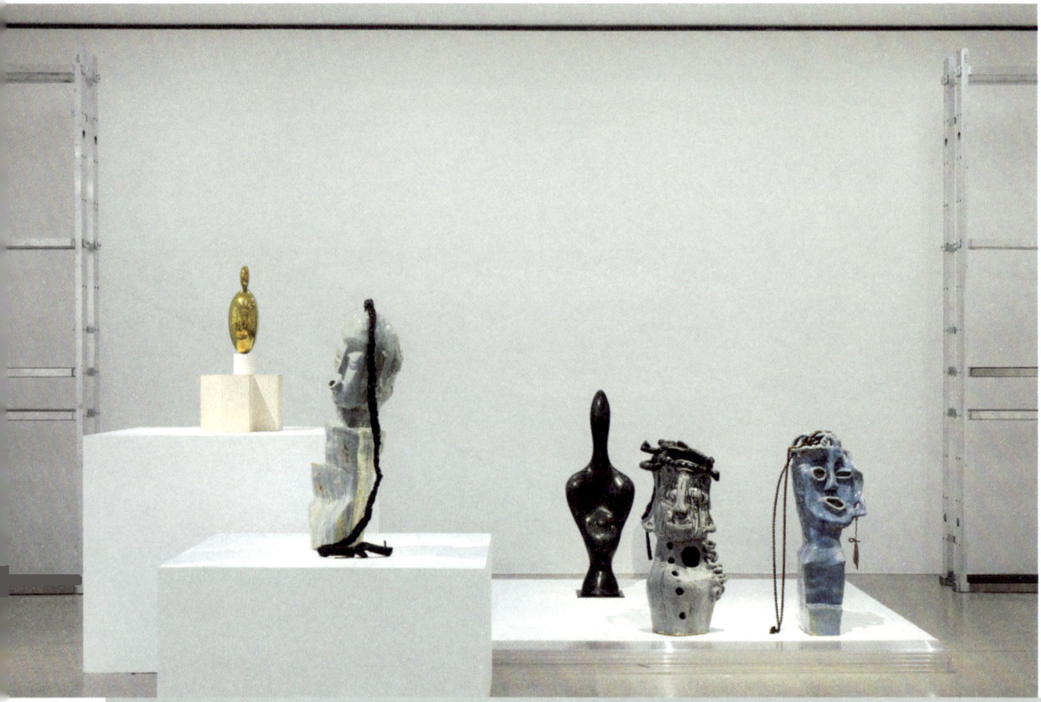

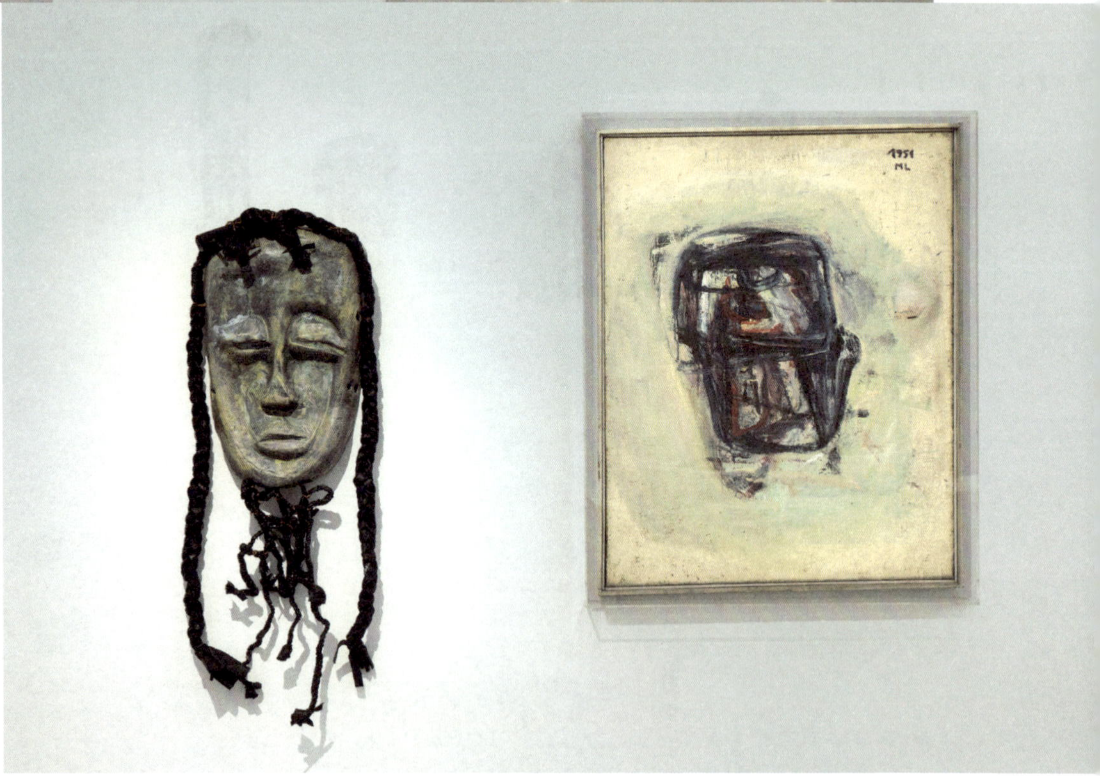

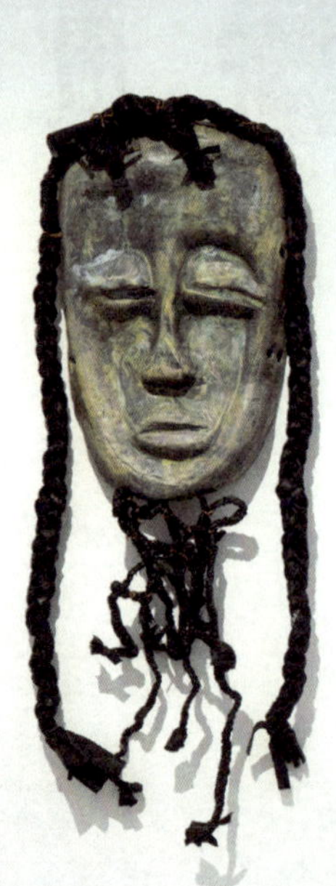

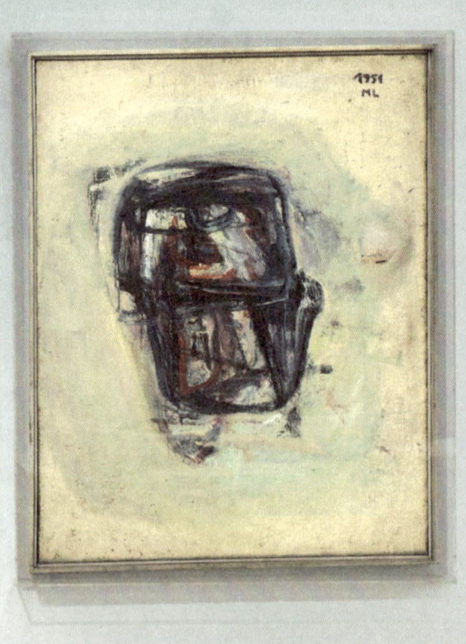
1951
ML

QUEERED FAMILY AND SENSE OF WONDER

ANN COTTEN

When counter-cultures are institutionalized and formerly alternative methods become mainstream, there is a tipping point that is difficult to handle when the style of thinking is based on principles. The challenge is to navigate the two different systems, a discussion of principles and considerations of quantity. In a strange, bilingual verbal image, the conversion of value systems from underground resistance to institutional reform can be illustrated by the relation of the German *quer* (oblique, cross-wise, at odds) to *queer* (in German, this word is a well-established import from the English). Living obliquely, often at odds towards society (the word *querdenker*—hard to translate, but something like "crosswise thinker"—has acquired an unpleasant taste because of the reactionary rebel groups who have rallied around the term), can be understood as continued resistance and as an attitude of dissent that can become habitual as a reaction to everything. Queerness, one could distinguish somewhat poetically, replaces such a reactive or reactionary attitude of protest and resistance with a form of life that acknowledges the meshed, co-dependent world as our reality and attempts to find appropriate ways to live in this consciousness. This can include regarding oneself as strange and as symptomatic of a strange world. Concerning resistance, it must be mentioned that the German word *Widerstand* somehow helps to avoid any notion of overlap with the historical French *résistance* against the Vichy régime. The abstract but heroic-sounding *Widerstand* seems to allow users to focus on their own perception of heroic opposition, regardless of societal situation and content. Queer resistance, however, can be understood not in the military sense of combatting an external enemy but in the physical, electro-technical sense: a kind of inertia, the opposite of volatility, towards, for example, thoughtless common sense. Such drag creates and curates spaces and balances that we need for living, simply by taking time, tangibly taking and producing attention and energy.

If my language becomes odd, it shows the cumbersome structural traces of vast amounts of linguistic energy invested in rhetoric designed to cater to the conservative values that have been hyped in Europe in the preceding centuries. Anything new or surprising is explained away by armies of mansplainers: admiration is traditionally the role of women and the illiterate. In written media, the contest for knowledge has been louder than questions of skill, reflecting the conversations of upper classes who could delegate work to humans, later to machines. To be unsurprised was seen as proof of wisdom. But it has also been an attitude of psychologically insecure nouveaux riches, tight-fisted with their admiration and amazement because their interest lies not in learning but in keeping up the pretence of having nothing to learn, of already understanding and knowing. It might sound snobbish to be bashing social climbers' insecurities; the fact is, though, I know too much about having a shitpile in one's back, and therefore being desperate to fight to win, to not think it the most dangerous—and illusory—feeling that moves things in the capitalist world. In any case, the sophistic and later scholastic technique of reduction offers a means to make differentiations and open questions disappear. Understanding and control become synonymous with power, and this makes it easy to promote blind activity in the service of insatiable maximization, pursuit of goals, and adherence to principles. And this is *so* dangerous, girls!

When queering is applied to various disciplines of knowledge, it often marks attempts not only to acknowledge and make visible (to whom, btw? I'm seeing you) the contradictory multitudes contained within them (as Legacy Russell quotes Walt Whitman) but also to communicate and celebrate a sense of wonder at the interesting, strange, and specific history of a discipline and to make it productive for new, necessary transformations. The task of queering lies precisely in handling these often conflicting diversities. Strategies, competences, elegance developed while performing this task or trying to can become more generally applicable and valuable also for living, working, loving, and knowing/perceiving together. Queering thus sometimes works like a filter or a lens. Many people who feel themselves to be queer have as a starting point a perspective on institutions that those institutions may not have foreseen and do not accommodate. In their/our experience, the struggle to establish spaces they can live in often coincides with opening and questioning these institutions, and queerness can appear as a fight for justice. But basically I think that a decided gentleness is at the very basis of queerness, and needs to be, even if tender feelings for the world are covered by robust defensive or offensive action.

Taken erotically, queerness points to a scattering (to continue the lens metaphor) of eroticism or sexuality (confusing value regimes and economies of interest). This scope of open desire and interest is impossible to curtail and train towards reproductive labour and relations of reliability in nuclear families, as prescribed for the people by the big monotheisms (with a curtsey to their always queer mystics in the corners), as if we were livestock bred by an upper class to supply and serve them.

Which is, of course, the case. Slaves, cattle, algae, we all have imagination and lives—and these break out in queerness. Queerness happens in all kinds of media: institutions and unofficial places, delusions and perspectives, free time, re- and misuse of spaces, tools, relationships. Homoeroticism beyond and before coming out—one might also say friendship—has perhaps always been a stronger political force than rational argument and the calculation of profit, honour, and order. Diffusion or scattering in an optical sense means that erotic attraction is not necessarily directed at a person but may illuminate whole areas. Fantasy and erotically guided attention oils the connections between individuals and the world in its various parts, keeps the joints and ligaments supple and elastic, as it were. *Amor fati* and love of adventure fuel an open-ended love towards the world, in contrast to traditional values like loyalty and faithfulness, which feed and are fed by much anxiety: people are supposed to do their best to bind each other in unfreedom and coerce each other into fulfilling stabilized, stabilizing roles for each other, because safety is associated with fixation and closure in hoarding and building areas of the world. Fragile (sensitive) and also dangerous (volatile) selfs are practically domesticated in this way, or so the recommendations. However, true safety, in a continually changing world, consists in a wide, diverse, and loose network of good relations of mutual help and continual change.

We are always in the midst of processes of understanding, in sceptical considerations, in uncomfortable realizations, in attempts to leave behind entanglements whose terrible side we only discovered once we were inside. Because of this processuality, it is important to distinguish between the adjective "queer"—framed as an attribute, as if one were born that way—and the verb "queering." (The act of verbing a noun in itself already smacks of some mild form of anarchy, in its disconcertion of taste. It has been frowned upon by grammarians worried about the beauty of the language for a hundred years, and it has been done regardless.) Queering is a tendency, a flow, a habit, a process, a fermentation. With a verb, one cannot so easily form an identity group that can be talked into profiling themselves antagonistically against another group. To describe oneself with an activity rather than an attribute, as it were grammatically rather than semantically, brings out strange parallels even between content-wise quite incompatible groups such as sportspeople, anarchists, musicians, neo-Nazi hooligans, and ethnic minorities, who all tend to recognize each other by specific dialects of queerness in relation to the mainstream. Such galloping pattern recognition does not stand up to serious judgement and may lead to very fleeting alliances, but the ability to forge such spontaneous alliances of queering a local mainstream is an important figure in the repertory of societies.

Queering is a process that can befall individuals and groups against their will. This is important. Becoming odd in the eyes of one's contemporaries can point to shifting values and to crises which may have to do with gained information or with aging. Music, puberty, dementia, a hormone-driven urge to have children, midlife crises, the sudden explosion of anarchy that comes with actually having children, or simply a new love, discovery of a new way to have sex, a new magazine, or a new bar can trigger the queerness of crisis that may be ambiguous in terms of value. Crises means that suddenly things are possible that seemed unthinkable, whether this is desirable or undesirable. Such is the anarchy of war.

In their introduction to Pyotr Kropotkin's 1902 *Mutual Aid*, David Graeber and Andrej Grubacic quote Kondiaronk, diplomat and statesman of the Huron people, whose conversations with the French diplomat Lahontan were later published and triggered decades of discussions.[1] In these conversations, Kondiaronk presents his observations of some obvious and surprising fails in the European societal order. Money and hierarchical class form a structure that unsurprisingly and unfailingly produces huge problems, famine, and violence, he says. Paris readers were fascinated. Kondiaronk's analysis triggered plays and essays, echoing the critique or defending the necessity of money and class inequality.

In the Anglophone line of philosophy and political theory, peace is a strategic ceasefire between basically antagonistic, self-serving agents. This narrative makes the opposite framing look goody-goody: in which peace as a lifestyle is the basic premise, where the relations between individuals (who are always also part of groups) and groups (which can always be subdivided into smaller units) are diverse, alternating, and balancing things out. Focusing on conflicts which are narrated dramatically, it is easy to overlook all of the ignoring, tolerating, observing, recognizing, learning that is going on continually in the background and forms the overwhelming mass of human activity. If this were not the case, we could hardly have survived until now as a species.

Pyotr Kropotkin is not a lone utopian. He assembles a body of research and reasoning rooted in the Petersburg school of thought, which was well established but largely ignored in the English language scene. He also references several authors of books supporting related evolutionary interpretations of mutual aid in English. These for the most part make use of soupy pastoral notions such as altruism or universal love, projecting personal, emotional motives onto the evolutionary dynamics and behaviour of plant and animal life. Kropotkin's work, by contrast, is deflationary; he decidedly does not work with the idea of "love." Still, his work was bunched together with that of the Christian scientists and scoffed at as naive—without being read, apparently, since in the very first pages he clearly makes the distinction, while speaking respectfully of the enthusiastic colleagues, that this is not about kitschy idylls. As an orographer surveying the desert plains of northern Asia, his observation was that it is not struggles between individuals of the same species but the harsh environment that "stresses" populations (to use a modern expression) and that mutual aid is a practice that is necessary for all participants simply in order to survive.

"Two aspects of animal life impressed me most during the journeys which I made in my youth in Eastern Siberia and Northern Manchuria. One of them was the extreme severity of the struggle for existence which most species of animals have to carry on against an inclement Nature; the enormous destruction of life which periodically results from natural agencies; and the consequent paucity of life over the vast territory which fell under my observation. And the other was, that even in those few spots where animal life teemed in abundance, I failed to find—although I was eagerly looking for it—that bitter struggle for the means of existence, *among animals belonging to the same species*, which was considered by most Darwinists (though not always by Darwin himself) as the dominant characteristic of struggle for life, and the main factor of evolution."[2]

The overdramatization of evolutionary theory, especially as propagated by popular Anglophone publications, is massive to this day. If, in one's foraging for alternatives to the humanistic intellectual tradition, one happens to wander into the field of evolutionary aesthetics, for example, one's jaw may drop at the fantastically monocausal narratives used to explain aesthetic taste and often verified by extensive scientific studies. It is quieter around researchers examining, as it were, the everyday aspects of evolutionary genetics, such as Kimura Motoo with his "neutral theory of molecular evolution," who points out the huge body of mutations with no phenotypical effects, the diversity of which forms the pool out of which occasional spectacular mutations with visible effects emerge.[3] Admittedly, it was via such cases that science was able to deduce and hypothesize structures and protocols, searching for basic laws. This deduction is akin to tactile groping, in that one only knows what one actually can touch, and then draws conclusions updated by new data.

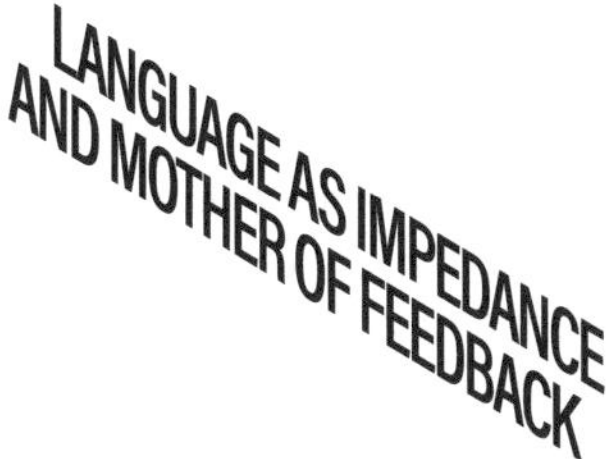

LANGUAGE AS IMPEDANCE AND MOTHER OF FEEDBACK

In Japan, a new expression was coined to translate the European concept of "love." It was precisely the vague abstraction, the lack of any experiential constraint, that then made the word vastly popular, as Yanabu Akira points out.[4] In rural Austria as well, there is no dialect word for love in the cheesy universalist sense. Before the introduction of tourism in the early twentieth century, many regions were extremely poor and life was labour-intensive and lived near to death. Individual aesthetic and mating choices became expressive in the niches and corners at the edge of the bare necessity of hard, traditionally structured work. Declarative pathos is out of place here, is the wrong medium, if one hasn't had one's brain addled by penny romance novels. "Let me push your bike," singer Sigi Horn sings in homage to the marriage of her grandparents, as the ultimate expression of strong feelings. Precisely in the embarrassment triggered by words promising more than can be kept lies the power of a language closely tied to non-linguistic reality. Language, as it were *sewed* to experience in myriad repetitions of applications, can be heavily loaded without breaking. Here the word "tension," thrown about like spare change in the jargon of literary criticism, is a clear physical metaphor. Tension can be found between contradictory or opposing kinetic forces being supported by a material, between realities connected by a relation as yet unclear, between a tangible now and a still dreamable, utopian Later.

To construe this future, we have the habit of building brittle structures, feeding the tension into arches and the support of rooms. Regarding architecture as hard is a superficial viewpoint based on the effect of brittle substances: what seems hard is in truth necessarily quite elastic and packed with static forces and shear stress. One could go so far as to say that the natural state of a building is the moment of its falling apart, where it becomes apparent what falls in which direction. Such an image can be probed as a way to see societies or relationships. Love and initiatives of queerness stand before all this as a future, the first rod of a tent in hand. But queerness remains when love has passed. Often agape, not *doing* anything, just taking in the full wonder.

Concerning resonance, there is a whole science revolving around subtractive sound shaping, and we need this charming skill of filtering out the "information" from too much noise, because too much is a situation that we have to come to terms with; it will take a while before overproduction dies down or is distributed more fairly. In Naples, the home base of Italian opera, the trained ear must locate the subtle undertones in the bombastic rhetoric in order to guess the heart of the singer. Listening is a locally grounded art. In fact, one really doesn't hear tones but spaces, vibrating bodies of air which one is able to interpret on the basis of one's acoustic experience. I hear not only the blackbird but also the evening cityspace. (And the blackbird too experiences, like an echo of what it feels interoceptively in its throat, the reflections and refractions from chimneys, fire walls, and lilac bushes.) The ear must tune in to the frequency; the brain must install the right language filter in order to discern packages of grammatical and semantic meaning from a continual stream of sound. In hearing in a physical sense, but also for understanding a single word, we perform a vast elasticity by relating to a huge corpus of remembered reality. These "strings" or lines of connectivity and sense, and the ability to play on them, are a reservoir of competence awaiting use. These are functionally open competences, and we need them in order to handle a globalized and perpetually changing world: which means also in order to behave appropriately towards one another.

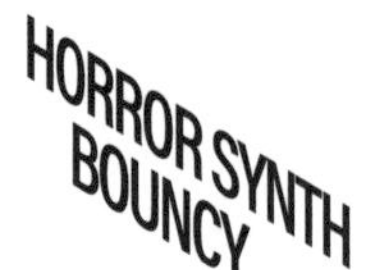

The typical sound associated with international collaboration projects in the 2000s and 2010s was a mixture of elevator pitches and flat-share kitchen talk in more or less hair-raising English. The collaborations became interesting when we stopped talking and began to work, to show, to perceive. This has to do with the way European languages are incessantly naming, categorizing, and covertly or overtly pronouncing judgements. Verbal attempts to articulate oneself, to explain one's work, to become visible or tangible to others often get tangled up in phantom judgements, classifications, and prejudices or resistance against them, which dominate verbal spaces or at least haunt them persistently even when all participants are trying to avoid these spectral valuations. But how can one communicate internationally in more precise, locally anchored dialects? In the end, aesthetic idioms play the role of dialects. Our works and forms of expression come from certain areas, carry traces of the niches in which our love found its applications. In asking about the reasons for this or that method or form, one finds answers in tracing the lineages connecting individual experiences with societal, industrial, logistic transformations. The mutual illumination of mass and individual is potentially generative of what we call sense.

Collaborations have often had the function of a counter-position to the genius cult, which, in the art world, we are continually stressing our distance to, because this distance is far from evident. Under pressure to prove themselves socially functional and open, participants often ended up working alongside or past each other. In some cases, this was a fortunate way to go, facilitating oblique glances and gazes. Conflicts and contradictions could appear in all clarity without having to be resolved: the notorious "tension." With too much proximity, this tension would result in erosion and abrasion, and things can get dulled. In watercolour painting the term "muddy" is used to describe the typical effect of aimlessly rubbing different colours into each other. Mud and swamps are arch-nemeses of builders. On the other hand, I was recently reminded in a Japanese context that mud is a beautiful metaphor and an important zone. I connect it once again with the concept of "shear stress," which is huge and which I celebrate because celebrating stress makes it something that one can let happen as a thing in itself without immediately bustling to dissolve, solve, tidy it up.

I like the metaphors of physics as modellings that can be made more precise until they cease to fit. I am not alone in this, but the styles of handling metaphor are vastly diverse. (Thus it is always nonsense to generally applaud or condemn, say, metaphor as a political rhetoric tool.) Metaphor can lead astray, emotionalize, manipulate, and this is the traditional reproach made. But good metaphors, fresh ones or aptly used old ones, sharpen people's senses, including the sense of wonder at what is being done linguistically and socially at any given moment of speaking. When describing groups consisting of individuals, for example, we are notoriously at a loss for fitting expressions. Nations are personified, masses portrayed as single personalities, and, conversely, events in individual psyches are dramatized as dialogues or rolled out as multitudes. This up- and downscaling can come to look like an obsessive tic even. It shows how we, like disconcerted autofoci, are trying to use our functional automatisms to deal with incommensurable differences in scale.

Images of hundreds of thousands of people are fed to self-learning AIs that generate fictional personalities out of the data pool. Nigel Clark heartily splashes around in the vocabulary of volcanology and geology, using grounded metaphor to mirror sociological realizations. Data is visualized until information appears in shapes like bacteria. The danger here is, obviously, that any metaphor brings along a different value system, rather like an organism. We scratch our heads looking at arrays of pie charts, curves, stick diagrams, or, as seen recently, an animated diagram of the statistics of the aging world in human societies, designed to look like balls falling out of a pachinko machine. As the years passed, the symbolically vague balls tumbled downwards as if pulled by gravity and the accompanying text riffed on the visual image of an hourglass. Such animations may in future be regarded humorously as the bestiaries of the early data age. By all means they are queer. And to deal with the diversity of schemata and value regimes, we need cognitive viscoelasticity, like in queered family and work contexts. This can mean the ability to change without great expenditure of pain and groaning and collapsing, to adapt swiftly to very diverging necessities and co-habitants, and also to be able to approach them. Not all of these changes are going to harden into new permanence. The physical world is full of elastic substances; despite our plastic euphoria, elastics are no human invention. Plants are a nice example: they change by growing—in their respective patterns resulting from their structural necessities. And then they die and we burn them for warmth.

1 “Introduction to Pyotr Kropotkin’s Mutual Aid: An Illuminated Factor of Evolution,” Alliance for Sustainable Communities, accessed September 3, 2022, https://www.sustainlv.org/focus-on/introduction-to-pyotr-kropotkins-mutual-aid-an-illuminated-factor-of-evolution.

2 Pyotr Kropotkin, “Introduction,” in *Mutual Aid: A Factor of Evolution* (London: Heinemann, 1902), accessed September 3, 2022, https://theanarchistlibrary.org/library/petr-kropotkin-mutual-aid-a-factor-of-evolution.

3 Kimura Motoo, *The Neutral Theory of Molecular Evolution* (Cambridge: Cambridge University Press, 1983).

4 Yanabu Akira, *Modernisierung der Sprache: Eine kulturhistorische Studie über westliche Begriffe im japanischen Wortschatz*, trans. and annot. Florian Coulmas (Munich: Iudicium, 1991). Original: 柳父章『翻訳語成立事情』東京、岩波商店、1982.

CETACEANS AND SUFFIXES MIXING MACHINES BETWEEN THE WAVES AND THE LINES

JULIA GRILLMAYR

Science fiction (SF) has always been fond of blurring bodily boundaries. It tells of stitched-together monsters, body snatching, and people who mutate into machines, animals, mushrooms, or plants, and vice versa. Today, such border transgressions often come with a disclaimer: humans are constantly and always have been mixed up with each other and the more-than-human world, are caught up in often surprising and not always harmonious reciprocities. "Discrete individualism is a rather dry, if convenient, myth."[1] To effectively unlearn the idea of the self-contained individual, there have been attempts at particularly daring and unexpected connections. For instance, Donna Haraway proposes that we adopt a practice of *tentacular thinking* from the "beings of the earth", from those "replete with tentacles, feelers, digits, cords, whiptails, spider legs, and very unruly hair," such as "cnidarians, spiders, fingery beings like humans and raccoons, squid, jellyfish."[2] I will tentacle myself forward in thinking about this incessant mixing up with each other on the basis of two suffixes. I will try out "-cene" and "-punk" as mixing machines and start with encounters with marine mammals between the waves and between the lines—science facts & fictions of becoming a water being.

> In the landscape the elements merge like there is no limit to their pervasiveness, no clearly defined contours. You can feel it seeping into you; trading off with the algae in the water and the mud between your toes like nourishment. You can feel the shuddering of the water making everything on your body reach out in reciprocity, every hair a tentacle.[3]

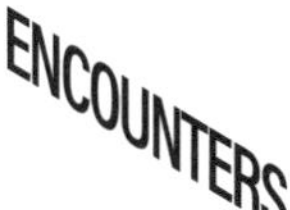

A telescope awaits me on the beach of the small town of Lossiemouth, on the north coast of Scotland. It is my first time here, and I'm rarely by the sea, which is why I cannot identify what I see when I first look through the lens. Bright patches between the waves, "their bodies rising smooth and bulbous from the grey water like bubble wrap."[4] "Interesting, they are usually here a little later, when the tide comes in," says a woman next to me, who can immediately place my astonished exclamations. I see bottlenose dolphins, *Tursiops truncatus*. "Dolphins are an animal I can trust."[5] The inhabitants of Lossiemouth know the dolphins well. It is a group, or rather a school, of about 200 animals, the northernmost dolphin population in the world.[6]

"We will all be marine mammals soon. So thank you for remembering to swim despite everything," writes Alexis Pauline Gumbs in *Undrowned: Black Feminist Lessons from Marine Mammals* to the bottlenose dolphins.[7] She is well-versed in the technical jargon and takes readers to the school with dolphins, whales, and other marine mammals. I look through the telescope, the book tucked under my arm. It is a beautiful encounter, even if—or perhaps precisely because—it is one-sided. I stay on shore, my toes in the mud, while I burrow in the many science facts & fictions about cetaceans that can be found in books like *Undrowned*.[8] They tell of fluid borders—between water and air, language and reality, between species. They tell of entanglements—mixed bodies, hybrid life forms, shared dreams. Marine mammals are similar to us (humans) and then again not at all. "Cetaceans both leave the sea and return there, queerly suturing fishy past and watery future together," writes Astrida Neimanis about this (dis-) similarity: "Thinking about them as part of our own 'fishy beginnings' helps us imagine how our own bodies harbour not only watery traces of evolutionary pasts but also the latent watery potential of evolutionary futures not chosen."[9]

Alexis Pauline Gumbs writes a "guide to undrowning." The departure point of *Undrowned* is the gruesome story of the middle passage, the shipping route across the Atlantic on which thousands of enslaved people drowned. The book links marine mammals and humans through the planetary phenomenon of breathing and not being able to breathe: "Breathing in unbreathable circumstances is what we do every day in the chokehold of racial gendered ableist capitalism. We are still undrowning. And by we, I don't only mean people like myself whose ancestors specifically survived the middle passage, because the scale of our breathing is planetary, at the very least."[10]

Whether as cyborg figures, kindred aliens, or as symbols of the power and at the same time fragility of the more-than-human world, cetaceans surface in science facts & fictions to disclose the phenomena and contexts subsumed under the term "Anthropocene." And if there is one thing that the concept of the Anthropocene makes unmistakably clear it is that there are no *one-sided* encounters.

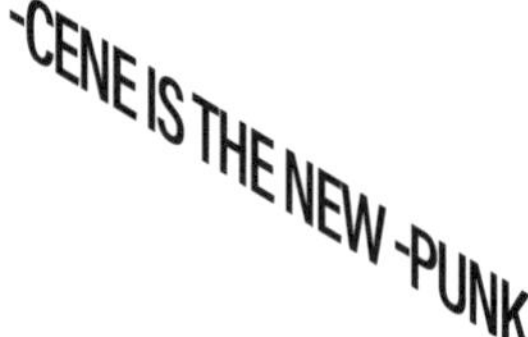

-CENE IS THE NEW -PUNK

"Anthropo-what?"[11] What can you pack into a word? This question marks the beginning of Christophe Bonneuil and Jean-Baptiste Fressoz's *L'événement Anthropocène* (2013). Conceiving the Anthropocene as an event rather than a historical constant, they delve into the flood of neologisms that the concept entailed in the humanities and cultural sciences, but also in art and activist contexts. Drawing from this compound, Mark Bould pens a long list in *The Anthropocene Unconscious*—from Accumulocene and Corporatocene to Homogenocene and Misanthropocene, even to Suburbocene and White Supremacy Scene.[12] Shortly after my encounter with the bottlenose dolphins, I meet the science fiction researcher at the "Once and Future Fantasies" conference in Glasgow, where I am invited to reflect on the topicality of cyberpunk.[13] The many -punks that emerged in connection with the literary movement of the eighties are a topic on the agenda, too. We arrive at a comparably long list—from Atompunk, Dieselpunk, Stonepunk, Teslapunk, Clockpunk, and Cattlepunk to the already more established Steampunk, Solarpunk, and Hopepunk.[14]

"Would you like to keep this?" Mark Bould has made less of a mess during lunch than I have and hands me his paper napkin. A small group of conference participants has ended up at a restaurant called PizzaPunks. In neon letters, "MAKE SOME TROUBLE" is written above us on the wall, but we behave. The PizzaPunks napkin (the A being an encircled anarchy A) is a reminder that the very concept of punk is often commercialized, bereft of meaning, and that's exactly what the aforementioned cyberpunk derivatives are often accused of as well. Unlike miscellaneous pizza, business, or golf punks, however, I'm optimistic about them. Most of these labels do not lend themselves to genre designation. Rather, they serve as food for thought and discussions within SF-fan communities. The perpetual and playful reinvention of such labels is part of fan fiction.[15] It is also a matter of making a statement: what is posited before -punk falls under the spotlight. The suffix functions like a magnifying glass. It is similar to the many variants of the Anthropocene concept. As Bould observed: "-cene is the new -punk"—but these are not mindless word games. "Rather, it is what happens when the implications of a technical stratigraphic issue ... spill out into wider culture. It is trace evidence of an already-rich history of thinking through what it means for humans to have become a geological force."[16] The suffix (you could say, if broad-minded) prompts one to think in contexts.

Cyberpunk narratives, in turn, are pegged by their preference for cyborgizations of all varieties and are usually told from a position of powerlessness. Their protagonists lead precarious and heteronomous lives in hypercapitalist, undemocratic systems. Even if many of the listed -punks break with this pattern, the suffix at best calls for a measure of attention to social and economic situatedness—in the best of all cases, not a commercially idle *Make Some Trouble*, but rather an agile *Staying with the Trouble*.

In her book by that very title, Donna Haraway criticizes the Anthropocene term for the sweeping generalization that comes with its focus on the human species (*anthropos*)—after all, not all humans have contributed equally to the catastrophic situation we associate with the concept. The Capitalocene is already a bit more useful, but only as a diagnosis, not as a narrative of the future. Haraway proposes the Chthulucene, originating from the tiny critter, the spider *Pimoa chthulu*. Usually applied to creepy crawlies and inconspicuous little animals, the English "critter" has no clear definition. Haraway writes in a footnote: "In this book, 'critters' refers promiscuously to microbes, plants, animals, humans and nonhumans, and sometimes even to machines."[17] Could whales also be called this? And: can the suffixes -punk and -cene be used productively as mixing machines for species and for science and fiction? What if we read some science facts & fictions as critterpunk and proclaim the Cetaceacene!? An attempt. *Tentacle, tentaculum, tentare*![18]

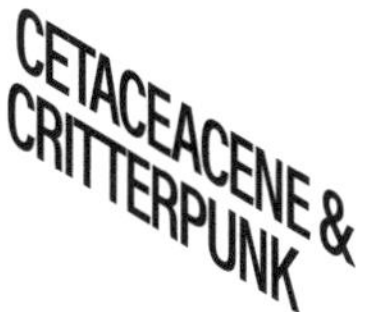

Perhaps the most notorious SF marine mammals of the eighties are the humpback whales that Admiral Kirk and Captain Spock transported to the whale-less future of the twenty-third century in *Star Trek IV: The Voyage Home* (1986) to save humanity from an artificial intelligence that only speaks Cetacean. Spock jumps into their aquarium and obtains their consent to travel through time with his sweeping gestures. William Gibson's 1981 short story *Johnny Mnemonic* deals with human-whale communication in a bit more detail: the cyborg dolphin Jones communicates via light signals on his high-tech tank. A gifted hacker and drug-addicted war veteran, he is every bit the match for the human cyberpunks. Johnny and Jones become best friends.

For me, however, the most impressive critterpunk from this period is Vonda N. McIntyre's novel *Superluminal* (1983), which has received far too little attention in the cyberpunk context. It resonates in an interesting way with Haraway's "Cyborg Manifesto" (1985), published shortly thereafter, and is also cited within as one of many transgressive science fictions: "In a fiction where no character is 'simply' human, human status is highly problematic."[19] *Superluminal* describes several ways of becoming a cyborg and the emotional and physical effects of mixing human, animal, machine, and virus. Through the magnifying glass of the Cetaceacene, the character Orca stands out in particular. She is a "diver," genetically altered to survive in the deep ocean and coexist with her "cousins," the killer whales. "'We see farther into the infrared, and farther into the violet, than humans do.' 'Don't you still consider yourself still human?'"[20] Unlike her brother and her parents, "the differences between whales and human beings … seemed so enormous to Orca that she found it marvelous that the two species could communicate at all."[21] And indeed, this communication is anything but smooth. The common language ("true speech") is insufficient and can hardly convey the different perspectives of the world. But the genetic and communicative link between divers and whales means that they are now perceived and respected as people—and, unlike in Star Trek, narrowly avoid extinction.

Besides the divers, these beings of earth and water, the novel introduces the similarly cyborgized "pilots" who have swapped their organic hearts for mechanical ones in order to endure space travel at faster-than-light speeds. Invoking a classic trope, the depths of space are paralleled with the depths of the sea. Her family, thinks Orca, lives "among aliens" [in a speculative new edition, *among critters*?—author's note] that were "so beyond the family that understanding them was impossible."[22] But *Superluminal* complicates the distinction between the earthbound and the spacefarers. While the divers undergo another genetic alteration toward marine symbiosis (by virus, planned) and the pilots' abilities evolve (by virus, unplanned), Orca decides to become a pilot. "I'd rather be a cyborg than a goddess."[23] All contexts, bodies, and spaces become permeable and mixed, and thus the ecofeminism implicit in *Superluminal* is also spared from an old-fashioned woman-nature equation.

…to be sure, a feminist marine mammal solidarity remains an enticing idea.

> In the limbic system of orcas or killer whales, for example—that is, the emotional processing bit—some parts are much bigger and more complicated than in the human brain. … Like they can kind of transmigrate into each other in real time, like mega-empathy or telepathy. … Like women![24]

In *The Word for Woman is Wilderness*, Abi Andrews probes the potentials of ecofeminism in the age of the Anthropocene, and she does so—in the spirit of Haraway—in serious play style; irony as a mixing machine: "Irony is about contradictions that do not resolve into larger wholes, even dialectically, about the tension of holding incompatible things together because both or all are necessary and true."[25]

The novel is a film script and a diary; we read from the perspective of the teenage main character, who sometimes expresses herself in careful observations and questions, sometimes in manifestos, in poetic and often funny and always unfinished thoughts that remain in flux: "Cetaceans are women's allies in the war against patriarchy because patriarchy holds the cetaceans down with us. Orcas travel in matriarchal pods. The root of the word dolphin, delphus, means womb."[26] The novel is dedicated to the whale Tilikum: "(Tilly) the whale who perhaps had his own name in whale dialect 1981–2017."[27]

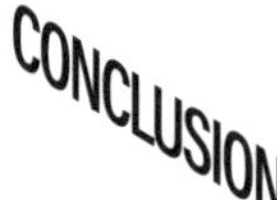

With its global scope, a Cetaceacene could reflect the power and simultaneous vulnerability and mutability of the more-than-human world—and of us (humans) as a part of it. As in many other renderings, the whales in *Superluminal* are portrayed as both superior and naive. They are bound by fate and know neither resentment nor hatred. More interesting and special is how the sea, and namely the water, is described as an environment that one cannot disengage from.

The sea was a medium in which another family, the gray whales, could sing a song one day and by the next day hear its echo—echo was the nearest concept human speech possessed, though what they and the other cetaceans and the divers heard was the song's direct sound wave, stretched and changed by its circumnavigation of the globe. In the sea, intelligent beings did not disappear from hearing unless they died.[28]

Whales are teaching lessons in *environment*—and as can be seen in the fictions discussed here as critterpunk, communication plays an important role. While a strategic anthropomorphism is helpful for a first approximation ("The sad whales of captivity could just be repeating HELLO HELLO HELLO in mutually unintelligible dialects"[29]), are science facts & fictions especially inspiring when they go beyond a linguistic connection and focus on the specific expressions of the respective characters—or better: lend them an ear? "How can we listen across species, across extinction, across harm? How does echolocation, the practice many marine mammals use to navigate the world through bouncing sounds, change our understandings of 'vision' and visionary action?"[30]

In conclusion, therefore, a critterpunk novel worth a read, in which the human-animal-machine-virus mixtures are even more tightly knit and complicated and untidy, is Sam J. Miller's *Blackfish City* (2018), "stories of people emotionally melded with animals thanks to tiny machines in their blood."[31] In a post-apocalyptic world submerged under water, the Nanobounders, a persecuted community of nanotechnology-bound humans and animals, fight for their rights and survival. The Orcamancer makes a lasting impression, riding the killer whale Atkonartok and with a polar bear in tow, which she is bringing back to her son. He can only become physically and emotionally whole once again when together with his companion animal. "Water was as much his native element as air. He was amphibious. He was a polar bear." The nano-connection gives humans the sensory systems and powers of animals but makes them anything but superheroes. The animals are neither controlled nor exploited for any purpose. "It goes both ways. You influence his behavior, but he can influence yours." They and their specific attributes and ways of life are part of the community and culture. "Every animal serves a purpose, brings a different kind of skill or resource. It was somebody's responsibility to be bonded to a bunch of chickens, if you can imagine that."

Building upon the impressive orca symbiosis, *Blackfish City* tells of unforeseen nano-biotechnological mixtures. In the midst of a thoroughly dystopian setting emerges the utopia of *mega-empathy* or *telepathy* between a wide variety of human and non-human persons. As in the other marine critterpunk fictions, it is less about technological details and *dei ex machina* than about questions of listening and locating (echolocation?) that need to be asked now. *How can we listen across species, across extinction, across harm*?

1 Astrida Neimanis, *Bodies of Water* (London and New York: Bloomsbury, 2017), p. 2.
2 Donna J. Haraway, *Staying with the Trouble: Making Kin in the Chthulucene* (Durham, NC: Duke University Press, 2016), pp. 2 and 32.
3 Abi Andrews, *The Word for Woman is Wilderness* (London: Serpent's Tail, 2018), p. 19.
4 Andrews, p. 24.
5 Andrews, p. 25.
6 See Whale and Dolphin Conservation, "Bottlenose Dolphins—Moray Firth, Scotland," accessed October 7, 2022, https://uk.whales.org/whales-dolphins/how-we-help/bottlenose-dolphins-moray-firth-scotland.
7 Alexis Pauline Gumbs, *Undrowned: Black Feminist Lessons from Marine Mammals* (Edinburgh: AK Press, 2020), p. 117.
8 *Cetacea*, from Latin *cetus*, is the name of the biological infraorder of whales, which includes the family *Delphinidae*.
9 Neimanis, p. 133.
10 Gumbs, p. 1.
11 Christophe Bonneuil and Jean-Baptiste Fressoz (eds.), "Preface," in *The Shock of the Anthropocene*, trans. David Fernbach (London: Verso, 2016), eBook.
12 See Mark Bould (ed.), "Introduction," in *The Anthropocene Unconscious: Climate Catastrophe Culture* (London: Verso, 2021), eBook.
13 See Centre for Fantasy and the Fantastic, "Once and Future Fantasies Conference," accessed October 7, 2022, https://fantasy.glasgow.ac.uk.
14 In June 2022, I was invited to discuss these many -punks in the context of imaginations about the apocalypse at the ZKM | Center for Art and Media in Karlsruhe. See ZKM, "The Cyberpunk Experience," accessed October 7, 2022, https://zkm.de/de/veranstaltung/2022/06/the-cyberpunk-experience.
15 See the discussion between Annalee Newitz and Charlie Jane Anders in "Our Opinions Are Correct," episode 113, accessed October 7, 2022, https://www.ouropinionsarecorrect.com/shownotes/2022/8/11/episode-113-lets-get-sweetweird.
16 Bould.
17 Haraway, *Staying with the Trouble*, p. 169.
18 "I remember that tentacle comes from the Latin *tentaculum*," Haraway, p. 31.
19 Donna J. Haraway, "A Cyborg Manifesto," in *Simians, Cyborgs, and Women: The Reinvention of Nature* (New York: Routledge, 1991), p. 179.
20 Vonda N. McIntyre, *Superluminal* (New York: Open Road, 2021), eBook.
21 McIntyre.
22 McIntyre.
23 Haraway's "Cyborg Manifesto" ends with this famous sentence. It is a rejection of any idea of purity, such as being able to keep oneself pure from technology or being a pure being of nature. Haraway, p. 181.
24 Andrews, p. 70.
25 Haraway, "A Cyborg Manifesto."
26 Andrews, p. 73.
27 Andrews, p. 3. Tilikum was the main character in the shocking documentary *Blackfish* (2013) about the practices of the SeaWorld company.
28 McIntyre, chapter 8.
29 Andrews, p. 70.
30 Gumbs, p. 15.
31 Sam J. Miller, *Blackfish City* (London: Bloomsbury, 2018), eBook. All subsequent citations are from this book.

...DIRTY...DRAGGING ...MIXED UP IN PROJECTS THAT DO...HARM...

EVELYN ANNUSS

Contamination has emerged of late as a counter-concept to outdated notions of autonomy—inspired not least by current transfeminist positions.[1] The exhibition *mixed up with others before we even begin* brings this notion into play programmatically with a title borrowed from Anna Lowenhaupt Tsing[2] that interrogates the changed status of art and art-making today. The exhibition sets out to bring contemporary art into contact with historical artworks and artifacts from the collections of mumok and the Natural History Museum Vienna in order to contaminate, queer, and at the same time decolonize them.[3]

Against this backdrop, I would like to propose a redefinition of drag as a queer practice in a transversal sense, thus shifting the perspective from the programmatic to involuntary points of contact and their "weighty" effects. In the nineties, drag—fixated, in a negative sense, on identity issues—was discussed in terms of "subversive repetition within signifying practices of gender."[4] Largely disregarding the specific respective social and historical contexts, the aim was first and foremost to undo heteronormative forms of subjectification. Under present-day conditions, however, global perspectives and questions regarding the specific environment involved in each case are now increasingly coming to the fore. We can therefore attempt today to reformulate dragging in a way that goes beyond the resolute negation of a biologically based gender binarism. The "folk etymology"—that is, the unverifiable origin story of the term—referred to cross-dressing in the pre-modern European theater[5]: to how male actors playing female roles dragged the trains of their costumes behind them. In a further fabulation taking up this tradition, hearsay defines dragging as a *dirty practice*, a euphemism for dragging everything conceivably lying around blindly behind oneself. My suggestion would be to carry on with this reading of the term while decentering the vanishing point of specific negation and accordingly inquiring into what may possibly be dragged along unawares from one's surroundings. What, for instance, does the contamination of collections, their programmatic queering, involuntarily entail in our local context?

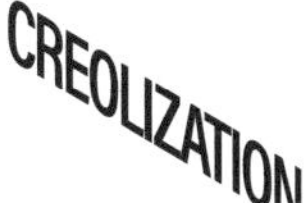

Looking into what might be involuntary dragged along echoes the engagement with creolization processes, thus evoking the materiality of the history of domination and its aftereffects. Édouard Glissant's *Poétique du Diverse*, for example, reveals creolized, unpredictable linguistic imitations to be the effects of colonial extractivism in the so-called "black Atlantic" (Paul Gilroy).[6] From the "bitter, uncontrollable residue"[7] of what had been lost, the colonized, the displaced would have been forced to develop new forms of reference. Accordingly, Glissant counters the universalist notion of an ordered global whole made up of self-contained entities that emerged as the flip side of the colonial project beginning in the seventeenth century and which produced identitarian epistemes of representation, by instead emphasizing perforce the productivity of a creolized, chaotic *tout-monde*. Creolization is already at odds here with the rhetoric of undoing—and often also with contemporary discussions of decolonization. For transcultural references, according to Glissant's examination of Caribbean literature, drag the colonial trauma with them while at the same time providing glimmers of how culture has always been *dirty*. The notion of miscegenation as contamination is seen here as being subverted by the productive translational capacity of the people themselves, of *tout-monde*, and revealed to be a retrospective, indigenizing projection, a view also embraced by Zimitri Erasmus with regard to South African history.[8]

Glissant's and Erasmus's thinking corresponds with Walter Benjamin's concept of citation, which in turn implicitly makes reference to Yiddish and thus another (linguistic) history determined by forced migrations: "But the rags, the refuse—these I will not inventory but allow, in the only way possible, to come into their own: by making use of them," as Benjamin notes on literary practices in his *Arcades Project*.[9] Beyond literature, rag collecting lives on today as an environmental artistic practice under creolized conditions, for example in the works that make use of refuse by the artist collective Atis Rezistans. Their Ghetto Biennale, launched in the Haitian city of Port-au-Prince, was relocated to the Catholic Church of St. Kunigundis in Kassel during documenta fifteen.[10] By charging the artistically recycled material with voodoo references, the local sacred environment becomes part of a collaborative installation that recalls the transoceanic lines of flight of European colonialism and at the same time highlights the provinciality of the setting.[11] Exhibited as part of documenta fifteen, Atis Rezistans' work furthermore provokes a critical engagement with the globalized art market—with an exhibition system in which the aftereffects of colonial power determine the distribution of resources and still persist in the particular, essentializing marketing of artists from the Global South.

Paul B. Preciado, part of the curatorial team for the previous documenta 14, is defining hormonal self-experimentation as contamination, quasi as *new material drag*. The proclaimed self-technological resistance against the binarization of gender is thereby described as "internal creolization" and correlated with a reference to colonization processes.[12] What may appear as transversal queering and a chain of equivalences regarding solidarity at the same time ignores the specific conditions of precarious lives and thus ultimately turns into an instrumentalizing appropriation.[13] Situating creolization in the concrete context of a *specific* experience of violence is what distinguishes Glissant's reading of the term from Preciado's metaphorical use. The political need to distinguish between different contexts that becomes apparent here also touches on the programmatic nature of contamination. Curatorial practices of contamination might therefore be questioned in terms of their specific situatedness and the contextually induced, involuntary dragging along of operational logics, essentializations, and inequalities.

CURATING

The exhibition *mixed up …* is being presented in the remnants of the show *Collaborations*, their architecture designed by Anetta Mona Chişa and Lucia Tkáčová. This prior signature exhibition of primarily Conceptual and Action Art holdings from the sixties and seventies explored collective modes of working in the context of contemporary debates on artistic authorship.[14] Conceiving the setting created by Chişa and Tkáčová as a landscape of ruins, *mixed up …* lets current, diversified artistic positions infect[15] historical collection holdings while also calling into question previous exhibition conditions. In their complementary artistic contribution *Nothing Nowhere into Something Somewhere* (2015), Chişa and Tkáčová are said to have taken on the role of Siberian shamans in this context, consuming hallucinogenic mushrooms in drag,[16] as it were, and then boiling their drug-contaminated urine into jelly to turn it into edible, consumable sculptures. Chişa's and Tkáčová's amber-colored jellies, which virtually encourage the viewers to consume drugs collectively, obviously play with a transgressive expansion of the concept of art in the field of tension between ritual and consumption. At the same time, this work, transferred to mumok, drags with it past disputes about the status of art.

The edible urine sculptures invoke not least the scandalized handling of bodily excretions by the Vienna Actionists in 1968, for which Günter Brus, who had smeared himself with feces and sung the national anthem during the action *Art and Revolution*, was sentenced to six months in prison.[17] Together with Otto Muehl, Peter Weibel, and Oswald Wiener, he made a public appearance in a lecture hall at the University of Vienna to take a stand against "assimilation democracy"[18] and its functionalization of art as a social outlet. Later, the traces of this "unprecedented smut," as it was referred to in a contemporary flyer issued by the Ring Freiheitlicher Studenten (Students for Freedom Circle),[19] became part of the mumok collection along with other works of Vienna Actionism and were integrated into the *Collaborations* exhibition.

It becomes evident here how strangely transverse this action was to today's institutionalized questioning of artistic autonomy. In 1968, the Vienna Actionists were striving to dissociate themselves from the Austrian cultural establishment and operate as a counter-model to the Nazi ideology of degeneracy and purity that lingered on in it.[20] At mumok, *Art and Revolution* has thus gained its own afterlife retrospectively revealing its possible assimilation and transformation into a figurehead of modern Austrian contemporary art, as well as its distance from the horizon of today's cultural-political struggles. Evidence of the current shifts in discourse can be found not least in the heated discussions surrounding documenta fifteen, which relies on transposing locally anchored artivist collectives into a globalized exhibition context in order to pose the question of resources. The exhibition *Collaborations* attempted to put these viewpoints into perspective via the film series *lumbung calling* by ruangrupa, the documenta curators, and through the traces of *Art and Revolution* exhibited in the show. *mixed up …* in turn responds to this constellation without quotation marks.

In the space designed by Chişa and Tkáčová, the artists Leilah Babirye, Mariana Castillo Deball, Nilbar Güreş, Nicolás Lamas, and Slavs and Tatars now enter into a dialogue with the collection holdings. *mixed up …* thus also testifies to a diversity that is alien to Vienna Actionism and its negative take on the Austria of 1968. Symptomatic of the current shift in discourse, those who took part in the action back then now appear to many not so much as a revolutionary collective and more like representatives of the persistence of institutional structures that are dominated by "old white men" and need to be contaminated.[21] For, understood post-autonomously, art today is increasingly tied explicitly to biographies and thus can hardly avoid any more questioning previous exclusions by the establishment. "Right now art institutions are under tremendous pressure because their legitimacy narratives are eroding and being challenged: by protests and social justice movements. They are now forced to reflect on themselves and their principles," as Anselm Franke puts it.[22]

And yet the art world is not only opening itself up to artivist positions and previously excluded artists. Another pertinent issue is how what is exhibited is marketed for easy consumption, a problem to which Chişa and Tkáčová's work also refers. The media-hyped, often resentment-bred demands for the closure of documenta fifteen are furthermore indicative of a widespread acquiescence to policing (in a Foucauldian sense) today's art.[23] These contaminations of the culture industry by activist demands, neoliberal market laws, and "government-dictated" artistic regulations determine current exhibition practices and raise the question of the ambivalence of art's change of status. "When I look at the art world today, I feel like I've had a mental blackout and missed a few years. All of a sudden, the ideas and claims of autonomous art that characterized all of Western modernism, which were often immoderate and radical but just as often liberating, seem foreign and like something from the past," writes Wolfgang Ullrich in *Die Kunst nach dem Ende ihrer Autonomie* (Art after Its Autonomy).[24]

Perhaps *mixed up ...* might be mobilized as a research exhibition[25] about this "mental blackout" and made the starting point for a more precise examination of changing artistic and curatorial conditions. How, for example, can the diversification of artistic positions brought into play be freed from the burden of the logic of representation that is invariably dragged along in the context of questioning old legitimation narratives and exclusion mechanisms?[26] How might the museum be opened up as a space for assembly while also being made permeable for less readily digestible positions? In light of today's post-Soviet era and with reference to the current war in Ukraine and the ensuing demands to boycott artists from the Russian Federation, doesn't *Nothing Nowhere into Something Somewhere* demand in a previously unforeseeable manner that we address the question of the politicity of collecting and exhibiting art? And considering the geographical location of Vienna and the afterlife of Habsburg history, does it not raise the question of the propagandistic significance of modern art during the Cold War and furthermore the related question of whether in the broadest sense queer positions are perhaps today being functionalized for political purposes?[27] How, then, might mumok—in line with the arguments of Anna Lowenhaupt Tsing—perhaps suggest other encounters that reflect the quite diverse strategies for survival in the ruins of capitalism while acknowledging those invisible thresholds at the entrance to the museum, at the border, which are not so easily crossed by *tout-monde*? It is in any case impossible to think adequately about contaminations without exploring the specific violent conditions that gave rise to them. Because these contaminations always drag along the baggage of local practices of collecting, exhibiting, musealizing, and curating.[28] "Contamination makes diversity": Tsing's all too neoliberal-sounding slogan, when wrested from its context, proves, on closer inspection, to be "mixed up in projects that do ... the most harm."[29]

1 See, for example, Paul B. Preciado, *Testo Junkie: Sex, Drugs, and Biopolitics in the Pharmacopornographic Era*, trans. Bruce Benderson (New York: The Feminist Press at CUNY, 2013); idem, "Vom Virus Lernen" (2020), accessed September 28, 2022, https://www.hebbel-am-ufer.de/hau3000/vom-virus-lernen/.
2 See Anna Lowenhaupt Tsing, *The Mushroom at the End of the World: On the Possibility of Life in Capitalist Ruins* (Princeton/Oxford: Princeton University Press, 2015), p. 29. For more on the exhibition concept, see the introductory essay by Franz Thalmair.
3 See note 2.
4 Judith Butler, *Gender Trouble: Feminism and the Subversion of Identity* (New York: Routledge, 1990), p. 146. On the trans critique of these readings of drag, see Meredith Heller, *Queering Drag: Redefining the Discourse of Gender-Bending* (Bloomington: Indiana University Press, 2020). On the potential normativity of queer deconstruction, see Bryce Lease, "Dragging Rights, Queering Publics: Realness, Self-Fashioning and the Miss Gay Western Cape Pageant," *Safundi* 18, no. 2, 2017, pp. 131–46, here: p. 132. See also my early materialist critique of the symptomatic disregard of issues of socialization in the sense of *Vergesellschaftung* and historicization in *Gender Trouble*: "Umbruch und Krise der Geschlechterforschung: Judith Butler als Symptom," *Das Argument* 216, 1996, pp. 505–24; English version: "The Butler Boom: Queer Theory's Impact on Women's/Gender Studies," in Christoph Lorey and John L. Plews, eds., *Queering the Canon: Defying Sights in German Literature and Culture* (Columbia, SC: Camden House, 1998), pp. 73–86.
5 See Monica Baroni, "Drag," in David A. Gerstner, *Routledge International Encyclopedia of Queer Culture* (New York: Routledge, 2012) [2006], p. 191.
6 See Édouard Glissant, *Poetics of Relation*, trans. Betsy Wing (Ann Arbor: The University of Michigan Press, 1997); Paul Gilroy, *The Black Atlantic: Modernity and Double-Consciousness* (Cambridge, MA: Harvard University Press, 1993).
7 See Édouard Glissant, *Introduction to a Poetics of Diversity*, trans. Celia Britton (Liverpool: Liverpool University Press, 2020).
8 See Zimitri Erasmus's keynote "On Creolization" at the mdw conference *Facing_Drag* on June 23, 2022, University of Music and Performing Arts Vienna. On the corresponding critique of miscegenation and hybridity, see Tavia Nyong'o, *Amalgamation Waltz: Race, Performance, and the Ruses of Memory* (Minneapolis: University of Minnesota Press, 2009).
9 Walter Benjamin, *The Arcades Project*, trans. Howard Eiland and Kevin McLaughlin (Cambridge, MA/London: Harvard University Press, 1999), p. 460, N1a,8.
10 "Atis Rezistans Ghetto Biennale," documenta fifteen, accessed September 28, 2022, https://documenta-fifteen.de/en/lumbung-members-artists/atis-rezistans-ghetto-biennale/.
11 See the claim of Dipesh Chakrabarty, *Provincializing Europe: Postcolonial Thought and Historical Difference* (Princeton: Princeton University Press, 2007).
12 See Paul B. Preciado, *An Apartment on Uranus: Chronicles of the Crossing*, trans. Charlotte Mandell (South Pasadena: Semiotext(e), 2020); see also the introduction to this catalogue by Franz Thalmair.
13 On the critique of the appropriative gesture in the citation of all possible precarizations, see the discussion with Preciado organized by HAU (Hebbel am Ufer) in Berlin, May 30, 2020, "An Appartment on Uranus: Chronicles of the Crossing," accessed September 28, 2022, https://www.youtube.com/watch?v=eZ1gvM7Hd5Q.
14 See Heike Eipeldauer and Franz Thalmair, "(An) Approach Sideways Steps: On the Exhibition *Collaborations*," in idem, eds., *Collaborations*, exh. cat. Museum moderner Kunst Stiftung Ludwig Wien (Cologne: Walther König, 2022), pp. 34–45.
15 See the essay by Karin Harrasser, pp. 88–93.
16 On the shift of the concept of drag from gender studies and queer theory to issues of cultural appropriation, see Katrin Sieg, *Ethnic Drag: Performing Race, Nation, Sexuality in West Germany* (Ann Arbor: The University of Michigan Press, 2002).
17 See Donna J. Haraway, *Staying with the Trouble: Making Kin in the Chthulucene* (Durham, NC: Duke University Press, 2016); on ambient knowledge, see also Sebastian Kirsch, *Chor-Denken: Sorge, Wahrheit, Technik* (Paderborn: Wilhelm Fink Verlag, 2020).
18 Thus the announcement flyer "Ankündigung: Kunst und Revolution," mumok, accessed September 28, 2022, https://www.mumok.at/de/ankuendigung-kunst-und-revolution-mit-brus-muehl-weibel-wiener-jirak-stumpfl-subik-am-7-juni-1968.
19 "Kunst und Revolution," mumok, accessed September 28, 2022, https://www.mumok.at/de/kunst-und-revolution-flugzettel-des-rfs-ring-freiheitlicher-studenten-gegen-kunst-und-revolution.
20 See the mumok exhibition catalogue *Vienna Actionism: Art and Upheaval in 1960s Vienna*, ed. Eva Badura-Triska and Hubert Klocker (Cologne: Walther König, 2012).
21 See, for example, the perspective of Jule Govrin, pp. 84–87.
22 Anselm Franke in conversation with Philipp Hindahl about documenta: "Hier wird viel zu viel in einen Topf geworfen," *Monopol: Magazin für Kunst und Leben*, August 25, 2022, accessed September 28, 2022, https://www.monopol-magazin.de/anselm-franke-ueber-die-zukunft-der-documenta (quote translated for this publication).
23 Preciado's diagnosis of contemporary life as a pharmacopornographic era determined by the surveillance dispositive anticipates this current development in a different context. See on documenta fifteen Michael Rothberg, "Antisemitismus als Bumerangeffekt," *Berliner Zeitung*, July 22, 2022, accessed September 28, 2022, https://www.berliner-zeitung.de/kultur-vergnuegen/antisemitismus-als-bumerang-was-die-documenta-debatte-verschleiert-li.243351.
24 See Wolfgang Ullrich, *Die Kunst nach dem Ende ihrer Autonomie* (Berlin: Verlag Klaus Wagenbach, 2022) (quote translated for this publication).
25 This is the terminology used by Simon Sheikh, "Towards the Exhibition as Research," in Paul O'Neill and Mick Wilson, eds., *Curating Research* (Amsterdam/London: Open Editions, 2015), pp. 32–46.
26 On the burden of representation, see Tavia Nyong'o, *Afro-Fabulations: The Queer Drama of Black Life* (New York: NYU Press, 2019), p. 199.
27 On the post-Soviet discourse of decolonization, see Madina Tlostanova, "Can the Post-Soviet Think? On Coloniality of Knowledge, External Imperial and Double Colonial Difference," *Intersections: East European Journal of Society and Politics 1*, no. 2, 2015, pp. 38–58. On the political role of modern art in the Cold War, see Anselm Franke, Nida Ghouse, et al., *Parapolitics: Cultural Freedom and the Cold War* (London: Sternberg Press, 2021). The weaponizing of feminist and queer positions is discussed by Sara R. Farris in *In the Name of Women's Rights: The Rise of Femonationalism* (Durham, NC: Duke University Press, 2017) and by Jasbir Puar in *Terrorist Assemblages: Homonationalism in Queer Times* (Durham, NC: Duke University Press, 2007).
28 See Ariella Azoulay, *Potential History: Unlearning Imperialism* (London/New York: Verso Books, 2019).
29 See Lowenhaupt Tsing, p. 29.

BODIES IN THE PLURAL POWER PLAYS OF THE POLITICAL

JULE GOVRIN

Two different figures of the body as an individual entity and as a unit. The first figure: modernity and its body. Its one body. Its only one. Its one and only body, which is everything to it. So it seems. After all, the modern history of ideas clings to the idea of the one body, the single body, the owner-body, self-sufficient and strong, possessive and productive, vested with authority by virtue of autonomy. But in the meantime, so many bodies haunt the history of ideas—the dispossessed, the possessed, the discarded bodies, churning it up from within. The multitudes of bodies that work in the shadow of the self-sufficiency of the one body, providing and caring for it. The masses of bodies that are described as a threat, as the riffraff so feared by the philosophers of the Enlightenment. The body masses whose labor is targeted, which are to be disciplined, biopolitically administered, or necropolitically exploited and annihilated.[1] Within economic activity lie multitude and relationality; productivity requires bodies in the plural. Factored into their exploitability are their connectivity and their capacity to cooperate, as corporeal core components of capital. Economics, conceived as the *body economic*, consists in the organization of bodies among bodies.[2] Despite this relationality of bodies that forms the foundation for any economy, the capitalist history of ideas declares the individual body to be the symbol of strength and success. The economic human is thus stylized as a Robinson Crusoe, whose dependence on Friday is glossed over in the enduring motif of colonial superiority. It is true that the phantasmatic position of the *homo oeconomicus* seems more permeable today, more accessible to the majority of people, including those who do not conform to the bodily norms of white, bourgeois, healthy masculinity.[3] Nevertheless, the *homo oeconomicus* remains bound to time-honored ideals of strength and self-sufficiency; individuals steel and strengthen their bodies for the competition with other individuals, keeping them fit for the market, as human capital that serves as a resource for investment. This figure of the economic human, the rational and purposeful individual who seeks to optimize their own body property as a resource, is newly framed in neoliberal narratives of resilience and individualized responsibility. The old maverick as a late-modern entrepreneur. A pose of the heroic self-made man, the aggressive attack, of *hire and fire*, a pose that Donald Trump adopted to striking effect. Once more we see the singular individual body in its masculine patterns of unconditional independence.[4] No matter how we look at it, it stubbornly remains as a mirage of the capitalist imagination. Its traces can be found in the intellectual genealogies of the present day. In its natural states, it shows up in Hobbes, as a mechanical body that must protect itself from others through property ownership, in Rousseau's romantic, rapturous descriptions of the self-sufficient, self-fulfilled loner in nature, and not least in Locke, who conceives of self-determination over one's own body as ownership of it.[5] In historically distant contemporary versions, it can then be found in the figures of finance, of politics, of corporations. In the symbolic spheres of power. In instructions for self-care, for self-therapy, that tell us to cherish our body, to make it resilient. To the extent that this self-care subject is a networking subject, connected in the digital swarm, it pursues the self-defensive urge to compete with other individuals and their curated bodies. And yet this notional world of the successful, self-reliant bodies of the few ignores the bodies of the many—or relegates them to images of poverty and powerlessness, read as embodiments of the vulnerable. The many bodies that are meant to be working in the shadows.

The second figure: Meanwhile, this one body that thwarts the liberal ontology of modernity is not limited to the isolated body. A second figure has entered the stage that strives for the unity of multitudes. For the one body manifests itself equally in the metaphor of the body as a community. The social organization as an organism. The constantly changing allegory of the *body politic*, which can be traced from Aesop through antiquity to the political body metaphors of the present.[6] The organic unity of the communal body as it prevailed in medieval thinking was divided—from top to bottom. The ruler as head. And the people as feet. In modernity, the *body politic* has been transformed into the social body—which is concomitant with the body of the state or the nation. Because of modernity's penchant for attributing differences to natural causes, it expresses itself in notions of a people's body such as those prevalent in Nazi fantasies of purity, dubbed "racial hygiene."[7] As different as the images of a fascist people's body and the democratic social body are, they share the logic of immunization inherent in the idea of a unified social body. The body is to be delimited from the outside and purified from the inside. Self-contained and subdivided. According to the order of body limbs but endangered by the permeability of the skin boundary, by the air that is breathed, crossing from outside to inside and back. Although the notion of the democratic social body is predicated on the principle of equality, it is also riddled with lines of "strong difference."[8] From the very beginning of the Enlightenment, while "white, propertied, 'non-disabled' men" become political citizens through "ownership of their bodies," all who were deemed Other were denied such citizenship "because of the impossibility of self-ownership of their bodies."[9] The few who embody white, bourgeois masculinity become strangely disembodied beings; they are invested with a symbolic surplus that grants them authority and recognition as political subjects. The many are excluded from the sphere of equality, endowed with a surplus of naturalness and corporeality, and regarded as feminized, racialized, precarious, perverted, sick bodies. Society has always been divided. In this respect, it is misleading to assume a single social body, one that loses its cohesion only in crises and whose unity is threatened by subsequent divisions. It never existed, the social body. Or only as a nightmarish, torn, tattered, battered body. As a political mirage that only feigns equality as well as inequality. In its motions of exclusion and demarcation, in the assignments of rank within it, it suggests a given order of inequality. The top performers. The low earners. The pillars of society. The socially weak. The modern idea of equality is based, as it were, on the idealized vision of a democratic social body whose divisions are registered only after its foundation; they are acknowledged only when they become all too visible, and meanwhile they are considered exceptions. Despite these peaceful fantasies of cohesion that seem to determine this democratic social body image, that body is nonetheless subject to a play of forces that revolves around immunization. Very fundamentally, inherent to the idea of a community identity is that which is considered foreign or endangering, because it is in the very effort to immunize oneself, to isolate what is foreign, and to expel it that the division between self and foreign is first created.[10] All the while, the immunity remains precarious, since the social body is constantly endangered. Trapped in its imagery of being locked inside itself, the social body must continually immunize itself, against the foreigner that becomes the enemy, but also against the enemies within that disrupt the social order. The perverted, the weak, the poor, the immigrants—the phantasm of the social body is pervaded by scapegoated lines of stigma. The extent to which this play of forces is directed not only against the strength of the enemy but also against one's own internal weakness can be seen in attributions of vulnerability. Against the vulnerable ones who weaken the strength of the body. In Social Darwinist fantasies of purity, infatuated with the illusion of strength, driven by fear of failure and dependence. In the midst of this conception of the social body proceeds a devaluation and demarcation of all those who are regarded more in terms of their corporeality than in terms of their humanity, with whom one does not speak because one talks about them instead. In the discourse loops of stigma that repeatedly inscribe themselves in their bodies. At the same time, this inscription of difference manifests itself in material inequality, in precarious working and living conditions into which people are forced. Exploitation is, after all, differentially oriented toward those who are considered Other, who are more body than countenance. Along the old lines, between the haves and the have-nots, between unpaid and paid labor. And on a grand scale as a global division of labor that is perpetuated by neocolonial expropriations.[11] Some people are rendered structurally vulnerable, and others are provided for by them in order to indulge in the illusion of self-reliance, pride in one's own success in having made it. The few who are measured not so much by their material productive power as by their financial power, who can work magic with numbers and play along in the spectacle of speculation because the gravity of the material does not stick to them, because they know nothing of the economic cares that revolve around the body: too cold, too hungry, too sick. The ability to do number magic comes to these financially powerful bodies when they are able to pretend that their wealth is drawn from themselves. They make others forget their bodies by dressing them in property. Here is the same old feint conjured by Hobbes and Locke—conflating self-determination over one's own body with self-ownership and property rights. Disposal over one's own body, over one's own property body, which comes from disposing over the dispossessed bodies of the others, over their exploitable bodies. The *body politic*, translated into the *body economic*. The *body economic* of late capitalism, shaken by cascades of crisis, relies on the notion of resilience.[12] Survival as the unconditional survival of the market, which demands sacrifices. Nevertheless, economic misery emerges, affecting the majority and uniting them despite all diversity. Even those who once dwelled in the security of the prosperity of the few, who were able to wallow in the pleasant illusion of their own strength and independence, are physically confronted with the crises. What some used to be able to block out is now almost impossible to ignore. There is the pandemic spreading from body to body along economic pathways, the virus that attacks us all, in our unavoidable dependence. And there is the climate catastrophe, which is gradually catching up with bodies that have thus far been able to hold out in the cool shade in the prosperous regions of the world while elsewhere the forests burned and the water dried up. The metaphors of social immunity run aground in the midst of these all-encompassing, all-inclusive crises, no matter how hard right-wing voices try to revive them in conspiracy theories, spreading notions of a threatened body politic that is allegedly jeopardized not by crises, climate, and war but by diversity. Meanwhile, policymakers continue to doggedly pursue the desire for growth—the immense destructive power of which is becoming ever more drastically apparent. What remains is the troubled planetary body on which we live, which will outlive us, on which we want to go on living and yet will not be able to unless our economic ways radically change. If we do not ease up on the exploitation and destruction of life. So how to live differently? There exist in fact a great number of counter-figures that, contrary to the figures of a single and a unitary body, put bodies in the plural. And it is this very multiplicity and connectedness of bodies that harbors a promise of equality.

Among the counter-figures: What are the pathways for resilience in solidarity, to meet the present and coming crises? A resilience that blurs the lines of demarcation between the strong and the weak? Which cannot be calculated in opposition to vulnerability, because it grows out of the awareness of shared vulnerability that arises in the embodied knowledge that we are interconnected and interdependent? Pathways for expanding the imagination lie in the radical relational rethinking of corporeality. In order to transcend the boundaries of the single owner-body. Bodies in the plural, in which individual and collective embodiments merge without being absorbed by one another, in a relationship that "is not a relationship of possession, … a relationship to the body as a composition" because it "never [depends] on itself alone."[13] In other words, bodies that are by all means contaminated by each other because they depend on one another. As an open arrangement with vanishing lines that cross through all symbolic demarcations, as a landscape through which the traces of violent histories run. One such pathway is indicated by the body concept of *cuerpo-territorio*, the body-territory, an indigenous, activist concept that does not characterize bodies as demarcated territories but instead conceives of them as landscapes, as environments that merge into one another. Infused with their stories, rutted with violence.[14] In such an image, bodies shine forth in their inescapable connectedness. And they tell us of a shared vulnerability. A vulnerability that stems from the fact that our bodies are always socially constituted, inevitably interdependent.[15] In this vulnerability lies a promise of equality that comes not from above but from below, from bodies, from their connectedness and relationships. My body is your body is our body. For all its menace, the pandemic also testifies to our embodied relationality. It goes so much further than mere terminological work to change the canon of narrow-minded ideas, because the pandemic brutally forces us into epistemic resistance that reaches deep down into our bodies. Continuing to think, to operate our economies, and to overexploit resources as before becomes manifest as a false path, as a toxic adherence to protecting only the few. The pandemic teaches us all this; it demonstrates to us that we cannot privatize the corporeal, just as the air cannot be divided into my breath and yours. It shows us that the soul of breath unites us, even as poisoned breath. My breath is your breath is our breath. The social as sociosomatic togetherness.[16] Inescapably intertwined with one another. This is how we show ourselves to be connected, vulnerable, embodied beings. It would be saying too little to write that the strength of the social grows out of concern for one another. Merely inverting the signs of weakness and strength only serves to perpetuate their false opposition. It may be tempting to translate vulnerability into individual self-care and cultivated gentleness, to flatten it by repressing relationality and foregrounding the individual self-care subject. But what this is really about is reading vulnerability against the grain. Recognizing the collective agency that comes from knowing that we are bound to each other and vulnerable.[17] Allowing for the recalcitrance that arises from this knowledge and opposes how bodies are rendered structurally vulnerable. Weaving fabrics of solidarity that engender egalitarian body politics and alternative care economies. In the movement to occupy public squares, in the feminist women's strike, in Black Lives Matter. In healthcare collectives predicated on solidarity, in communal gardens, in housing projects, in all the communities and networks of solidarity in which forms of alternative economic activity are tested and practiced.[18] In the associations of solidarity that refuse to let bodies be structurally vulnerablized, that in their particular politics become egalitarian body politics because they pursue the claim to equal protection and care that arises from shared vulnerability. In them, equality is lived as a practice, an equality that remains fragile. In this respect, such assemblages raise awareness for the idea of a universalism from below, an equality that emerges in contingent, bodily practices of solidarity-based care. A universalism that builds on diversity rather than unity, quite contrary to the universalism of the Enlightenment and its subliminal body norms. Relearning happens in all of these networks of relations based on solidarity, which do not constitute a pacified unity but are caught up in incessant negotiations founded on an equality in difference,[19] in the incalculable trajectories of affective counter-habitualizations that emerge in these caring modes of relating.[20] In the togetherness, in the multifariousness of bodies, among which an equality arises from below. In the plural, never in the singular.

1 On discipline, see Michel Foucault, *Discipline and Punish: The Birth of the Prison*, trans. Alan Sheridan (New York: Vintage, 1995). On biopolitics, see Michel Foucault, *The Birth of Biopolitics: Lectures at the Collège de France 1978–79*, trans. Graham Burchell (New York: Palgrave Macmillan, 2008). On necropolitics, see Achille Mbembe, *Necropolitics* (Durham, NC: Duke University Press, 2019).

2 David Stuckler and Sanjay Basu, *The Body Economic: Why Austerity Kills: Recessions, Budget Battles, and the Politics of Life and Death* (New York: Basic Books, 2013), p. 139.

3 Friederike Habermann, "Ökonomische Solidarität? Unbedingt!," in Lea Susemichel and Jens Kastner, *Unbedingte Solidarität* (Münster: Unrast, 2021), pp. 207–19.

4 Judith Butler, *The Force of Nonviolence: An Ethico-Political Bind* (New York: Verso, 2020).

5 Thomas Hobbes, *Leviathan, or The Matter, Forme and Power of a Commonwealth Ecclesiasticall and Civil* (New Haven, CT: Yale University Press, 2010 [1651]); Jean-Jacques Rousseau, *The Social Contract* (1762), trans. Maurice Cranston (Harmondsworth: Penguin, 1968); John Locke, *Two Treatises Government* (1689) (Cambridge, UK: Cambridge University Press, 1988).

6 Andreas Musolff, *National Conceptualisations of the Body Politic: Cultural Experience and Political Imagination* (Singapore: Springer, 2021), pp. 18–21. See Joëlle Rollo-Koster, "Body Politic," in Mark Bevir, ed., *Encyclopedia of Political Theory* (Thousand Oaks, CA: Sage, 2010), pp. 134–37; Imke Schmincke, "Body Politic—Biopolitik—Körperpolitik: Eine begriffsgeschichtliche Rekonstruktion der Body Politics," *Body Politics: Zeitschrift für Körpergeschichte* 11, no. 7, 2019, pp. 15–40.

7 See Roberto Esposito, *Immunitas: Schutz und Negation des Lebens* (Berlin: Diaphanes, 2004), pp. 27–30; Imke Schmincke, *Körpersoziologie* (Paderborn: Brill Fink, 2021), p. 115.

8 Philipp Sarasin, *Reizbare Maschinen: Eine Geschichte des Körpers 1765–1914* (Frankfurt a. M.: Suhrkamp, 2001), pp. 205–7.

9 Gundula Ludwig, "Körper und politische (An-)Ordnungen: Zur Bedeutung von Körpern in der modernen westlichen Politischen Theorie," *Politische Vierteljahresschrift* 62, no. 2, 2021, pp. 643–69, here: p. 654 (quotes translated for this publication).

10 See Esposito, pp. 33–35.

11 On the concept of differential exploitation, see Jule Govrin, *Politische Körper: Von Sorge und Solidarität* (Berlin: Matthes & Seitz, 2022), pp. 130–32.

12 See Sarah Bracke, "Bouncing Back: Vulnerability and Resistance in Times of Resilience," in Judith Butler, Zeynep Gambetti, and Leticia Sabsay, eds., *Vulnerability in Resistance* (Durham, NC: Duke University Press, 2016), pp. 52–76.

13 Verónica Gago, *Für eine feministische Internationale: Wie wir alles verändern* (Münster: Unrast, 2021), p. 69 (quotes translated for this publication).

14 Gago, pp. 104–8.

15 Judith Butler, *Precarious Life: The Powers of Mourning and Violence* (New York: Verso, 2004).

16 On the concept of the sociosomatic, see Jule Govrin, *Begehren und Ökonomie: Eine sozialphilosophische Studie* (Berlin: Walter de Gruyter, 2020), pp. 142–44.

17 Judith Butler, Zeynep Gambetti, and Leticia Sabsay, "Introduction," in idem., *Vulnerability in Resistance*, pp. 1–12.

18 For a detailed account of communal care practices, see Friederike Habermann, *Ecommony: UmCARE zum Miteinander* (Sulzbach am Taunus: Ulrike Helmer Verlag, 2016).

19 See Étienne Balibar, *Gleichfreiheit* (Berlin: Suhrkamp, 2012), p. 110.

20 On the concept of relationality and in particular relationalities of solidarity, see Bini Adamczak, *Beziehungsweise Revolution: 1917, 1968 und kommende* (Berlin: Suhrkamp, 2017), p. 263.

CALL—RESPONSE

KARIN HARRASSER

1

The Art of Response

The first answer was incorrect
The second was
sorry the third trimmed its toenails
on the Vatican steps
the fourth went mad
the fifth
nursed a grudge until it bore twins
that drank poisoned grape juice in Jonestown
the sixth wrote a book about it
the seventh
argued a case before the Supreme Court
against taxation on Girl Scout Cookies
the eighth held a news conference
while four Black babies
and one other picketed New York City
for a hospital bed to die in
the ninth and tenth swore
Revenge on the Opposition
and the eleventh dug their graves
next to Eternal Truth
the twelfth
processed funds from a Third World country
that provides doctors for Central Harlem
the thirteenth
refused
the fourteenth sold cocaine and shamrocks
near a toilet in the Big Apple circus
the fifteenth
changed the question.

(Audre Lorde, *Our Dead Behind Us*)[1]

What is the changed question?

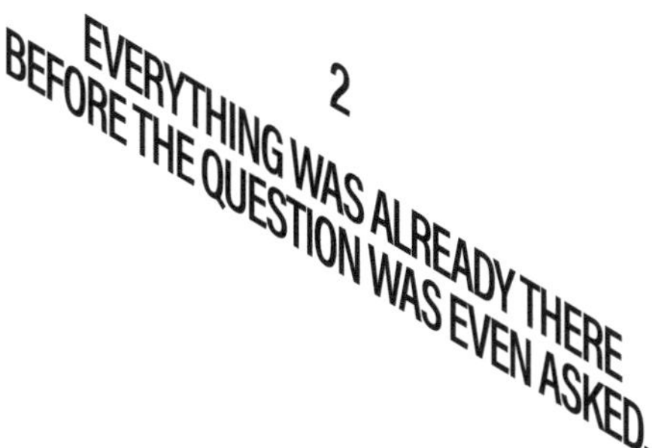

That which was already there before the question had been asked already had many names: original sin, archive, indebtedness, feeling structure, history, string figure. Or, plain and aptly, in the words of Audre Lorde, poet and pioneer, an insistent contender against disparagement and endangerment by racist, sexist, or homophobic structures and people (and disease): pattern. Her journals, written while she was suffering from cancer, begin like this: "Each woman responds to the crisis that breast cancer brings to her life out of a whole pattern, which is the design of who she is and how her life has been lived."[2] What a person in a crisis is capable or incapable of doing, the response encompasses both material and semantic levels: What does the body have at its disposal to respond to the crisis? How well has it been kept and nourished? What has it already been through? What language, what images can be summoned for what is happening in the body? What resources (from medical care to social networks and care work) can be activated? The singular, lived life is the matrix, the structure of possibility that affords certain responses/answers and not others. As with the COVID-19 pandemic as well, it's all about survival (especially at the beginning of the pandemic) or (increasingly) the chances of squeaking through in the event of infection. The virus is indiscriminate; the responses to infection are not. They are organized along the axes of class, gender, age, ability, and the national health-care system. A geography of vulnerability and privilege, a pattern of bodies with different values and different levels of care emerged. There were cases as atrocious as that of Cleonice Gonçalves in Rio de Janeiro. Her wealthy employer had concealed her COVID-19 infection from the domestic worker in March 2020 upon returning from vacation in Europe, and Gonçalves, who was already suffering from diabetes, died as a result. The case sparked protests against Jair Bolsonaro's corona policy and more so for an improvement of the Brazilian health system. Bodies are, to be sure, interlinked around the world, and a virus can essentially affect everyone, but this shared vulnerability is highly unequal and also incapable of creating solidarity networks; the neo-colonial-capitalist, and more recently neo-imperial globalism, is one of national self-interest and competition for resources.

What would a more just world look like in terms of body politics?[3] Perhaps not so different than a classless society, which, however, has long not shown any signs of becoming reality. What has entered the Marxist vocabulary are arguments for a "revolution for life,"[4] which involves our non-human co-inhabitants on the planet in the struggle for justice, equality, and solidarity. Current protests in Brazil, Colombia, and other countries with blatant social inequality, but also initiatives such as Zero COVID in Germany, place emphasis on body-political and interspecies injustice regimes. The vulnerable body is much more at the focus of artistic and political activities than it was at the end of the twentieth century. Whether it's Black Lives Matter, Ni una menos (a South American grass roots movement against femicide and violence against women), or Fridays for Future, the fight for life and against the unequal opportunities for a good life is the locus of engagement across the board. For the activists, it is about the future of bodies in relation to each other, with one another, about bodies that only count as a resource in the current regime—needed for work, to create value, and to take care of the rich bodies—but are also treated as superfluous (or dangerous) material.

Bodies have always been mixed, but it all comes down to describing the mix—or the pattern—so that the description does not obscure the organizing relations of power. The descriptive language must be handled as carefully as the bodies. Audre Lorde, whose poetry marks our beginning, has always emphasized that she was speaking first and foremost to and with other "hyphenated persons," with people of color, with queers. She viewed her poetry and social-analytical texts, but the personal ones, too, primarily as a program of encouragement for those with whom she had shared the experience of marginalization and discrimination. At the same time, she understood her writing as universalistic, as *social text*: a petition to everyone to continue working with it, to accomplish something with it. It was not a license to appropriate the suffering of others. The right to further use was bound to the condition that the real differences and hierarchies, the actual different forms of endangerment, are not undermined in the use and dissemination of the texts. Lorde extended an invitation to the situated appropriation of her words as tools, supplied with a usage clause, with a dual commitment: to weaken or subvert white privilege and to work toward a fear-free future for all. This is the pattern I hold in my hand when I try to use her texts to describe current threats of bodies to one another.

Both are difficult. A big part of white privilege is that one is in the position to keep threats at bay, both objectively and subjectively. Shedding the protective cloak of economic potency and the right passport is a harrowing act, and I don't know if I could. In Paul B. Preciado's *An Apartment on Uranus* (2020),[5] a collection of his newspaper articles documenting a life that is borderline in a multitude of ways—a life between genders and in dissidence with national allegiance—one episode in particular touched me: in a column, Preciado describes what it feels like to live in an empty apartment—that is, an apartment without any furniture—to leave behind the padding and lining of bourgeois existence. When everything hurts when you wake up, it's a different experience than living in Bauhaus/IKEA minimalism, which rebelled against the plush hovels of the nineteenth century. There are still beds, wardrobes, kitchens, technical-social shells that offer comfort, make the integrity of the body, if not secure, at least more likely.

It is a legitimate question to ask what good it will do for those who do not enjoy the protection of comfortable homes, an adequate health-care system, a regular income, or proper citizenship to forgo the amenities of worldly existence in the fashion of mendicant monks in the first place. Ultimately, the objective should be to turn privilege into a right for all and not to continue to link it to nationality, class, or gender. Along the way, however, solidarity with the more vulnerable means at least sharing those protective shells. How can we achieve this within an economic-political structure that only knows individuals, tax payers, and citizens? But there is always more that can be done in the personal realm, professional practice, and the social movements of the "revolution for life."

With the uneven distribution of vulnerability in mind, cultivating an idea of shared mortality still retains its legitimacy as a foundation of democratic politics. Looking back into European cultural history, we encounter reflections on the arts in this matter, namely on theater. For example, in Cornelius Castoriadis's studies of the political imaginary which vividly elaborate the notion of shared mortality.[6] The Greek *polis*, Castoriadis argues, labored over the "crucial problem of self-limitation," specifically in the political realm: the question was how contrary reasons can co-exist without an escalation in political conflict. The answer: practicing shared mortality in tragedy. Why? The solution to serious problems simply cannot be brought about by insisting upon one's own opinion. "Above all else, however, tragedy was democratic in this, that it was a constant reminder of mortality, that is, of the radical limitation on human beings."[7] A person who knows his/her/pers own limitations can defend arguments and prefer one or the other solution for a problem, and yet one can always only argue in a situated way: related to the limitations of his/her/pers own standpoint and historical situatedness. Only the immortal gods are stubborn and tyrannical in ancient Greece—and jealous, too, of humans, in Greek: the mortals (*thnêtoi*). Today, we do not need to go back to the Greeks, rather beyond the Greeks: toward the acknowledgment of a shared mortality with humans endangered in very different ways for historical or political reasons, but also with all the non-human co-inhabitants of a planet endangered on the whole.

3

If the question of the first section was how differently situated and endangered bodies can live together and enjoy a future, the changed, urgent question is how inequality in this endangerment can be eliminated without throwing mortality and shared vulnerability out with the bathwater. It is a very old question. All manner of societies have developed cultural and corporeal techniques devoted to the relationship between mortality and politics; the whole field of genealogy—inheritance, documentation of possessions, archiving—is included here, medical and nutritional knowledge in their relationship to institutions, care of the dead, and therewith the arts. But never before in history have bodies, human and non-human, been related to each other on a planetary scale and in such a highly unequal way. Roberto Esposito dedicated a study to the entanglement of community (*communitas*) and vulnerability, working with the idea of immunization.[8] Every society, according to Esposito, establishes immunity regimes that decide what belongs and what does not, what is considered part of the system and what outside, who has which obligations to the community. Esposito's historical discourse analysis shows how political and medical rhetoric continually permeate each other and how historically specific, medical body images become sources of political metaphor and practice. Driven by a functional understanding of technology, current immunization fantasies, à la transhumanism, are extremely cynical counsel for a bright future, as they sacrifice shared mortality on the altar of the survival of the few. The interdependence I have described corresponds to current medical images of the body insofar as *communitas*, the shared, is conceived in material-semiotic terms, which is in keeping with the notion of psychosoma. Do the parallels with medical body images run even deeper? As Esposito illustrates, the present immunological discourse, now commonplace in the wake of the pandemic, is marked by war metaphors. However, it is no longer about purification; rather, immunological language involves the right degree of heteronomy: pathogens are needed in the proper dosage to stimulate a beneficial immune response, the principle of vaccination. Esposito points out that this is paralleled by an extremely risky dynamic, too: a potential autoimmune reaction, a surge in defense that leads to the annihilation of the individual. In turn, there are models of tolerance that the organism is capable of, for example during pregnancy or, chemically assisted, after organ transplantations.

But also this model is centered on a self-contained entity, the organism, which defends itself and in the worst case attacks itself, yet in rare cases develops hospitality. Presumably, a model is needed that embraces contact and reciprocity but is less informationally oriented than the control circuits of cybernetics, in order to encompass interdependence, all those sympoietic, uneven, wild, and unpredictable conglomerates that harbor new pleasures, but also new threats.

4

The changed question could also be about a reconfiguration of sensory hierarchies. If the "human being" was conceived in occidental philosophy—put simply, as a seeing person who acts autonomously on the basis of what is seen—human existence in the twenty-first century will have to be analyzed as one that is entangled and rooted in contact. Living bodies need touch to exist; they oscillate between contact addiction and the need for distance. Even the inorganic is essentially organized by gravity and position in space, adjacency, and confinement. Hence, cultural and media studies are increasingly interested in the sense of touch, whose mediating function confounds the old oppositions of active and passive, thinking and perceiving, mine and yours. The most resolute proponent of a tactile and haptic way of thinking is certainly Jean-Luc Nancy, who in recent years mapped out the world-making nature of the sense of touch. According to Nancy, it is touch that accesses the world in the first place. It is gravity that sets human bodies in relation to the celestial body Earth; it is the finitude of the touchable body that generates something like meaning.

This is a good place to start, also in the given context, for the pandemic has made it clear that we are presently suffering from too much contact in audiovisual form and are struggling with close relationships.[9] Many cognitive and communicative workers complained of stress and burden from video conferencing, of exhaustion, and the feeling of emptiness after an overdose of social media. Genuine, namely full-sensory and measured, mutual, tactful touch, on the other hand, was often scarce, and not just since the lockdowns. It became clear as well that there was no equity in the distribution of touch. Some, those with care responsibilities or nursing work, had too much of it while others received too little. Touch is unfairly distributed because it makes people vulnerable, verges on pain, and is therefore based on trust. Being touched by everyone and everything is a form of torture; the double meaning of grasping speaks volumes. But what kind of society is this, in which touch is a privilege on the one hand and a burden on the other? How can we envision a future society that creates the best possible conditions for as many as possible to bear the risks and joys of contact, contamination, and collaboration? One that values community as much as the need for retreat? That protects against transgression and fosters tactful touch? A society that doesn't make anyone untouchable and, conversely, makes it unattractive to be untouchable (in the sense of removing oneself from any real interaction). I believe that digital technologies will play a role in a scenario of contact, contamination, and collaboration; after all, they form something like the skin of globalization, a "fragile skin of the world," as Jean-Luc Nancy called it.[10] But they might not be decisive in the political dynamic of a better togetherness of bodies.

1 Audre Lorde, *Our Dead Behind Us: Poems* (New York: W.W. Norton, 1994 [1986]), p. 37.
2 Audre Lorde, *The Audre Lorde Compendium: Essays, Speeches and Journals* (London: Pandora, 1996 [1980]), p. 1.
3 See also the corresponding comments by Jule Govrin in this catalogue, pp. 88–93, and in Jule Govrin, *Politische Körper: Von Sorge und Solidarität* (Berlin: Matthes & Seitz, 2022).
4 Eva von Redecker, *Revolution für das Leben: Philosophie der neuen Protestformen* (Frankfurt a. M.: Fischer, 2020).
5 See Paul B. Preciado, *An Apartment on Uranus: Chronicles of the Crossing*, trans. Charlotte Mandell (South Pasadena: Semiotext(e), 2020).
6 Cornelius Castoriadis, "The Greek and the Modern Political Imaginary," trans. David Ames Curtis, *Salmagundi* 100 (Fall 1993), pp. 102–29. Reprinted in *Crossroads in the Labyrinth* 4: *Rising Tides of Insignificancy* (New York: Nor Bored!, 2003), eBook, pp. 212–36, here: 226. Thank you to Thomas Macho, who pointed out this train of thought by Castoriadis in the framework of the conference "Radikale Imagination: Cornelius Castoriadis zum 100. Geburtstag" in December 2021 (concept by Jens Schröter, Christoph Ernst, and myself).
7 Castoriadis, p. 227.
8 Roberto Esposito, *Immunitas: The Protection and Negation of Life*, trans. Zakiya Hanafi (Cambridge: Polity Press, 2011).
9 The reflections in this paragraph are follow-ups on Karin Harrasser, "Die Zukunft der Körper, zueinander," *Frankfurter Allgemeine Quarterly* 4, 2021, pp. 76–81.
10 Jean-Luc Nancy, *The Fragile Skin of the World*, trans. Cory Stockwell (Cambridge: Polity, 2021).
11 Carolin Meister and Jean-Luc Nancy, *Begegnung* (Zurich and Paris: diaphanes, 2021), p. 8. (translated for this publication).
12 Meister and Nancy, p. 104.

In one of his last remarks—it is a transcription of a conversation (call and response) with Carolin Meister and not a philosophical monologue—Jean-Luc Nancy once again pointed out the role of technology in the ongoing respacing of bodies in relation to one another:

> If we bear in mind that encounters have always occurred in the framework of certain conditions (relating to milieu, language, region), we might think that there have always been hidden "programs" and "algorithms." And how many of them determined our births! We could say, then, that we are contemplating the nature of encounter because the visibility of socio-technical processes makes us more attentive—and at the same time more anxious—in view of the possibility that the encounter may lose its mystery, its happiness, its unrestricted grace.[11]

The encounters mentioned here are governed by the unexpected, and, indeed, in my view, the greatest shortcoming of communication via online conferencing tools remains that hardly ever something unexpected happens, as it does all the time with co-presence in a room: a swift intimation with a raised eyebrow, surprising agreement in humor, tension and friction over a head turned away or an implied eye roll.

Nancy's reflections on touch are not only about the togetherness and proximity of human bodies; they include other living and non-living bodies, too. Nancy once more: "A breath passes through a tube, a finger plucks a string or strikes a taut skin ... gazes cross each other. There is a 'response.'"[12]

Thinking and experimenting with touch, with proximity and distance, is the second most important task for politics and the arts alike, alongside the expansion of the political imaginary to include shared mortality: making space and time for response, in co- and remote presence, under the problematic conditions of the unequal distribution of resources and vulnerabilities—monetary, technical, psychological, ecological; that is perhaps challenge enough in and for the young twenty-first century.

CONTAMINATIONS
ON THE EXHIBITION MIXED UP WITH OTHERS BEFORE WE EVEN BEGIN

FRANZ THALMAIR

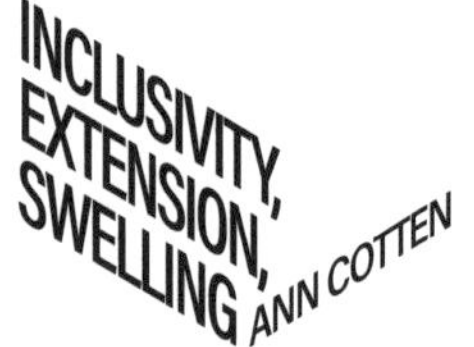

<1> </1> palette: tight kerning
<1a> </1a> palette in the palette: tighter kerning
<2> </2> stress: single signal words, oblique italics
<3> </3> real alternative or opposition: part 1 lowered;
<3a> </3a> part 2 raised

Environment is semantic[1], our culture of the meaning of written language is only a small part of this field. I think of my typographical interventions, realized with the kind help of layouter Ulrich Kehrer, as similar to the funghi and galls that befall the stems and leaves of shrubs, deforming(*)[2] them. Deforming(*): it looks as if the same material were shaped according to different values, and that is exactly what is happening: the needs of the parasite(*)/symbiote(*) override those of the host in the affected areas. The reading passer-by immediately recognizes the difference between an affected and a healthy bush, as a different kind of difference from that between species, ages or, in some trees, genders(*). On fellow humans too we recognize, or at least try to read, the symptoms, traces and signs of situations: stress, happiness, fatigue, pregnancy, drug use, fashion enthusiasm, illnesses. Astonishing explosions of confusion and, in some observers, aggression arise when such signs cannot immediately be decoded: when genders are ambiguous or non-binary, when someone "looks at me funny," when people cannot be placed in terms of social class, or when trying to ascertain whether a cough is a chronic smokers' ailment, the end or the beginning of a cold, a Covid-19 symptom or perhaps a comment on the situation. While scanning Frank Thalmair's text for enumerations and marking them, like a wine grower might pass through the vinyard marking affected branches, I meditate on what these grammars perform for us, what they depend upon, what they carry in terms of orders, cognitive habits, priorities, associations and valuations, even against users' conscious intentions. However, there exists no neutral space in which to lay them all out and determine once and for all what they are. We must gather experience while observing them in use, in full movement. Whenever something goes awry and triggers a symptom or a disruption, we must grab the opportunity to notice the patterns also of the stochastic mechanisms of the deformed surroundings, in order to continually refine our technical intuitions as language users.

1 According to Masato Ishida, the environment can be considered as a symbolic space in the framework of the semiotic theories of both Whitehead and Peirce, differentiating, with Peirce, between icon, index and symbol. Masato Ishida, "The Environment Regarded as Symbolic Space: Expanding upon Whitehead's Symbolic Reference," paper presented at the 8th International Whitehead Conference, September 26–29, 2011, Sophia University, Tokyo, Japan.

2 The rotten egg sign is used to mark words that one has so many issues with that it hurts to use them, but that are yet unavoidable in order to allow communication with the communally ill neighborhood. In this case, for example, I feel that the words parasite and symbiote carry far too much interpretation with them—which is seen in the problem of defining the line between them. Take the Banyan tree, which over the years comes to literally replace the tree it once started to grow on, the two becoming physically one—but this is not death, this is life; both live on and flourish. The situation somehow presents the inextricability of beauty and scariness in influence, relation, practice, learning and other gradual processes that shape life by merging it with skill, and which make life so much scarier than death.

Hybridization and amalgamation, conjunctions, links, and combinations, bastards, liaisons, aggregators, portmanteaux, mycelia, rhizomes, and networked constellations. *mixed up* with *others before we even begin* investigates artistic phenomena that reconcile different, often contradictory entities within contemporary visual culture. The exhibition posits these forms of coming into contact and being related against the imperatives of autonomy, originality, and authenticity, against binary modes of knowledge and essentialisms, and also against a Western notion of purity, which was expedited in the modern age and is increasingly voiced once again on the global stages of politics and economy.

The term "contamination," as applied in linguistics,[1] for instance, is more topical than ever in our present times of global crises and a—male to environmental—toxicity that permeates all realms of life. It serves as a thematic anchor point and informs the formal, material, and aesthetic structure of this exhibition. Contamination is a productive morphological process for creating neologisms in the style of "beatnik," "smog," "Brexit," or "Denglish," words that have found their way into the dictionary and are used in everyday language and media life. Contaminations can also be found in literary history: one of the most prominent examples is *Finnegans Wake* by Irish author James Joyce. It was written over a period of more than ten years and is deemed almost untranslatable given its countless portmanteaux, at times idiosyncratic monstrosities derived from several languages at once. Through contamination, at least two words combine—inadvertently through misuse or intentionally for reasons of style—to produce new terms for describing extra-linguistic realities by merging or overlapping the individual components. Removed from the field of linguistics, contamination represents a cultural and theoretical concept that not only implies violence against people, the environment, or life in general; it also refers to positive connotations "to circumvent unvarying monoculture and digressions into the same old same old, a means to become infected,"[2] as formulated by cultural historian Karin Harrasser.

"We can have words without a world but no world without words or other symbols," argues philosopher Nelson Goodman in *Ways of Worldmaking*, countering the idea of a single, given reality with multiple versions of reality: "The many stuffs—matter, energy, waves, phenomena—that worlds are made of are made along with the worlds. But made from what? Not from nothing, after all, but *from other worlds*. Worldmaking as we know it always starts from worlds already on hand; the making is a remaking."[3] An origin, an essence presumed fixed, is nowhere to be found in Goodman's work. His strategies of "worldmaking" like composition, decomposition, weighting, deletion, supplementation, or deformation[4] open the doors for contamination and the infectious infiltration of an existing system with the aim to change it. In this light, the exhibition reveals how artists both make and enter into connections through contamination: connections with people and other living beings, with things or traditions, connections across geographical or social boundaries, connections between concepts, materials, or forms—ultimately, it is about relationships.

ORDER THROUGH REORDERING

The linguistic process of word contamination has subversive potential. The seemingly incompatible collides, as one word slides into the structure of another. Through material dissolution, the components are exposed to a friction that is capable of, if not disintegrating, at least unhinging an existing order. This applies both to the relation between the merging words and to their linkage with the extra-linguistic contexts they describe. Ambivalent new entities emerge through word contamination, in which meaning remains in a state of flux and is transformed. If we follow the Latin etymology of *subversio* in the "symbolic field of agriculture" as "turning over the soil to cover the seed that has been sown," the destructive and transformative moment of subversion manifests as a process in which "the seed can flourish and produce yields."[5] Thus, it is a productive mechanism.

The undermining power of contamination, on the one hand, and its generative strength, on the other, recalls the process of hybridization as Russian literary scholar Mikhail Mikhailovich Bakhtin explored it in the nineteen-thirties. In his writings on the literary genre of the novel, Bakhtin distinguishes between intentional and unintentional hybrids. He sees the unintentional hybrid as "the central mode of historical life and the becoming of languages"[6] and ascribes generative efficacy to this process, whereas, in contrast, he concedes a more subversive nature to the intentionally produced mixed form—and therewith to artistic expression: "It is the mixture of two social languages within a single utterance, the encounter of two different linguistic consciousnesses divorced by epoch or social differentiation (or both) in the arena of this utterance."[7]

In the first half of the twentieth century, Bakhtin dealt with issues that were quite contrary to the official Soviet doctrine. Reflecting, for example, on the relationship of the individual to the collective, on the principle of personal responsibility, or on dialogical forms of art,[8] he subtly opposed the party position that prevailed at the time. "Bakhtin's category of the hybrid is closely linked to his concept of dialogism, but the hybrid itself has its own meaning," states media and cultural studies scholar Irmela Schneider, who attests to the term's resistant character, for it defies unambiguity and specificity: "While the counter-concept to dialogism is the monologic for Bakhtin, the category of the hybrid, as its counter-concept, affronts the absolute, the pure, the purist, and the centralist, too."[9]

Not surprisingly, the political aspect of hybridity and language mixing is also regarded as a "characteristic of counterculture"[10] and is called upon in postcolonial thought to frame moments in which hegemonic discourses oriented upon purity, order, and categorical stability are pluralized by the voices of others. According to Thomas Schwarz, if the concept of hybridity emerged from colonialism in order to disparage "racial mixtures" in the colonies as deficient, the "postcolonial reevaluation of hybridity has succeeded … in radically shifting the semantic emphasis, turning the tables and putting colonial discourse on the defensive."[11] Moreover, hybridization "is itself the result of an intentional hybridization …, a successful polemical appropriation"[12] of a concept.

This does not happen without friction; even more so, it is a "dialogical confrontation"[13] when Bakhtin describes his concept of intentional hybrids as an artistic process that aids "seeing one language through another,"[14] and when he identifies two "individual consciousnesses, two epochs … fighting with each other on the territory of utterance"[15] in the process of mutual linguistic "illumination."[16] It is this oscillating momentum, the back and forth of dialogue, and the productive engagement with the elements of this charged relationship that make it possible for hybridizing and contaminating practices to resist allegedly fixed demarcations and the rigor of the normative.

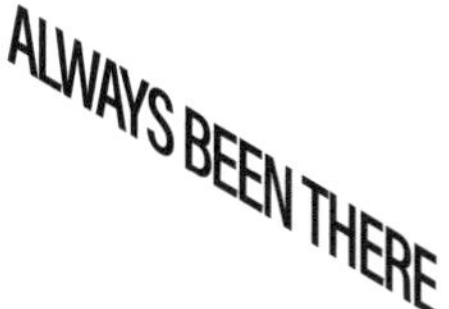

mixed up with *others before we even begin* foregrounds contamination not only as an artistic and curatorial method but also as an effective strategy for dealing with one another in social and political realms. Against the backdrop of current artistic positions placed in a dialogue with selected works from the mumok Collection and objects from the collections of the Natural History Museum Vienna, the exhibition traces the historical-cultural processes of "creolization"[17] as a mode of world-making that has always been there.

As the French-Caribbean writer and philosopher Édouard Glissant realized in the mid-nineteen-nineties: creolization requires the "heterogeneous elements put into relation to 'intervalorize' themselves."[18] In contrast to intentional and therefore typically predictable mixing methods (such as the hybridization of plants), creolization is characterized by "unforeseeability": by an insecurity owed to chance, directed against "the old demons of purity,"[19] that facilitates an approach "towards a non-system of thought that will not be dominating, nor systematic, nor imposing, but will perhaps be a non-system of thought—intuitive, fragile, ambiguous—which will be best suited to the extraordinary complexity, the extraordinary dimension of multiplicity of the world in which we live."[20] It comprises moments of friendly encounter and gathering as well as those of the intense collision of opposites, too.

The work of Ugandan artist Leilah Babirye is situated between these poles: her sculptures juxtapose traditional art from Africa with Western modernism and, within this dialogue, leverage mechanisms of exclusion. As a lesbian artist who had to leave Uganda on account of her sexual orientation—homosexual acts are considered a criminal offense there—she produces figures out of wood, ceramics, or metal and enhances them with found everyday objects such as bicycle chains or caps from beverage cans. The works may be read in the genealogy of African cult objects as they found their way in abundance to ethnographic museums through the exploitative machinations of European colonialism. However, the way Babirye titles her sculptures might just as well be interpreted as a queer intervention into the patrilineal clan system of Buganda, a kingdom in the territory of present-day Uganda. The members of the hierarchically organized clans see themselves as siblings, regardless of their direct birth relationship, and are named after totems, often animals such as antelopes, leopards, and armadillos, or plants. By entitling her sculptures analogously to this tradition but adding the word *kuchu* (Luganda for "queer")—"a secret word, most frequently used by people who identify as such"[21]—the artist creates her own family and empowers it in an environment where same-sex relationships and sexual orientations that do not conform to the norm are forbidden.

At mumok, Leilah Babirye takes one step further and displays her works together with sculptures by artists such as Constantin Brancusi, Pablo Picasso, and Sophie Taeuber-Arp. By temporarily renaming the heads, busts, and figures from the collection and integrating them as fellow comrades into her queer army of lovers, she appropriates the exoticizing view of African imagery that was fashionable in sophisticated early twentieth-century European art circles. With this gesture, the artist exposes a relationship in which the globalized human being is "torn between a tradition that he no longer truly feels attached to and a modernity that has befallen him like a destructive and dehumanizing force,"[22] as social scientist Felwine Sarr expresses it. He describes the path from an occidentalization of Africa that coincided with colonialization toward an "Afro-contemporaneity."[23] Thanks to Babirye's intervention, Constantin Brancusi's *La Négresse blonde II*, for example, loses its status as a stable element of art history, as do all the other figures, and becomes something hybrid, "the unfinished, incomplete nature of the ideal form continuing to emerge."[24] To some extent, Babirye's sculptures respond to Sarr's question of what an African modernity that "truly wishes to avoid becoming a poor counterfeit of Europe"[25] might look like by appropriating modernist sculptures as clan siblings and thereby reversing the aspect of cliché back upon European modernity.

Similar to Leilah Babirye, Nilbar Güreş, who grew up in Turkey, deals with the personal and social constraints engendered by heteronormativity. In a sculpture—a tree of knowledge of sorts—developed especially for *mixed up* with *others before we even begin*, she parades the category of gender and the binarity of woman and man as something, in the words of philosopher Paul B. Preciado: "spliced, cut, moved, cited, imitated, swallowed, injected, transplanted, digitized, copied, conceived of as design, bought, sold, modified, mortgaged, transferred, downloaded, enforced, translated, falsified, fabricated, swapped, dosed, administered, extracted, contracted, concealed, negated, renounced, betrayed. … It transmutes."[26] The fragmented identity of the twenty-first century and just how central the question of gender relations and sexual orientation becomes in this context find expression as "subversive dramaturgy"[27] throughout Nilbar Güreş's work: the tree of knowledge entitled *Mayzu* (2022), whose fruits visitors are allowed to eat so as to become aware of their own sexuality, is composed of leaves with folkloric fabrics and patterns from Vienna, Istanbul, and São Paulo, objects originating from the BDSM scene, bisexual bonobos, or forbidden fruits such as coconuts and bananas. Visitors are encouraged to take selfies in humorous settings and *thereby* infiltrate their image networks with the message that upholding gender boundaries is obsolete. Preciado, who sees experiments with testosterone on his own body as an exercise in controlled intoxication, describes being trans as a "process of internal 'creolization'"[28] in which one must "accept that one can only arrive at oneself thanks to change, to mutation, to hybridization. The voice that testosterone propels into my throat is not that of a man, it is the voice of the crossing. The voice that trembles in me is the voice of the border."[29]

In the case of Peruvian-raised Nicolás Lamas, it is less about the divides between the sexes as with Nilbar Güreş but rather the interfaces and fractures between art, science, technology, and everyday culture. The artist works with a repository of partly found, partly self-made objects and images, which he combines into ever new arrangements in the exhibition. Political scientist Jane Bennett refers to such reconfiguring processes as resistant "assemblages"[30] that, by virtue of their instability, defy conceptual or material specificity and remain ambivalent. Nicolás Lamas's installations merge prostheses, excerpts from scientific journals, high-tech materials, and antiquated found objects from the flea market or the street, while illustrations from IKEA instruction manuals meet animal specimens, plaster casts, and the remains of dystopian machines. He aligns themes and objects that were separated by the differentiation of disciplines imposed in the modern era. Similar to the "cyborgs and companion species"[31] of biologist and science historian Donna Haraway, he forges unexpected constellations of "the human and non-human, the organic and the technological, carbon and silicon, freedom and structure, history and myth, the rich and the poor, the state and the subject, diversity and depletion, modernity and postmodernity, and nature and culture."[32] Pursuing a "transknowledging approach called EcoEvoDevoHistoEthnoTechnoPsycho (Ecological Evolutionary Developmental Historical Ethnographic Technological Psychological studies),"[33] Lamas not only dissolves categories but above all reveals the complexity of the connecting threads between them.

In the exhibition, this method becomes apparent when the artist juxtaposes his works with objects from the Natural History Museum Vienna: taxidermic models, vestiges of human culture, and working and presentation aids from the "cold room of white inquisitiveness,"[34] as cultural theorist Helmut Lethen calls museums. Lamas, whose artistic practice not only takes place in analog form in the exhibition space but also circulates digitally in social networks as visual material, regards this circulation as a central component of his work process. He follows a method that Lethen describes as the "artifice of isolation"[35] in his analysis of the photographs in Carl Einstein's book *Negro Sculpture* from 1915. Freed from the context of ethnographic museums and photographed against a neutral background, art historian Einstein detaches the depicted artifacts "from the discourses of colonial powers, salvages these things by tearing them out of the web of classificatory knowledge."[36] Nicolás Lamas operates in a similar manner by initially rendering individual elements of his assemblages, whether from the Natural History Museum or from the flea market, "illegible"[37] and ambiguous through photography, only to subsequently establish their sculptural hybrid forms as art objects.

Like Nicolás Lamas, also Mariana Castillo Deball, who grew up in Mexico, relies on ambiguity when she refers to her *Uncomfortable Objects* as "products of desire, research, or imagination," objects that "compel us to follow them, and to look through their eyes, until we are captured in their twisted nets."[38] Object and subject virtually merge into one another. When the artist investigates disparate topics such as Mexico's pre-Hispanic history, mathematical and scientific models, the historical context of fossils, anthropology and colonialism, or fables, myths, and other forms of literature as tools of collaboration, it is always objects that come to her attention. She questions these non-humans about "what they have to say about the world—a world we humans construct around them, one we manipulate, define, and whose objects we use in different ways."[39] In this way, Castillo Deball harkens back to what sociologist Bruno Latour calls "mixtures between entirely new types of beings, hybrids of nature and culture,"[40] or, following philosopher Michel Serres, "quasi-objects" that are not "represented either by the order of the objects or by the order of the subjects."[41]

This intermediate space surfaces, for example, in the video *El "dónde estoy" va desapareciendo* (2011), which not only *mentions* the so-called Codex Borgia, a pre-Columbian manuscript from sixteenth-century Mexico, but speaks from its *point of view* and about its own history—a multilingual history of book burnings, property, the Spanish Inquisition, religious beliefs, and the Vatican Library. Other hybrid forms can also be found in the exhibition as hanging yellow, blue, and red sculptures that behave like epiphytes, or so-called perching plants, which can take root on different surfaces and draw their nutrients from the air. Castillo Deball incorporated images from an extended stay in Brazil into papier-mâché, a lightweight but sturdy material often used in Mexico to construct theater props, costumes, or toys such as piñatas. But it is not only in Mariana Castillo Deball's works that different time periods, places, materials, forms, and thoughts fall into one to create her uncomfortable objects. Also in the choice of the collection works for the exhibition—for instance, the small-format assemblages by Louis Goodman, which fluctuate between cultic objects, wild accumulations of material, and works of art—she applies those parameters needed, in her view, to be able to speak of *Uncomfortable Objects*.

In contrast to Mariana Castillo Deball, Slavs and Tatars make it clear that not only certain objects can have a hybrid character: the entire structure of an artistic practice should be seen in the class of the hybrid form. The collective, which conceives of itself more as a platform that emerged from a reading group than as a cooperative association of artists, can be described, in the words of art historian David Joselit, as an "aggregator," a term that the author distinguishes from its "close modern cognates: montage and the archive"[42] given its superior compositional logic, independence of components, and unclear principles of selection: "Aggregators filter a world saturated by commodified information, making the unevenness of globalization plastic and visible. Aggregators speak in tongues."[43]

The work of Slavs and Tatars addresses and performs multilingualism. By dedicating their artistic practice to the social and cultural contexts of the terrain, in their own words, "east of the former Berlin Wall and west of the Great Wall of China" and celebrating the complexity of multilingualism, they deconstruct the allegedly paradisiacal primordial state of monoglossia that, according to Anil Bhatti, "remained privileged in the European imagination as the ideal" and continues to reverberate in "colonial ideology"[44] today. In line with the subversive potential of humorous polemics and Mikhail M. Bakhtin's dialogical principle of the mutual illumination of two languages through hybridization, Slavs and Tatars's contribution to the exhibition brings items from the collection that deal with body parts as an affective, sensual aspect of language into contact with works from their own oeuvre that refer to, for example, Marcel Broodthaers's *Poèmes industriels*. They play with the symbols, images, and shapes of commercial and mass-produced signage. On vacuum-embossed panels, Slavs and Tatars present so-called transliterations, letter-perfect transfers of words from one writing system to another, and use the consonance of words and letters, graphic analogies, and the resulting misunderstandings to simultaneously demonstrate the inadequacy of language as well as its generative potential. The collective explains the trenchant 2015 work *Odbyt* as follows: "When broken down into its two component syllables, *odbyt* (lit. 'rectum' in Polish) means 'from being'. While Courbet's *L'Origine du monde* clearly indicates which orifice the French artist considered a myth of origins, *Odbyt* argues for the a**hole as the origin of humanity. Meaning 'from' in several Slavic languages, the preposition 'ot' used to exist in old Church Slavonic as a Cyrillic letter unto itself: 'Ѿ'."[45]

In comparison with the other participants, artists Anetta Mona Chișa and Lucia Tkáčová, natives of Romania and Slovakia respectively, play a special role as they are responsible for the exhibition architecture of *mixed up with others before we even begin* (see more on p. 101 in this publication). Designed for the previous exhibition titled *Collaborations*, this display system serves as the conceptual framework for the current show, and in its ruins a new exhibition develops like a mycelium.

Chișa and Tkáčová also present a work called *Nothing Nowhere into Something Somewhere* (2015/2022), for which they consumed the fungus fly agaric (*Amanita muscaria*) like Siberian shamans. "Inspired by the practice of ancient knowledge-seekers and their (preter)natural guides," say the artists, who view their experiment as a step across the threshold to a non-human state of consciousness, "we collected our urine after ingesting fly agaric mushrooms and manufactured jellies out of it. Following an alchemical process of transmutation, we dissolved and filtered the psychoactive compounds through our organisms and coagulated them into edible sculptures."[46] The two artists stage the jellies in a sculptural setting that imitates the lamellae of a mushroom. From its openings, cords proliferate out into space in all possible directions like the hyphae of a mycelium. The edible urine sculptures are passed on to visitors as "an invitation for a participative mind-body learning and an attempt at a direct and authority-free dissipation of knowledge."[47]

Mycelia, whose fruits surface in the forest as mushrooms like the *Amanita muscaria*, are, according to biologist Merlin Sheldrake, an "ecological connective tissue"[48] that interlinks vast parts of our world. Mushrooms have no fixed predetermined boundaries like animals; they are bodies "without a body plan."[49] Like plants, they are decentralized, which means that there are also "no operational centres, no capital cities, no seats of government."[50] It is better to think of them "not as a thing, but as a process—an exploratory, irregular tendency."[51] Similar to how fungi "put their bodies in the food,"[52] the mushroom injected into the museum by Anetta Mona Chișa and Lucia Tkáčová in the form of *Nothing Nowhere into Something Somewhere* also taps into the DNA of the institution. The mycological intervention that develops in the exhibition spaces proliferates to the point that the mycelium changes the name of the museum. For the duration of the exhibition, the writing on the façade of the black building will no longer read "museum moderner kunst stiftung ludwig wien" but "we dug immune fossils in wet urgent trunk mud."

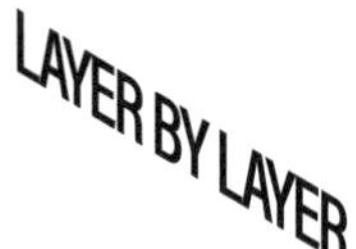

Encounters with people, with other living beings, things, concepts, or systems leave traces, traces in the relationships that created these confrontations in the first place. According to Anil Bhatti, the image of the palimpsest, the surface of a manuscript used over and over again, on which all writing processes remain visible, is pertinent to the discourse on migratory movements and postcolonial hybridity, for "the validity of the palimpsest lies in its totality and not in any particular layer."[53] Concepts such as originality, authenticity, and autonomy yield to the idea of simultaneity in Bhatti's account of cultural heterogeneity, hedging the search for an origin in favor of complex processes: "In any case, the original layer would logically have to be an empty surface. … The desire for the authentic and the corresponding search for 'urtexts' and roots generate strong tensions in the pluricultural formation."[54] Similarly, the search for purity and its purported monocausal connections leads nowhere, namely to a state of standstill and inability to act.

What does it mean for our coexistence when efforts to achieve isolation, order, and neutrality but rather do not have a productive effect on society not but rather erode its structures? Or asked in the words of anthropologist Anna Lowenhaupt Tsing, who searches for possibilities of life in the ecological, economic, and social ruins of capitalism in her book *The Mushroom at the End of the World*: "How does a gathering become a 'happening,' that is, greater than a sum of its parts? One answer is contamination. We are contaminated by our encounters; they change who we are as we make way for others. As contamination changes world-making projects, mutual worlds—and new directions—may emerge. Everyone carries a history of contamination; purity is not an option."[55] Basing her analyses on the matsutake, an expensive edible mushroom traded in global markets, the author counters the precarious situation our society finds itself in and the state of the world, which offers no way out of the crises, by describing the link between collaboration and contamination as a necessary strategy: "staying alive—for every species—requires livable collaborations. Collaboration means working across difference, which leads to contamination."[56]

Like the layers of a palimpsest, "the evolution of our 'selves' is already polluted by histories of encounter; we are mixed up with others before we even begin any new collaboration,"[57] writes Lowenhaupt Tsing on the relationship between collaboration and contamination. In retrospect, a relationship that may not have always gone smoothly, that may not always be pretty to watch. A relationship, however, that in any case has a transformative effect on the environment—and ultimately leads to plurality: "The diversity that allows us to enter collaborations emerges from histories of extermination, imperialism, and all the rest. Contamination makes diversity."[58]

The exhibition departs from Lowenhaupt Tsing's proposition that we are already thoroughly contaminated beings before seeking out new connections that make ourselves diverse and kindred with our surroundings. Diversity emerges when the idea of the autonomous individual steps into the background, and an embeddedness into a greater context and therewith coexistence, codependency, and all other forms of becoming connected with the other are not only accepted but even considered a virtue. Only through alliances with the otherness of our opposites, which in the process of hybridization have transformative effects both on the components of this process and on its outcome, can new forms of social life and agency emerge.

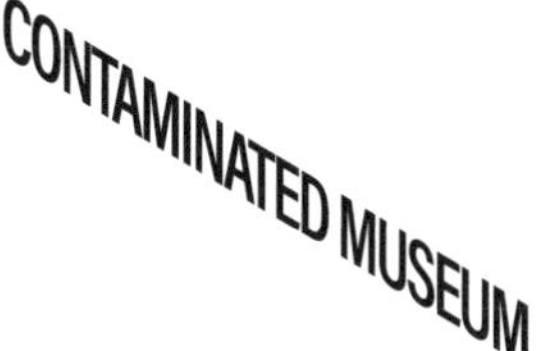

In order to not only broach these forms of "contaminated diversity"[59] but to test, like the hyphae of a fungus, the permanent transformation of the self in exchange with the environment as a motor for sociopolitical change, this exhibition applies contaminating methods to its own means and conditions of exhibiting. Contamination is both the object of investigation and the very mechanism of this process. Such forms of reflection on one's own actions practiced by artists can already be found in the work of Mikhail M. Bakhtin, who locates in the novel's diversity of speech "a second narrative behind the narrator's narrative," namely "the author's narrative about the same thing the narrator is narrating, and moreover about the narrator himself."[60]

In order to frame the mumok Collection from new perspectives, the invited artists confront their own works with selected works from the collection and objects from the Natural History Museum Vienna. The encounter between historical artworks and current artistic practices leaves traces on all sides: on the one hand, within the museum collections, which, for example, are activated by postcolonial or queer-feminist approaches; on the other, within the respective artistic practice itself, whose interpretative framework is augmented through its embeddedness in an existing art or natural historical context.

Such a "transformation through encounter"[61] is also characteristic for the temporal and spatial design of the exhibition. *mixed up* with *others before we even begin* builds upon the display that the artists Anetta Mona Chișa and Lucia Tkáčová devised for the previous mumok exhibition *Collaborations* as a hybrid of functional architecture and sculpture. As in Lowenhaupt Tsing's concept, collaboration and contamination coincide. For *Collaborations*, a collection exhibition focusing on the museum's Fluxus and Conceptual Art holdings of the sixties and seventies, the duo developed a display structure that reflects on principles of collaboration on a material level and "by means of contrary pairings such as old/new, transparent/opaque, internal/external, high/low."[62] The exhibition architecture was a combination of repurposed walls from the museum's depots and new, semi-transparent polycarbonate wall coverings, which exposed the underlying architectural construction. The points where the polycarbonate connects with the unadorned wall elements, where the sheen of the plastic meets traces from past exhibitions such as cracks, holes, yellowing, and remnants of old lettering, revealed those fault lines of collaboration that were the subject of the exhibition.

In addition, Anetta Mona Chișa and Lucia Tkáčová conceived the exhibition pedestals in *Collaborations* as hybrids of used furniture from Slovak cultural institutions. Marked with traces of use and remnants such as labels from past exhibitions, just like the in-house walls in Vienna, the artists reworked these elements into new exhibition furniture, supplementing them with polycarbonate as to meet the presentational requirements of the works shown in *Collaborations*. The artists staged the pedestals, some battered and extended with plastic, as vehicles for constituting reciprocal cross-border ties between Austria and Slovakia. And to reflect—on the basis of material circumstances—on the relationship between a museum for modern and contemporary art, which sees itself as a relay between East and West, and smaller, often underfunded cultural institutions without greater visibility in the immediate vicinity.

mixed up with *others before we even begin* meets its predecessor in its ruins and thereby changes it retroactively. In turn, the design elements of *Collaborations* form the architectural basis of the show that follows. Moreover, the display by Chișa and Tkáčová, which counters purity with moments of decay, undergoes yet another process of deconstruction: individual walls and wall elements are dismantled in order to thematically transcend the idea of *Collaborations* and address issues of contamination in the act of their deconstruction.

What Mikhail M. Bakhtin describes as the "destruction of syntactic constructions"[63] when it comes to the functions of hybrids in the context of literature—that is, to discredit "the ideological word as contrived and mendacious"[64]—Anetta Mona Chișa and Lucia Tkáčová perform in the exhibition design with the means of architecture and visual art. Bakhtin's "unmasking destruction"[65] of authoritarian and reactionary languages is expressed both in *Collaborations* and in *mixed up* with *others before we even begin* as an institution-critical gesture aimed at the normativity of the museum as a site of conservation, stability, and, accordingly, as the site of a modernity marked by fantasies of purity. The artists do not merely exhibit the traces accumulated on the walls; they specify them as fundamental elements in that the simultaneity of multiple layers is both the conceptual and concrete framework, namely hanging walls and a positioning system for the new exhibition. Where new and old, transparent and opaque converge, in the fusion of different materials, the artists reveal the scars and fault lines of collaboration as well as the connecting lines and processes of contamination.

In a museum like mumok, Anetta Mona Chişa and Lucia Tkáčová present dirt as "matter out of place,"[66] as social anthropologist Mary Douglas formulates in *Purity and Danger*, an approach that "implies two conditions: a set of ordered relations and a contravention of that order."[67] In her study of pollution and taboo, Douglas describes dirt and the socially attached purity imperatives as constituents of social relations: "Where there is dirt there is system. Dirt is the by-product of a systematic ordering and classification of matter, in so far as ordering involves rejecting appropriate elements."[68] But what is appropriate and inappropriate, valid and invalid? And who defines this opposition of zero and one, yes and no, right and wrong?

Paul B. Preciado formulates this splitting into a front and back that eludes the simultaneity of the palimpsest as the violent "dualist epistemology of the West," which cuts "the entire universe ... in half and solely in half. ... We are human or animal. Man or woman. Living or dead. We are the colonizer or the colonized. Living organism or machine. We have been divided by the norm."[69] If there is always one of two sides in this view of the world, in our case dirt, which "must not be included if a pattern is to be maintained,"[70] then projects like *mixed up* with *others before we even begin* must make an attempt to dissolve existing patterns—through reciprocity, through promoting the porosity of borders, through collaboration, through the pleasures of infection, through moments of destabilization, and, last but not least, through a remembering for the future[71] that always remains aware of its own impurity.

If purity is not an option and if the apparently insufficient, vulnerable, fragmentary, and, of all things, the weak and the inherently infected come to the fore, how can we turn the ruins of the modern age and capitalism into something positive? How can we live in them and with them?

How?
We can only speculate.

> The Communities of Compost worked and played hard to understand how to inherit the layers upon layers of living and dying that infuse every place and every corridor. Unlike inhabitants in many other utopian movements, stories, or literatures in the history of the earth, the Children of Compost knew they could not deceive themselves that they could start from scratch. Precisely the opposite insight moved them; they asked and responded to the question of how to live in the ruins that were still inhabited, with ghosts and with the living too. Coming from every economic class, color, caste, religion, secularism, and region, members of the emerging diverse settlements around the earth lived by a few simple but transformative practices, which in turn lured—became vitally infectious for—many other peoples and communities, both and migratory both and stable. The communities diverged in their development with sympoietic creativity, but they remained tied together by sticky threads.[72]

1 See Hadumod Bussmann, *Routledge Dictionary of Language and Linguistics*, trans. and ed. Gregory Trauth and Kerstin Kazzazi (London/New York: Routledge, 1996).
2 Karin Harrasser in conversation with Franz Thalmair, "Um Berührung zulassen zu können, brauchen wir Räume und Zeiten, die unbestimmt sind," *Springerin* 4, 2022, forthcoming (quote translated for this publication).
3 Nelson Goodman, *Ways of Worldmaking* (Indianapolis: Hackett Publishing Company, 1978), p. 6.
4 Goodman, p. 7 ff.
5 See Martin Doll, "Für eine Subversion der Subversion: Und über die Widersprüche eines politischen Individualismus," in *SUBversionen: Zum Verhältnis von Politik und Ästhetik in der Gegenwart*, ed. Thomas Ernst et al. (Bielefeld: transcript, 2008), pp. 47–69, here: p. 61 (quotes translated for this publication).
6 Mikhail M. Bakhtin, *Die Ästhetik des Wortes*, ed. Rainer Grübel (Frankfurt a. M.: Suhrkamp, 2015), p. 244 (quotes translated for this publication).
7 Bakhtin, p. 244.
8 See Rainer Grübel, "Michail M. Bachtin: Biographische Skizze," in Bakhtin, pp. 7–20, here: p. 13 ff.
9 Irmela Schneider, "Von der Vielsprachigkeit zur 'Kunst der Hybridation': Diskurse des Hybriden," in *Hybridkultur: Medien, Netze, Künste*, ed. Schneider and Christian W. Thomsen (Cologne: Wienand, 1997), pp. 13–66, here: p. 20 (quotes translated for this publication).
10 See Harald Zapf, *Dekonstruktion des Reinen: Hybridität und ihre Manifestationen im Werk von Ishmael Reed* (Würzburg: Königshausen und Neumann, 2002), p. 56.
11 Thomas Schwarz, "Hybridität: Ein begriffsgeschichtlicher Aufriss," *ZiG | Zeitschrift für interkulturelle Germanistik* 1, 2015: pp. 163–80, here: p. 176 (quotes translated for this publication).
12 Schwarz, p. 176.
13 Bakhtin, p. 173.
14 Bakhtin, p. 244 ff.
15 Bakhtin, p. 244 ff.
16 Bakhtin, p. 244 ff.
17 See Édouard Glissant, *Introduction to a Poetics of Diversity*, trans. Celia Britton (Liverpool: Liverpool University Press, 2020).
18 Glissant, p. 8.
19 Glissant, pp. 8–9.
20 Glissant, p. 12.
21 Lauren O'Neill-Butler, "The World in Common," in *Leilah Babirye*, ed. Gerrie van Noord et al. (New York/London: Stephen Friedman Gallery and Gordon Robichaux, 2021), pp. 47–50, here: p. 48.
22 Felwine Sarr, *Afrotopia*, trans. Drew S. Burk (Minneapolis: University of Minnesota Press, 2019), Introduction "Thinking Africa," eBook.
23 Sarr.
24 Sarr.
25 Sarr.
26 Paul B. Preciado, *Testo Junkie: Sex, Drugs, and Biopolitics in the Pharmacopornographic Era*, trans. Bruce Benderson (New York: The Feminist Press, 2013), p. 129.
27 Silvia Eiblmayr, "Hairy Fire and Flower Face: The Art of Nilbar Güreş," in *Nilbar Güreş: Overhead*, ed. Silvia Eiblmayr and Hemma Schmutz, exh. cat. Lentos Kunstmuseum Linz (Vienna: Verlag für moderne Kunst, 2018), pp. 7–16, here: p. 8.
28 Paul B. Preciado, *An Apartment on Uranus: Chronicles of the Crossing*, trans. Charlotte Mandell (South Pasadena: Semiotext(e), 2020), p. 34.
29 Preciado, *An Apartment*, p. 34.
30 See Jane Bennett, *Vibrant Matter: A Political Ecology of Things* (Durham: Duke University Press, 2010).
31 Donna J. Haraway, *The Companion Species Manifesto: Dogs, People, and Significant Otherness* (Chicago: Prickly Paradigm Press, 2003), p. 4.
32 Haraway, *The Companion Species Manifesto*, p. 4.
33 Donna J. Haraway, *Staying with the Trouble: Making Kin in the Chthulucene* (Durham, NC: Duke University Press, 2016), p. 150.
34 Helmut Lethen, "Präsenz," in *Museen verstehen: Begriffe der Theorie und Praxis*, ed. Heike Gfrereis et al. (Göttingen: Wallstein Verlag, 2015), pp. 76–84, here: p. 81 (quotes translated for this publication).
35 Lethen, p. 82.
36 Lethen, p. 82.
37 Lethen, p. 82.
38 Mariana Castillo Deball, "Glossary," in *Uncomfortable Objects*, ed. Castillo Deball (Berlin: Bom Dia Boa Tarde Boa Noite, 2012), pp. 25–36, here: p. 26.
39 Castillo Deball, p. 26.
40 Bruno Latour, *We Have Never Been Modern*, trans. Catherine Porter (Cambridge, MA: Harvard University Press, 1993), p. 10.
41 Latour, p. 49; see Latour, *Wir sind nie modern gewesen: Versuch einer symmetrischen Anthropologie*, trans. Gustav Roßler (Frankfurt a. M.: Suhrkamp, 2019), p. 70.
42 David Joselit, "On Aggregators," *October* 146, 2013: pp. 3–18, here: p. 14.
43 Joselit, p. 18.
44 Anil Bhatti, "Heterogeneities and Homogeneities: On Similarities and Diversities," in *Understanding Multiculturalism: The Habsburg Central European Experience*, ed. Johannes Feichtinger and Gary B. Cohen (New York/Oxford: Berghahn, 2016), pp. 17–46, here: p. 29.
45 Slavs and Tatars, "OdByt," accessed October 3, 2022, https://slavsandtatars.com/cycles/language-arts/odbyt.
46 See Nina Gažovičová, ed., *a Love Can atTack a sun: Ah, atoMic I.* (Bratislava: The Auction House SOGA, 2018).
47 Gažovičová.
48 Merlin Sheldrake, *Entangled Life: How Fungi Make Our Worlds, Change Our Minds, and Shape Our Futures* (London: Vintage, 2021), eBook.
49 Sheldrake.
50 Sheldrake.
51 Sheldrake.
52 Sheldrake.
53 Bhatti, p. 36.
54 Bhatti, p. 36.
55 Anna Lowenhaupt Tsing, *The Mushroom at the End of the World: On the Possibility of Life in Capitalist Ruins* (Princeton/Oxford: Princeton University Press, 2015), p. 27.
56 Lowenhaupt Tsing, p. 28.
57 Lowenhaupt Tsing, p. 29.
58 Lowenhaupt Tsing, p. 29.
59 Lowenhaupt Tsing, p. 30.
60 Bakhtin, p. 203.
61 Lowenhaupt Tsing, p. 28.
62 Heike Eipeldauer and Franz Thalmair, "(An) Approach Sideways Steps: On the Exhibition Collaborations," in idem, eds., *Collaborations*, exh. cat. Museum moderner Kunst Stiftung Ludwig Wien (Cologne: Walther König, 2022), pp. 35–44, here: p. 40.
63 Bakhtin, p. 199.
64 Bakhtin, p. 200.
65 Schwarz, p. 173.
66 Mary Douglas, *Purity and Danger: An Analysis of Concept of Pollution and Taboo* (London/New York: Routledge, 1966), p. 44.
67 Douglas, p. 44.
68 Douglas, p. 44.
69 Preciado, *An Apartment on Uranus*, p. 27.
70 Douglas, p. 50.
71 See Alexis Shotwell, *Against Purity: Living Ethically in Compromised Times* (Minneapolis: University of Minnesota Press, 2016).
72 Haraway, *Staying with the Trouble*, p. 138.

FOREWORD

KAROLA KRAUS
GENERAL DIRECTOR

“Where there is dirt there is system,” reads a quote by Mary Douglas in this exhibition catalogue from her analysis *Purity and Danger*. Dirt and a museum of modern and contemporary art like mumok do not normally belong together: one thinks of dust-free rooms, white gloves, and the countless day-to-day measures that restorers, for instance, must take to protect artworks from contamination. “Dirt is the by-product of a systematic ordering and classification of matter,” writes the distinguished British social anthropologist, “in so far as ordering involves rejecting inappropriate elements.”* Seen from this perspective, the relationship between museum and dirt is perhaps worth reconsidering: the incorporation of works into the collection and the classification of these artistic objects, images, or traces of everyday life are subject to mechanisms of inclusion as well as exclusion. Whenever one item enters the museum collection, a disproportionate number of other ones remain outside.

The exhibition *mixed up with others before we even begin* investigates such system-immanent topics by focusing on hybrid forms, the not-immediately-related, the ambiguous, and the contaminated. In a figurative sense, dirt is not only a valuable tool for examining the institution of the museum as a site where the idea of purity expedited in Western modernism manifests; dirt is also an important cultural and social anthropological category for understanding society as a system innately structured along inclusion and exclusion. Therefore, I am all the more pleased that we were able to enlist the international artists Leilah Babirye, Mariana Castillo Deball, Anetta Mona Chişa and Lucia Tkáčová, Nilbar Güreş, Nicolás Lamas, and the collective Slavs and Tatars to engage with the mumok Collection and relate their own works and the intrinsic content to the museum's holdings. In this way, the collection, founded in 1962 from a modernist point of view, is confronted with postcolonial, queer-feminist, and hybrid perspectives. Bearing in mind the taboo-breaking works of Vienna Actionism, the corporeal gestures of early performance art, or the assemblages of Arte Povera with their use of everyday and waste materials, it is precisely this dialogue between works from the collection and current artistic practices that makes perfect sense: a substantial number of artworks in the mumok Collection were described at the time of their inception as defilement, obscenity, or even as "dirt."

First and foremost, I would like to express my sincere gratitude—also on behalf of Franz Thalmair—to the artists in *mixed up with others before we even begin*, who embarked on this experiment with the mumok Collection and illuminated it from completely new perspectives. In particular, we would like to thank the Natural History Museum Vienna, which made it possible for Nicolás Lamas to work with objects from its collections and trusted us to provide the artifacts a temporary home in the immediate neighborhood. Our heartfelt thanks go to Dagmar Steyrer and Natascha Boojar for organizing the exhibition and their unflagging commitment not only to the artistic idea but also to its professional implementation. We are grateful to the authors Evelyn Annuß, Ann Cotten, Jule Govrin, Julia Grillmayr, and Karin Harrasser for their valuable contributions to the catalogue, which resulted from the accompanying symposium. In this connection, we would also like to express our special thanks to our cooperation partners Thomas Macho and, again, Karin Harrasser from the IFK International Research Center for Cultural Studies | University of Art and Design Linz in Vienna for putting together the symposium "*The Virtues of Vulnerability: Societies in Times of Trouble*," which underscores the role of mumok as a discursive museum once more. Many thanks also to the graphic designers at Studio Kehrer for the understated and contemporary design of the book to accompany the exhibition, as well as to Ines Gebetsroither, in whose prudent hands all editorial threads have come together.

We would also like to thank the entire mumok team for their exemplary commitment: for marketing, my sincere gratitude goes to Martina Kuso; for press relations, to Katharina Murschetz; for sponsoring and fundraising, to Karin Kirste and Cornelia Stellwag; and for art education, to Marie-Therese Hochwartner, Benedikt Hochwartner, Jörg Wolfert, and their teams. For the professional technical realization of the exhibition, our great appreciation goes to the installation crew led by Tina Fabijanic. We would like to express our deepest gratitude to Franz Thalmair, who has devoted himself to this exhibition and publication with loving dedication and incredible precision from the very beginning. Despite the difficult conditions during the last months, he has succeded in taking up new aspects of our collection together with the artists. And a heartfelt thank you goes to all employees and contributors, who cannot be named here, for their valuable engagement.

* Mary Douglas, *Purity and Danger: An Analysis of Concept of Pollution and Taboo* (London/New York: Routledge, 1966), p. 44.

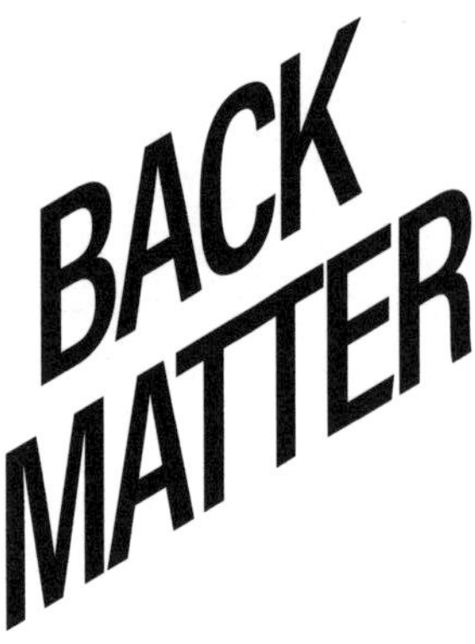

AUTOR*INNEN

EVELYN ANNUSS ist Theater- und Literaturwissenschaftlerin und lehrt als Professorin für Gender Studies an der Universität für Musik und darstellende Kunst Wien (mdw). Ihre Forschungsschwerpunkte sind u. a. kulturwissenschaftliche Geschlechter- und Performativitätsforschung, (post)koloniale Kritik und die Globalgeschichte performativer Kulturen, Performativitätstheorien und das Verhältnis von Ästhetik und Politik. Momentan arbeitet sie an einem Buchprojekt zu „Nomadic Dragging" – vom kreolisierten Karneval bis zu Corona-Demos.

ANN COTTEN ist Dichterin, Übersetzerin, Essayistin. Veröffentlichungen (Auswahl): *Fremdwörterbuchsonette* (edition suhrkamp, 2007), *Verbannt* (edition suhrkamp, 2016), *Jikiketsugaki. Tsurezuregusa* (Verlag Peter Engstler, 2017), *Fast Dumm* (starfruit press, 2017), *Was Geht* (Sonderzahl, 2018), *Lyophilia* (Suhrkamp, 2019). Zurzeit arbeitet sie an einem PhD-Projekt zur Ästhetik der Zweckentfremdung am Peter-Szondi-Institut für Allgemeine und Vergleichende Literaturwissenschaft in Berlin und erhielt dafür ein Junior Fellowship am IFK Wien, in dessen Rahmen sie ein halbes Jahr in Hawaii recherchierte. Im März 2022 erschien *Die Anleitungen der Vorfahren* (edition suhrkamp).

JULE GOVRIN ist Philosoph:in und an der Schnittstelle von Politischer Theorie, Feministischer Philosophie, Sozialphilosophie und Ästhetik tätig. Gegenwärtige Forschungsschwerpunkte: die politische Dimension von Körpern, Verwundbarkeit, Gleichheit, solidarische Sorge und die Möglichkeiten eines „Universalismus von unten". Publikationen (Auswahl): *Begehren und Ökonomie. Eine sozialphilosophische Studie* (de Gruyter, 2020); *Politische Körper. Von Sorge und Solidarität* (Matthes & Seitz, 2022). Außer im Bereich der Forschung ist Govrin als Redakteur:in bei *Geschichte der Gegenwart* tätig.

JULIA GRILLMAYR ist Literatur- und Kulturwissenschaftlerin, Journalistin und Wissenschaftskommunikatorin in Wien und Linz. Sie hat in Komparatistik an der Universität Wien promoviert und an der Kunstuniversität Linz zu zeitgenössischer Science-Fiction-Literatur und futurologischer Szenario-Technik geforscht. Ihre Forschungsinteressen sind spekulative (öko)feministische Philosophie und Cyberpunk. Sie gestaltet die Radioreihe *Superscience Me – Wissenschaft, Fiktion, Spekulation* auf Radio Orange, macht Sendungen für Ö1 (*Radiokolleg, Vom Leben der Natur*) und podcastet für die Österreichische Akademie der Wissenschaften. Die restliche Zeit verbringt sie in den Wäldern der Donauauen und in Steppschuhen.

KARIN HARRASSER ist Professorin für Kulturwissenschaft an der Kunstuniversität Linz, ebendort Vizerektorin für Forschung, Kodirektorin des IFK Internationales Forschungszentrum Kulturwissenschaften. Neben ihren wissenschaftlichen Tätigkeiten war sie an verschiedenen künstlerisch-kuratorischen Projekten beteiligt, z. B. für das Theater Kampnagel Hamburg, das TanzQuartier Wien oder die kolumbianische Wahrheitskommission in Bogotá. Zusammen mit Elisabeth Timm gibt sie die *Zeitschrift für Kulturwissenschaften* heraus. Im Zentrum ihrer Forschung stehen die asymmetrischen Kulturtransfers zwischen Europa und Südamerika und das Verhältnis von Globalisierung und Zeitgeschichte.

AUTHORS

EVELYN ANNUSS is a theater and literature scholar serving as Professor of Gender Studies at the University of Music and Performing Arts Vienna (mdw). Her research interests include cultural gender and performativity studies, (post-)colonial critique and the global history of performative cultures, and theories of performativity, as well as the relation between politics and aesthetics. She is currently working on the book project *Nomadic Dragging: Vom kreolisierten Karneval bis zu Coronademos.*

ANN COTTEN is a writer and translator from Vienna, Austria. She has recently translated books by J. Wenderoth, I. Waidner, R. Waldrop, L. Russell, and A. Green. Cotton's English language work is published by Broken Dimanche Press (*I, Coleoptile*, 2013; *Lather in Heaven*, 2016). Her most recent book in German is the SF prose collection *Lyophilia* (Suhrkamp, 2019). She is currently working on her PhD, *Aesthetics of Misuseability.*

JULE GOVRIN is a philosopher and researcher at the intersection of political theory, feminist philosophy, social philosophy, and aesthetics. They are currently researching the political dimension of bodies, vulnerability, equality, solidarity-based care, and the possibilities of a "universalism from below." Their publications include *Begehren und Ökonomie: Ein sozialphilosophische Studie* (de Gruyter, 2020) and *Politische Körper: Von Sorge und Solidarität* (Matthes & Seitz, 2022). In addition to their research, they work as an editor at the online magazine *Geschichte der Gegenwart.*

JULIA GRILLMAYR is a Vienna- and Linz-based cultural studies scholar, journalist, radio broadcaster, and science communicator. She holds a PhD in Comparative Literature from the University of Vienna. At the University of Art and Design Linz, she explored the relationship between contemporary SF literature and futurological scenarios. Her research interests are speculative (eco-)feminist philosophy and cyberpunk. She is the creator of the radio broadcast *Superscience Me* on Radio Orange; she also works for the public radio channel Ö1 and podcasts for the Austrian Academy of Science. The rest of the time, she spends in muddy Danubian wetlands and in tap shoes.

KARIN HARRASSER is Professor of Cultural Studies at the University of Art and Design Linz, Vice-Rector for Research there, and co-director of the IFK International Research Center for Cultural Studies. In addition to her academic activities, she has been involved in various artistic and curatorial projects, such as for Theater Kampnagel Hamburg, TanzQuartier Vienna, and the Colombian Truth Commission in Bogotá. Together with Elisabeth Timm, she edits the journal *Zeitschrift für Kulturwissenschaften.* Her research focuses on the asymmetrical cultural transfers between Europe and South America and the relationship between globalization and contemporary history.

KAROLA KRAUS studierte in Stuttgart und München Kunstgeschichte, Neuere Deutsche Literatur und Klassische Archäologie. Von 1991 bis 1994 leitete sie den nicht kommerziellen Ausstellungsraum Kunstraum Daxer in München und war anschließend als Beraterin und Verwalterin der Sammlung Daxer tätig. Sie war Mitbegründerin der INIT-Kunsthalle in Berlin und kuratierte Ausstellungsprojekte in Berlin, Moskau und Athen. 1999 bis 2006 war Kraus Direktorin des Kunstvereins Braunschweig, von 2006 bis 2010 der Staatlichen Kunsthalle Baden-Baden. Darüber hinaus hatte sie Lehraufträge an der Universität Freiburg und an der Staatlichen Akademie der Bildenden Künste in Karlsruhe inne. Seit 2010 ist sie Direktorin des Museums moderner Kunst Stiftung Ludwig Wien.

FRANZ THALMAIR Kurator, Herausgeber und Autor | Lebt und arbeitet in Wien | Kurator für Gegenwartskunst, mumok – Museum moderner Kunst Stiftung Ludwig Wien (seit 2019) | Künstlerische Leitung, Kunstraum Lakeside, Klagenfurt (seit 2018) | Gastprofessor und Lehrbeauftragter, Universität für angewandte Kunst Wien, TransArts – Transdisziplinäre Kunst (seit 2013) | Seit 2007 umfassende Publikationstätigkeit in Medien wie *springerin – Hefte für Gegenwartskunst*, *Kunstforum International*, *Artforum/Artforum.com*.

KÜNSTLER*INNEN

LEILAH BABIRYE (geb. 1985, Kampala, Uganda) lebt und arbeitet in Brooklyn, New York. Sie studierte Kunst an der Makerere University in Kampala (2007–2010) und nahm 2015 an der Fire Island Artist Residency teil. Im Jahr 2018 erhielt sie mit Unterstützung des African Services Committee und des NYC Anti-Violence Project Asyl in den USA. Babirye hatte Einzelausstellungen in den Galerien Gordon Robichaux, New York (2020, 2018) und Los Angeles (2022), der Stephen Friedman Gallery in London (2021) und Rebecca Camacho Presents, San Francisco (2020). Sie war an zahlreichen Gruppenausstellungen beteiligt, darunter *Strange Clay. Ceramics in Contemporary Art*, Hayward Gallery, London; *Black Atlantic, presented by Public Art Fund*, Brooklyn Bridge Park, New York; *52 Artists. A Feminist Milestone*, The Aldrich Contemporary Art Museum, Ridgefield, Connecticut, und *Set It Off*, Parrish Museum of Art, Water Mill, New York.

MARIANA CASTILLO DEBALL (geb. 1975, Mexiko City, Mexiko) beschäftigt sich in ihrer Arbeit mit der Geschichte kultureller Objekte, ihrer Verbreitung und den verschiedenen Arten, wie sie im Laufe der Zeit interpretiert und verstanden wurden. Sie hat an zahlreichen großen Ausstellungen und Biennalen teilgenommen, darunter der Biennale von Venedig (2022, 2011), der Bienal de São Paulo (2016), der Berlin Biennale (2014) sowie der dOCUMENTA (13), Kassel (2012). Jüngste Einzelausstellungen der Künstlerin fanden im MUAC Museo Universitario Arte Contemporáneo in Mexico City (2021), dem Museum für Gegenwartskunst Siegen (2021), Modern Art Oxford (2020) sowie dem Monash University Museum of Art in Melbourne und dem New Yorker New Museum (beide 2019) statt. Seit 2015 lehrt sie als Professorin für Bildhauerei an der Kunsthochschule Münster.

ANETTA MONA CHIȘA & LUCIA TKÁČOVÁ (Zusammenarbeit seit 2000) leben und arbeiten in Prag und Athen. Im Mittelpunkt ihrer Kollaboration steht der Versuch, das Politische mit dem Ästhetischen in Einklang zu bringen. Sie nahmen an zahlreichen Großausstellungen und Biennalen teil, darunter die Manifesta 10, St. Petersburg (2014), Moscow International Biennale for Young Art, Moskau (2012), Biennale von Venedig (2011), *The Global Contemporary*, ZKM, Karlsruhe (2011), *Rearview Mirror*, The Power Plant, Toronto (2010), *While Bodies Get Mirrored*, Migros Museum für Gegenwartskunst, Zürich (2010), *Gender Check*, mumok, Wien (2009), *The Making of Art*, Schirn Kunsthalle, Frankfurt (2009). Zu ihren jüngsten Ausstellungen und Ausstellungsbeteiligungen zahlen *havoC, anaeMia, A tacticaL knoT, us*, Kunstraum Lakeside, Klagenfurt (2021); *Floating Utopias*, Lunds konsthall, Lund (2020) und *Gegenwarten / Presences*, Stadt Chemnitz (2020).

KAROLA KRAUS studied art history, contemporary German literature, and classical archeology in Stuttgart and Munich. From 1991 to 1994 she was the manager of Kunstraum Daxer, a nonprofit exhibition space in Munich. Afterward she became an adviser and administrator for the Daxer Collection. Kraus later co-founded the INIT KunstHalle in Berlin and curated various exhibitions in Berlin, Moscow, and Athens. In 1999 she was appointed director of the Kunstverein Braunschweig, and from 2006 to 2010 she headed the Staatliche Kunsthalle Baden-Baden. She has also held teaching positions at the University of Freiburg and the State Academy of Fine Arts in Karlsruhe. Kraus has been the director of the Museum moderner Kunst Stiftung Ludwig Wien since 2010.

FRANZ THALMAIR, curator, editor, and author, lives and works in Vienna. He has been Curator of Contemporary Art at mumok—Museum moderner Kunst Stiftung Ludwig Wien since 2019, Artistic Director at Kunstraum Lakeside, Klagenfurt, since 2018, and Visiting Professor and Lecturer at the University of Applied Arts Vienna, TransArts—Transdisciplinary Art since 2013. Since 2007, he has been extensively involved in publications in the media such as *springerin—Hefte für Gegenwartskunst*, *Kunstforum International*, and *Artforum/Artforum.com*.

ARTISTS

LEILAH BABIRYE (b. 1985, Kampala, Uganda) lives and works in Brooklyn, New York. She studied art at Makerere University in Kampala (2007–10) and participated in the Fire Island Artist Residency in 2015. In 2018, she received asylum in the US with support from the African Services Committee and the NYC Anti-Violence Project. Babirye has presented solo exhibitions at Gordon Robichaux, New York (2020, 2018) and Los Angeles (2022), Stephen Friedman Gallery, London (2021), and Rebecca Camacho Presents, San Francisco (2020). Recent group exhibitions include *Strange Clay: Ceramics in Contemporary Art*, Hayward Gallery, London; *Black Atlantic*, presented by the Public Art Fund, Brooklyn Bridge Park, New York; *52 Artists: A Feminist Milestone*, The Aldrich Contemporary Art Museum, Ridgefield, Connecticut; and *Set It Off*, Parrish Museum of Art, Water Mill, New York.

MARIANA CASTILLO DEBALL (b. 1975, Mexico City, Mexico) explores the history of cultural objects, their prevalence, and the different ways in which they have been interpreted and understood throughout time. She has participated in numerous major exhibitions and biennials, including the Venice Biennale (2022, 2011), the Bienal de São Paulo (2016), Berlin Biennale (2014), and dOCUMENTA (13), Kassel (2012). The artist's most recent solo exhibitions include MUAC Museo Universitario Arte Contemporáneo, Mexico City (2021), Museum für Gegenwartskunst Siegen (2021), Modern Art Oxford (2020), and Monash University Museum of Art, Melbourne, and New Museum, New York City (both 2019). She has been teaching as a professor of sculpture at the University of Fine Arts Münster since 2015.

ANETTA MONA CHIȘA & LUCIA TKÁČOVÁ (collaboratively active since 2000) live and work in Prague and Athens. At the heart of their collaboration lies their quest to find a means of reconciling the political with the aesthetical. They participated in numerous major exhibitions and biennials, including the Venice Biennale (2011), Manifesta 10, St Petersburg (2014), Moscow International Biennale for Young Art, Moscow (2012), *The Global Contemporary*, ZKM, Karlsruhe (2011), *Rearview Mirror*, The Power Plant, Toronto (2010), *While Bodies Get Mirrored*, Migros Museum für Gegenwartskunst, Zurich (2010), *Gender Check*, mumok, Vienna (2009), and *The Making of Art*, Schirn Kunsthalle, Frankfurt (2009). Recent exhibitions include *havoC, anaeMia, A tacticaL knoT, us*, Kunstraum Lakeside, Klagenfurt (2021), *Floating Utopias*, Lunds konsthall, Lund (2020), and *Gegenwarten / Presences*, Chemnitz (2020).

NILBAR GÜREŞ (geb. 1977, Istanbul, Türkei) erwarb einen BA in Malerei an der Fakultät für Bildende Künste der Marmara-Universität, Istanbul, und einen MA in Malerei und Grafik an der Akademie der bildenden Künste Wien. Nach ihrem Abschluss studierte die Künstlerin Kunst- und Textilpädagogik an der Universität für angewandte Kunst in Wien. Güreş' künstlerische Praxis umfasst Fotografie, Video, Film, Malerei, Performance, Skulptur, Installation und Collagen in Mischtechnik auf Stoff. Sie hat ein besonderes Gespür für soziale Ungerechtigkeit, Geschlechterrollen und kulturelle Identitätscodes und recherchiert, dokumentiert und findet poetische Wege, sich in witzigen Figurationen über Konventionen hinwegzusetzen. Güreş wurde mit dem Prix Maud Mottier (2021) und dem De'Longhi Art Projects Artist Award auf der London Art Fair (2018) ausgezeichnet sowie in Österreich mit dem BC21 Art Award (2015), dem Otto-Mauer-Preis (2014) und dem Hilde-Goldschmidt-Preis (2013). Sie lebt und arbeitet in Wien und Istanbul.

NICOLÁS LAMAS (geb. 1980, Lima, Peru) verweist in seinem Werk auf die Spannungen zwischen dem menschlichen Körper als Objekt und der Materie als aktivem Faktor. In seinen Augen stellt sich die Materie oft als komplexer archäologischer Ort dar, der durch eine Reihe von unbelebten Materialien, Lebensformen, technologischen Artefakten, das Auseinanderbrechen der Weltordnung und sprachliche Bezüge gekennzeichnet ist. Zu den wichtigsten Einzelausstellungen von Lamas gehören *Assemblage and Circulation*, De Vereniging, SMAK, Gent; *Times in Collapse*, Centre de Création Contemporaine Olivier Debré, Tours; *Life of Things Fades into Nothingness*, Spazio ORR, Brescia; *Archaeology of Darkness*, Meessen De Clercq, Brüssel; *Liminality*, Sabot, Cluj-Napoca; *Against the Boundary of Its Own Definition*, Ladera Oeste, Guadalajara; *The Form of Decay*, P/////AKT, Amsterdam; *Todo objeto es un espacio temporal*, Fundació Joan Miró, Barcelona; *Ocaso*, Galería Lucía de la Puente, Lima; *Loss of Symmetry*, Loods 12, Wetteren, sowie *Potential Remains*, DASH, Kortrijk.

SLAVS AND TATARS ist ein Kunstkollektiv, das sich dem Gebiet östlich der ehemaligen Berliner Mauer und westlich der Chinesischen Mauer widmet, bekannt als Eurasien. Seit seiner Gründung im Jahr 2006 hat das Kollektiv ein feines Gespür für kontroverse Themen in der Gesellschaft bewiesen und neue Wege für den zeitgenössischen Diskurs durch eine ganz eigene Form der Wissensproduktion geebnet, die sowohl die Populärkultur, spirituelle und esoterische Traditionen, mündliche Überlieferungen und moderne Mythen als auch wissenschaftliche Forschung umfasst. Ihre Arbeiten wurden in Einzelausstellungen in Institutionen auf der ganzen Welt gezeigt, darunter der Wiener Secession, dem MoMA in New York, SALT in Istanbul und dem Albertinum in Dresden, um nur einige zu nennen. Slavs and Tatars haben bis heute mehr als ein Dutzend Bücher veröffentlicht, darunter zuletzt *Лук Бук* (Look Book) im Berliner Distanz Verlag. Im Jahr 2020 eröffneten Slavs and Tatars die Pickle Bar, eine slawische Aperitivo-Bar mit Projektraum im Berliner Stadtteil Moabit.

NILBAR GÜREŞ (b. 1977, Istanbul, Turkey) received a BA in Painting from the Faculty of Fine Arts, Marmara University, Istanbul, and an MA in Painting & Graphics from the Academy of Fine Arts Vienna. After receiving her MA, the artist went on to study Art and Textile Pedagogy at the University of Applied Arts Vienna. Güreş's practice spans photography, video, film, painting, performance, sculpture, installation, and mixed-media collage on fabric. Güreş is particularly perceptive to social injustice, gender roles, and cultural identity codes and researches, documents, and finds poetic ways to flout conventions in witty figurations. Güreş has received the Hilde Goldschmidt Prize (2013), Otto Mauer Prize (2014), the BC21 (Belvedere Contemporary) Art Award in Austria (2015), the De'Longhi Art Projects Artist Award at the London Art Fair (2018), and the Prix Maud Mottier (2021). She lives and works in Vienna and Istanbul.

NICOLÁS LAMAS (b. 1980, Lima, Peru) references in his work the tensions between the human body as an object and matter as an active factor. Through his eyes, matter often presents itself as a complex archaeological site characterized by a range of inanimate materials, life forms, technological artifacts, the disruption of world order, and linguistic references. Lamas's most relevant solo exhibitions include *Assemblage and Circulation*, De Vereniging, SMAK, Ghent; *Times in Collapse*, Centre de Création Contemporaine Olivier Debré, Tours; *Life of Things Fades into Nothingness*, Spazio ORR, Brescia; *Archaeology of Darkness*, Meessen De Clercq, Brussels; *Liminality*, Sabot, Cluj-Napoca; *Against the Boundary of Its Own Definition*, Ladera Oeste, Guadalajara; *The Form of Decay*, P/////AKT, Amsterdam; *Todo objeto es un espacio temporal*, Fundació Joan Miró, Barcelona; *Ocaso*, Galería Lucía de la Puente, Lima; *Loss of Symmetry*, Loods 12, Wetteren; and *Potential Remains*, DASH, Kortrijk.

SLAVS AND TATARS is an art collective devoted to an area east of the former Berlin Wall and west of the Great Wall of China known as Eurasia. Since its inception in 2006, the collective has shown a keen grasp of polemical issues in society, clearing new paths for contemporary discourse via a wholly idiosyncratic form of knowledge production, including popular culture, spiritual and esoteric traditions, oral histories, and modern myths, as well as scholarly research. Their work has been the subject of solo exhibitions at institutions across the globe, including the Vienna Secession; MoMA, New York; SALT, Istanbul; and the Albertinum Dresden, among others. The collective has published more than twelve books to date, including most recently Лук Бук *(Look Book)* with Distanz Verlag. In 2020, Slavs and Tatars opened Pickle Bar, a Slavic aperitivo bar-cum-project space in the Moabit district of Berlin.

WERKE IN DER AUSSTELLUNG
WORKS IN THE EXHIBITION

LEILAH BABIRYE

Kuchu Ndagamuntu (Queer Identity Card), 2021
Acryl auf Papier | Acrylic on paper

Kuchu Ndagamuntu (Queer Identity Card), 2021
Acryl auf Papier | Acrylic on paper
Courtesy of Gordon Robichaux, New York, und | and Stephen Friedman Gallery, London

Omulangila Mawanda from the Kuchu Royal Family of Buganda, 2021
Holz, Wachs, Acryl, Aluminium, Schrauben, Muttern, Unterlagscheiben, Nägel, Fahrradschläuche, Fahrradketten, geschweißtes Metall, gefundene Objekte | Wood, wax, acrylic, aluminum, screws, nuts, washers, nails, bicycle tire inner tubes, bicycle chains, welded metal, found objects
Sammlung Goetz, München | Munich

Abambowa (Royal Guard Who Protects the King), 2022
Keramik, glasiert, 12-teilig | Glazed ceramic, 12 parts

Ggamotok from the Kuchu Mulangila Royal Family of Buganda, 2022
Keramik, glasiert, Draht, Fahrradschläuche | Glazed ceramic, wire, bicycle tire inner tubes

Kalinda from the Kuchu Monkey Clan, 2022
Keramik, glasiert, Draht, Fahrradschläuche, Holz, Wachs | Glazed ceramic, wire, bicycle tire inner tubes, wood, wax

Nabagayeki from the Kuchu Bansuma (Snout Fish) Clan, 2022
Keramik, glasiert | Glazed ceramic

Nabakka from the Kuchu Lungfish (Mamba) Clan, 2022
Holz, Wachs, Bolzen, Unterlagscheiben, Schrauben, Draht, Fahrradschläuche, gefundenes Objekt | Wood, wax, bolts, washers, screws, wire, bicycle tire inner tubes, found object

Nagambizzi from the Kuchu Butiko (Mushroom) Clan, 2022
Keramik, glasiert | Glazed ceramic

Naggayi from the Kuchu Bangeye (Colobus Monkey) Clan, 2022
Keramik, glasiert, Holz, Draht, Fahrradschläuche | Glazed ceramic, wood, wire, bicycle tire inner tubes

Naggugu from the Kuchu Wakatinvum (Plant) Clan, 2022
Keramik, glasiert, Draht, Fahrradschläuche | Glazed ceramic, wire, bicycle tire inner tubes

Naggwenda from the Kuchu Mpologoma (Lion) Clan, 2022
Keramik, glasiert, Draht, Fahrradketten, gefundenes Objekt | Glazed ceramic, wire, bicycle chains, found object

Nakabonge from the Kuchu Baffumbe (Civet Cat) Clan, 2022
Keramik, glasiert, Draht, Fahrradschläuche | Glazed ceramic, wire, bicycle tire inner tubes
Courtesy of Gordon Robichaux, New York, und | and Stephen Friedman Gallery, London

MARIANA CASTILLO DEBALL

El „dónde estoy" va desapareciendo, 2011
Video, s/w, Ton | Video, b/w, sound

El „dónde estoy" va desapareciendo, 2011
Tinte auf Papier | Ink on paper
Courtesy of Museum für Gegenwartskunst Siegen

Uncomfortable Objects (Luftpflanzen), 2012
Metallrahmen, Stoffteile | Metal frame, textile pieces
Courtesy of the artist

ANETTA MONA CHIŞA & LUCIA TKÁČOVÁ

Nothing Nowhere into Something Somewhere, 2015/2022
Urin mit Muscimol, Gelatine, Installation mit Gefrierschrank, Draht, Kabel | Urine with muscimol, gelatine, installation with freezer, wire, cables

unmummified ruins glow dust enters wet gunk, 2022
Ortsspezifische Intervention an der Fassade des Museums | Site-specific intervention on the façade of the museum
Courtesy of the artists

NILBAR GÜREŞ

BDSM Home Made, 2013
Textilfarbe, Stoff auf schwarzem Stoff | Fabric dye, textile on black fabric

Needle, 2015–2022
Pflanze in Topf, Stoff | Potted plant, fabric

Holzarbeiten | Wood works, 2019
Öl auf Holz, Stoff, 25-teilig | Oil on wood, fabric, 25 parts

Applause, 2021
C-Print

Contaminated Pina Colada, 2021
Öl auf Leinwand | Oil on canvas

Intestine Lake, 2021
Öl auf Holz | Oil on wood

One Way, 2021
Öl auf Holz | Oil on wood

Mayzu, 2022
Metall, Stoff | Metal, fabric

Pencere, 2022
Fenster, Mischtechnik auf Glas | Window, mixed media on glass
Courtesy of the artist und | and Galerie Martin Janda, Wien | Vienna

NICOLÁS LAMAS

Column, 2016
Schlangenhaut, Metallkette | Snake skin, metal chain

Ways to organize the world #1 – #5, 2016
Pigmentdruck auf faserbasiertem Archivpapier | Pigment prints on fiber-based archival paper

Chance for Life, 2020
Vogelnest, Würfel | Bird's nest, dice

Mask, 2020
Kopf aus Harz, Benzinkanister, Motoröl | Resin head, fuel can, engine oil

Posthuman Flows, 2020
Mischtechnik | Mixed media

Speculative Taxidermy, 2020
Heizkörper, Lamabein | Radiator, llama's leg

Streamlined Skull, 2020
Fahrradhelm, skelettierter Ziegenkopf | Bicycle helmet, skeletonized goat's head

Traces of time, 2020
Buch, Fossil | Book, fossil

Biomechanical Equipment, 2021
Menschliche Knochen, Werkzeugset aus Metall, Acrylbox | Human bones, steel tool set, acrylic box

Circularity and stagnation, 2021
Getriebe, Bronzegefäß, verbranntes Motoröl | Gear box, bronze vessel, burned motor oil

Coral Metastasis, 2021
Archivpigmentdruck auf Hahnemühle-Papier | Archival pigment print on Hahnemühle paper

Janus, 2021
Afrikanische Holzmaske, Fechtmaske, Metallstruktur | African wooden mask, fencing mask, metal structure

Liminal, 2021
Kastanienschale, Vogelskelett | Chestnut peel, bird skeleton

New Habitat, 2021
Turnschuh, Pilze | Sneaker, mushrooms

Osteosarcoma, 2021
Menschliche Knochen, Bienenwachs | Human bones, beeswax

Posthuman portrait (Genesis), 2021
Archivpigmentdruck auf Hahnemühle-Papier | Archival pigment print on Hahnemühle paper

Posthuman portrait (Sunflower), 2021
Archivpigmentdruck auf Hahnemühle-Papier | Archival pigment print on Hahnemühle paper

Process of Disappearance, 2021
Aktenschredder, Papier | File shredder, paper

Temporal anomaly, 2021
3D-Druck aus Polylactide (PLA), Farbe | Polylactic acid (PLA) 3D print, paint

The Balance of the Ephemeral, 2021
Schildkrötenpanzer, Wasserwaage | Turtle shell, spirit level

The Impact of the Colony, 2021
Militärhelm, Totenkopf, Fragment eines Wespennests | Military helmet, skull, wasp nest fragment

Digging into the Darkness, 2022
Mobiltelefonhülle | Cell phone case

Dystopic heritage, 2022
Archivpigmentdruck auf Hahnemühle-Papier | Archival pigment print on Hahnemühle paper

Fossilized Present, 2022
Turnschuh, Mammutzahn | Sneaker, mammoth's tooth

Patterns of the Absent, 2022
Papier, Schaum | Paper, foam
Courtesy of Meessen De Clercq, Brüssel | Brussels

Mit Objekten aus den Sammlungen des Naturhistorischen Museums Wien / Featuring objects from the collections at the Natural History Museum Vienna

SLAVS AND TATARS

Love Letters No. 2, 2013
Wollgarn | Woolen yarn

öööps!, 2013
Vakuumgeformter Kunststoff, Acryl | Vacuum-formed plastic, acrylic

wXXX!, 2013
Vakuumgeformter Kunststoff, Acryl | Vacuum-formed plastic, acrylic

Mountains of Wit, 2014
Vakuumgeformter Kunststoff, Acryl | Vacuum-formed plastic, acrylic

To Beer Or Not To Beer, 2014
Vakuumgeformter Kunststoff, Acryl | Vacuum-formed plastic, acrylic

Zulf (brunette), 2014
Eichenholz, Echthaar | Oak, real hair

Both Sides of the Tongue (English), 2015
Buchumschlag, Acryl, Acrylglas, Rahmen aus Plexiglas | Book cover, acrylic, acrylic glass, plexi frame

Jezzers Jezyk, 2015
Vakuumgeformter Kunststoff, Acryl | Vacuum-formed plastic, acrylic

OdByt, 2015
Vakuumgeformter Kunststoff, Acryl | Vacuum-formed plastic, acrylic

The Alphabet, 2015
Vakuumgeformter Kunststoff, Acryl | Vacuum-formed plastic, acrylic

Coo Coo 4 Kumis, 2016
Vakuumgeformter Kunststoff, Acryl | Vacuum-formed plastic, acrylic

Kwas ist das, 2016
Vakuumgeformter Kunststoff, Acryl | Vacuum-formed plastic, acrylic

Down Low Gitter, 2018
Edelstahl, Kunstleder, Schaumstoff | Stainless steel, faux leather, foam

Kitab Kebab (Fatima et Marie), 2020
Bücher, Kebabspieß aus Metall | Books, metal kebab skewer
Courtesy of the artists und | and Kraupa-Tuskany Zeidler, Berlin

WERKE AUS DER
MUMOK SAMMLUNG
WORKS FROM THE
MUMOK COLLECTION

MARINA ABRAMOVIĆ
ULAY
Breathing in / Breathing out, 1977
S/W-Fotografien, 3-teilig | B/w photographs, 3 parts
Schenkung aus Privatbesitz | Donation from a private collection, 2005

HANS (JEAN) ARP
Idol, 1950 (1961/1962)
Bronzeguss | Bronze casting
Schenkung des Künstlers | Donation by the artist, 1962
**Ekisinzibwa/Ekibumbe (Idol) from the Kuchu Royal Family of Buganda*

RUDOLF BELLING
Kopf einer Frau (Toni Freeden), 1925
Bronzeguss | Bronze casting
Erworben | Acquired in 1970
* *Omutwe gw'omukyala, Kopf einer Frau (Head of a Woman) [Toni Freeden] from the Kuchu Royal Family of Buganda*

LOUISE BOURGEOIS
Observer, 1947–1949
Bronzeguss | Bronze casting
Leihgabe der Österreichischen Ludwig-Stiftung seit | On loan from the Austrian Ludwig Foundation since 1991
**Kalabaalaba, Observer, from the Kuchu Royal Family of Buganda*

CONSTANTIN BRANCUSI
La Négresse blonde II, 1933 (1980)
Bronzeguss auf 2-teiligem Sockel aus Marmor und Stein | Bronze casting on a 2-part pedestal of marble and stone
Erworben | Acquired in 1988

RAYMOND DUCHAMP-VILLON
Tête du Professeur Gosset, 1917 (1961)
Bronzeguss | Bronze casting
Erworben | Acquired in 1964
**Omukenkufu Gosset (Professor Gosset) from the Kuchu Royal Family of Buganda*

ROBERT FILLIOU
Un poète 22 choses mal faites ou perdues (parmi tant d'autred) de haut, 1962
Holzstücke, Eisen, Bindfäden, Gummi, Dosen, Spielzeug und weitere Objekte, auf einem Holzbrett montiert | Pieces of wood, iron, string, rubber, cans, toys and other objects mounted on wooden board
Ehemals Sammlung Hahn, Köln, erworben | Former Hahn Collection, Cologne, acquired in 1978

ALBERTO GIACOMETTI
Buste de Diego, 1955
Bronzeguss | Bronze casting
Erworben | Acquired in 1962
**Ekifuba kya Diego, Buste de Diego (Bust of Diego) from the Kuchu Royal Family of Buganda*

Femme debout III, 1962
Bronzeguss | Bronze casting
Erworben | Acquired in 1965
**Omukyala ayimiride III, Femme debout III (Standing Woman III) from the Kuchu Royal Family of Buganda*

LOUIS GOODMAN
Ohne Titel / Untitled, 1964–1968
Waage mit Gabeln, Sprungfeder und anderen Gegenständen | Scale with forks, coil spring, and other items
Ehemals Sammlung Hahn, Köln, erworben | Former Hahn Collection, Cologne, acquired in 1978

Ohne Titel / Untitled, 1964–1968
Klingel mit Fächer, Kordel, Sardinendose und Skulptur | Bell with fan, cord, sardine tin, and sculpture
Ehemals Sammlung Hahn, Köln, erworben | Former Hahn Collection, Cologne, acquired in 1978

Ohne Titel / Untitled, 1964–1968
Halbierte Flasche mit Sonnenbrille und Holzkegel | Halved bottle with sunglasses and wooden skittle
Ehemals Sammlung Hahn, Köln, erworben | Former Hahn Collection, Cologne, acquired in 1978

Ohne Titel / Untitled, 1964–1968
Assemblage mit Glocke und verschiedenen Gegenständen | Collage with bell and various items
Ehemals Sammlung Hahn, Köln, erworben | Former Hahn Collection, Cologne, acquired in 1978

Ohne Titel / Untitled, 1964–1968
Seifenschale mit eingelassener Collage und Seifenstück | Soap dish with collage and soap
Ehemals Sammlung Hahn, Köln, erworben | Former Hahn Collection, Cologne, acquired in 1978

Ohne Titel / Untitled, 1964–1968
Holzskulptur mit Möbelrolle und Bindfäden | Wooden sculpture with castor and twine
Ehemals Sammlung Hahn, Köln, erworben | Former Hahn Collection, Cologne, acquired in 1978

Ohne Titel / Untitled, 1964–1968
Gestell mit Brille und Ketten | Rack with glasses and chains
Ehemals Sammlung Hahn, Köln, erworben | Former Hahn Collection, Cologne, acquired in 1978

Ohne Titel / Untitled, 1964–1968
Bügeleisen, eingegossene Assemblage mit verschiedenen Gegenständen | Flat iron, cast collage with various objects
Ehemals Sammlung Hahn, Köln, erworben | Former Hahn Collection, Cologne, acquired in 1978

NANCY GRAVES
Obviation of Similar Forms, Second Variation, 1969 (1979)
Bronzeguss | Bronze casting
Leihgabe der Österreichischen Ludwig-Stiftung seit | On loan from the Austrian Ludwig Foundation since 1981

JÚLIUS KOLLER
Krajina (Ready Made), 1966
Farbe, Papier, Weichfaserplatte | Paint, paper, soft fiberboard
Leihgabe der Österreichischen Ludwig-Stiftung seit | On loan from the Austrian Ludwig Foundation since 2016

MARIA LASSNIG
Informel, 1951
Öl auf Leinwand | Oil on canvas
Leihgabe der Artothek des Bundes seit | On loan from the Artothek des Bundes since 1962
**Ndangamutu, Informel (Identification) from the Kuchu Royal Family of Buganda*

JOAN MIRÓ
Kopf / Head, 1954
Bemalte Scharffeuer-Keramik mit Kieselsteinen | Painted ceramic with pebbles
Erworben | Acquired in 1961
**Omutwe, Kopf (Head) from the Kuchu Royal Family of Buganda*

NATALIA LL
Intimate Recording (Kosmo), 1969 (2013)
33 S/W-Fotografien | B/w photographs
Erworben mit Unterstützung des mumok Board | Acquired with support of the mumok Board 2015

PABLO PICASSO
Tête de femme (Fernande), 1906 (1959)
Bronzeguss | Bronze casting
Erworben | Acquired in 1965
Omukyala o'we Baali, Fernande Olivier from the Kuchu Royal Family of Buganda

ALEXANDER MICHAILOWITSCH RODTSCHENKO
Puschkino. Kiefern, aus der Mappe: *Schwarz und Weiß / Puschkino: Pines*, from the portfolio: *Black and White*, 1927 (1989)
S/W-Fotografie | B/w photograph
Erworben | Acquired in 1990

DIETER ROTH
Portrait of the Artist as Vogelfutterbüste, 1968
Schokoladenbüste auf Holzbrett | Chocolate bust on wooden board
Ehemals Sammlung Hahn, Köln, erworben | Former Hahn Collection, Cologne, acquired in 1978
**Ekibumbe kya Vogelfutterbuste (Portrait of the Artist as Vogelfutterbüste) from the Kuchu Royal Family of Buganda*

DANIEL SPOERRI
Verballhornen, 1964
Kuhhorn, montiert auf metallener Kugel eines Fischernetzes, Glassturz | Cow's horn mounted on metal fishing net ball, bell jar
Ehemals Sammlung Hahn, Köln, erworben | Former Hahn Collection, Cologne, acquired in 1978

PETR ŠTEMBERA
Joining (with Tom Marioni), 1975 (2004)
S/W-Fotografien, 2-teilig | B/w photographs, 2 parts
Schenkung des Künstlers | Donation by the artist, 2004

SOPHIE TAEUBER-ARP
Kopf, 1937 (1950er-Jahre | 1950s)
Bronzeguss | Bronze casting
Erworben | Acquired in 1962
**Omutwe, Kopf (Head) from the Kuchu Royal Family of Buganda*

LOIS WEINBERGER
Wien extern, 1994
Farbfotografie | Color photograph
Erworben | Acquired in 2001

Wien intern, 1994
S/W-Fotografie | B/w photograph
Erworben | Acquired in 2001

Wien intern, 1994
S/W-Fotografie | B/w photograph
Erworben | Acquired in 2001

KARL WIRSUM
Wooden Puppet in Various Materials, 1975–1976
Holz, Lack | Wood, lacquer
Erworben | Acquired in 1976

*Mit * gekennzeichnete Titel entsprechen der temporären Neubezeichnung durch Leilah Babirye / Titles marked with * correspond to a temporary renaming by Leilah Babirye*

IMPRESSUM
COLOPHON

AUSSTELLUNG
EXHIBITION

mixed up with others before we even begin
26. November 2022 bis 10. April 2023 |
November 26, 2022, to April 10, 2023

mumok
Museum moderner Kunst Stiftung Ludwig Wien
Museumsplatz 1
1070 Wien
T: +43 (0) 1 525 00-0
F: +43 (0) 1 525 00-1300
www.mumok.at

Generaldirektorin / General Director
Karola Kraus

Wirtschaftliche Geschäftsführerin / Managing Director
Cornelia Lamprechter

Direktionsassistenz / Assistants to the Director
Sandra Adam, Simone Arnold

Kurator der Ausstellung / Exhibition Curator
Franz Thalmair

Leitung Ausstellungsmanagement / Head of Exhibition Coordination
Kristof Viola

Ausstellungsorganisation / Exhibition Organization
Dagmar Steyrer

Ausstellungsarchitektur / Exhibition Design
Anetta Mona Chişa & Lucia Tkáčová

Ausstellungsaufbau / Exhibition Installation
Tina Fabijanic (Leitung | head), Wolfgang Moser, Gregor Neuwirth, Andreas Petz, Helmut Raidl, Sylwester Syndoman, mit | with must. museum standards

Ausstellungsansichten / Exhibition Views
Oliver Ottenschläger

Public Relations
Katharina Murschetz (Leitung | head), Katharina Kober

Marketing & Digital
Martina Kuso (Leitung | head), Elisabeth Dopsch, Isabella Pedevilla, Katharina Grünbichler, Katharina Radmacher, Lisa Sycha

Board & Fundraising, Sponsoring
Karin Kirste (Leitung | head), Cornelia Stellwag-Carion

Kunstvermittlung / Art Education
Julia Hürner (Leitung | head), Benedikt Hochwartner, Christine Schelle (Bildungskarenz | educational leave), Jörg Wolfert und Team | and team

Medienpartner / Media Partners

DER STANDARD

wienlive

FALTER

Freier Eintritt bis 19 / Free admission under 19

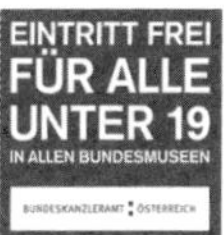

KATALOG
CATALOGUE

Diese Publikation erscheint anlässlich der Ausstellung | This catalogue is published on the occasion of the exhibition
mixed up with others before we even begin

26. November 2022 bis 10. April 2023 |
November 26, 2022, to April 10, 2023

Herausgegeben von | Edited by
Franz Thalmair
mumok
Museum moderner Kunst Stiftung Ludwig Wien
ISBN 978-3-903446-03-8

Produktion und Redaktion / Managing Editor
Ines Gebetsroither

Essays
Evelyn Annuß, Ann Cotten, Jule Govrin, Julia Grillmayr, Karin Harrasser, Franz Thalmair

Deutsches Lektorat / German Copy Editor
Johannes Payer

Englisches Lektorat / English Copy Editor
Wendy Brouwer

Englische Übersetzung / English Translation
W H Y (Christine Schöffler, Peter Blakeney): Vorwort | foreword, Thalmair, Grillmayr, Harrasser; Jennifer Taylor: Annuß, Govrin

Grafische Gestaltung / Graphic Design
Studio Kehrer, Ottensheim

Lithografie / Lithography
Pixelstorm, Wien | Vienna

Schriften / Typefaces
Acumin, Minion

Papier / Paper
Munken Lynx 80 g/m², Munken Lynx 150 g/m²

Druck / Printed by
Gutenberg-Werbering, Linz

Die Deutsche Nationalbibliothek verzeichnet diese Publikation in der Deutschen Nationalbibliografie; detaillierte bibliografische Daten sind im Internet über http://dnb.ddb.de abrufbar.

The Deutsche Nationalbibliothek lists this publication in the Deutsche Nationalbibliografie; detailed bibliographic data are available on the Internet at http://dnb.ddb.de.

VERTRIEB
DISTRIBUTION

Erschienen im | Published by
Verlag der Buchhandlung
Walther und Franz König, Köln
ISBN 978-3-7533-0355-0

Buchhandlung Walther und Franz König, Köln
Ehrenstraße 450672 Köln | Cologne
Deutschland | Germany
T: +49 (0) 221 205 96-53
F: +49 (0) 221 205 96-60
verlag@buchhandlung-walther-koenig.de

UK & Ireland
Cornerhouse Publications
2 Tony Wilson Place
Manchester, M15 4FN
United Kingdom
T: +44 (0) 161 212 34 66
F: +44 (0) 161 236 90 79
publications@cornerhouse.org

Outside Europe
D.A.P. | Distributed Art Publishers, Inc.
75 Broad Street, Suite 630
New York, NY 10004
United States of America
T: +1 (0) 212 627 19 99
F: +1 (0) 212 627 94 84
eleshowitz@dapinc.com

BILDNACHWEIS
PICTURE CREDITS

© Künstler*innen, Fotograf*innen, Urheber*innen | artists, photographers, and their legal successors

WERKANSICHTEN SAMMLUNG MUMOK
WORKS FROM THE MUMOK COLLECTION

Foto | photo © mumok | Deinhardstein
Marina Abramović / Ulay © Courtesy of the Marina Abramović Archives / Bildrecht, Wien 2022; Hans Arp © Stiftung Hans Arp und Sophie Taeuber-Arp, Bonn / Bildrecht, Wien 2022; Rudolf Belling © Bildrecht, Wien 2022; Louise Bourgeois © The Easton Foundation / Bildrecht, Wien 2022; Constantin Brancusi © Succession Brancusi – All rights reserved / Bildrecht, Wien 2022; Robert Filliou © Succession Robert Filliou / Galerie Marika Malacorda, Geneve 2022; Alberto Giacometti © Succession Alberto Giacometti / Bildrecht, Wien 2022; Nancy Graves © Nancy Graves Foundation / Bildrecht, Wien 2022; Maria Lassnig © Maria Lassnig Stiftung / Bildrecht, Wien 2022; Joan Miró © Successió Miró / Bildrecht, Wien 2022; Pablo Picasso © Succession Picasso / Bildrecht, Wien 2022; Niki de Saint Phalle © Niki Charitable Art Foundation / Bildrecht, Wien 2022; Daniel Spoerri © Bildrecht, Wien 2022

Für die Ausstellungsansichten | For the exhibition views
Fotos | photos Oliver Ottenschläger, © mumok

BOOKLETS

LEILAH BABIRYE
© Leilah Babirye
Abambowa (Royal Guard Who Protects the King), 2021, & *Omulangila Mawanda from the Kuchu Royal Family of Buganda*, 2021;
Fotos | photos: Mark Blower
Omumbejja Sangalyabongo (The Only Daughter of Nagginda, The Wedded Queen of Buganda), 2018; Foto | photo: Gregory Carideo
Ssempewa from the Kuchu Mamba (Lungfish) Clan, 2022;
Foto | photo: Ryan Page
Untitled #2 (The Queens Series), 2016; Foto | photo: Cathy Carver
Namasole Nakatya (Queen Mother of Ssekababka Mwanga II), 2018;
Foto | photo: Gregory Carideo

MARIANA CASTILLO DEBALL
Erstveröffentlichung in | Originally published in Mariana Castillo Deball: *Uncomfortable Objects*, mit Texten von | with texts by Mariana Castillo Deball, Jimena Canales, Laurent Bartholdi, Abraham Cruzvillegas, Mario Bellatin, Daniel Saldaña, Victoria Cirlot, Berlin: bom dia boa tarde boa noite, 2012
© Mariana Castillo Deball

ANETTA MONA CHIŞA & LUCIA TKÁČOVÁ
Nothing Nowhere into Something Somewhere, 2015/2022
Urin mit Muscimol, Zucker, Gelatine | urine with muscimol, sugar, gelatine
© Anetta Mona Chişa & Lucia Tkáčová

NILBAR GÜREŞ
Hidden Rabbit Girl Online, 2021, Fotografie | photograph, 129,45 × 180 cm
Neon Boy, 2021, analoge Mittelformatfotografie | medium format analog photograph, 129,45 × 180 cm
© Nilbar Güreş

NICOLÁS LAMAS
© Nicolás Lamas, Bildrecht, Wien 2022

SLAVS AND TATARS
Publications, 2009–2022, verschiedene Formate | various formats
© Slavs and Tatars

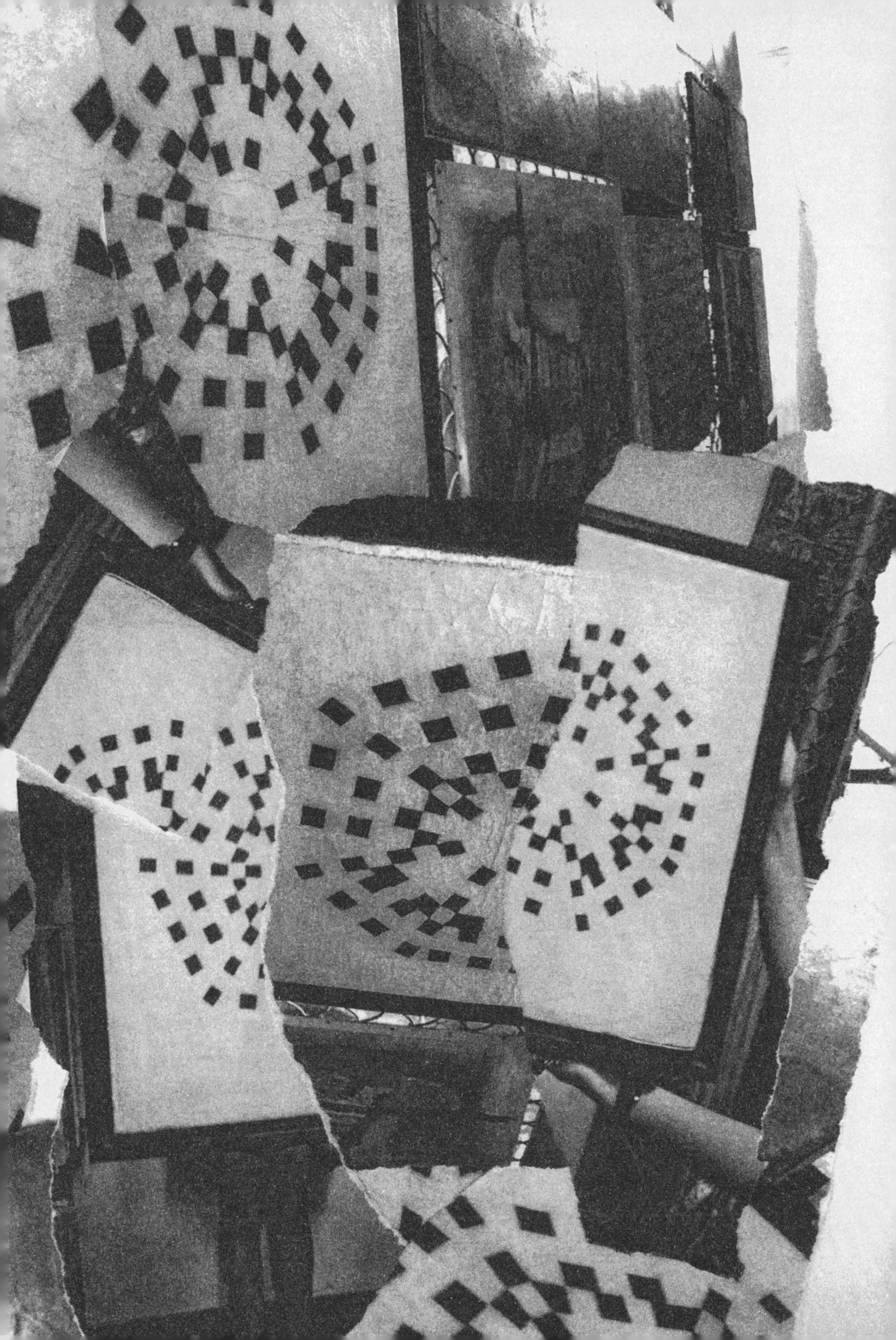

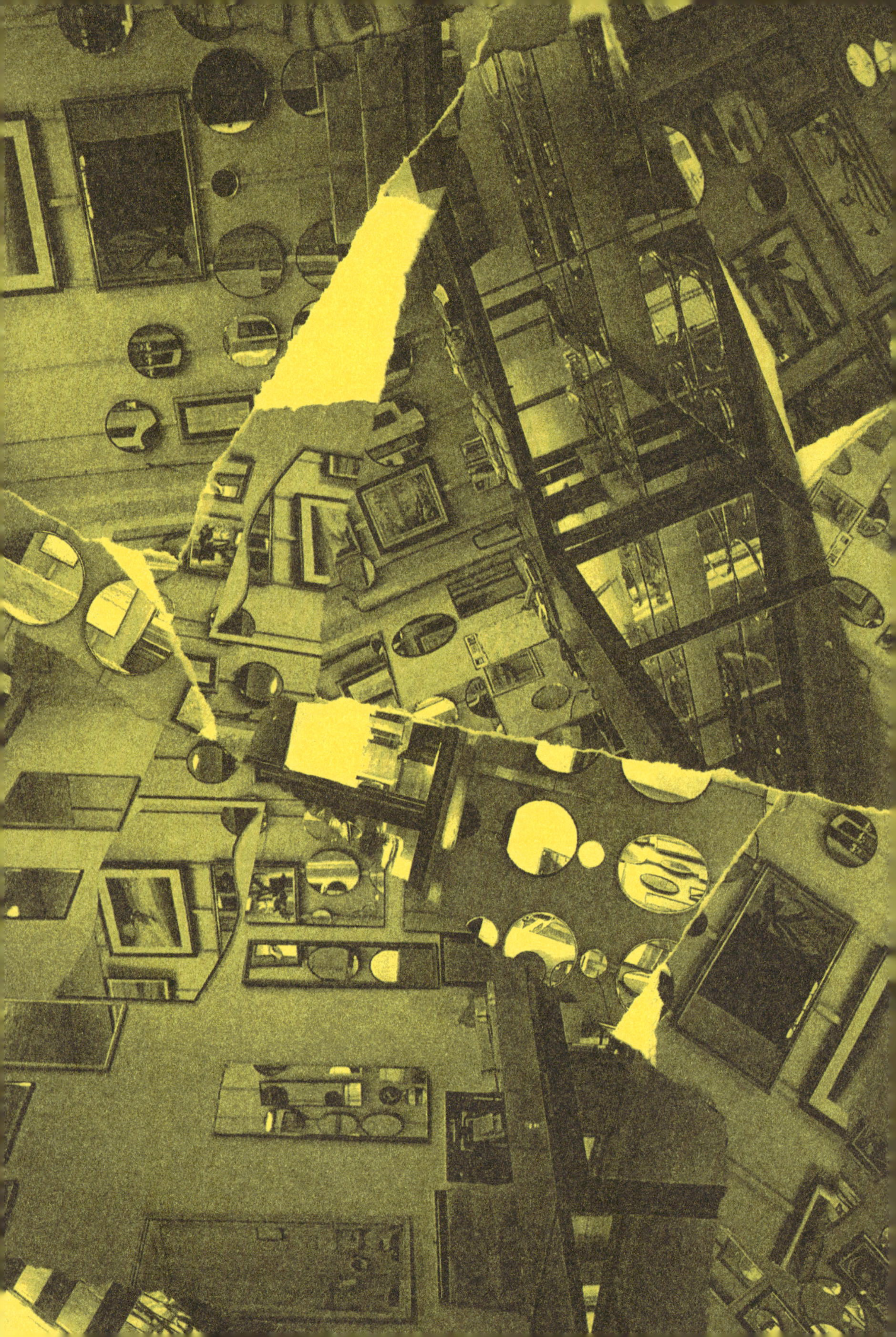

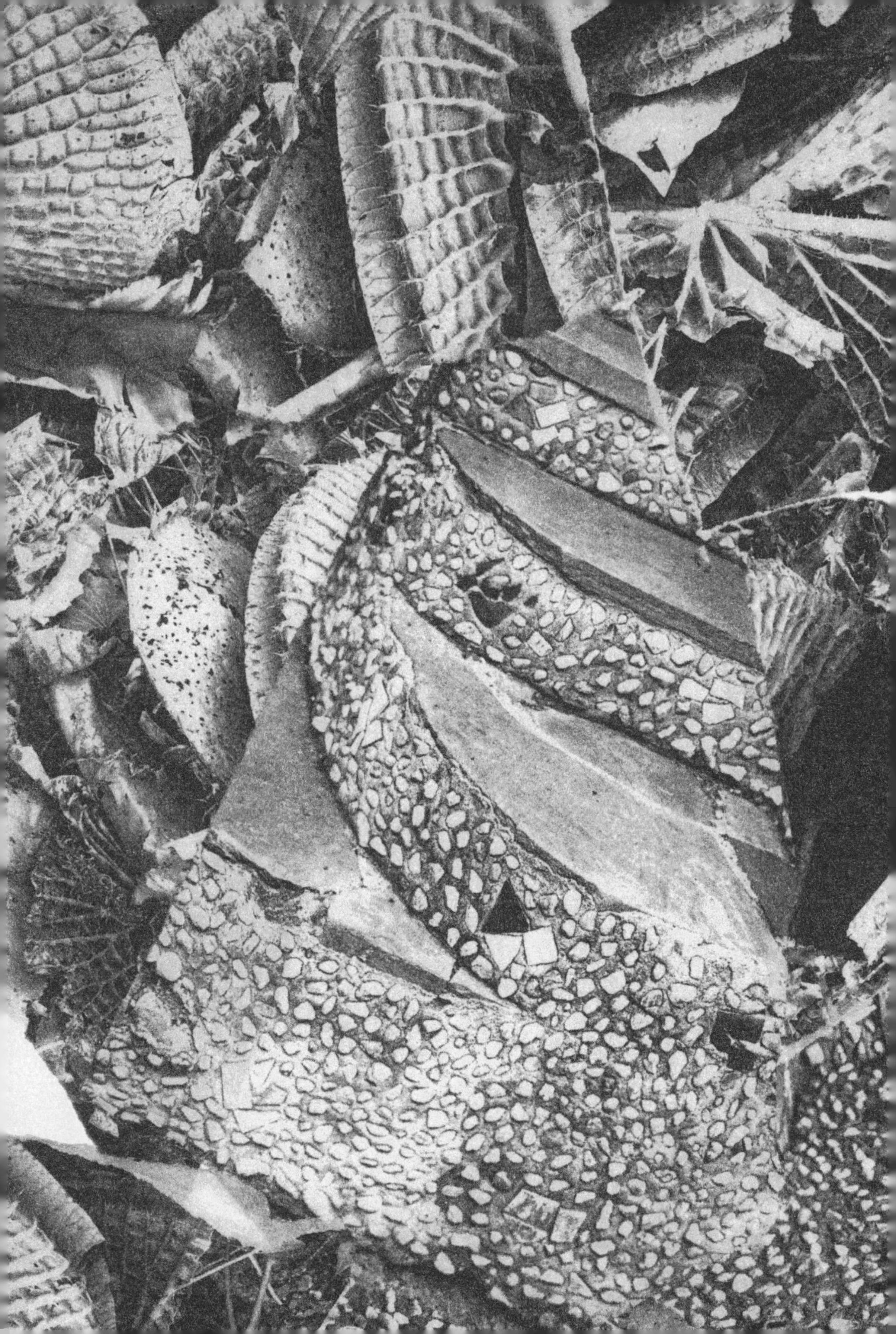

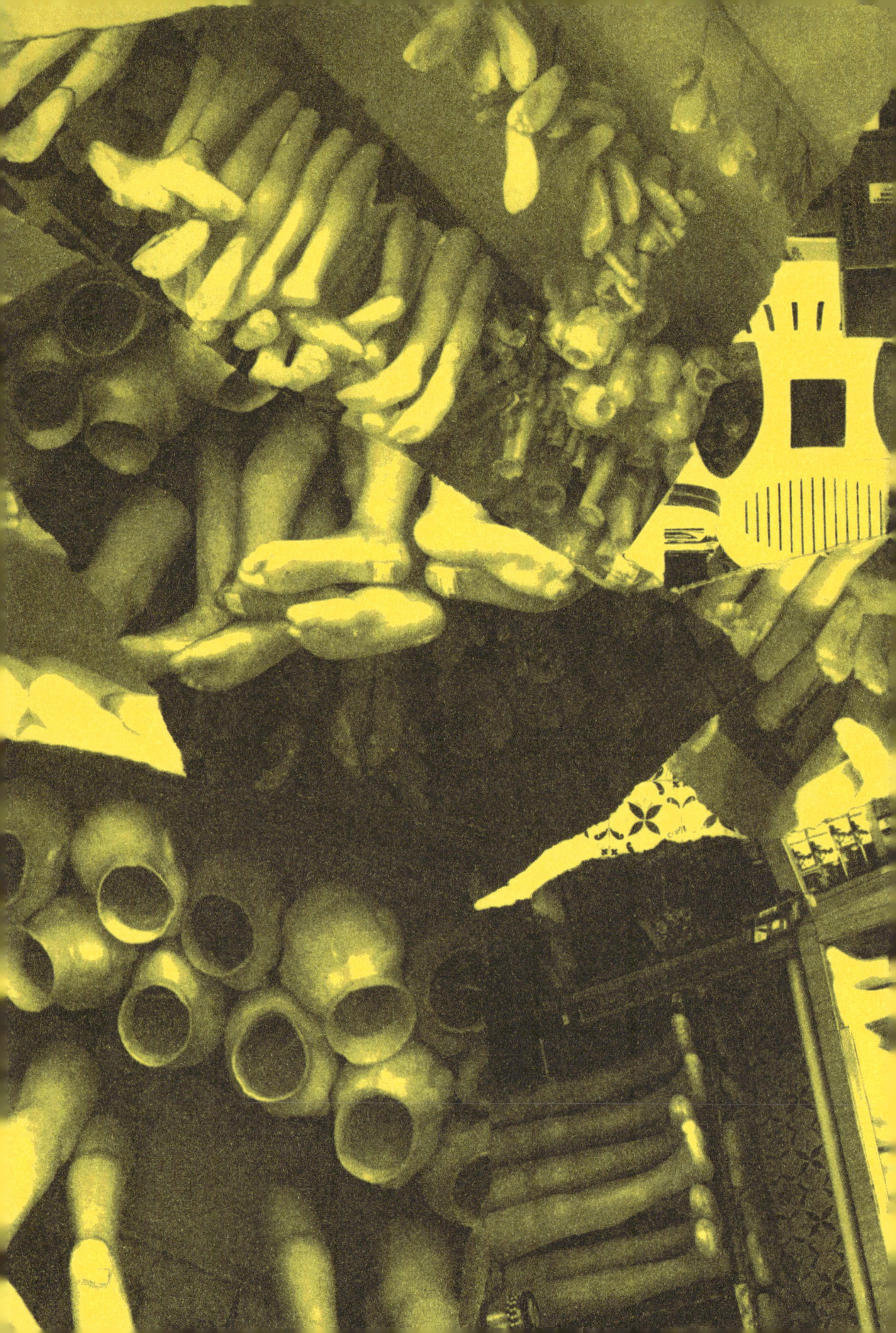

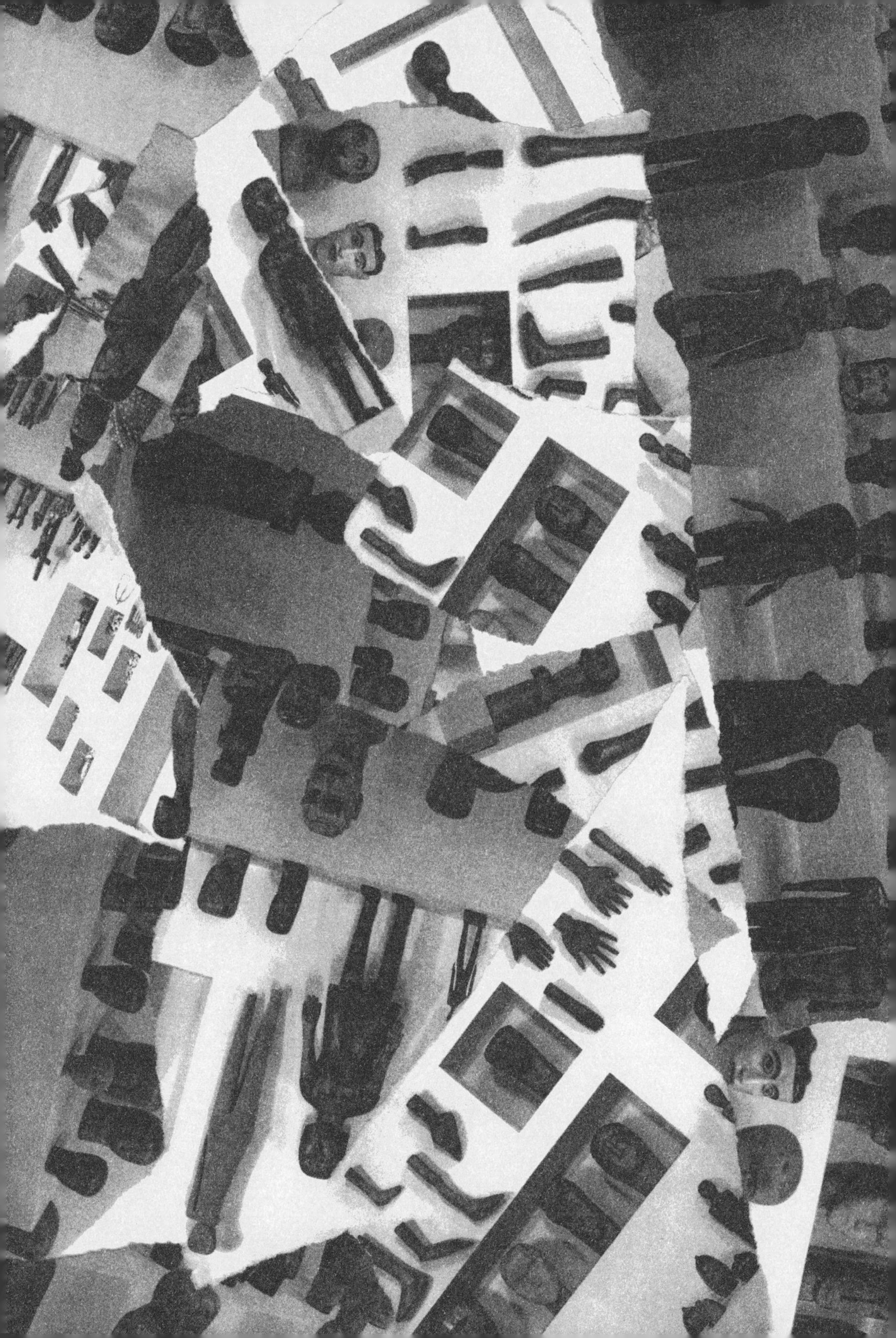

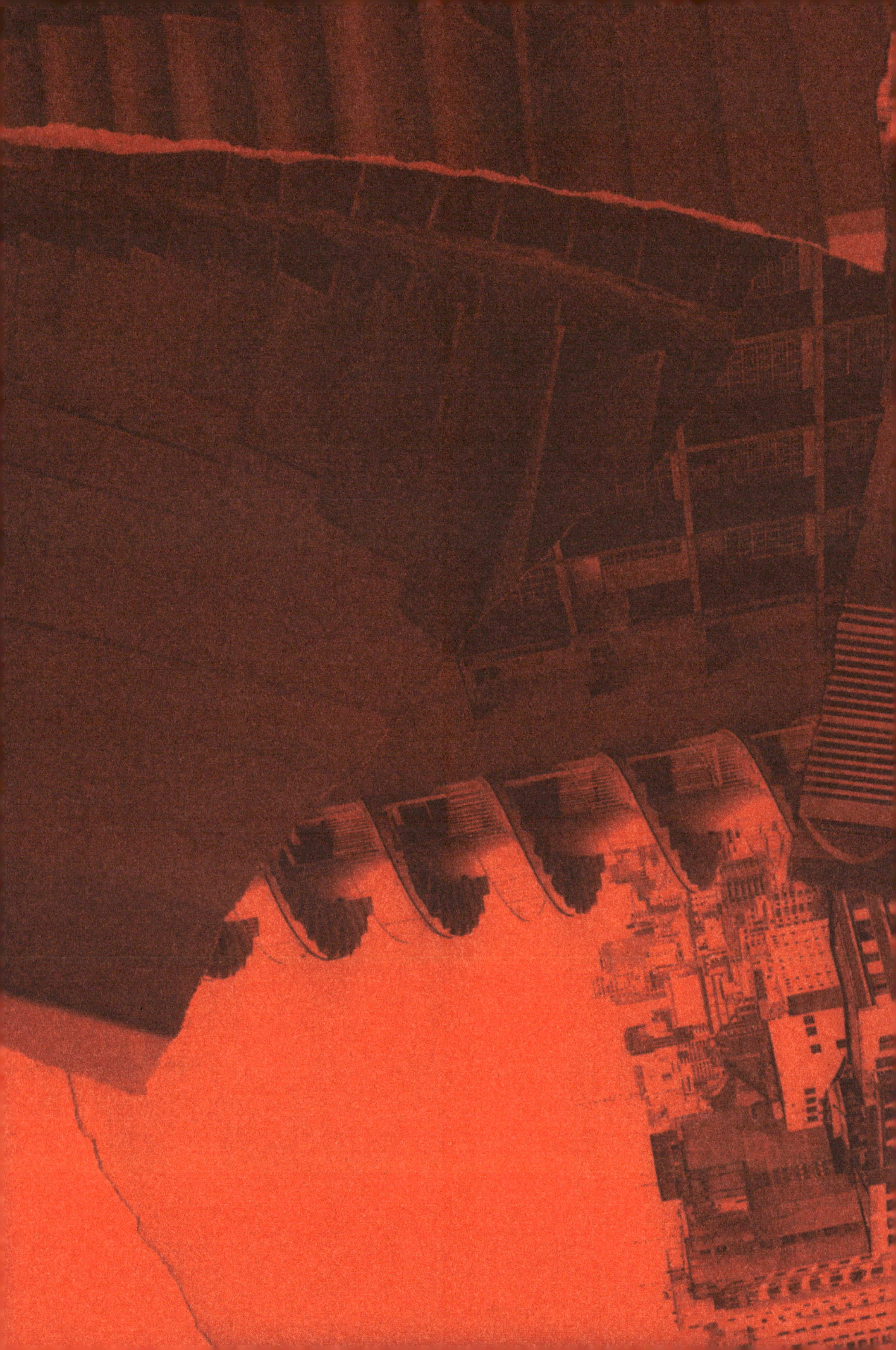

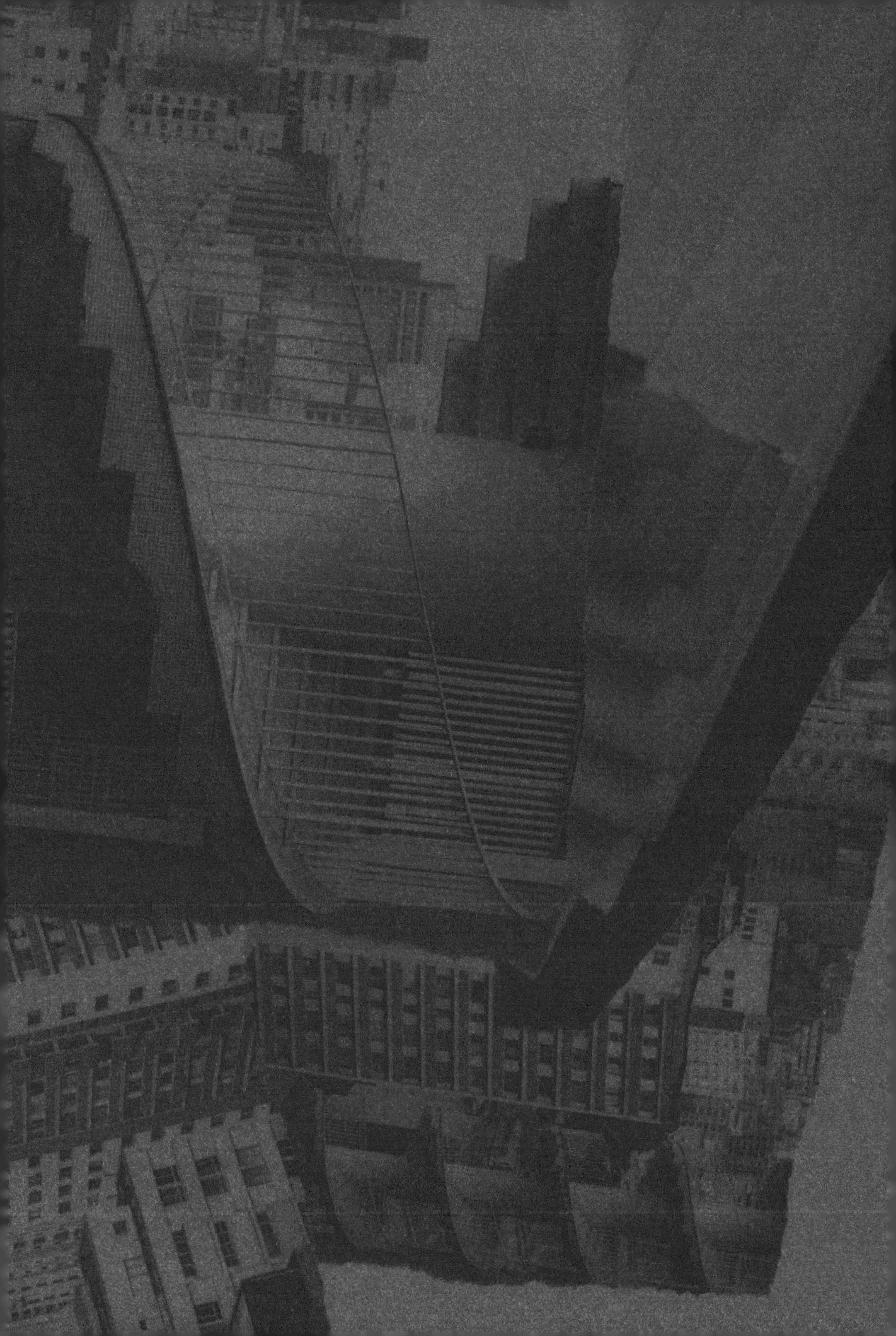

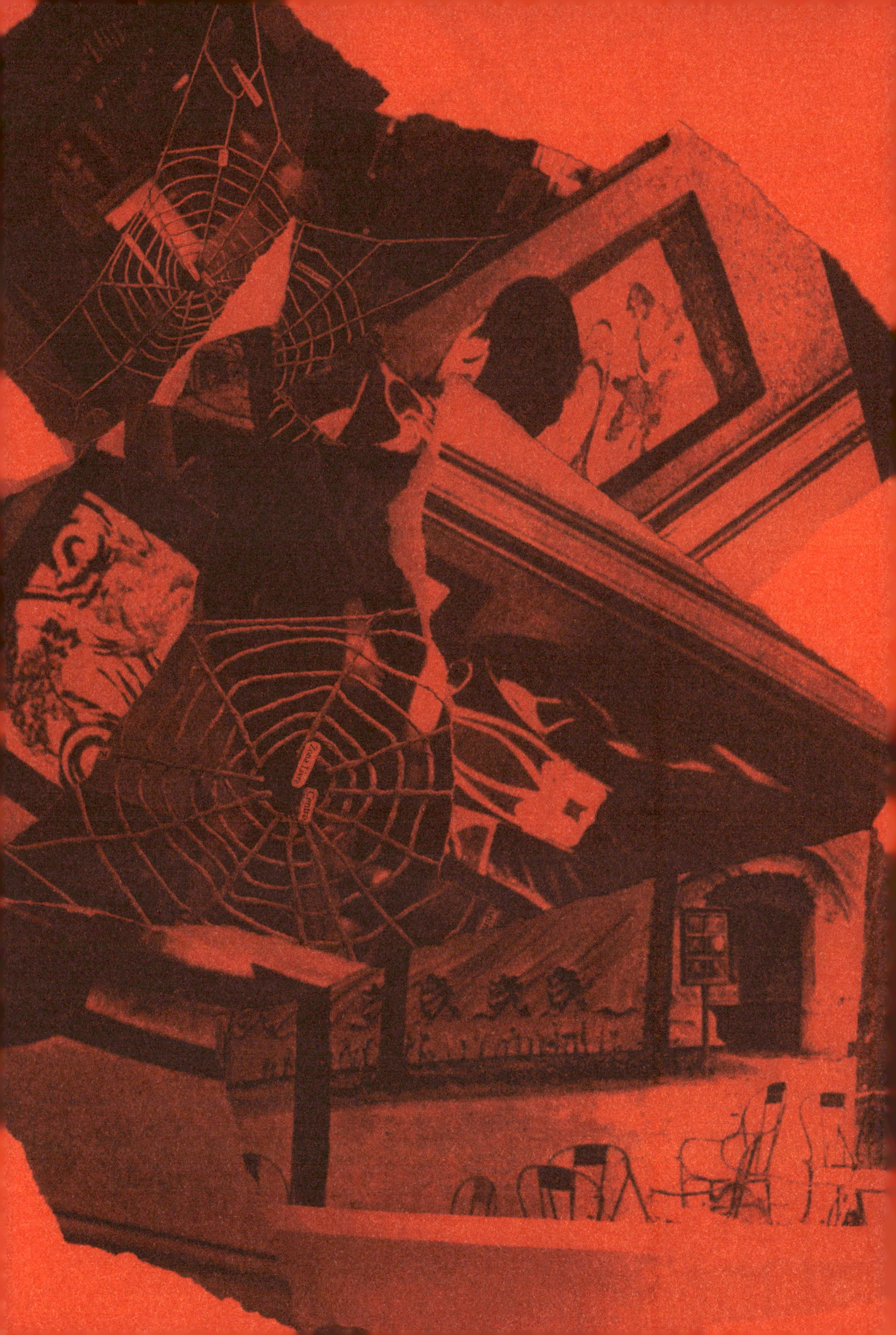

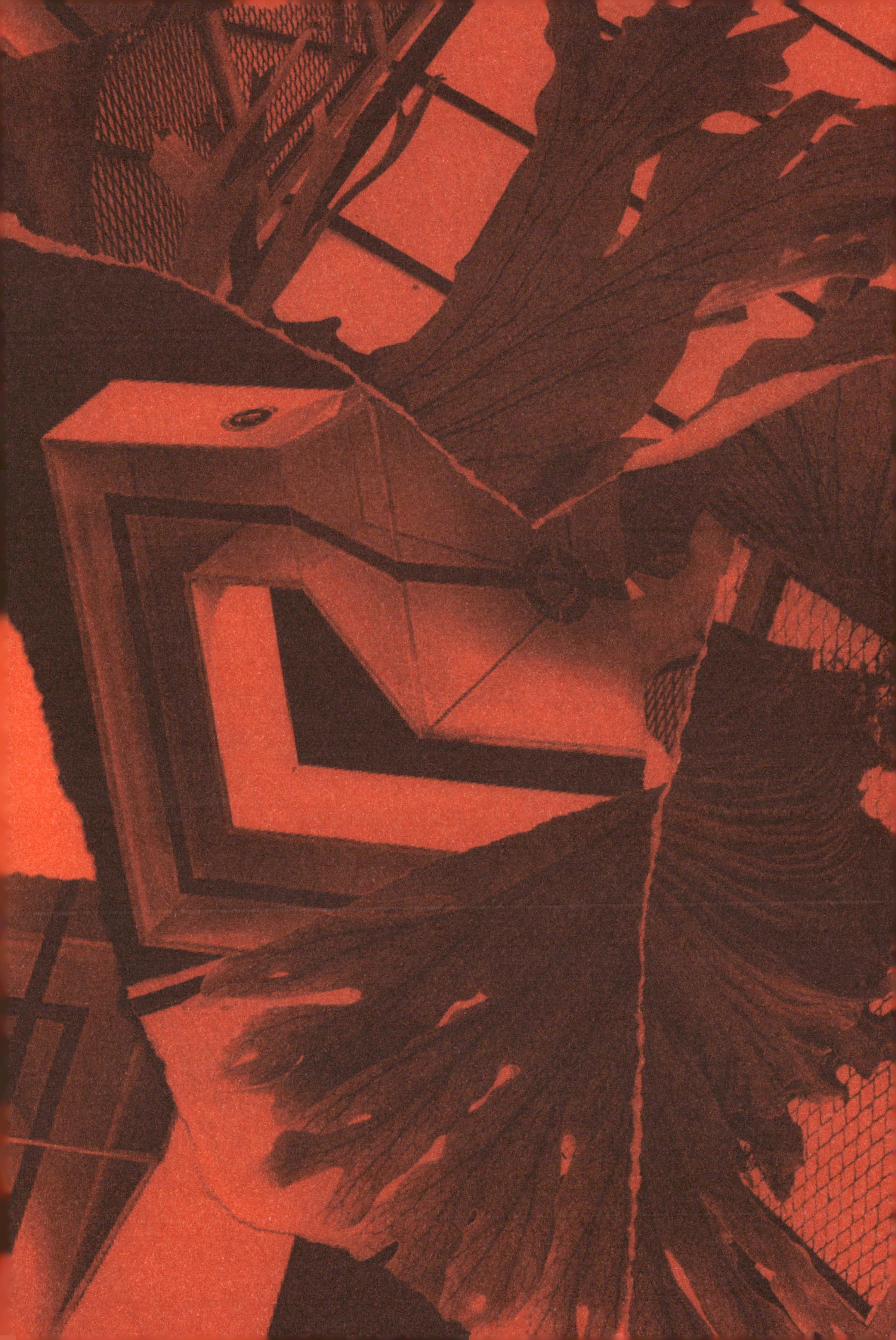

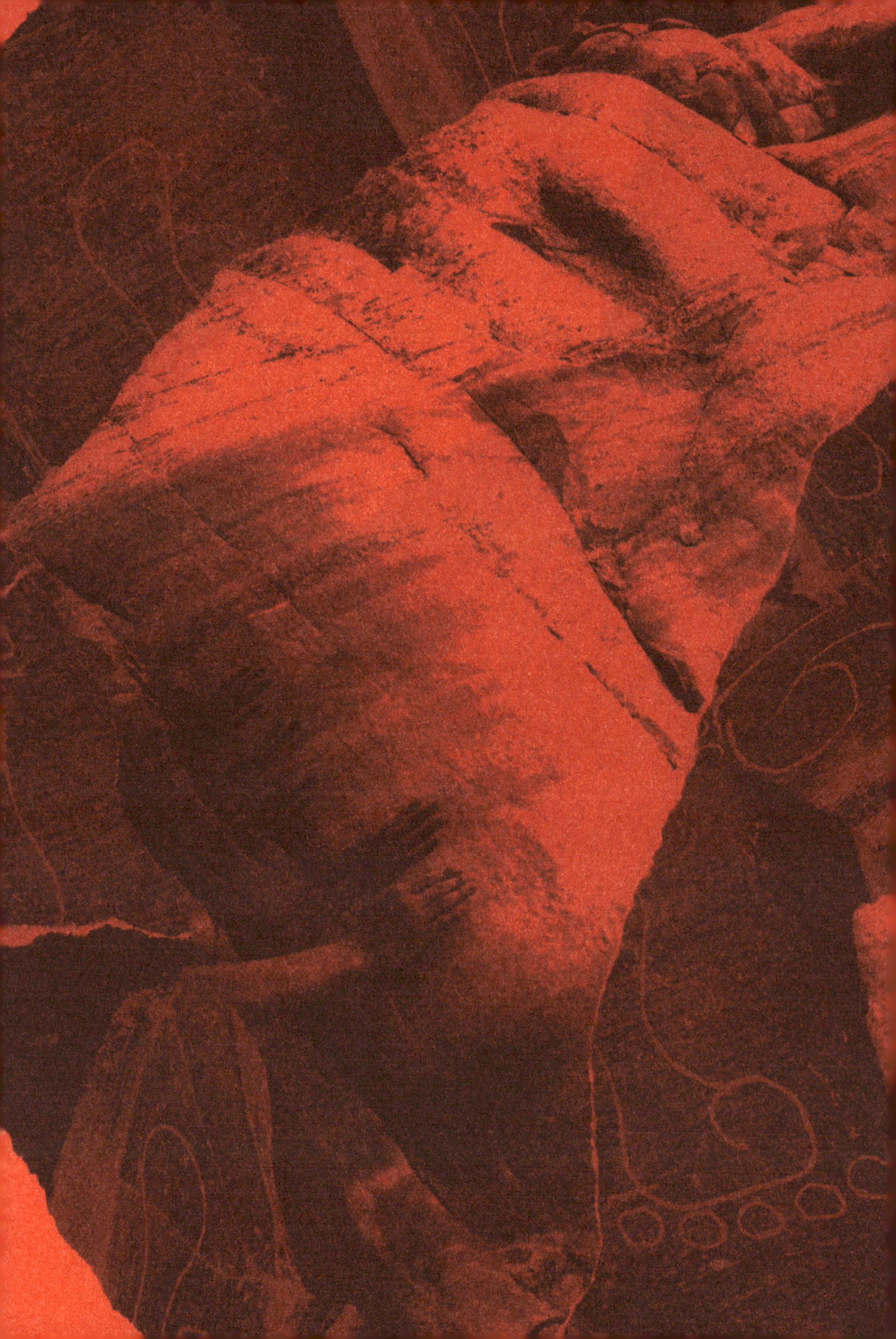

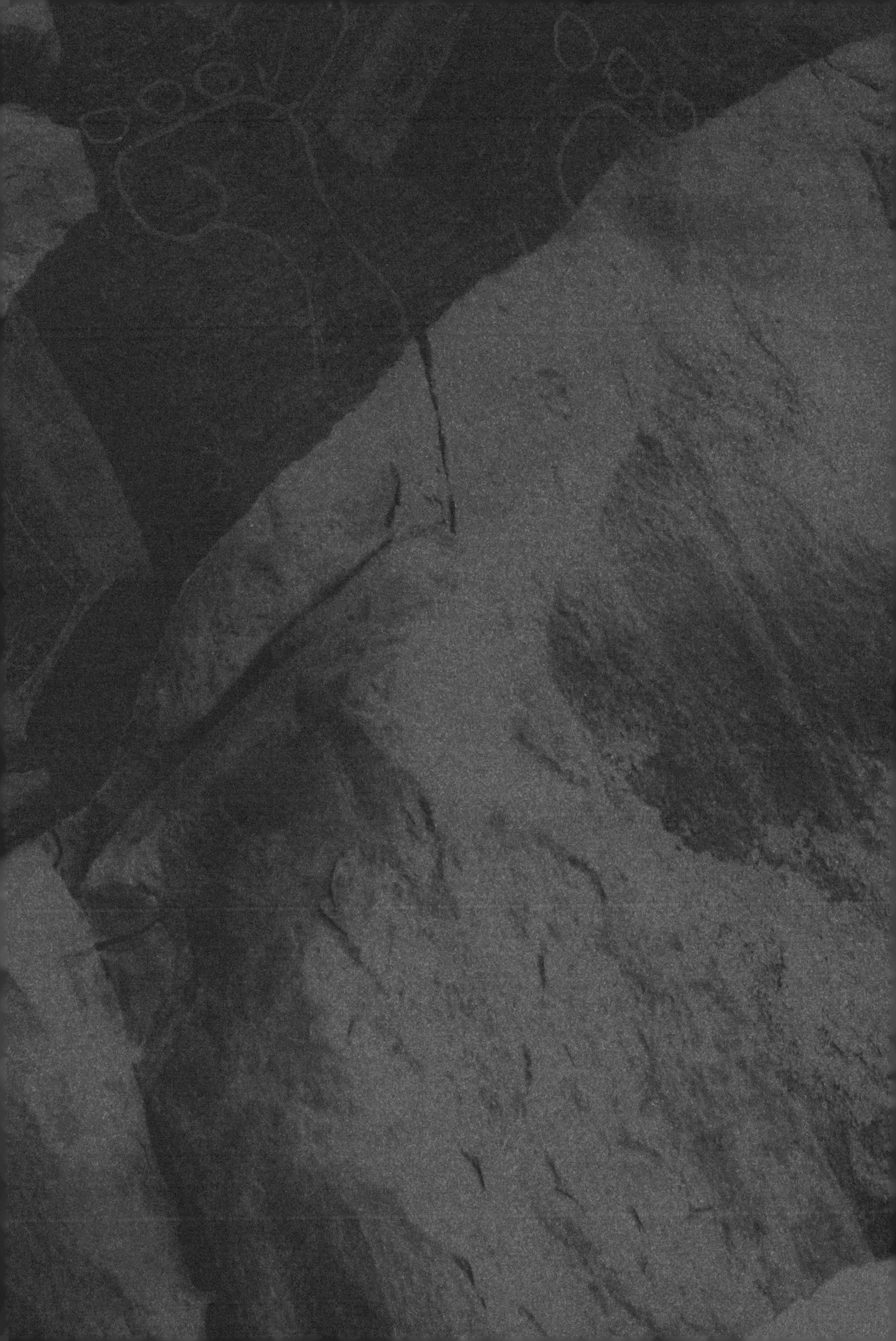

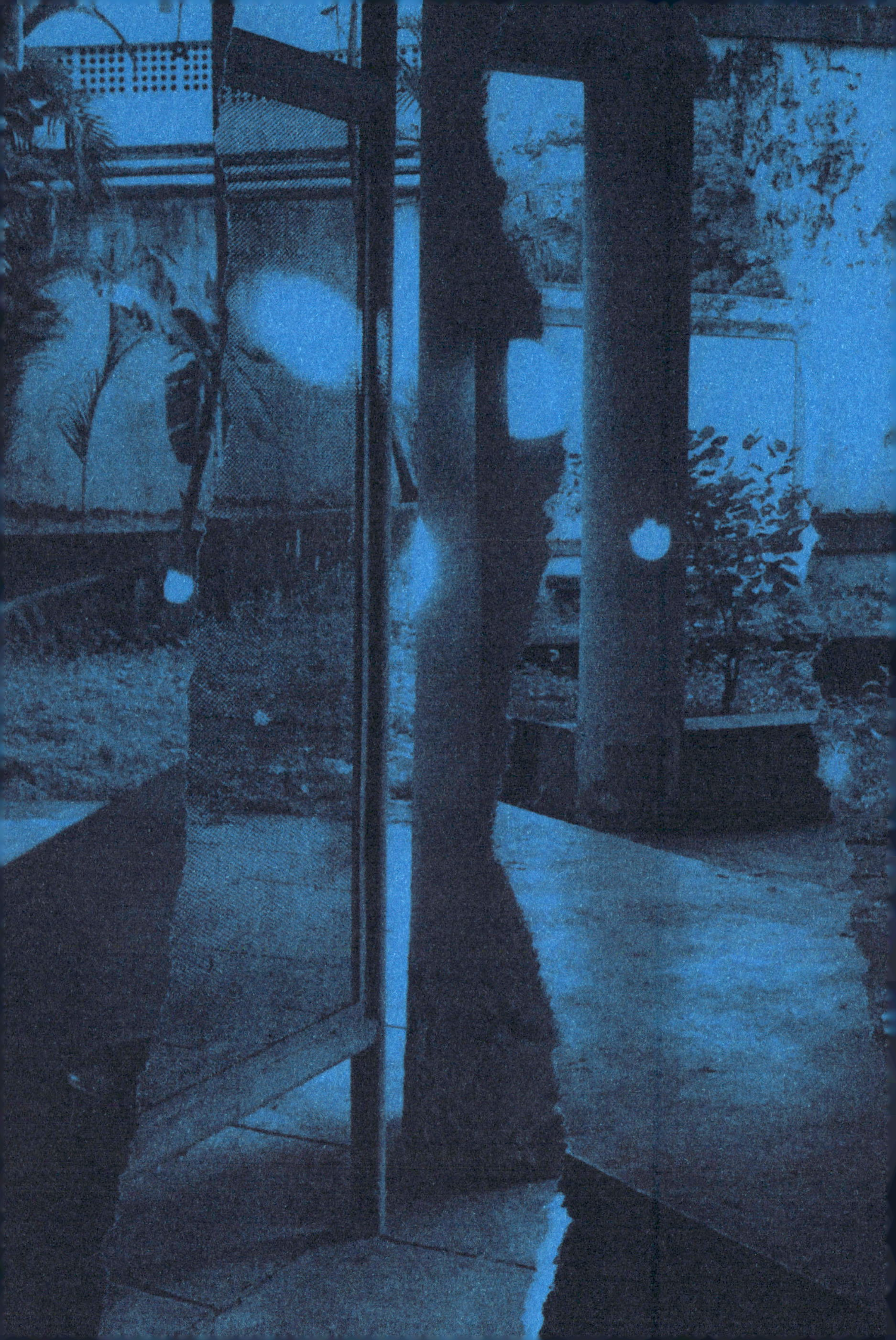

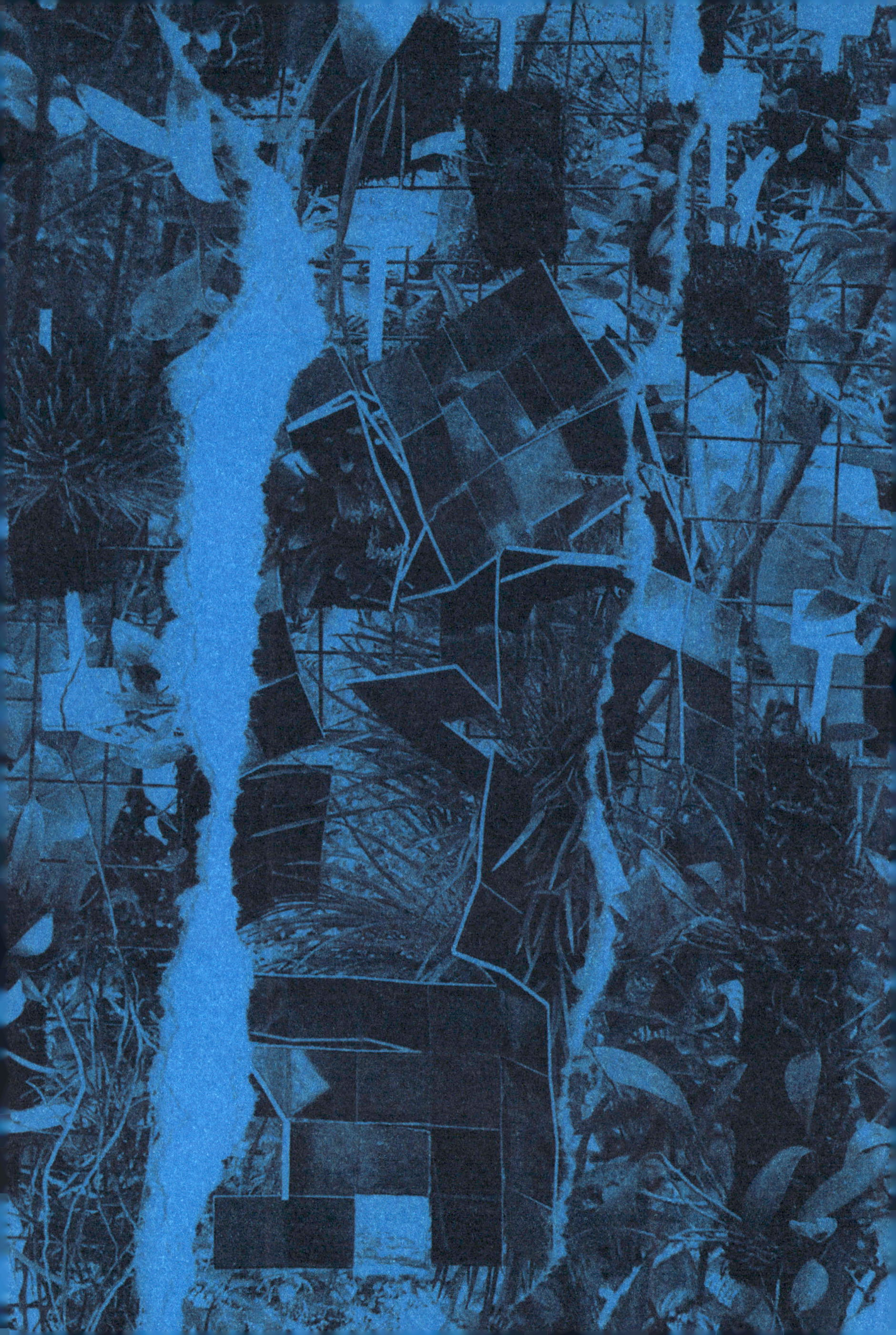

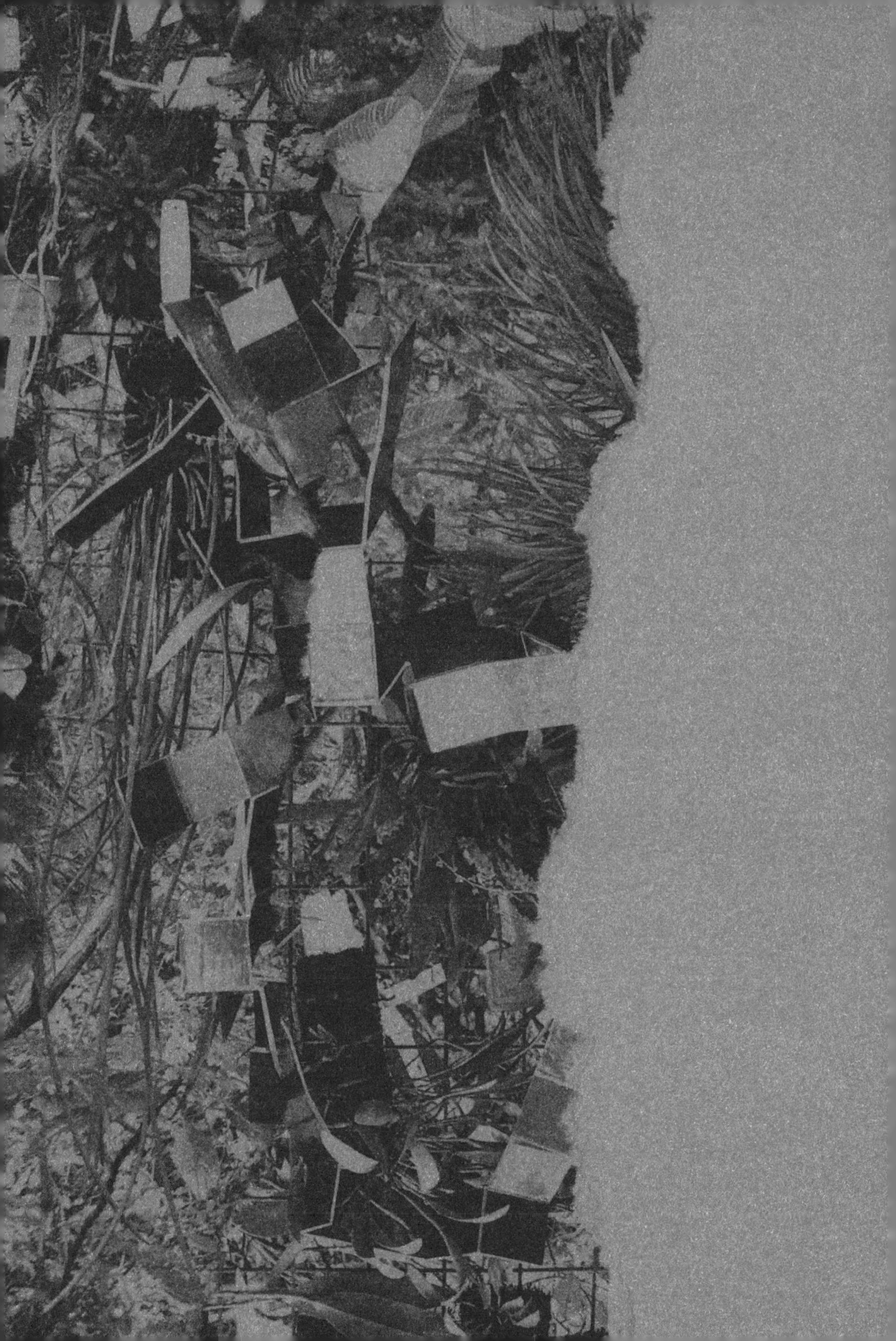

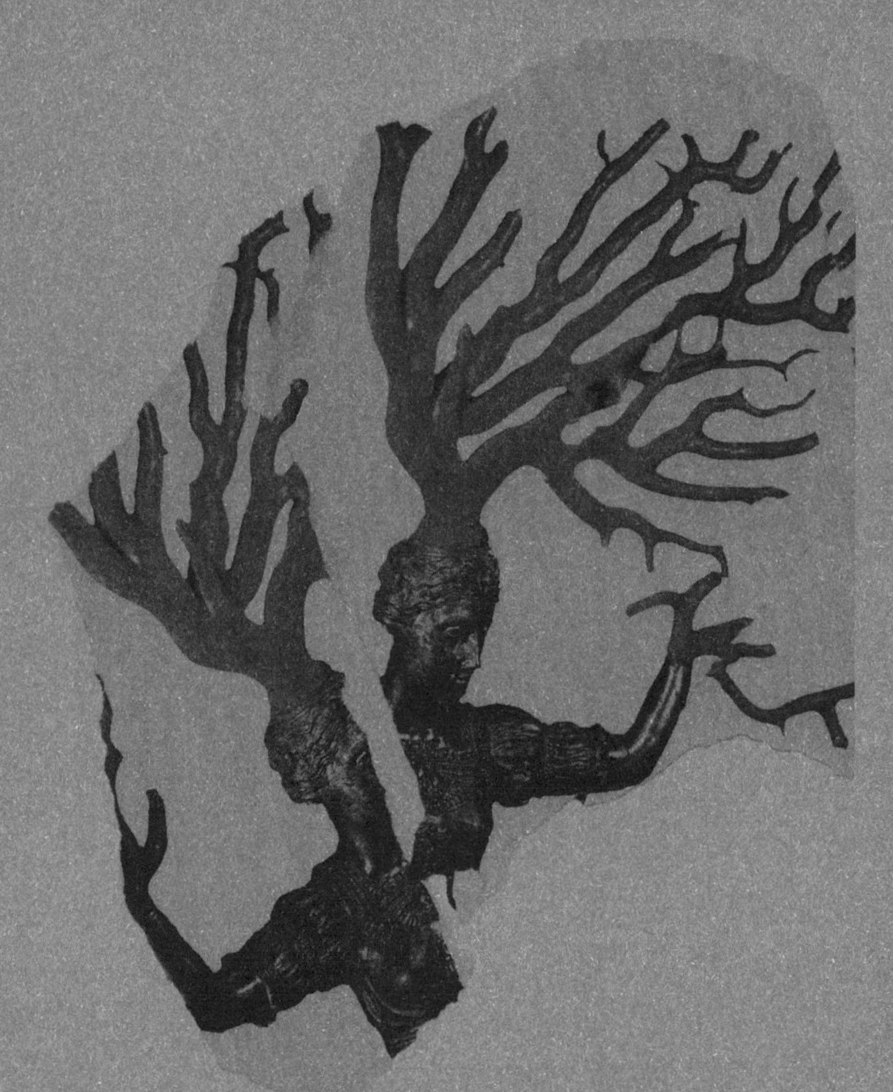

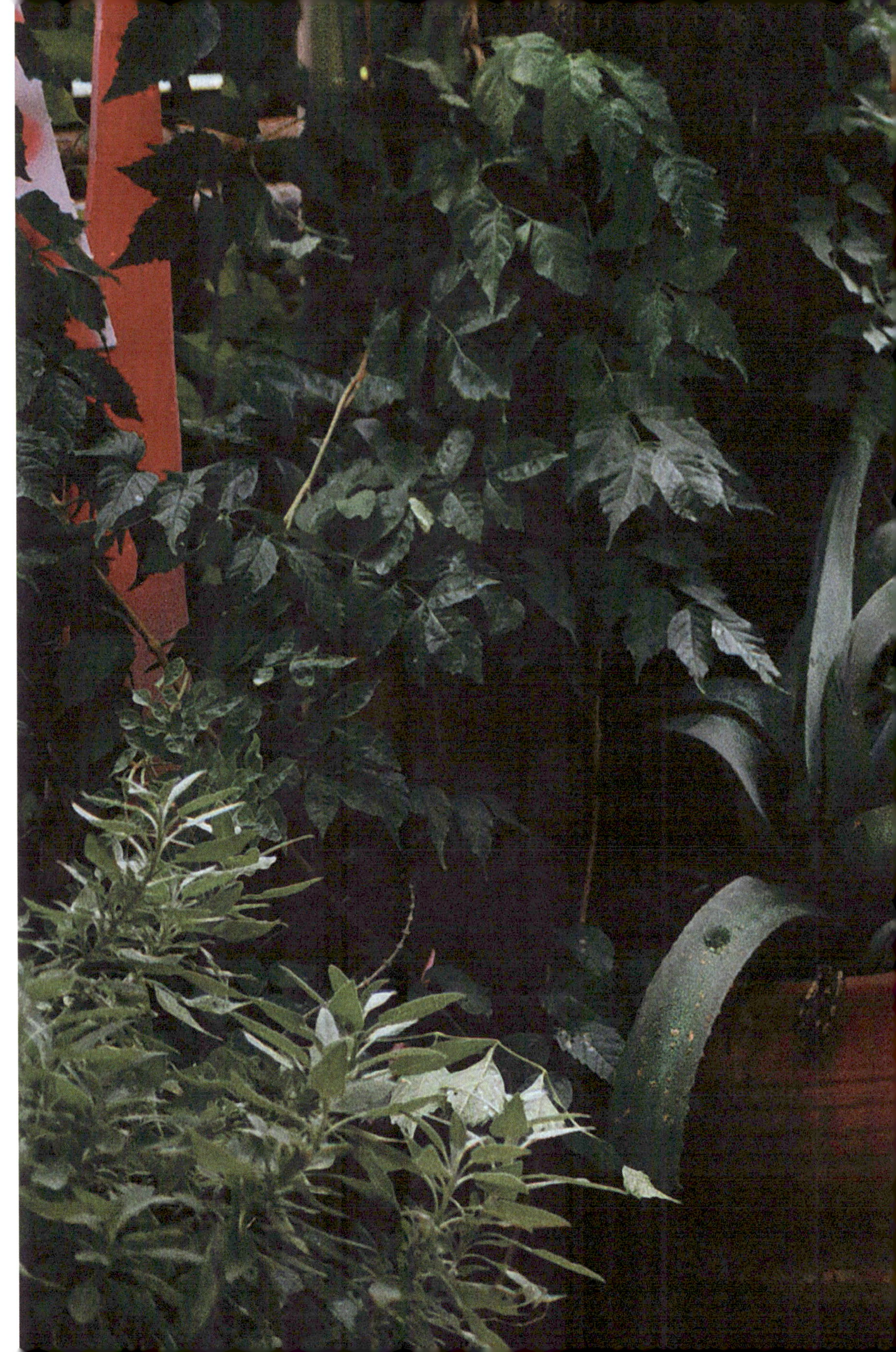

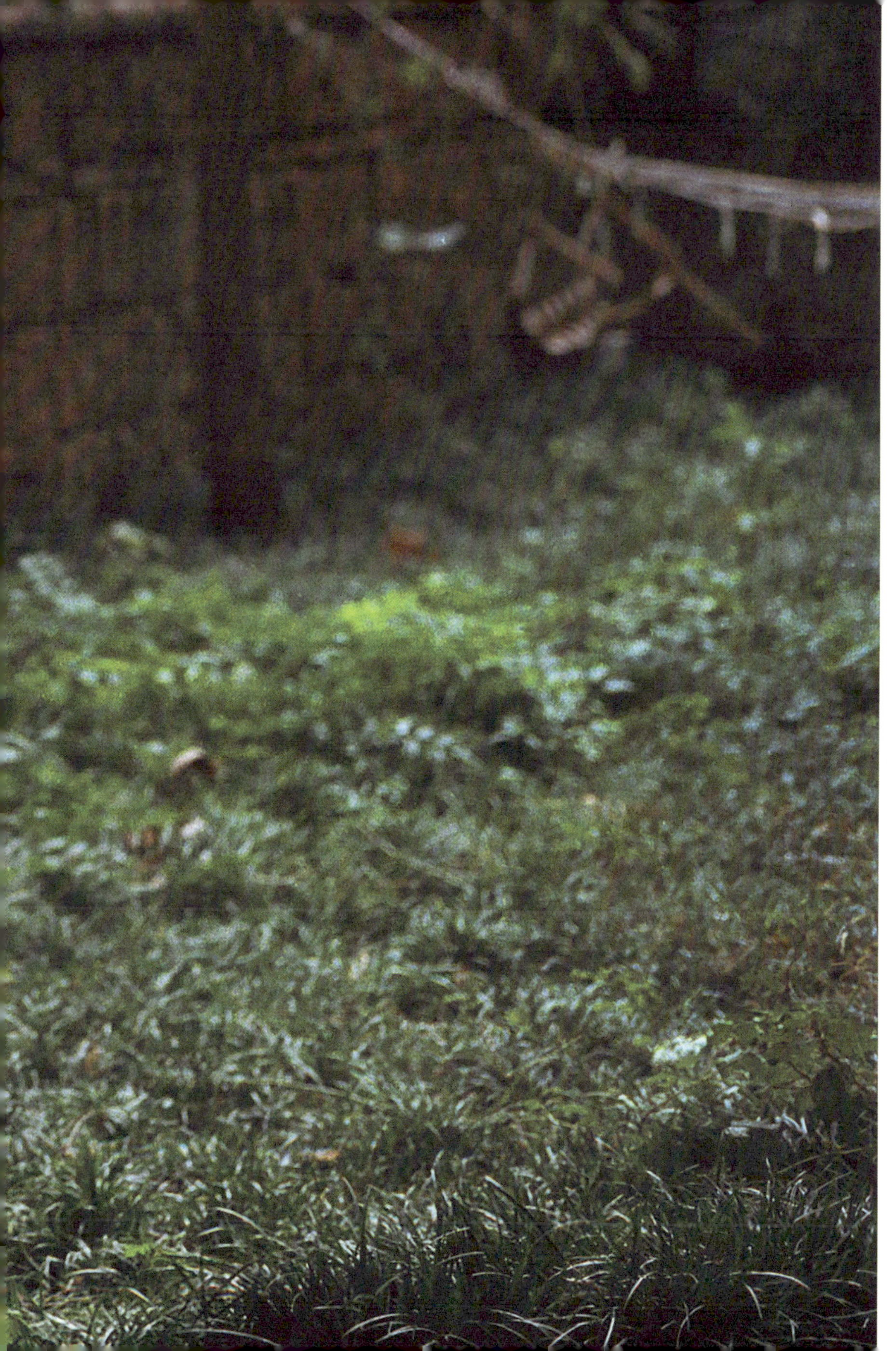

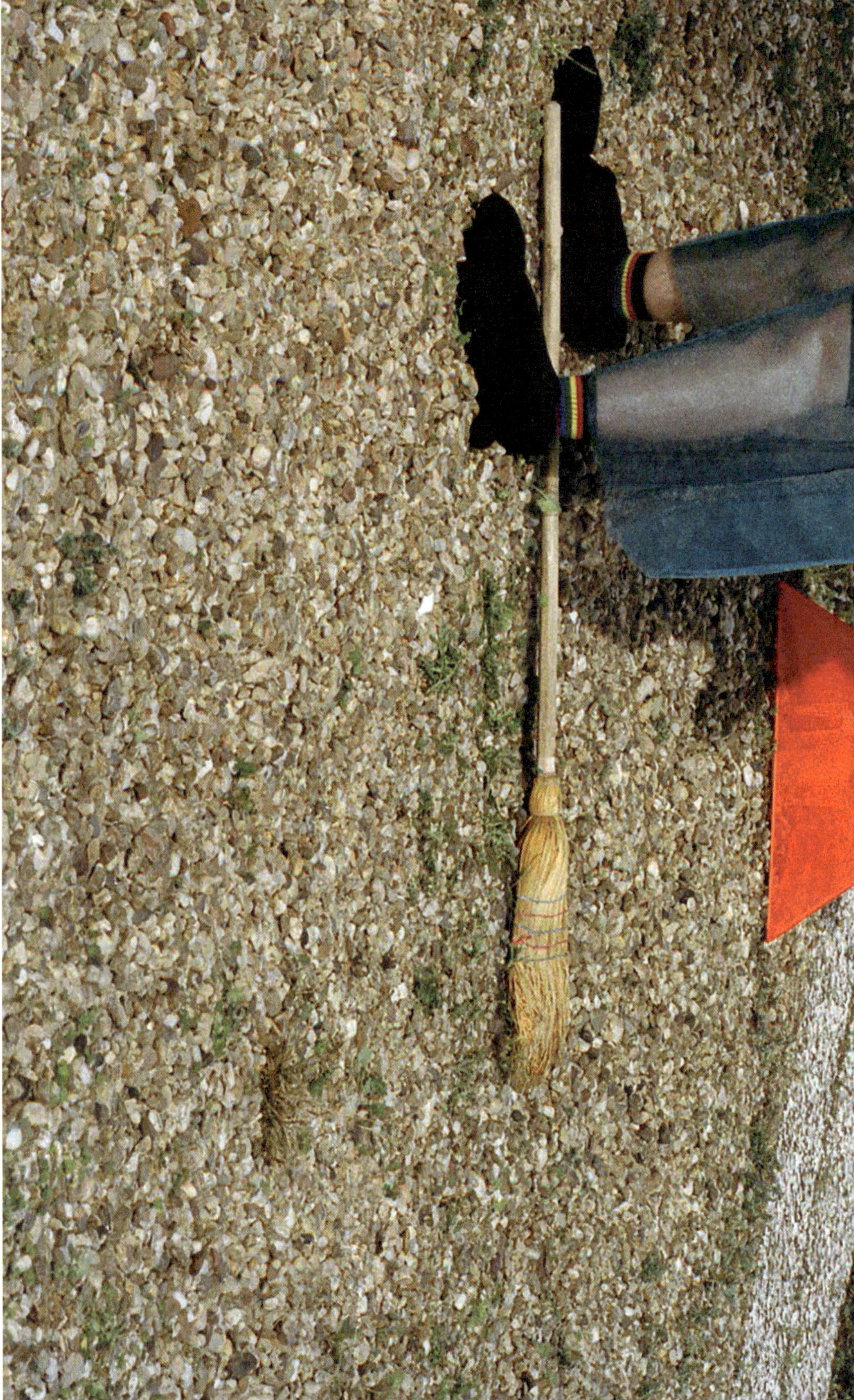

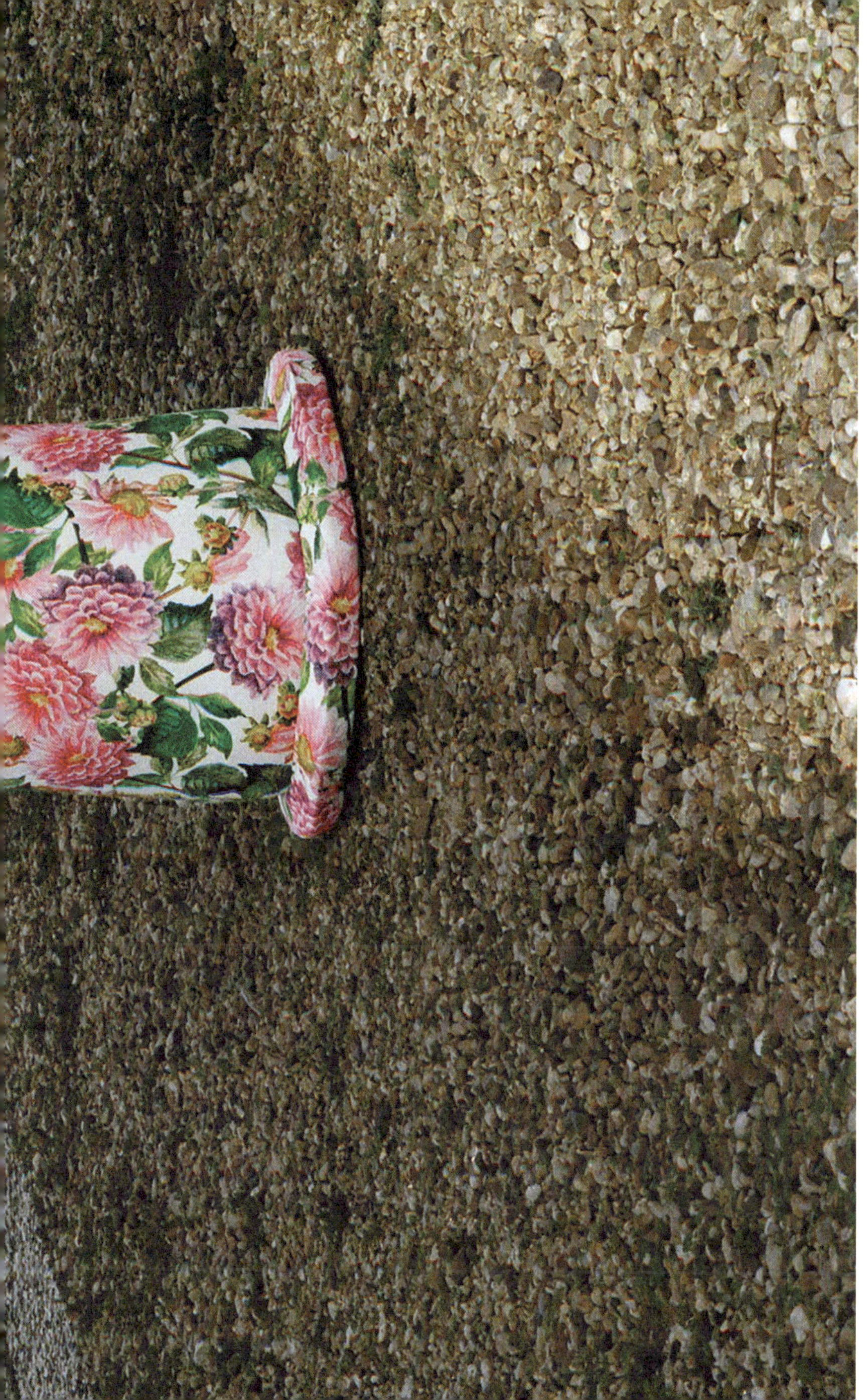

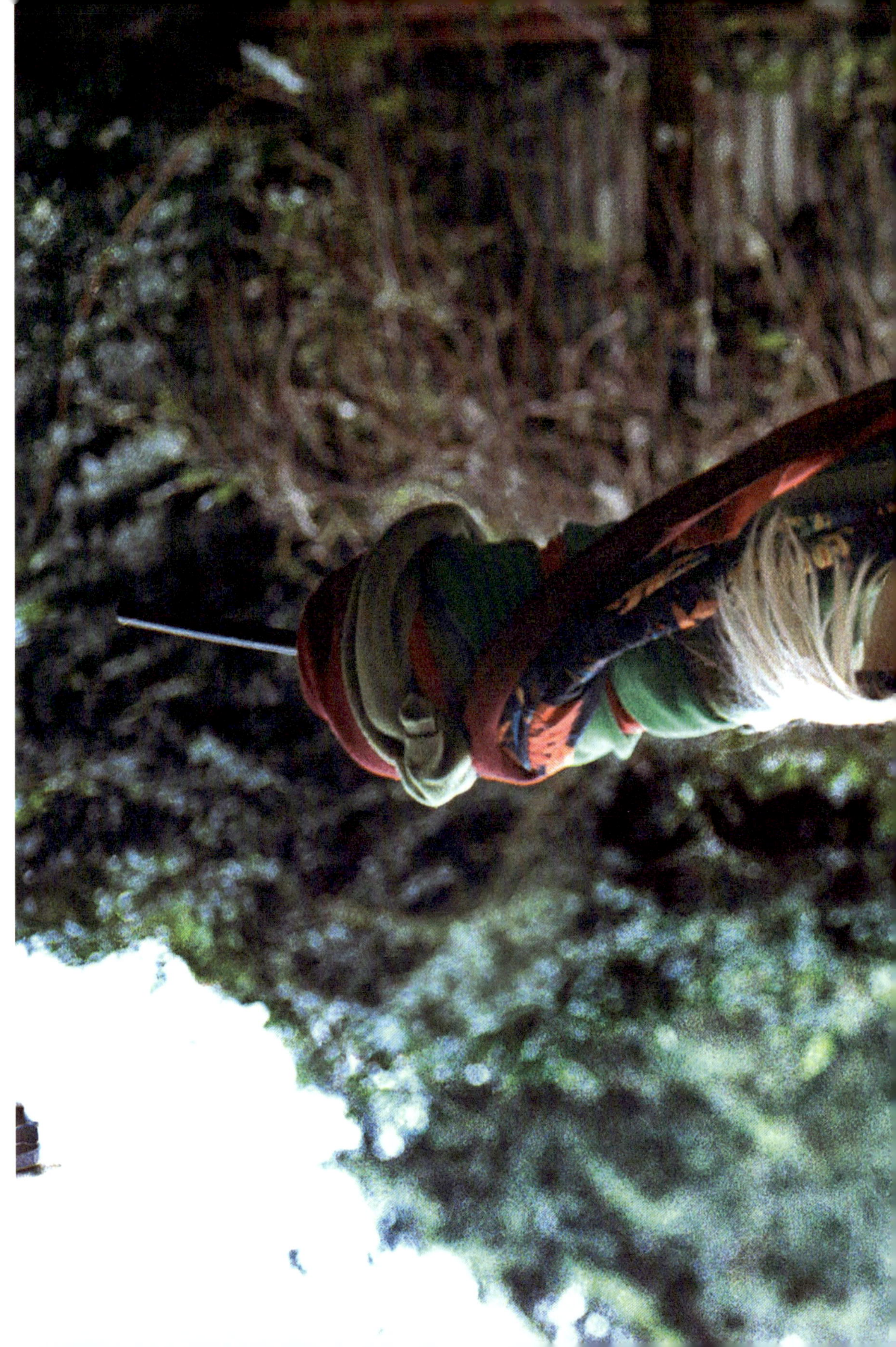

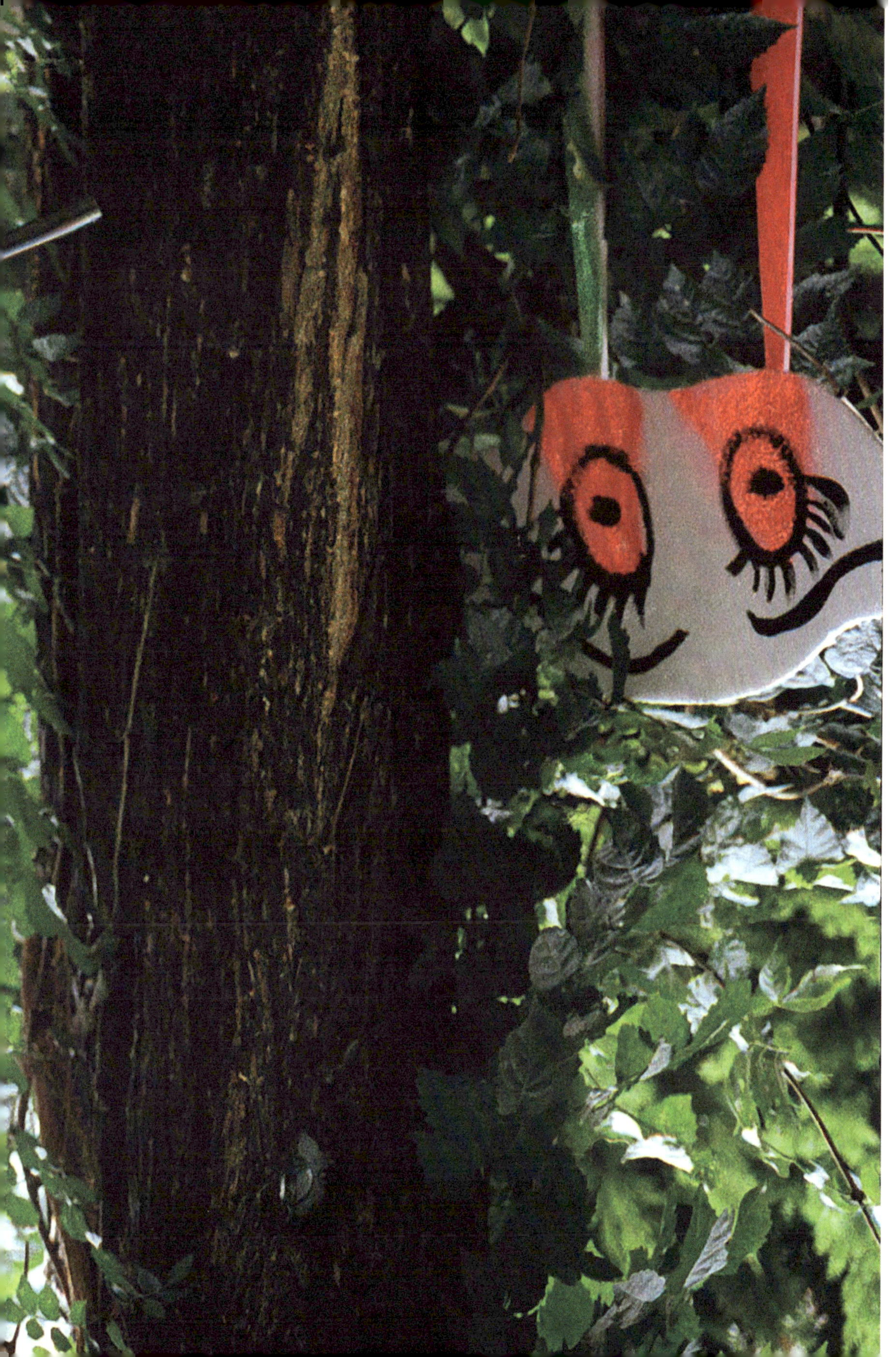

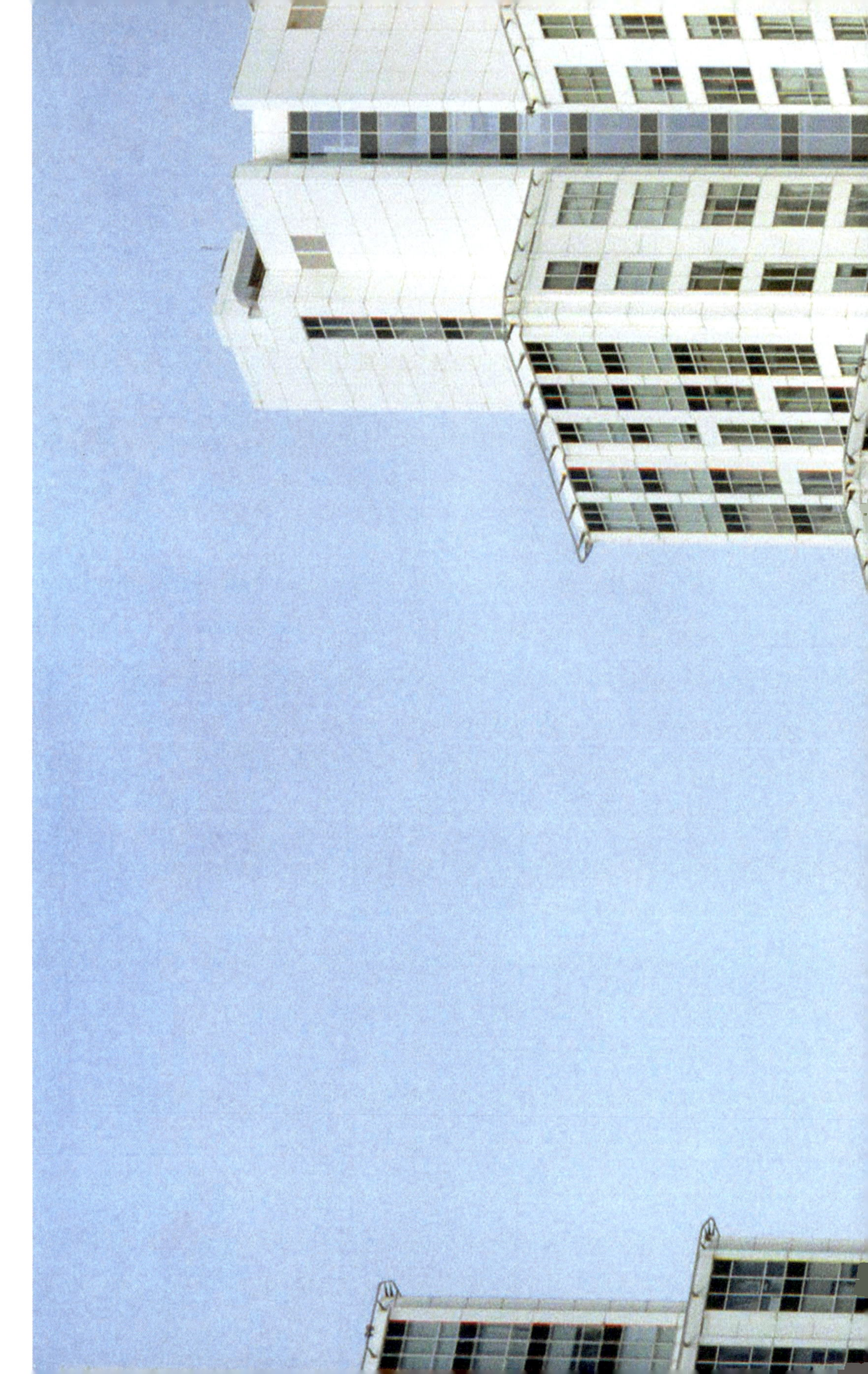

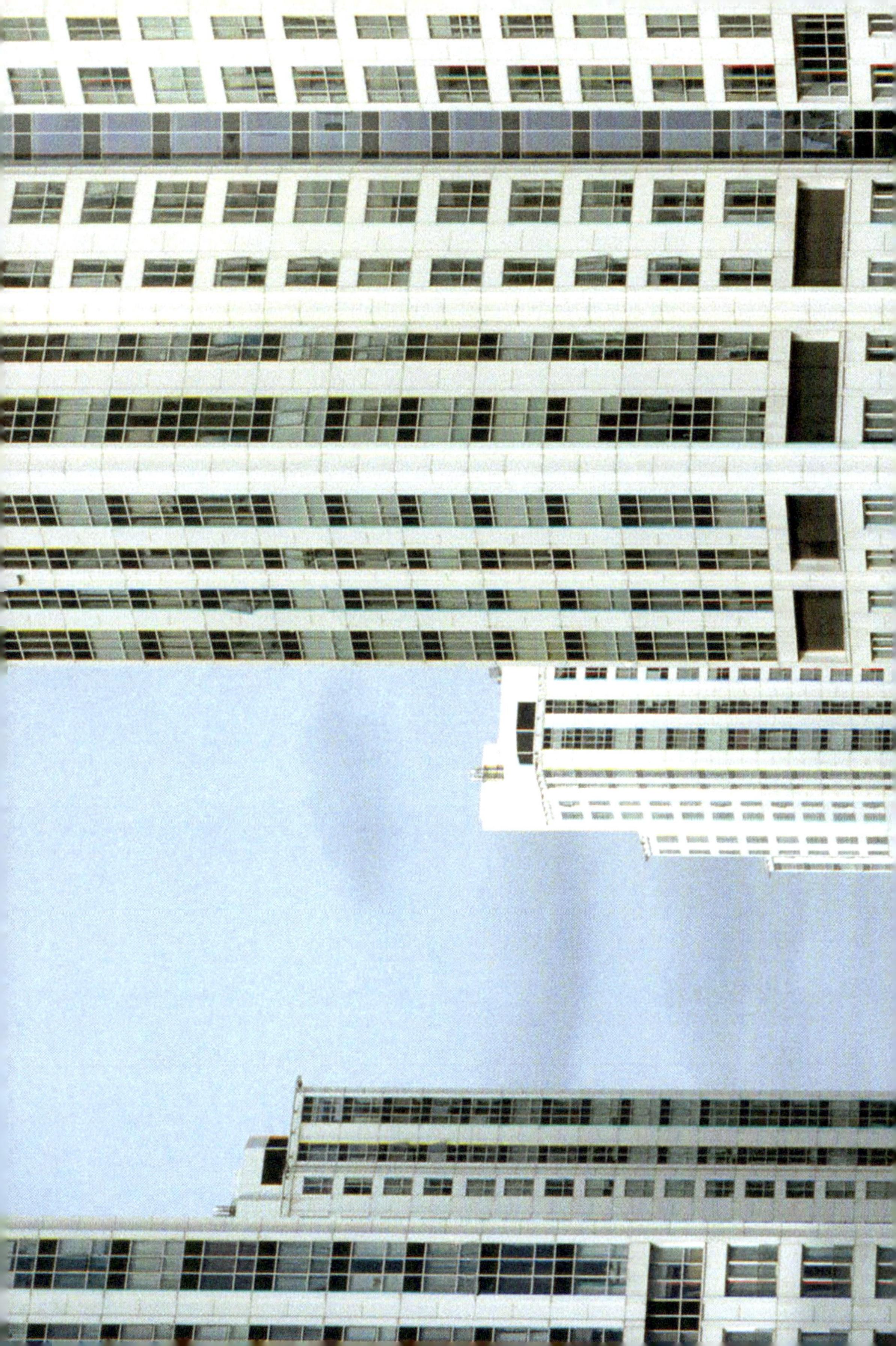

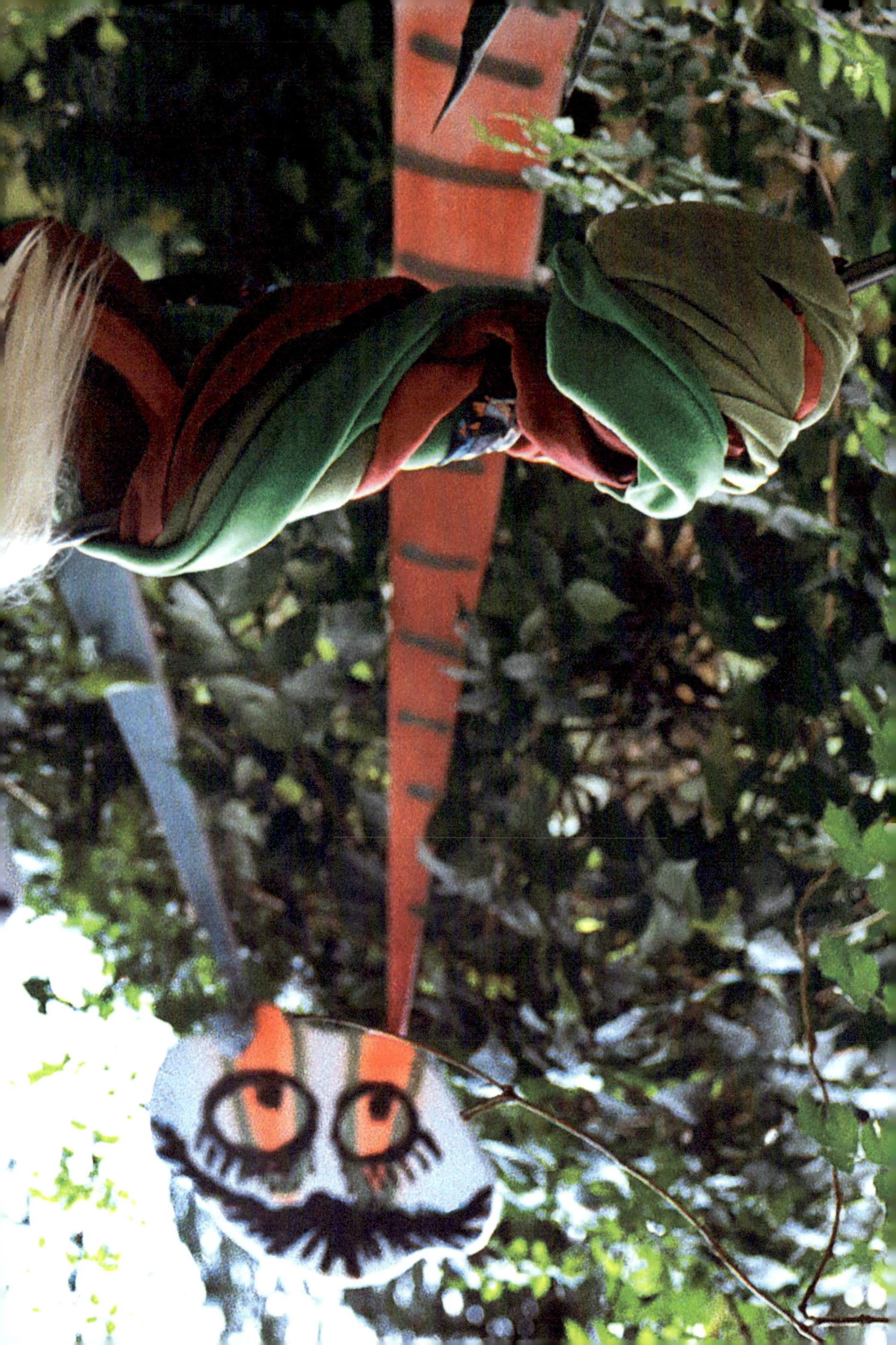

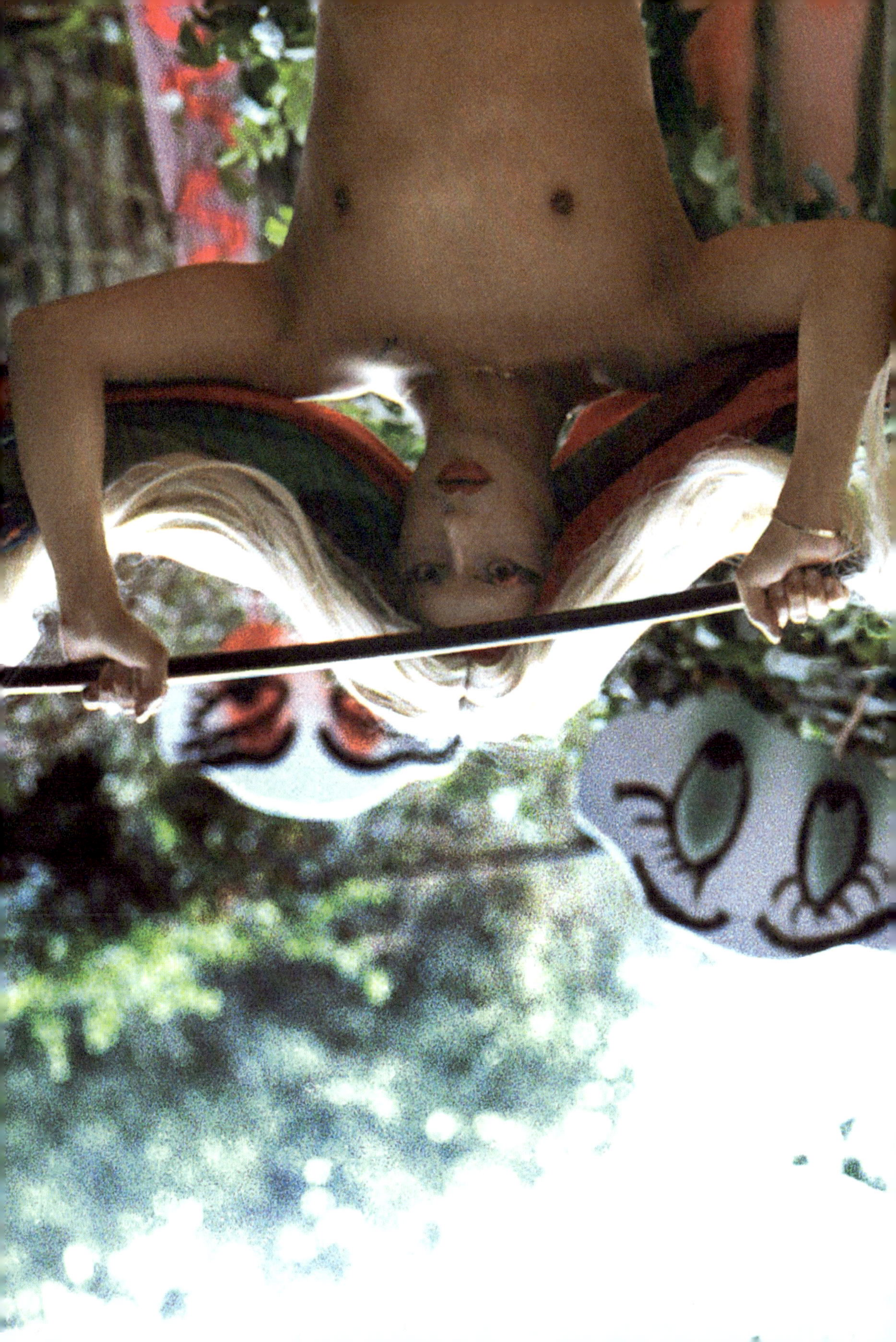

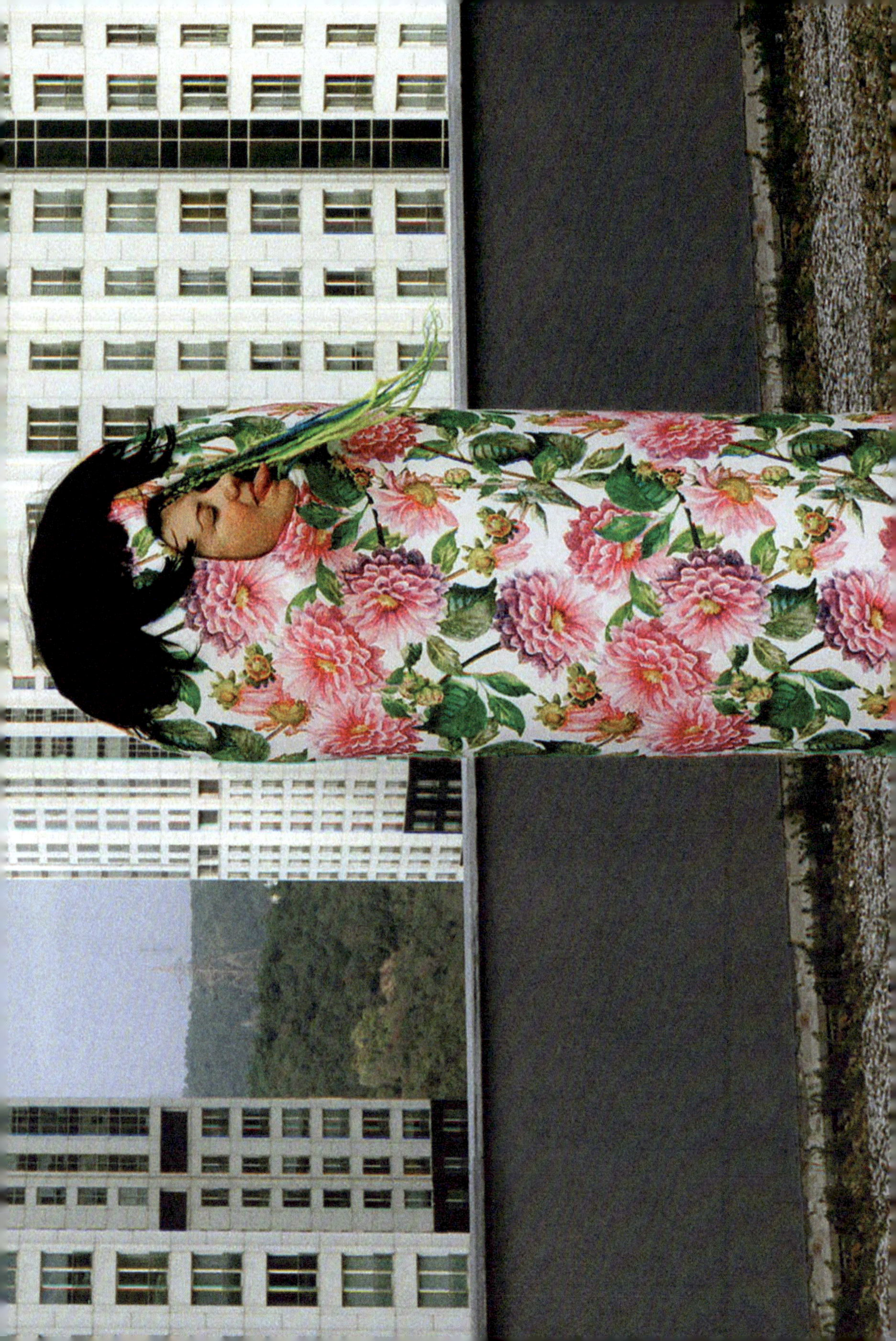

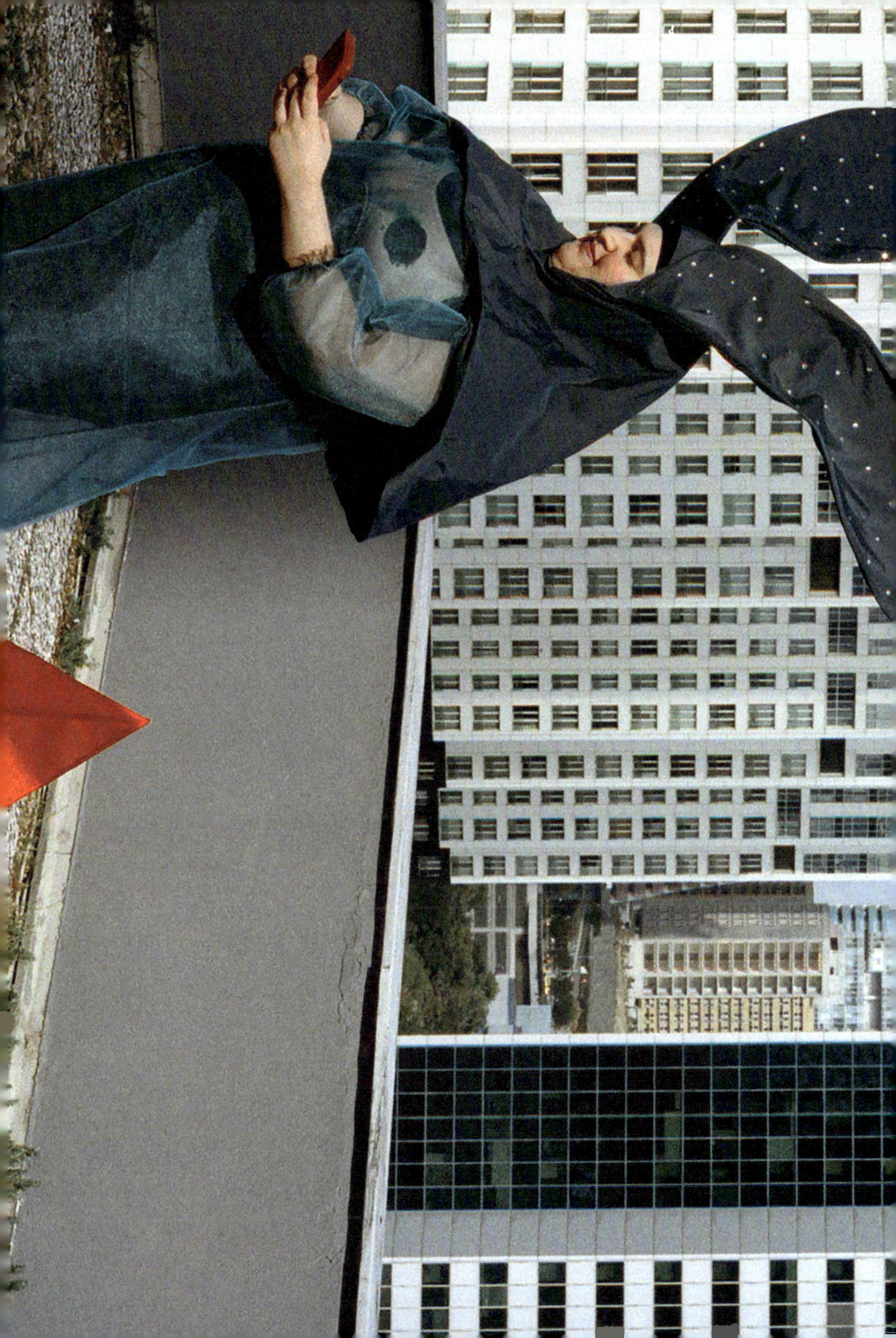

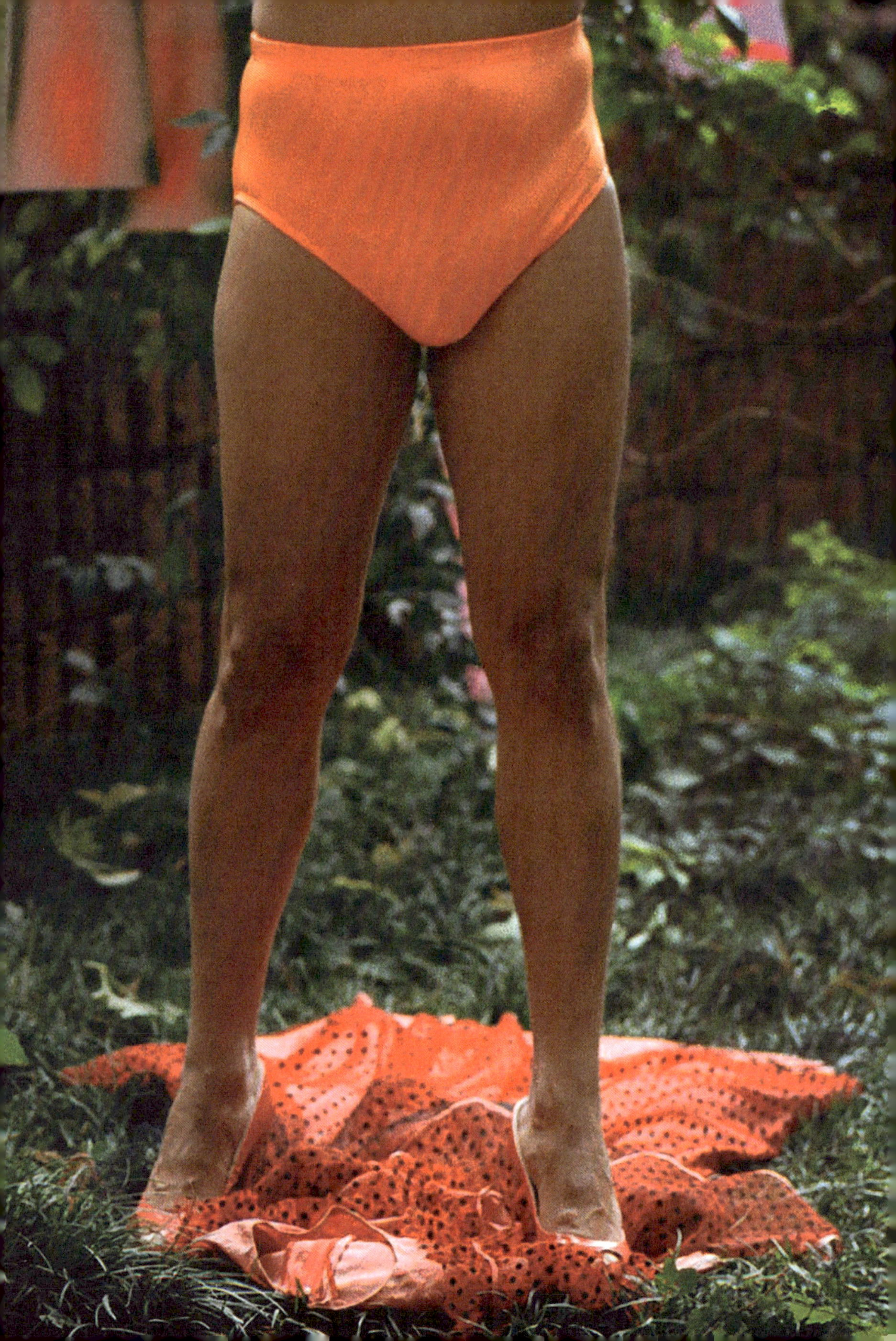

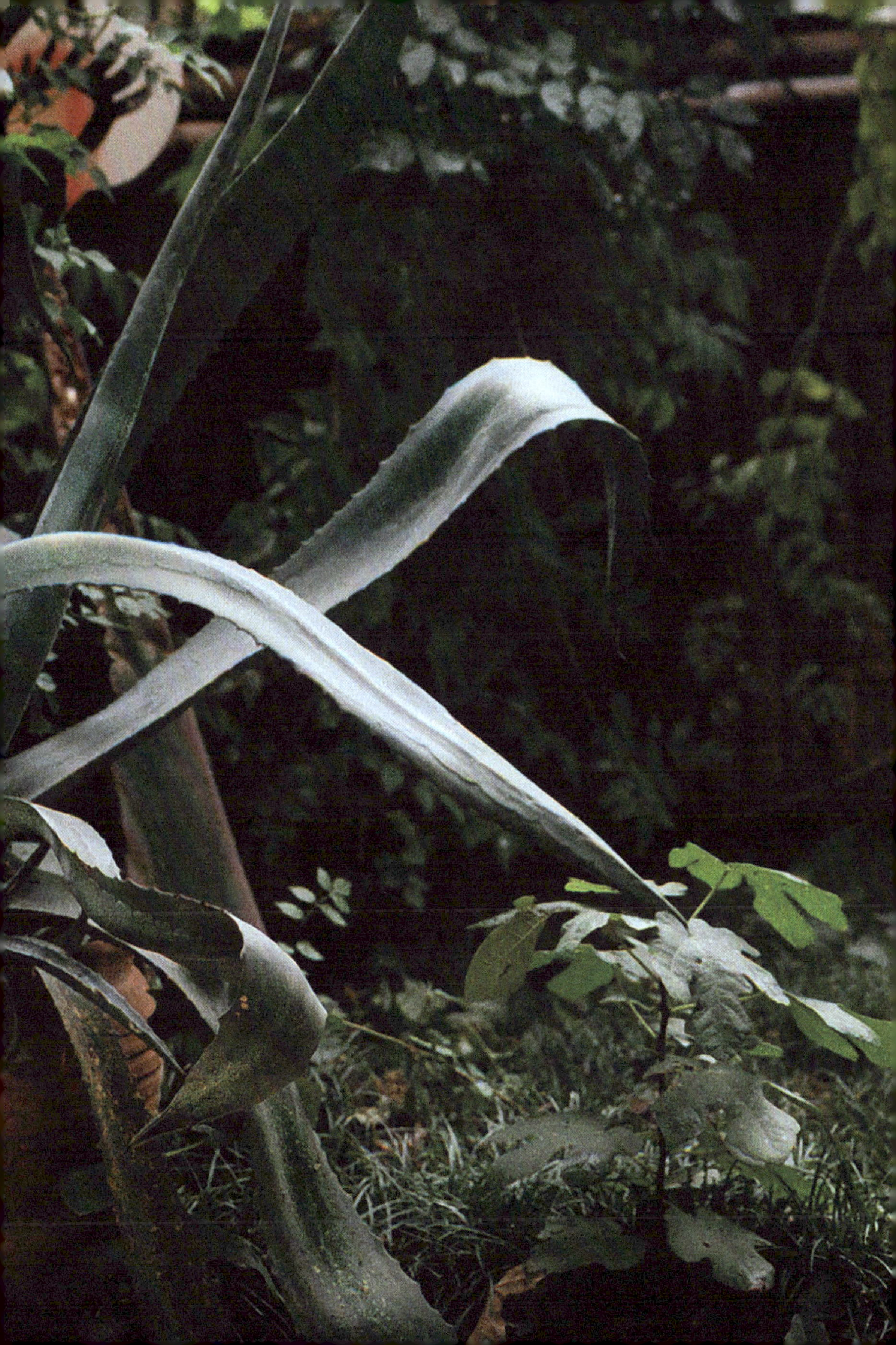

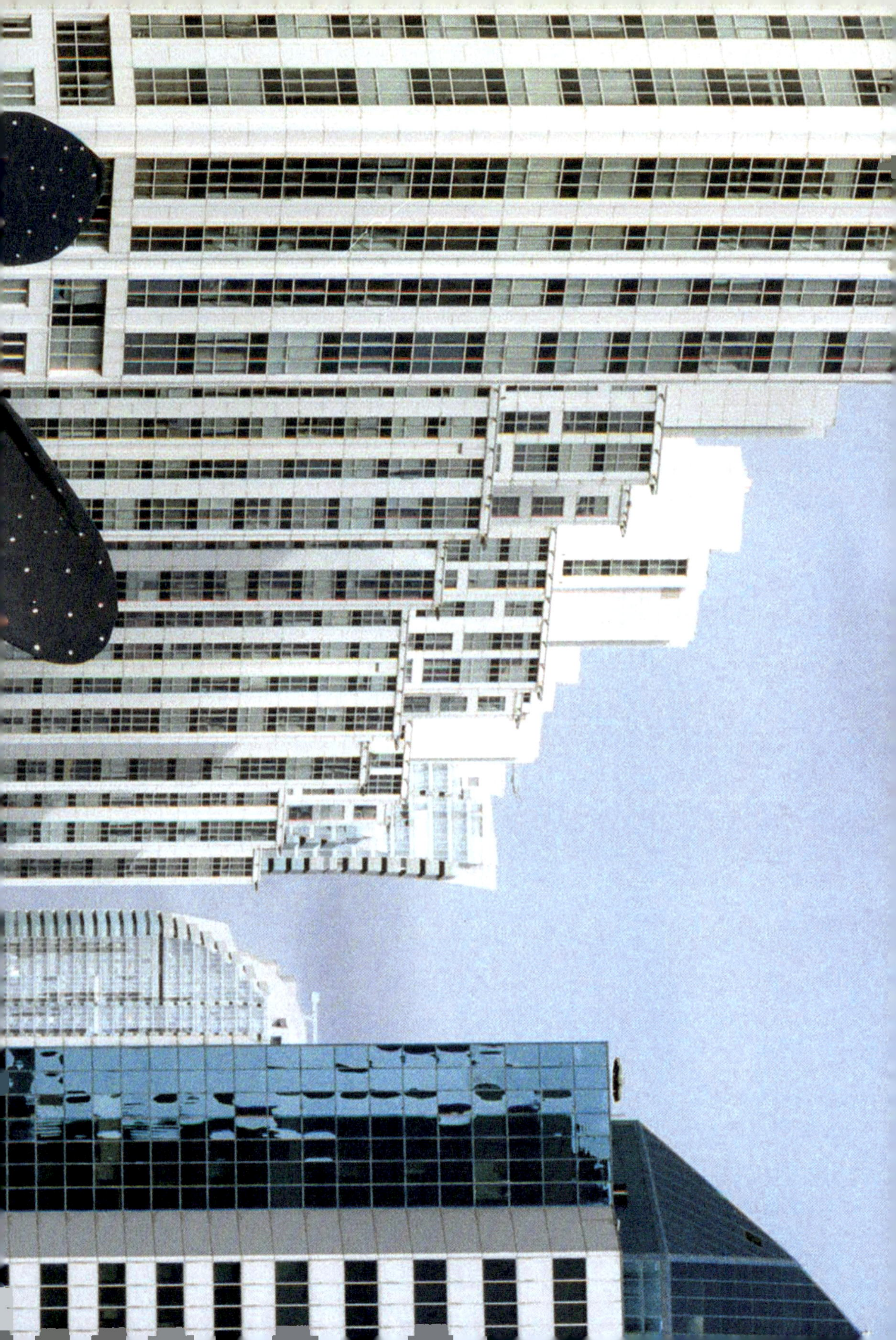

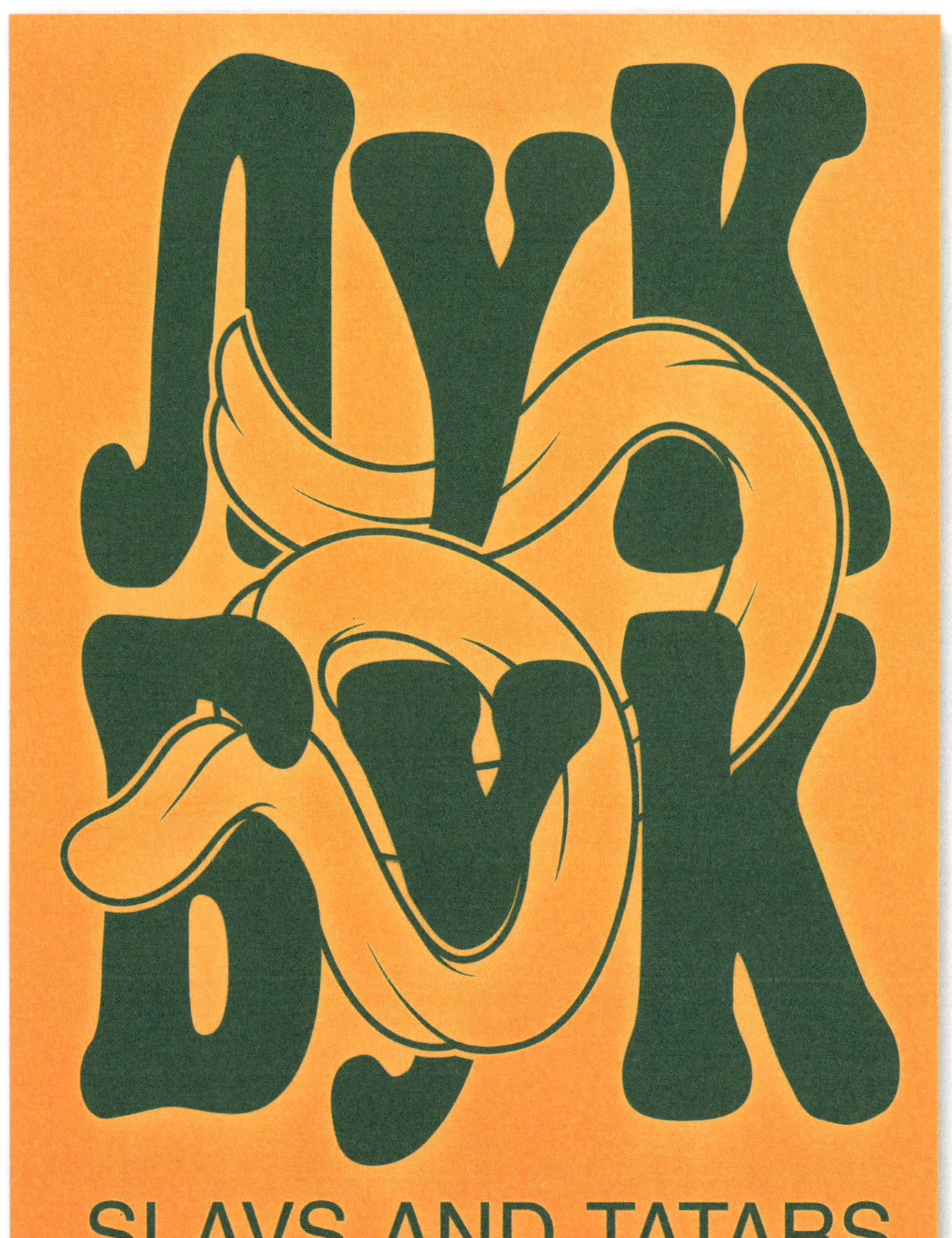

SLAVS AND TATARS

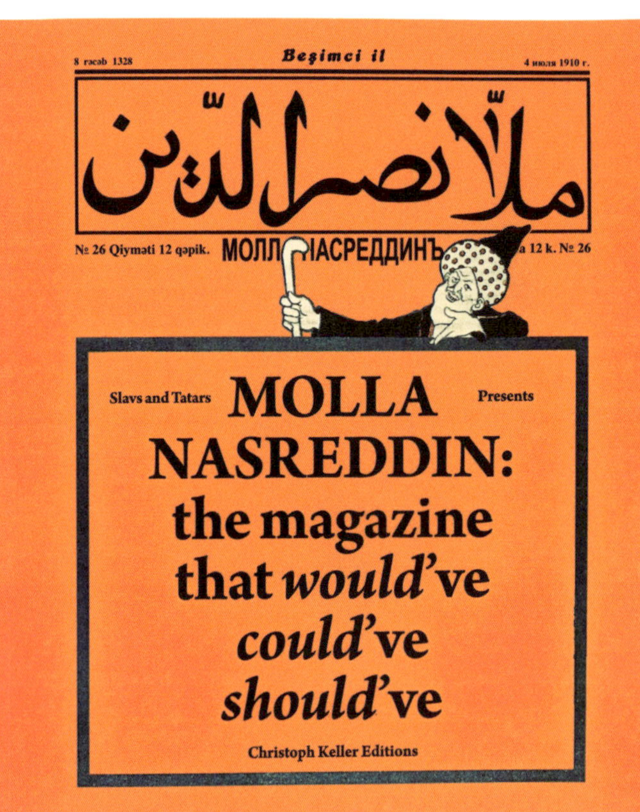
8 rəcəb 1328
Beşimci il
4 июля 1910 г.
ملا نصر الدين
№ 26 Qiymәti 12 qәpik.
МОЛЛА НАСРЕДДИНЪ
a 12 k. № 26
Slavs and Tatars
MOLLA NASREDDIN: the magazine that *would*'ve *could*'ve *should*'ve
Presents
Christoph Keller Editions

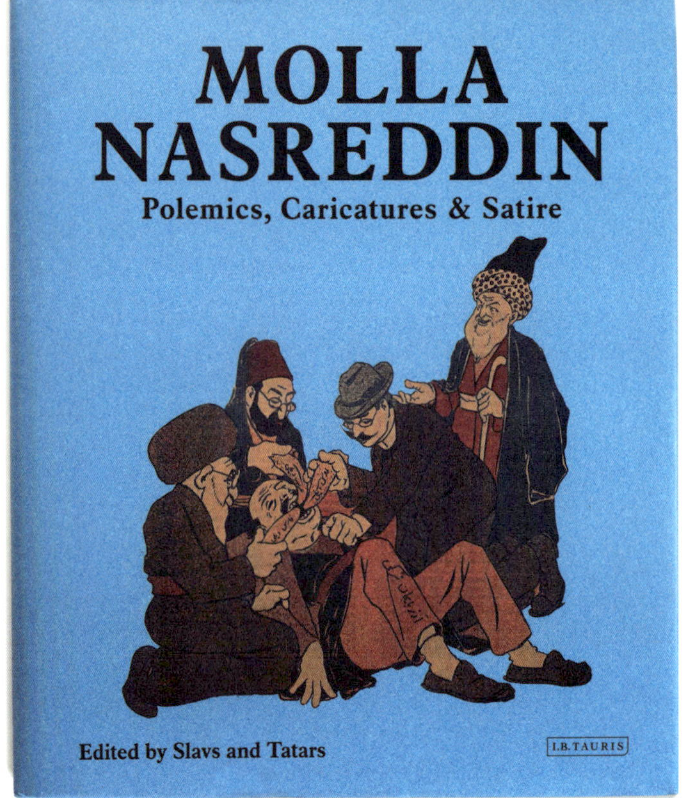
MOLLA NASREDDIN
Polemics, Caricatures & Satire
Edited by Slavs and Tatars
I.B.TAURIS

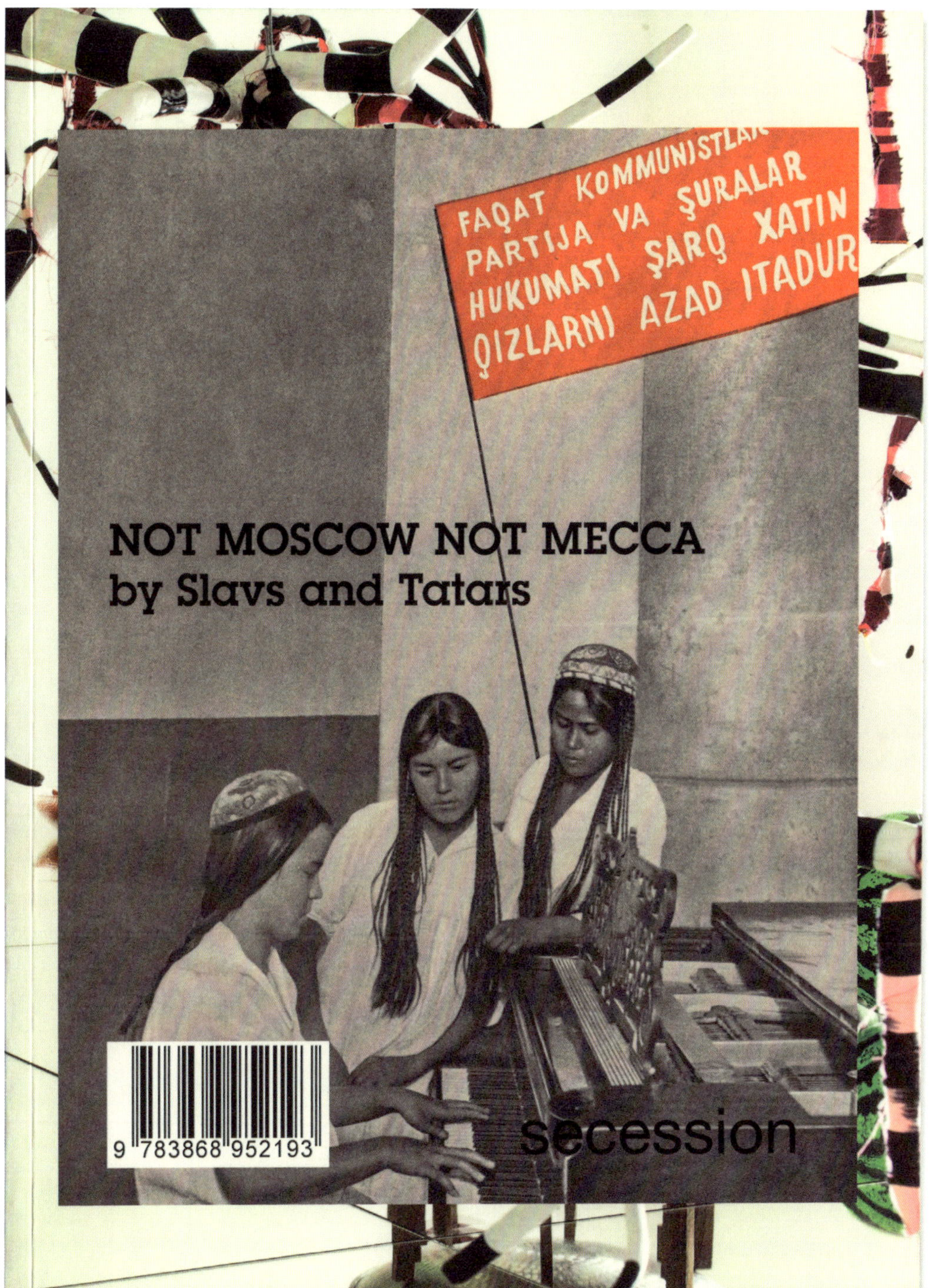
FAQAT KOMMUNISTLAR
PARTIJA VA ŞURALAR
HUKUMATI ŞARQ XATIN
QIZLARNI AZAD ITADUR
NOT MOSCOW NOT MECCA
by Slavs and Tatars
9 783868 952193
secession

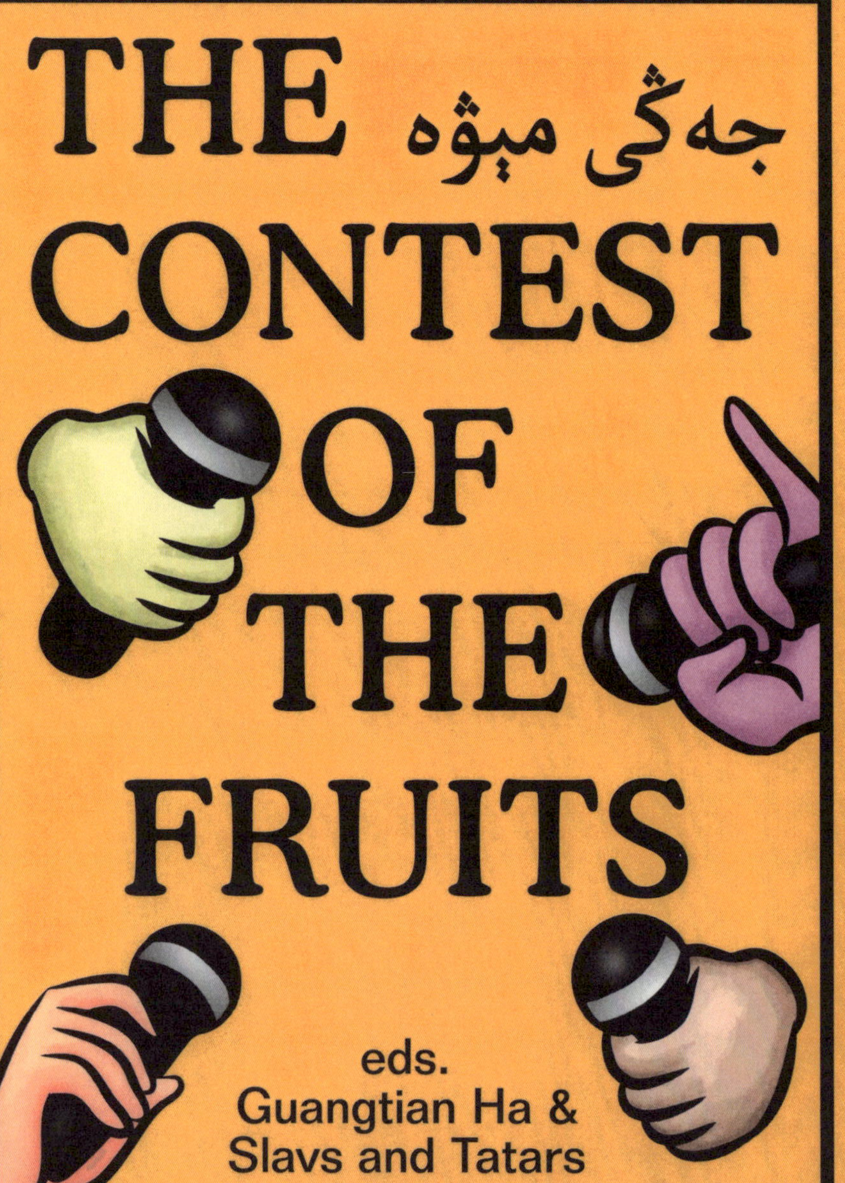
THE
جەڤگی میوە
CONTEST
OF
THE
FRUITS
eds.
Guangtian Ha &
Slavs and Tatars

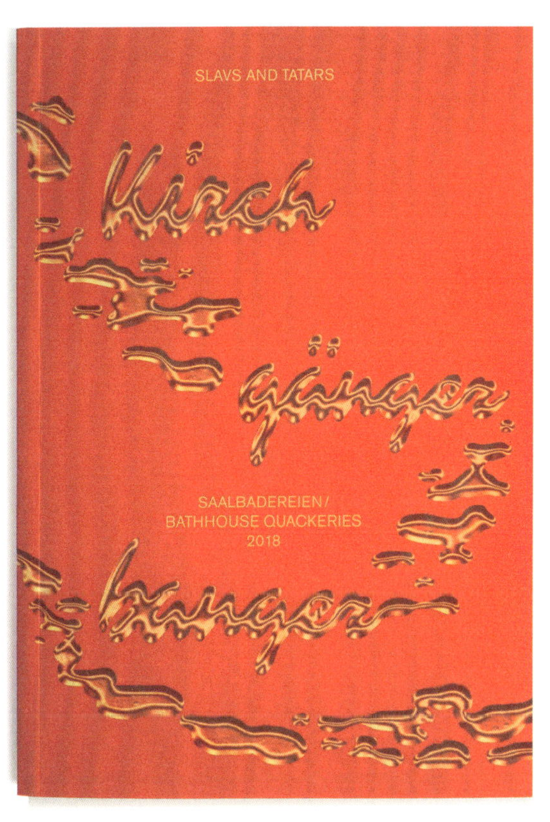
SLAVS AND TATARS
kirch
gänger
SAALBADEREIEN/
BATHHOUSE QUACKERIES
2018
hanger

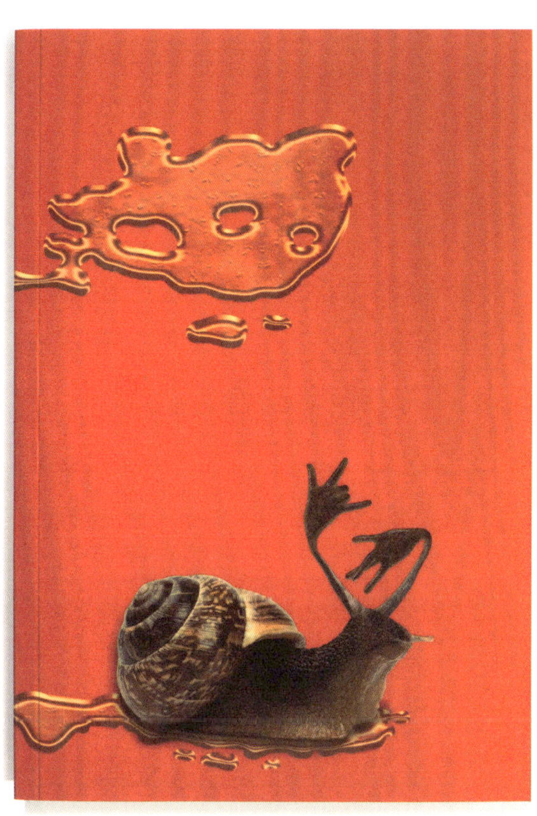

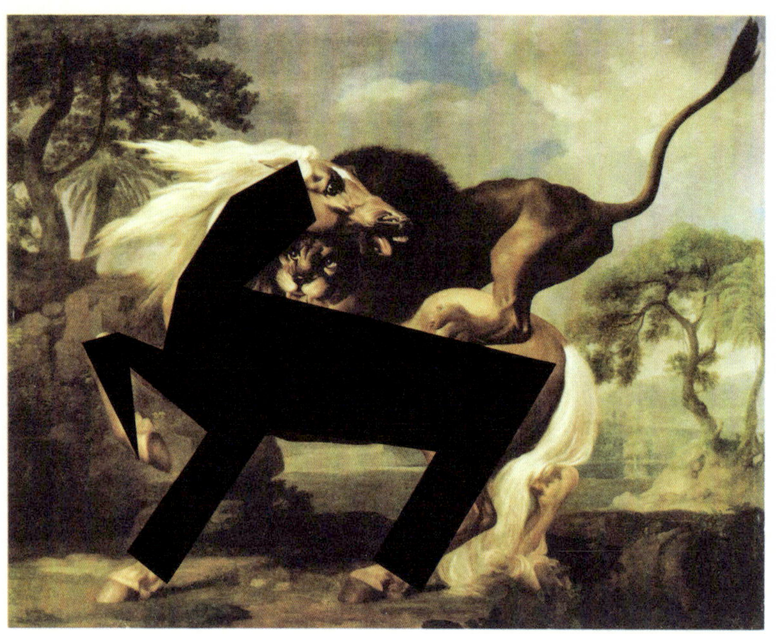

BY

SLAVS AND TATARS

KIDNAPPING MOUNTAINS

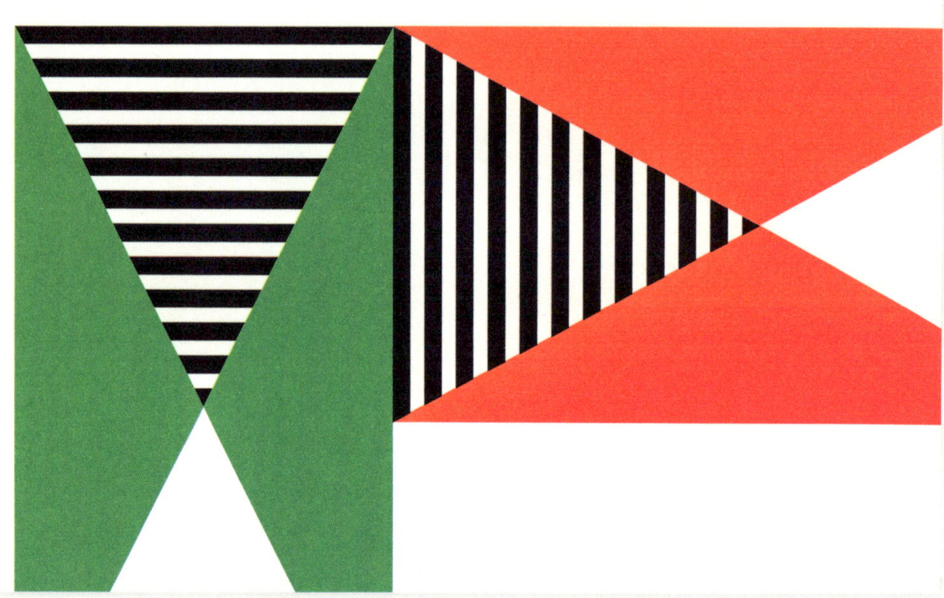

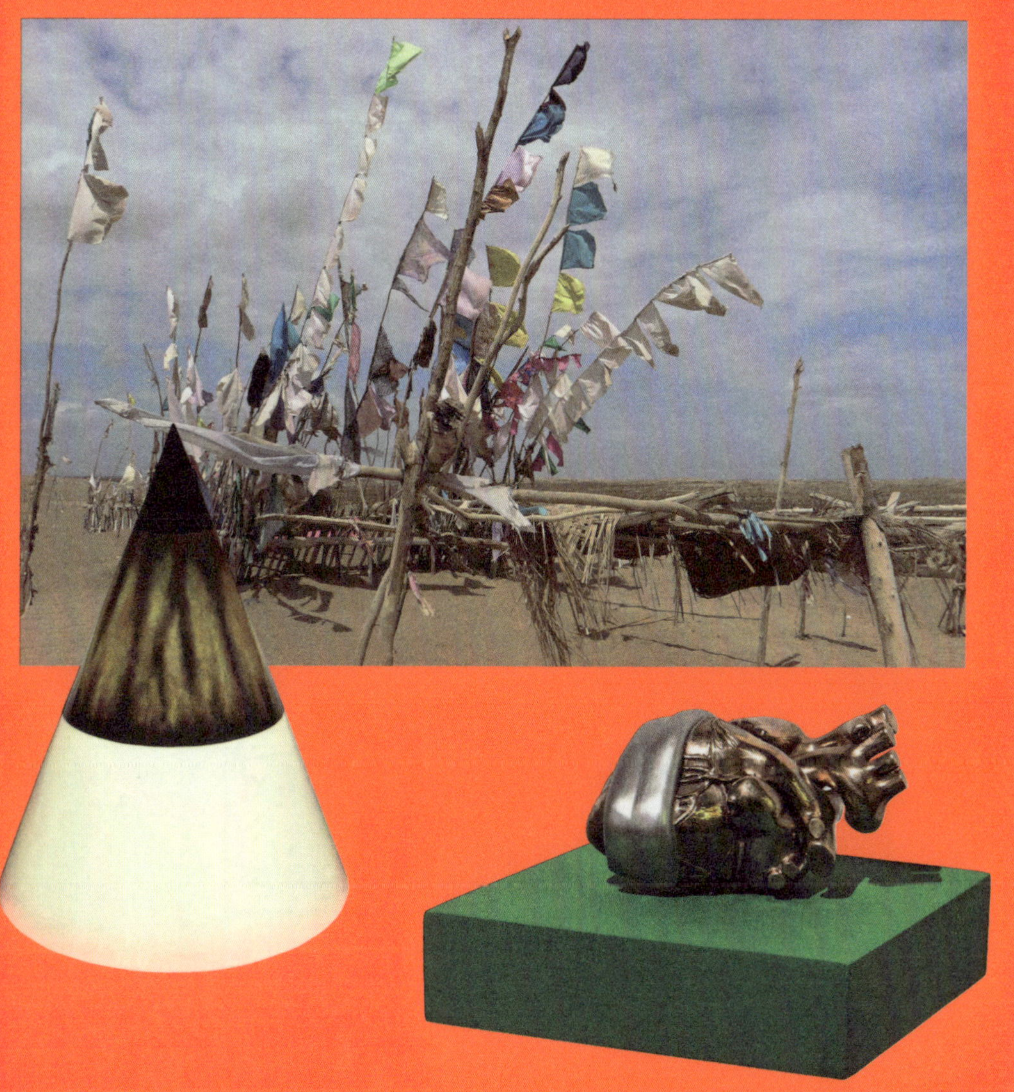
Slavs and Tatars
MIRRORS for PRINCES

Niesforne

Naughty

Nasals

Nosówki

Slavs and Tatars

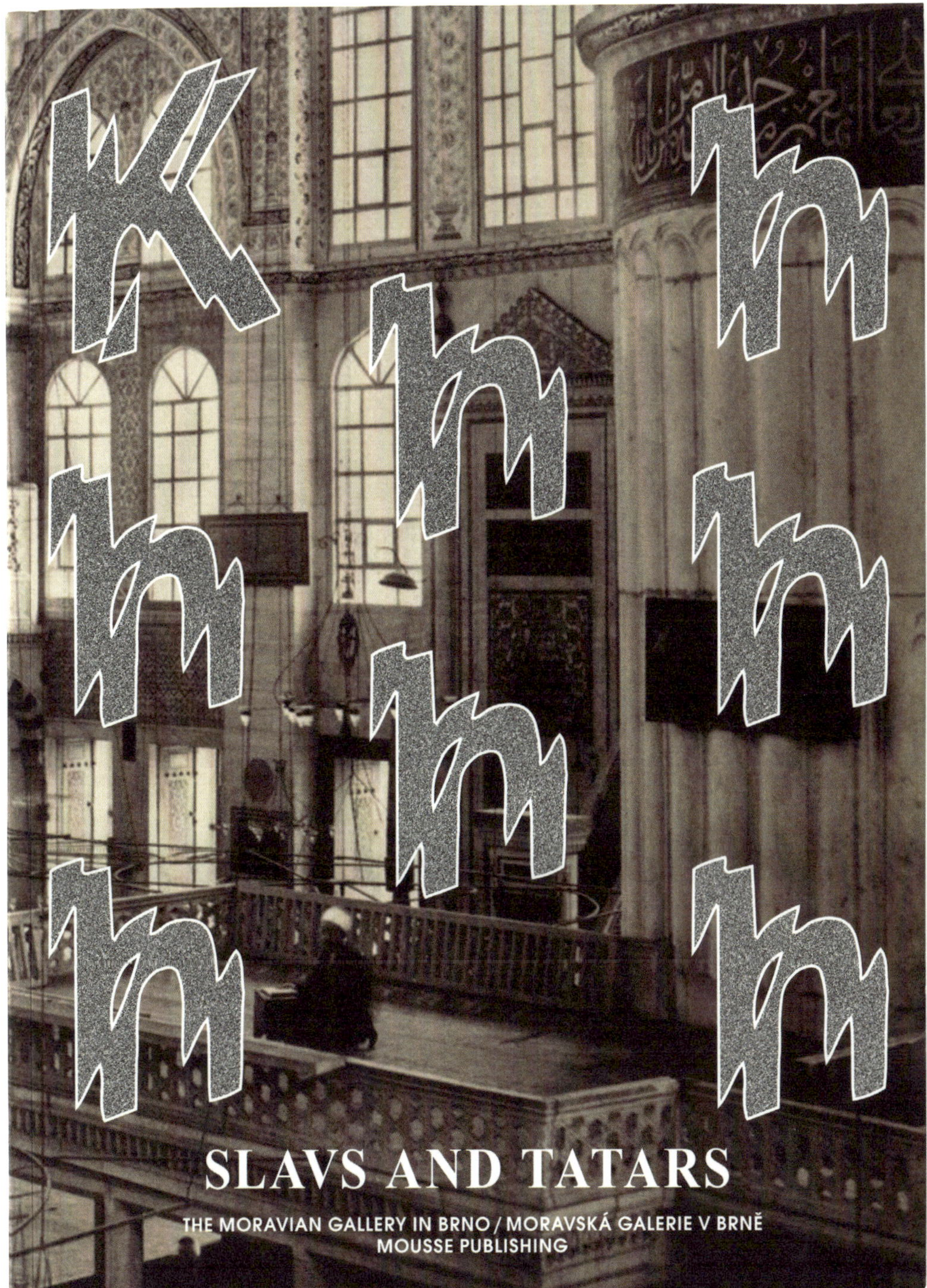

SLAVS AND TATARS
THE MORAVIAN GALLERY IN BRNO / MORAVSKÁ GALERIE V BRNĚ
MOUSSE PUBLISHING

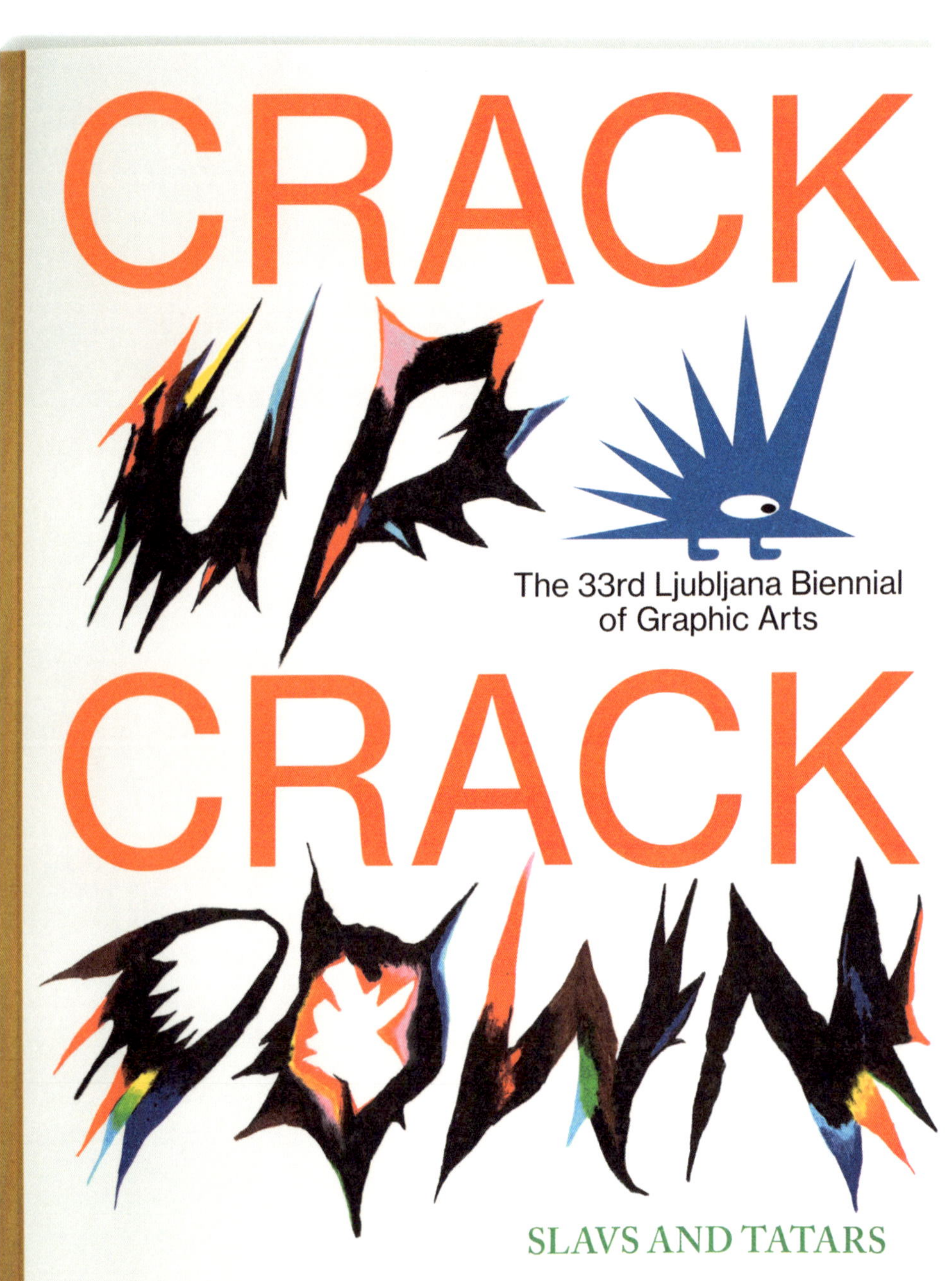
CRACK
CRACK
The 33rd Ljubljana Biennial
of Graphic Arts
SLAVS AND TATARS

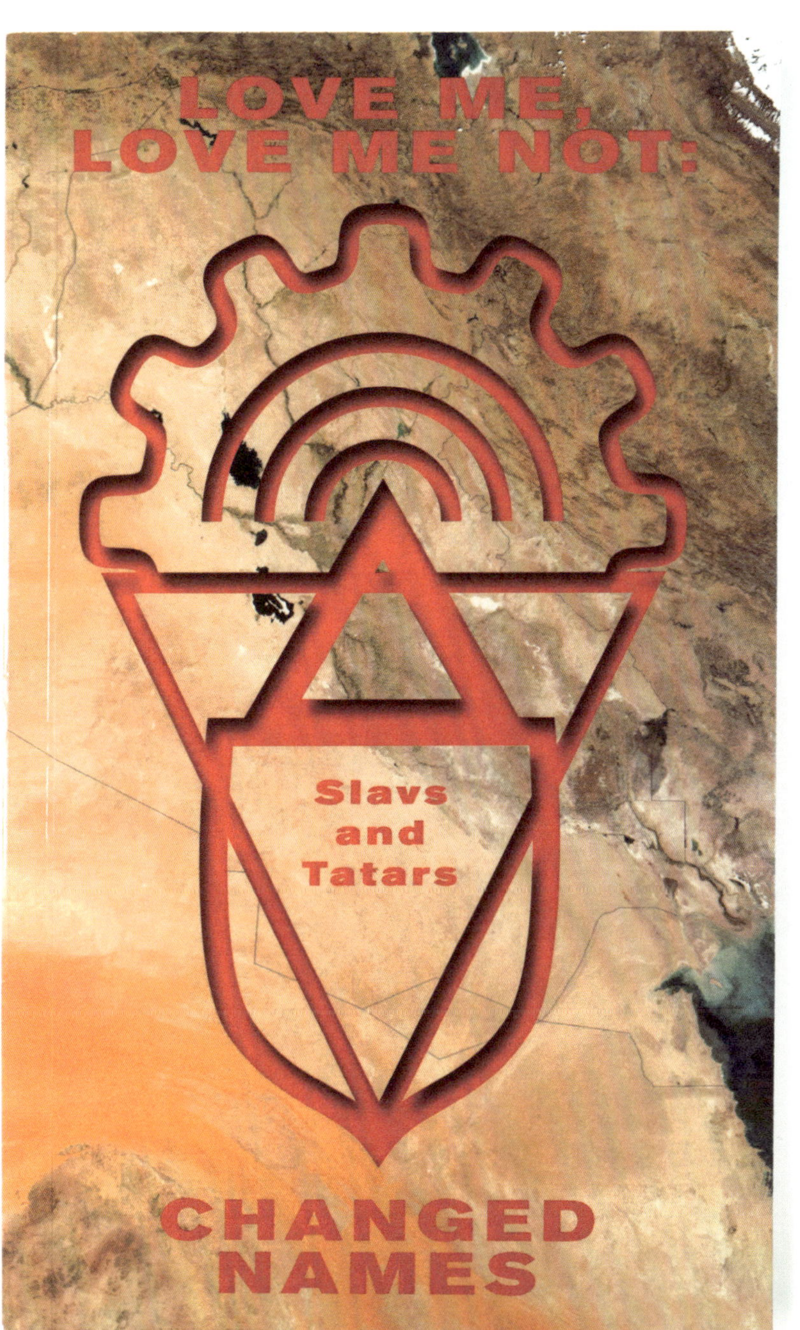
LOVE ME,
LOVE ME NOT:
Slavs
and
Tatars
CHANGED
NAMES

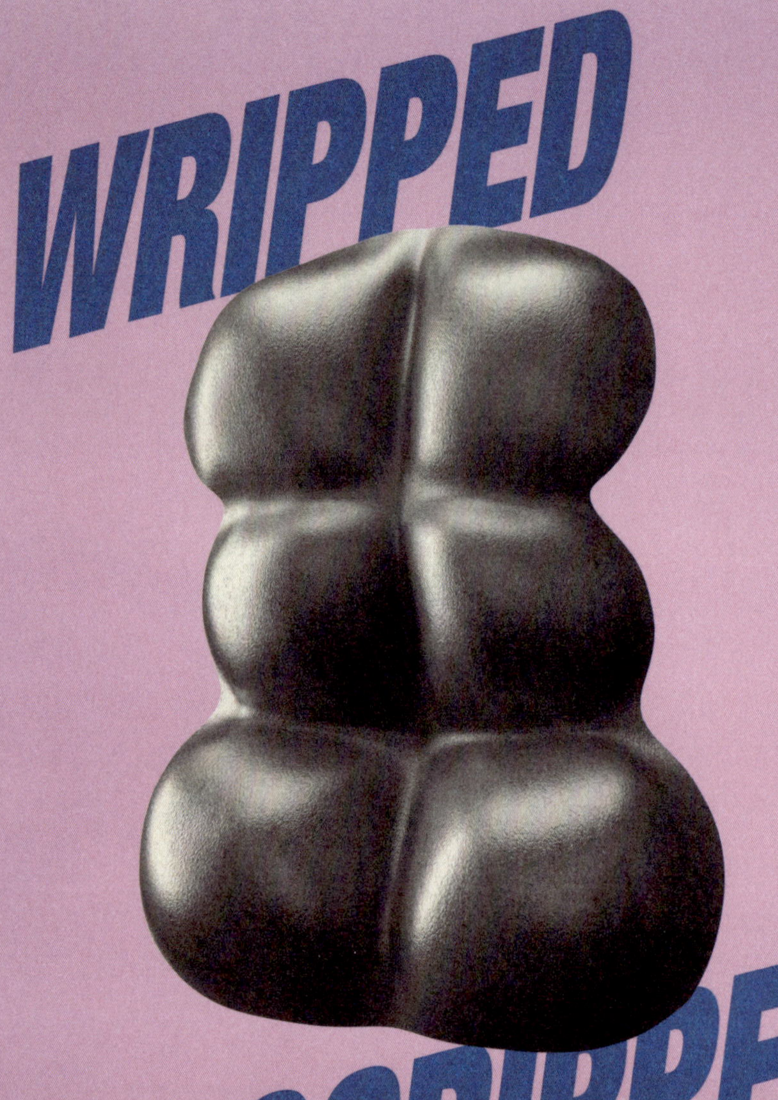

WRIPPED
SCRIPPED
SLAVS AND TATARS

HATJE
CANTZ

79. Slavs
89. and
09. Tatars

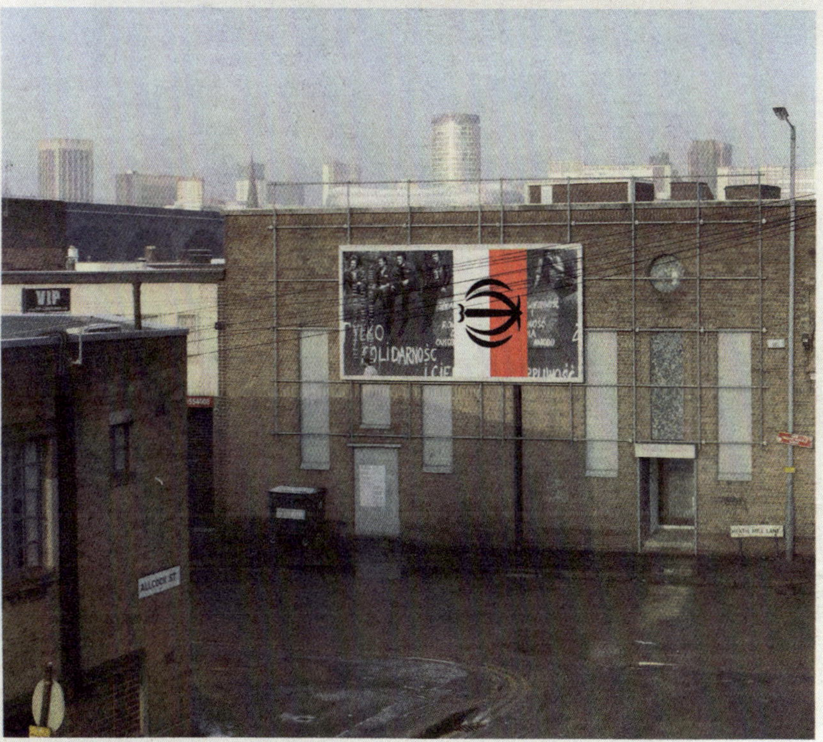

Slavs and Tatars, billboard, Eastside Projects, 2011

斯拉夫人與韃靼人 79.89.09.

79. 斯拉夫人
89. 與
09. 韃靼人

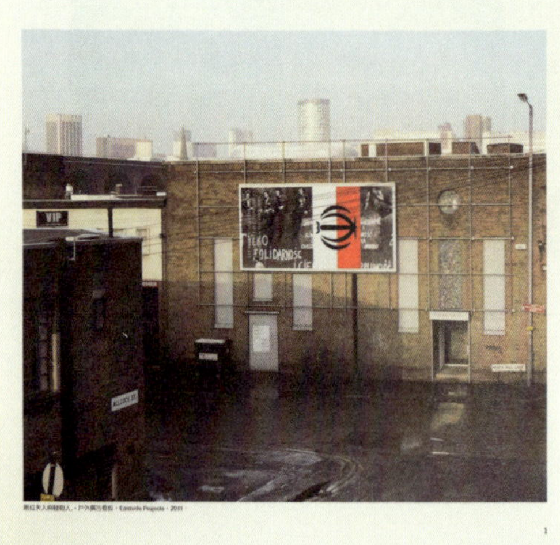

1

Slavs and Tatars 79.89.09.

79. ස්ලාවිස්
89. ඇන්ඩ්
09. ටාටර්ස්

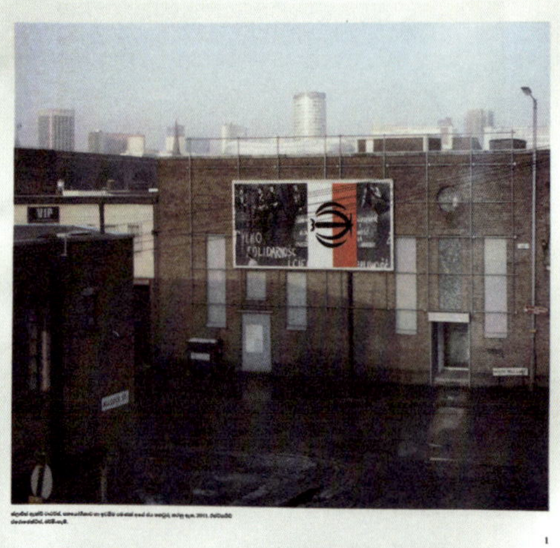

1

FRIENDSHIP OF NATIONS

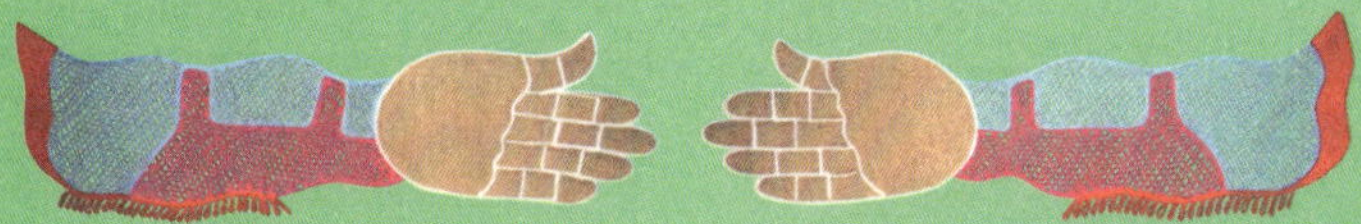

Polish Shi'ite Showbiz

Slavs and Tatars

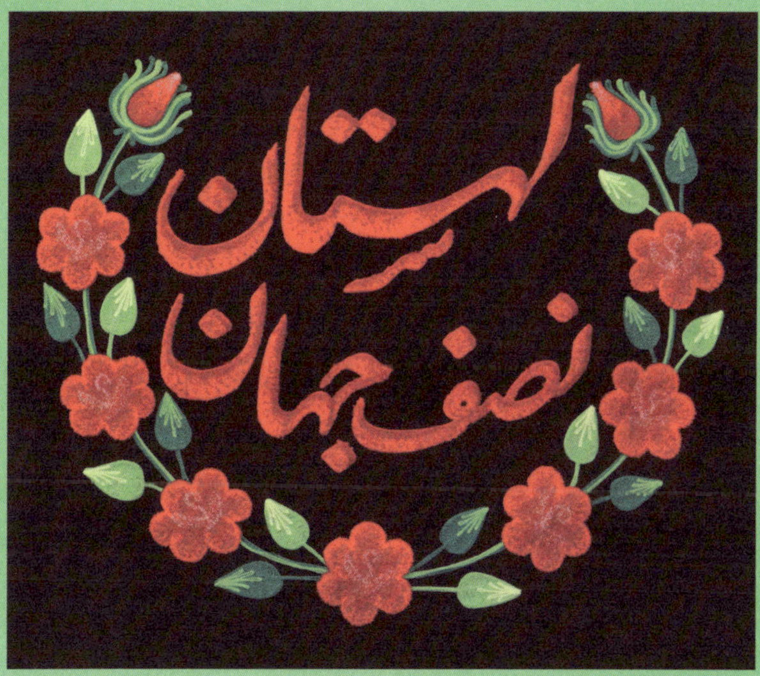

BOOK WORKS/ SHARJAH ART FOUNDATION

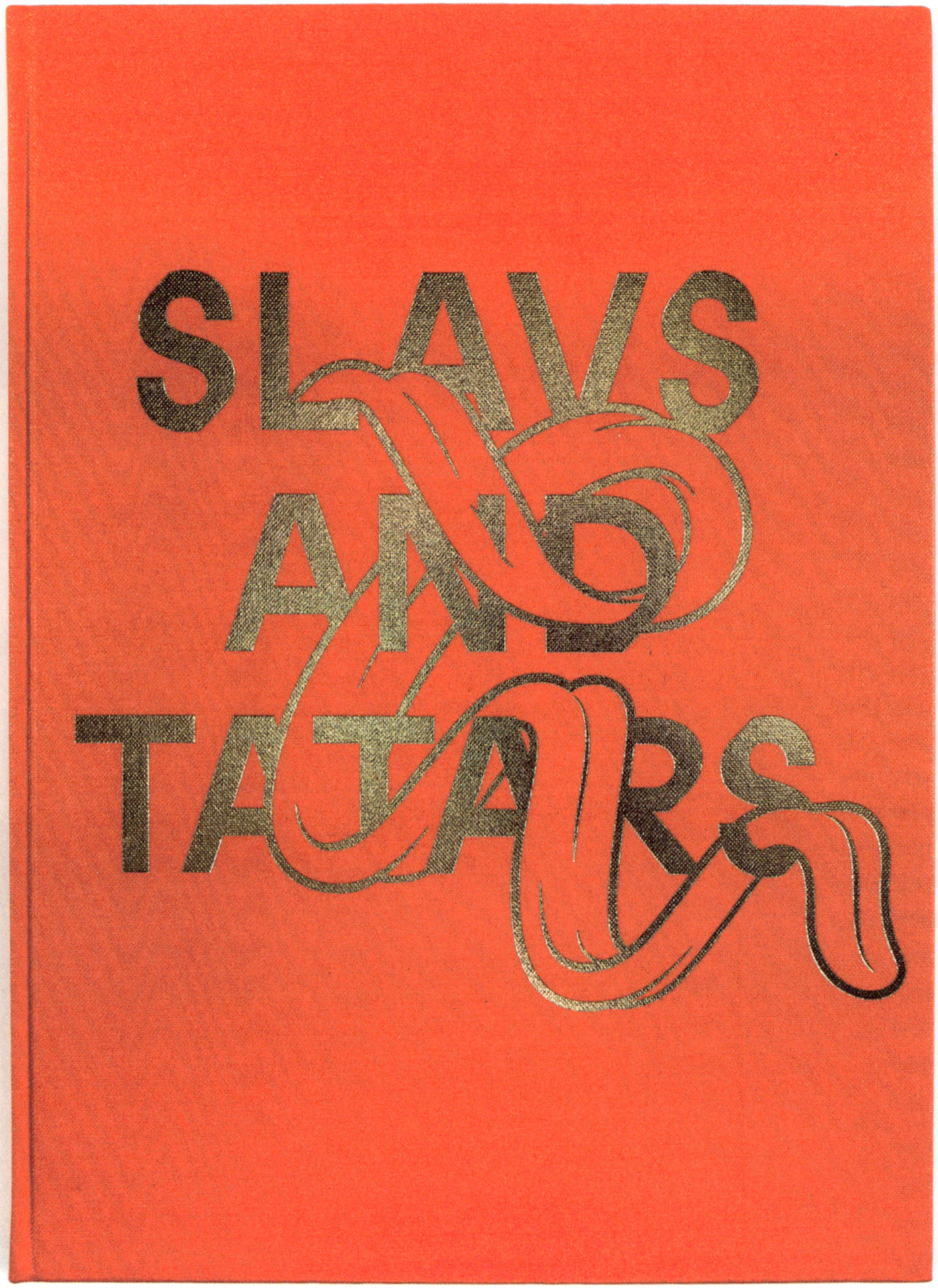

SLAVS AND TATARS

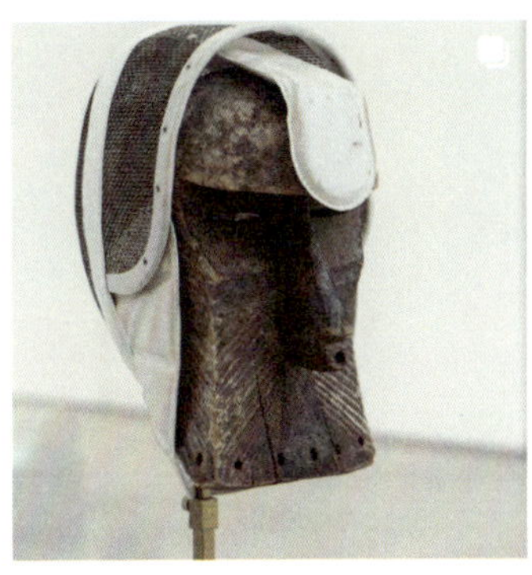
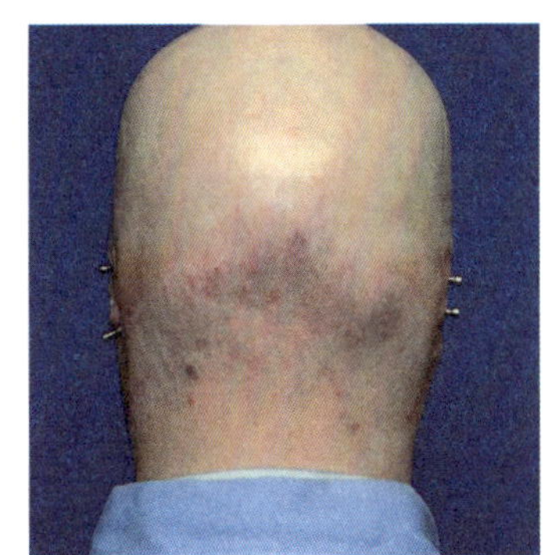
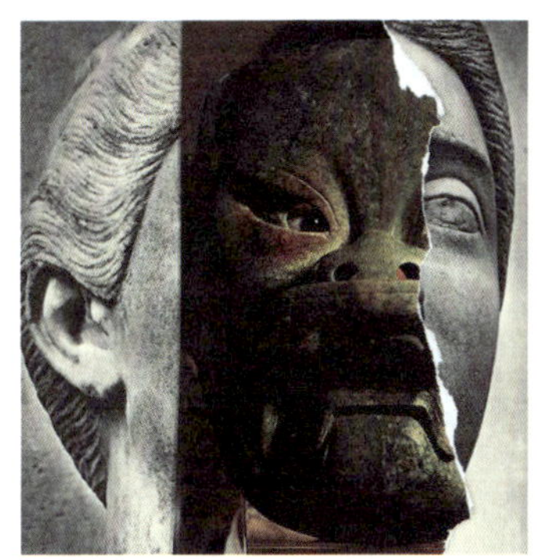
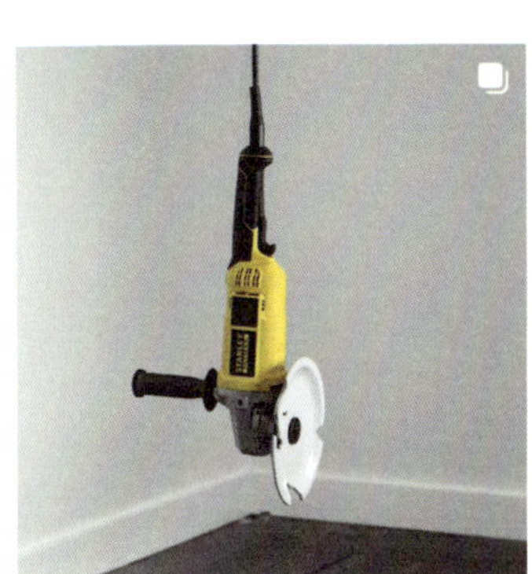
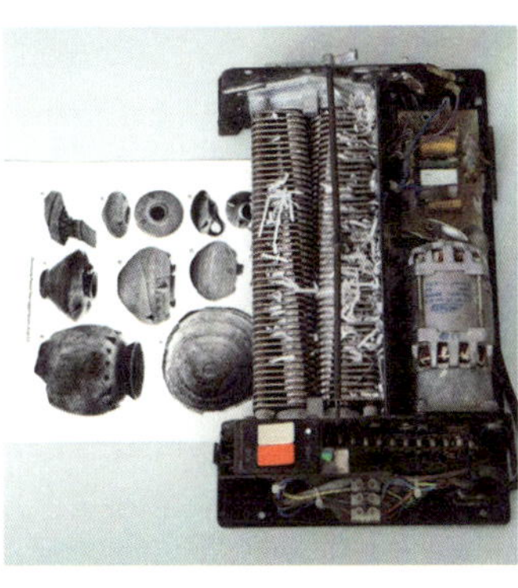
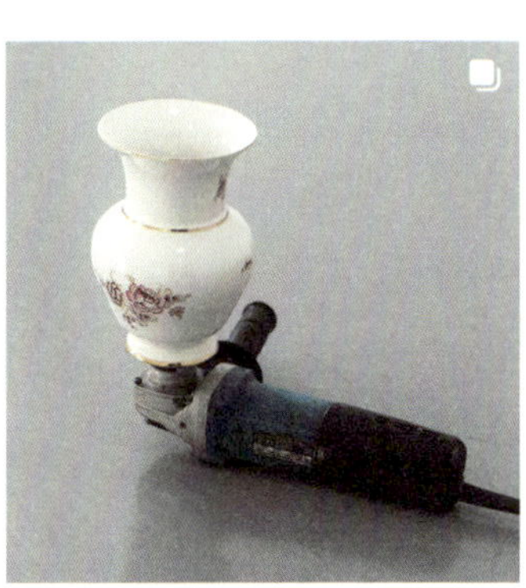
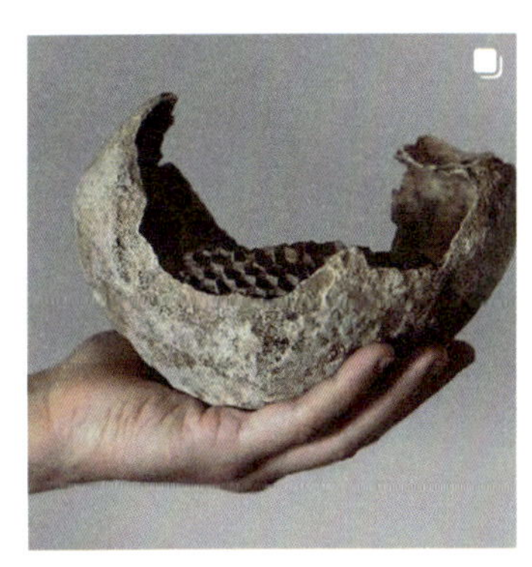
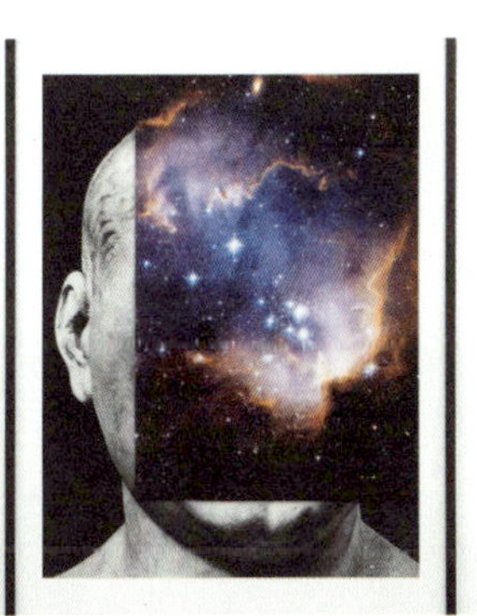
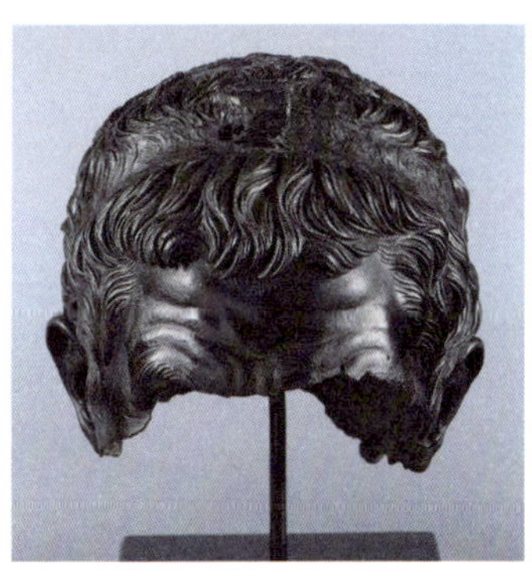
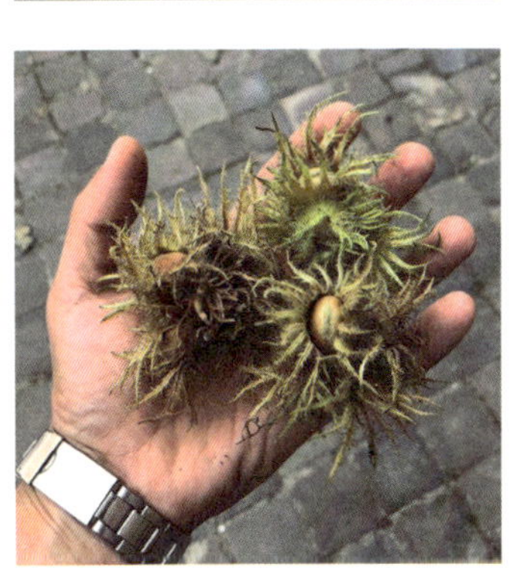
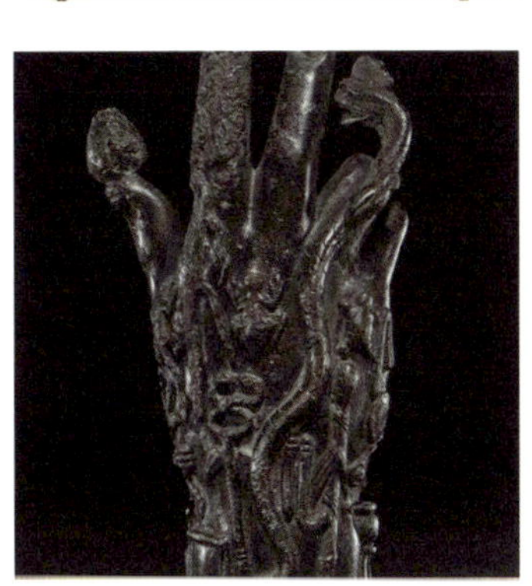
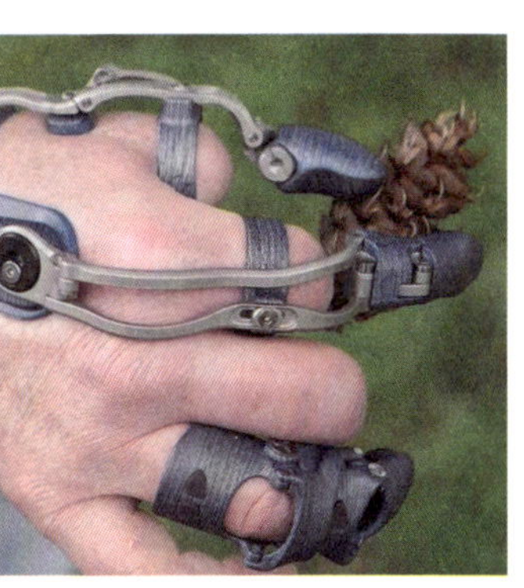

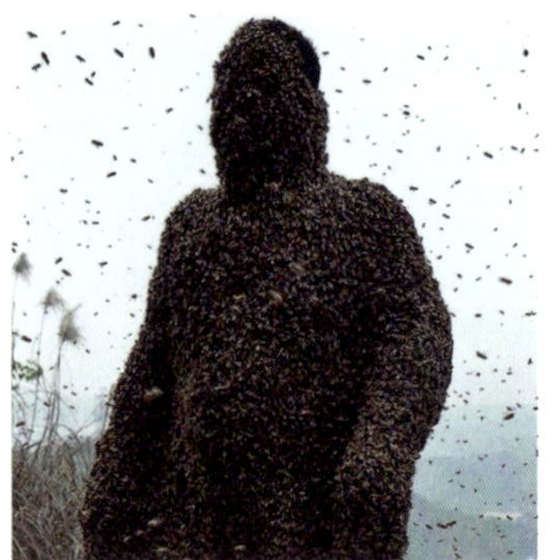

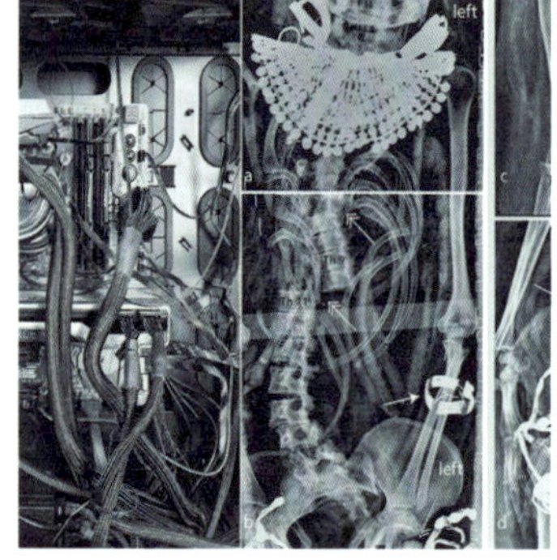

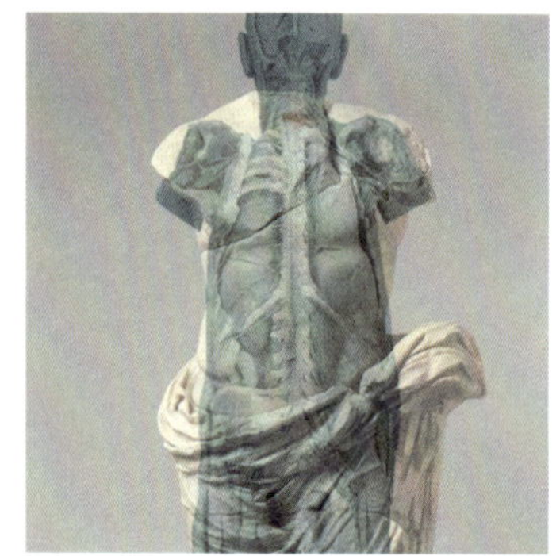

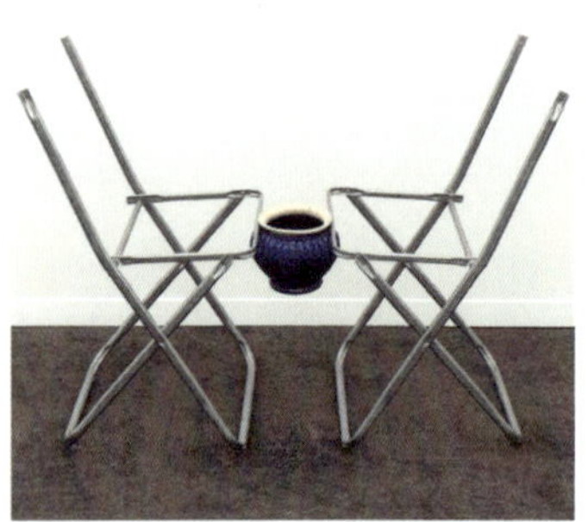

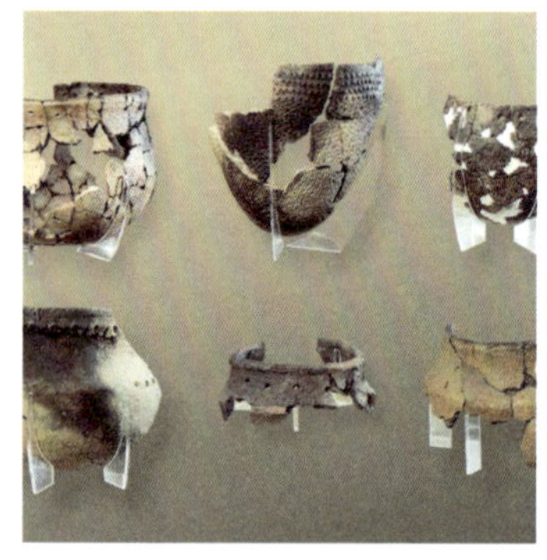

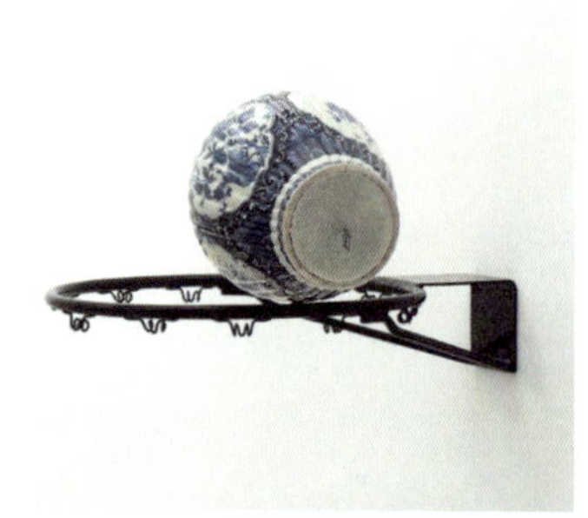

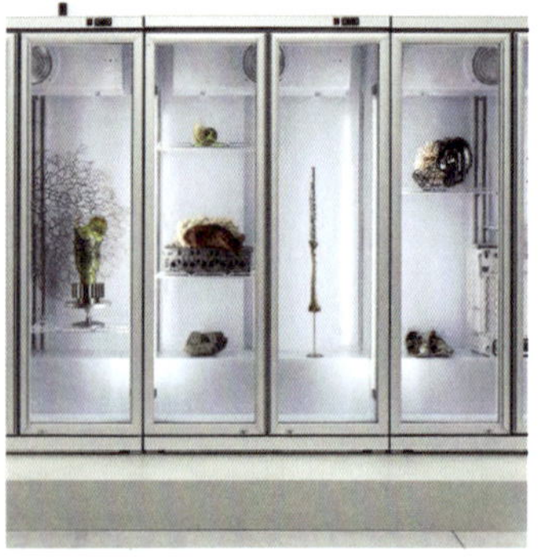

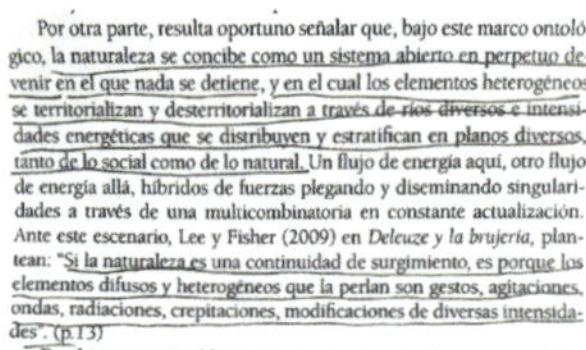

Por otra parte, resulta oportuno señalar que, bajo este marco ontológico, la naturaleza se concibe como un sistema abierto en perpetuo devenir en el que nada se detiene, y en el cual los elementos heterogéneos se territorializan y desterritorializan a través de ríos diversos e intensidades energéticas que se distribuyen y estratifican en planos diversos, tanto de lo social como de lo natural. Un flujo de energía aquí, otro flujo de energía allá, híbridos de fuerzas plegando y diseminando singularidades a través de una multicombinatoria en constante actualización. Ante este escenario, Lee y Fisher (2009) en *Deleuze y la brujería*, plantean: "Si la naturaleza es una continuidad de surgimiento, es porque los elementos difusos y heterogéneos que la perlan son gestos, agitaciones, ondas, radiaciones, crepitaciones, modificaciones de diversas intensidades". (p.13)

De ahí que sea posible pensar en enjambres de diversos materiales, esparcidos y plegados por los múltiples espacios de posibilidades energéticas, mutando todo el tiempo hacia diversos pliegues. De tal modo, el que todos los dinamismos interconectados estén en una proliferación infinita en un juego de ajustes y desajustes en el que los múltiples flujos viven una metamorfosis constante de unos a otros, sin detenerse un solo instante. Al respecto, Lee y Fisher (2009) subrayan lo siguiente:

> De nada serviría leer todo lo precedente de manera inmóvil y preformada. Esta naturaleza es, por el contrario, dinámica y preformal. Sus flujos están en perpetua mutación, aunque a ritmos dispares, irreductibles a una medida común –en ese sentido es que operan como hiatos cósmicos, propiciando así todo tipo de interpenetraciones y contagios (p.13).

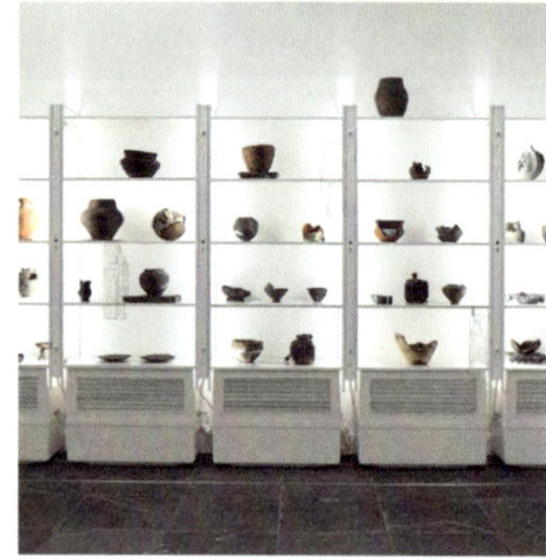

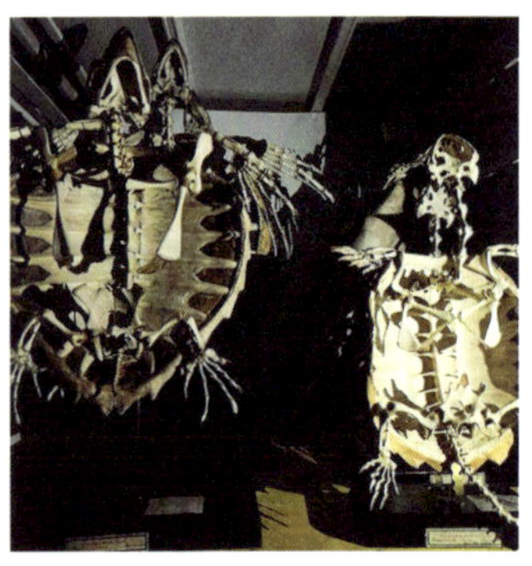

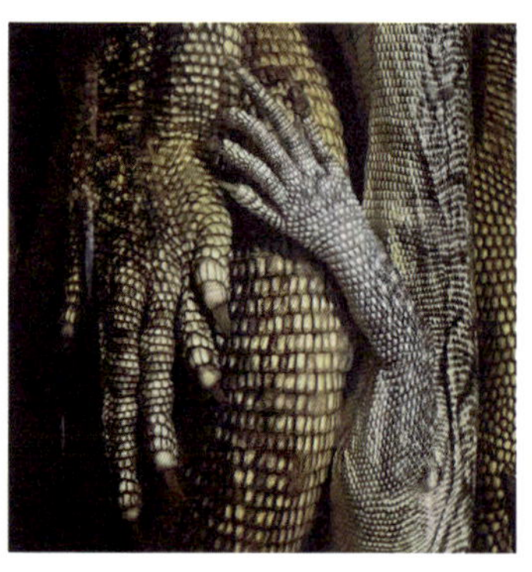

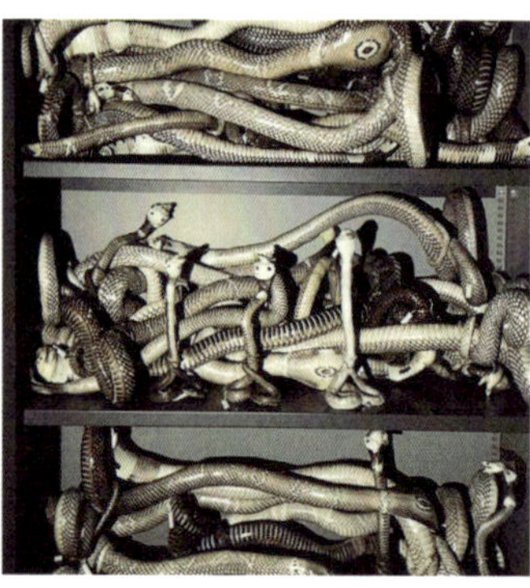

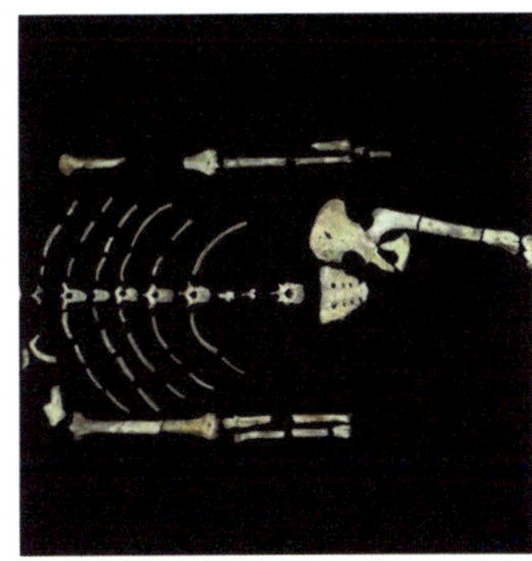

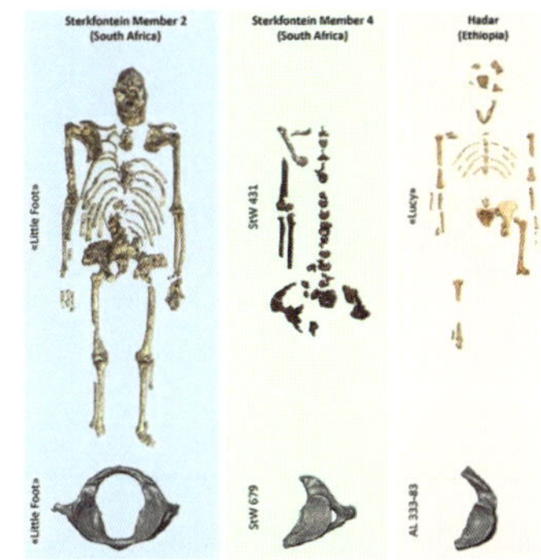
Sterkfontein Member 2
(South Africa)
Sterkfontein Member 4
(South Africa)
Hadar
(Ethiopia)
«Little Foot»
StW 431
«Lucy»
«Little Foot»
StW 679
AL 333-83

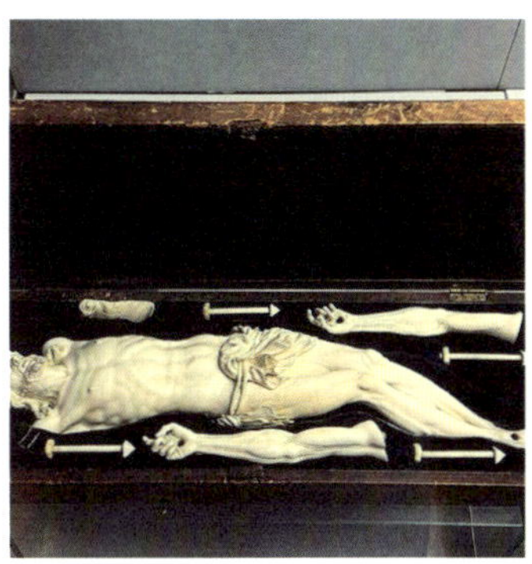

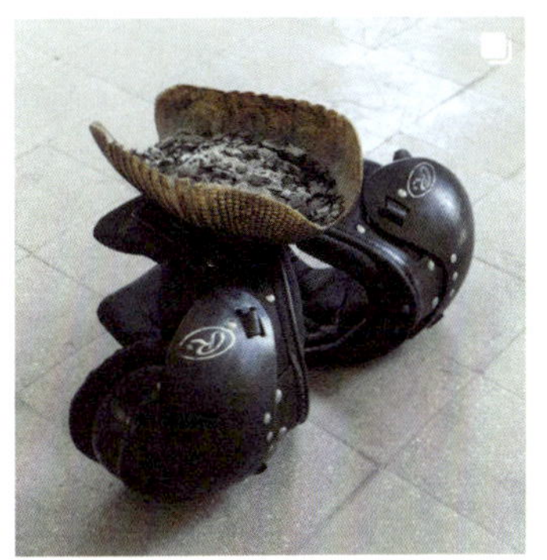

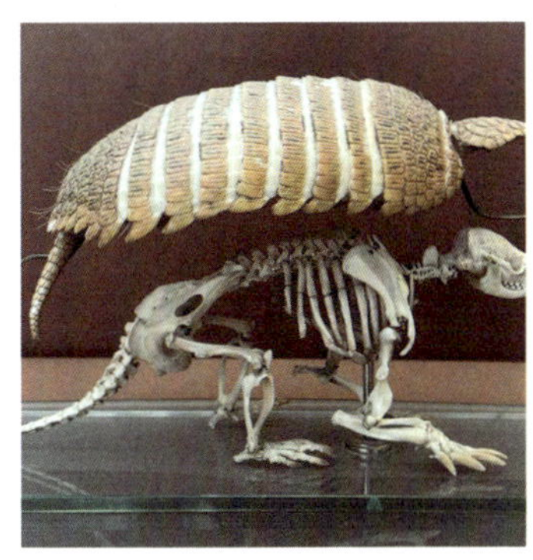

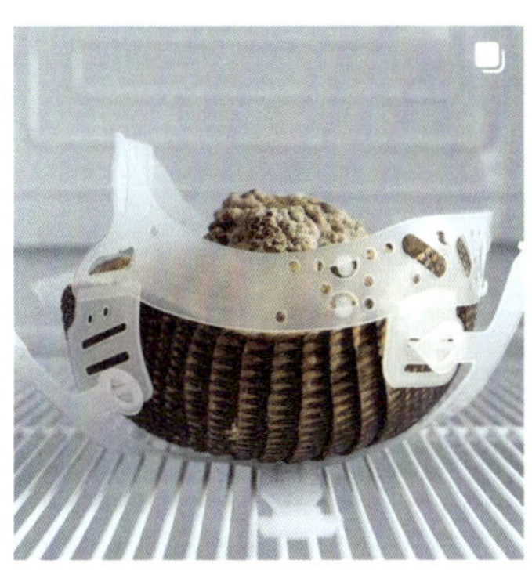

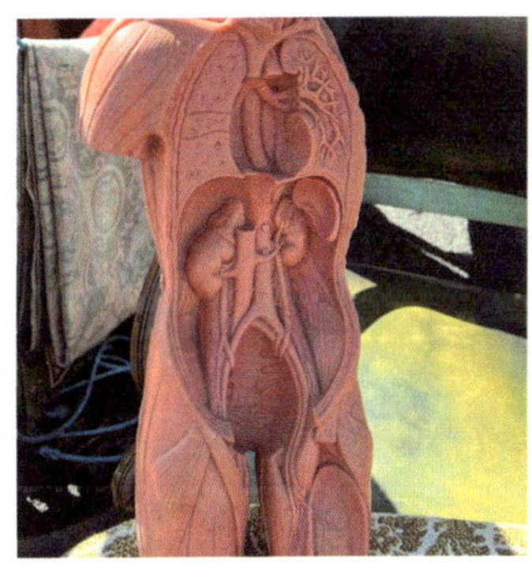

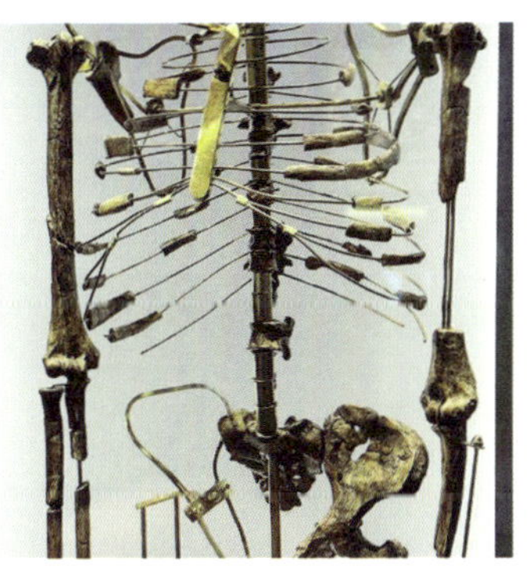

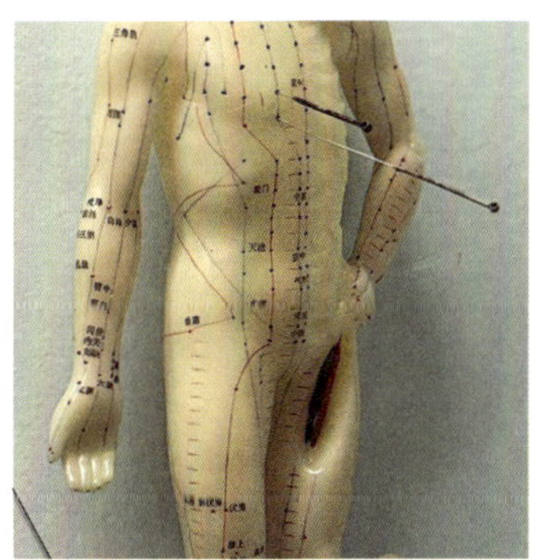

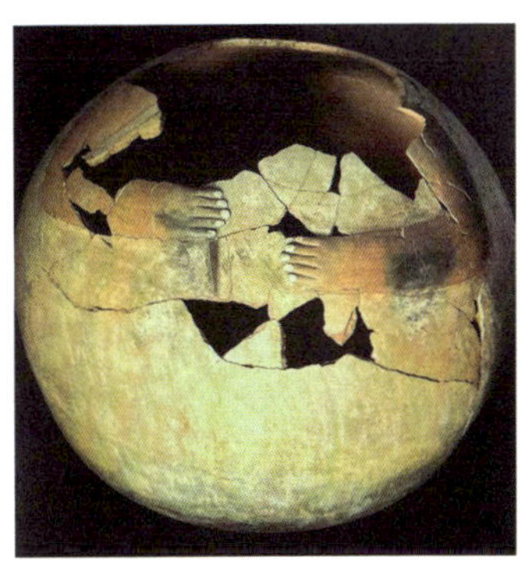

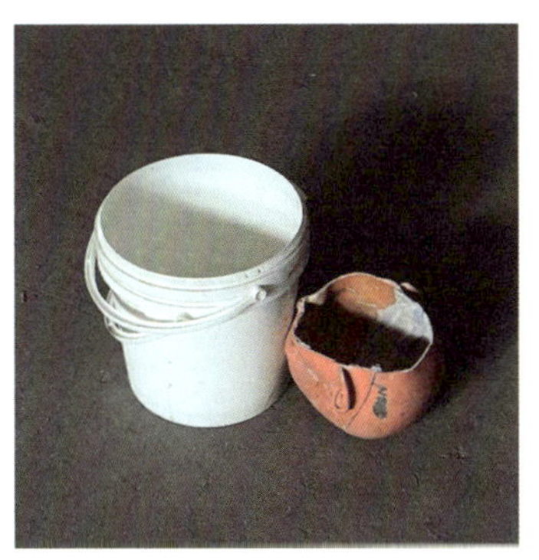

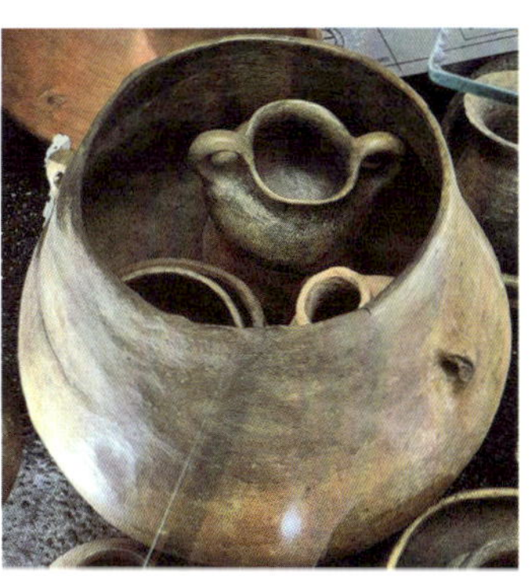

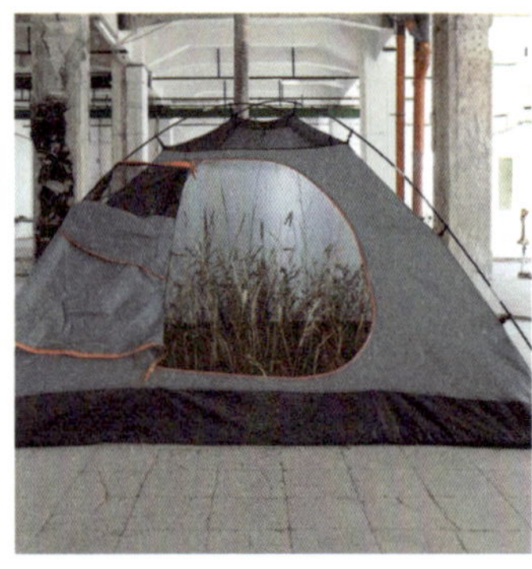
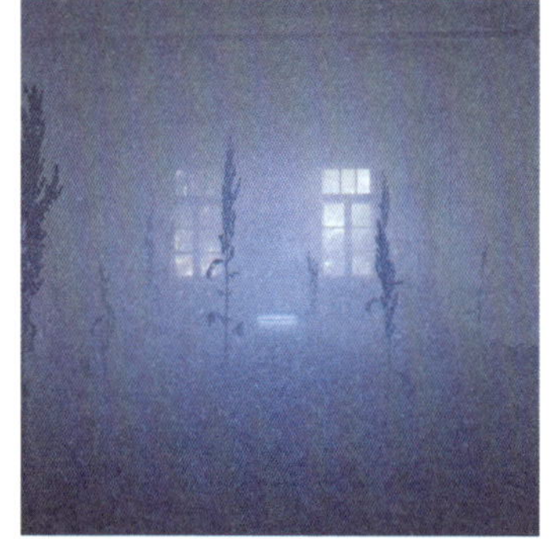
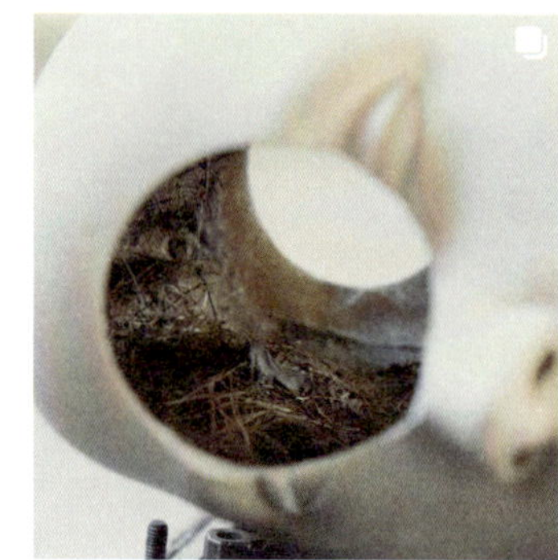
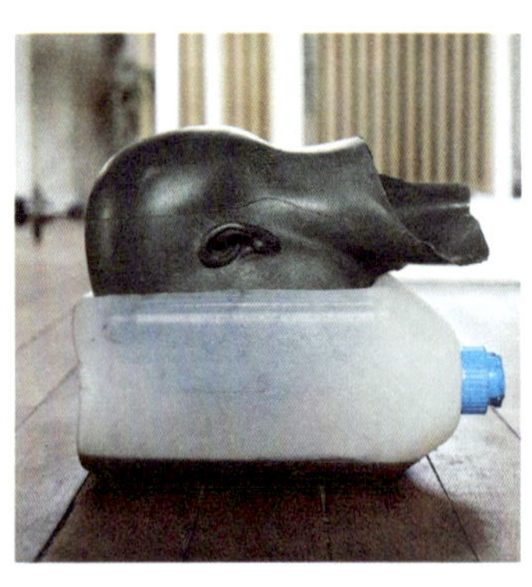
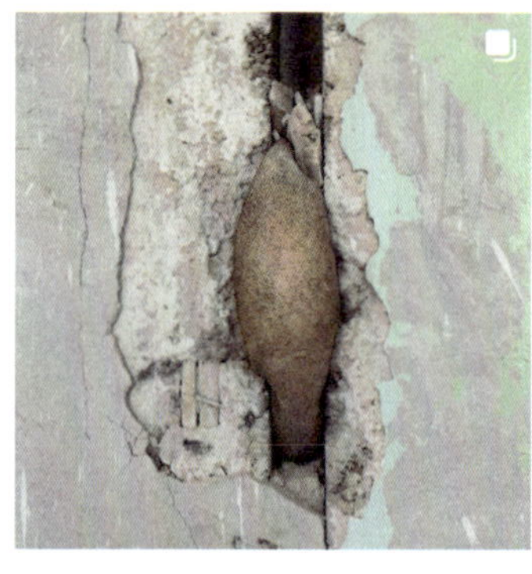
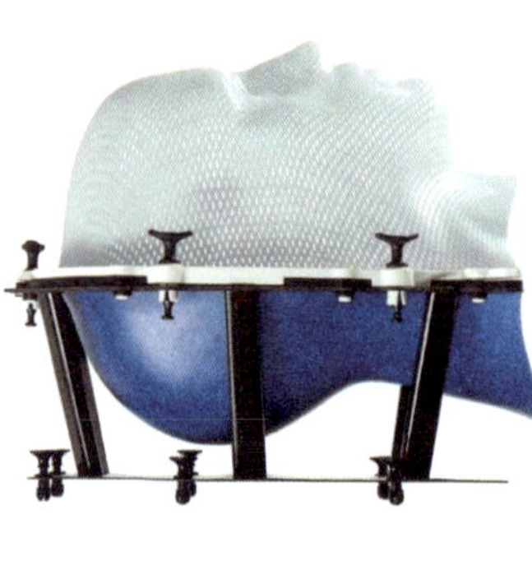
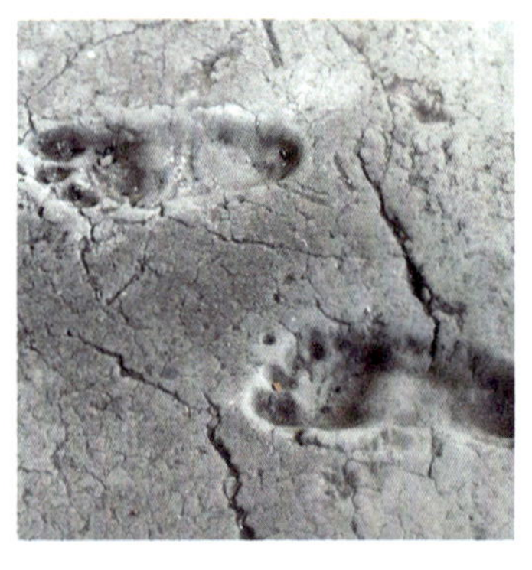
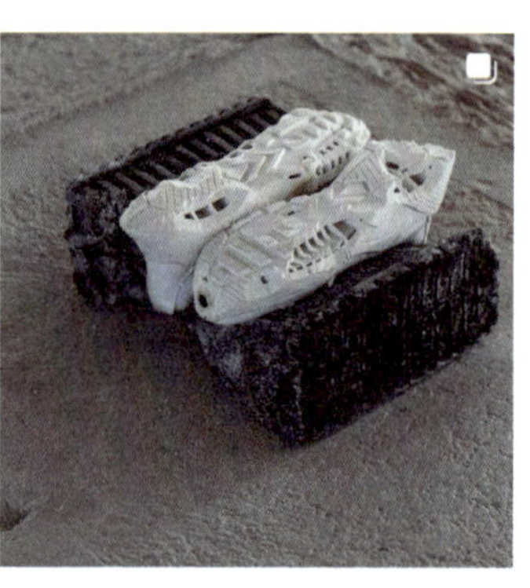
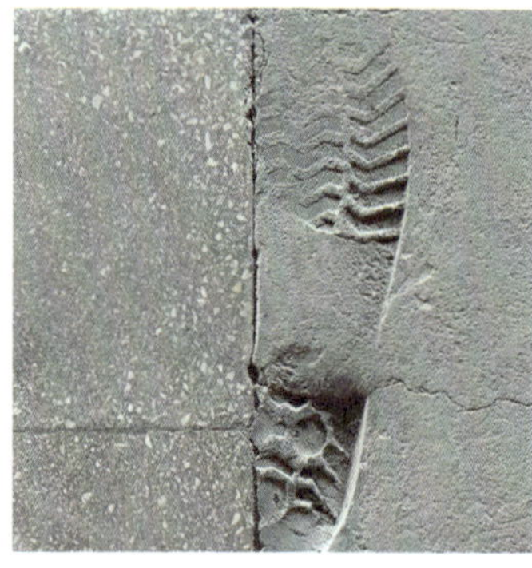
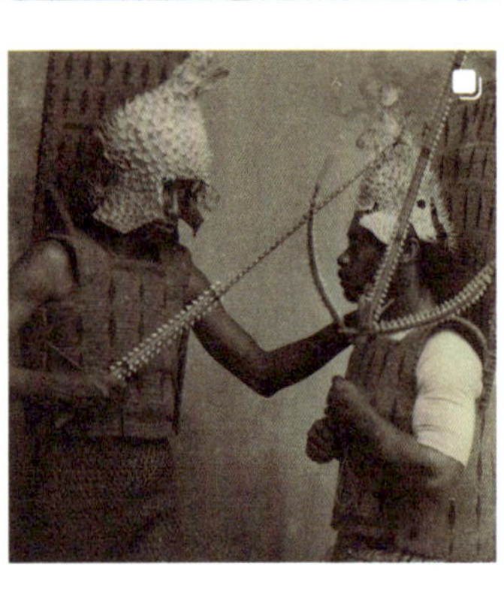
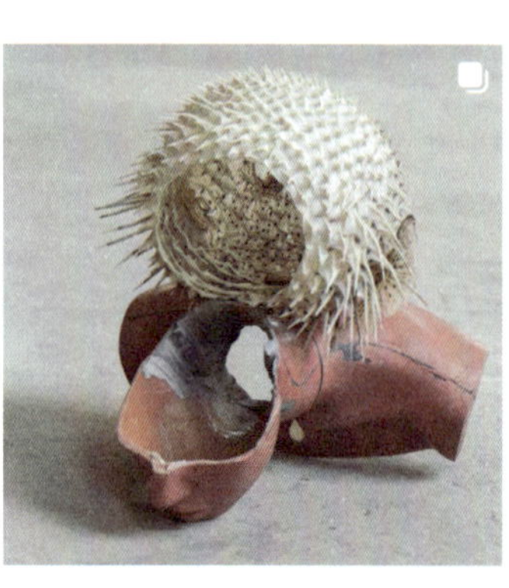
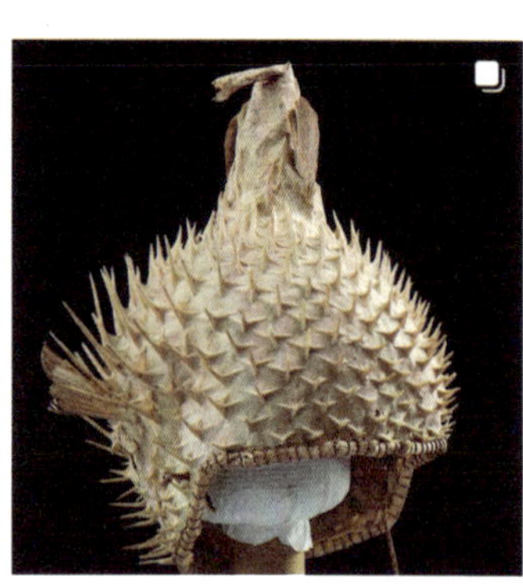

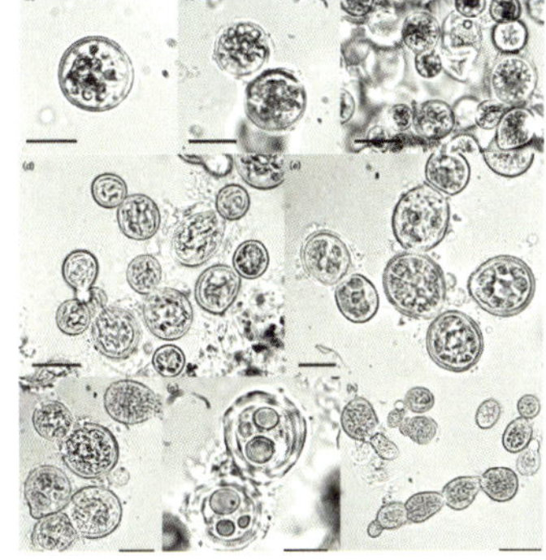

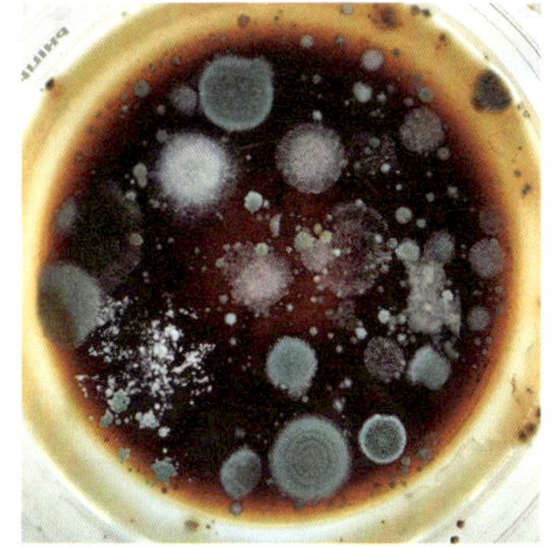

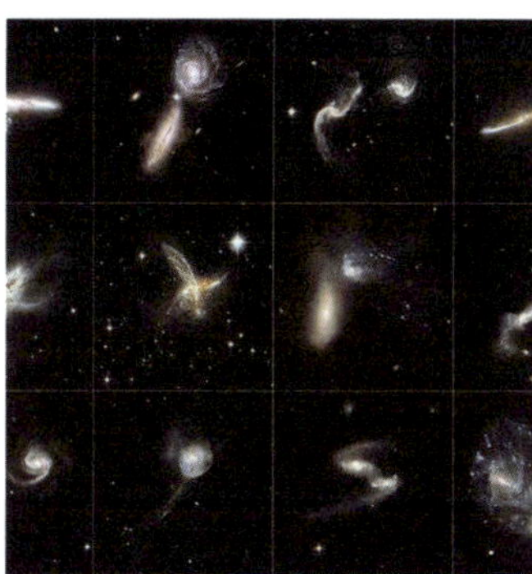

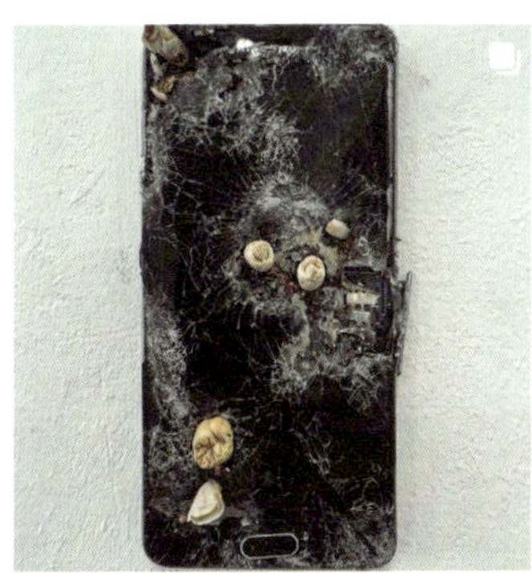

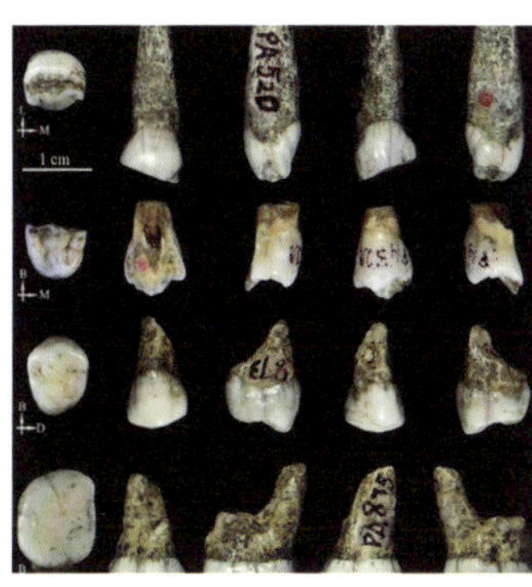

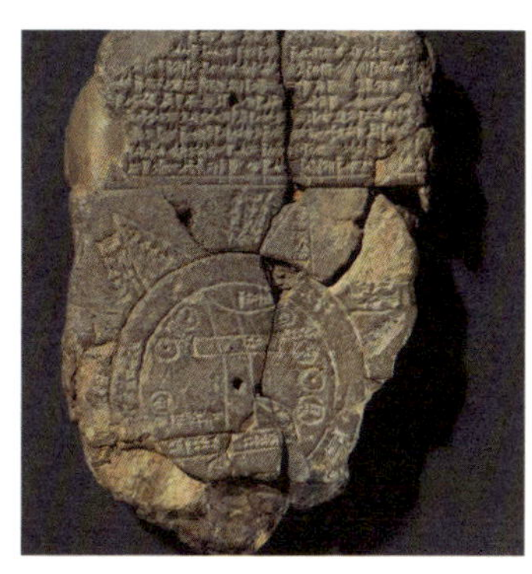

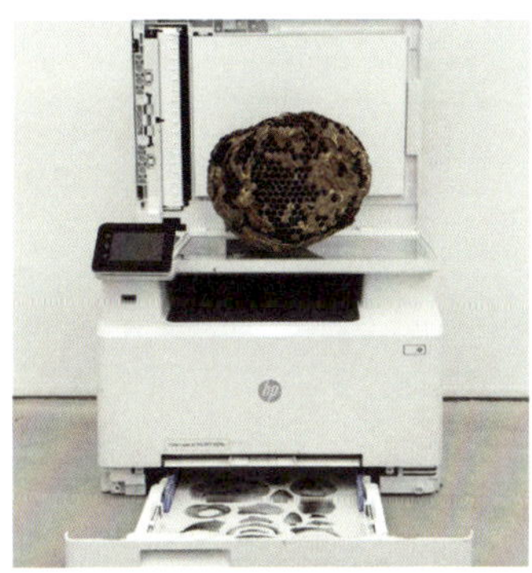

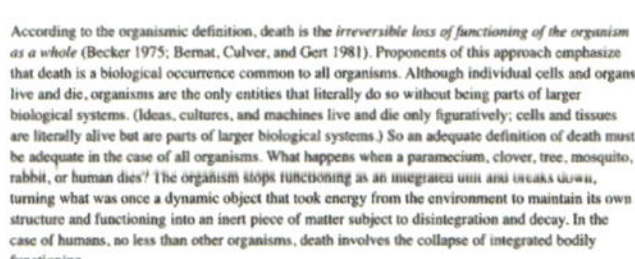

According to the organismic definition, death is the *irreversible loss of functioning of the organism as a whole* (Becker 1975; Bernat, Culver, and Gert 1981). Proponents of this approach emphasize that death is a biological occurrence common to all organisms. Although individual cells and organs live and die, organisms are the only entities that literally do so without being parts of larger biological systems. (Ideas, cultures, and machines live and die only figuratively; cells and tissues are literally alive but are parts of larger biological systems.) So an adequate definition of death must be adequate in the case of all organisms. What happens when a paramecium, clover, tree, mosquito, rabbit, or human dies? The organism stops functioning as an integrated unit and breaks down, turning what was once a dynamic object that took energy from the environment to maintain its own structure and functioning into an inert piece of matter subject to disintegration and decay. In the case of humans, no less than other organisms, death involves the collapse of integrated bodily functioning.

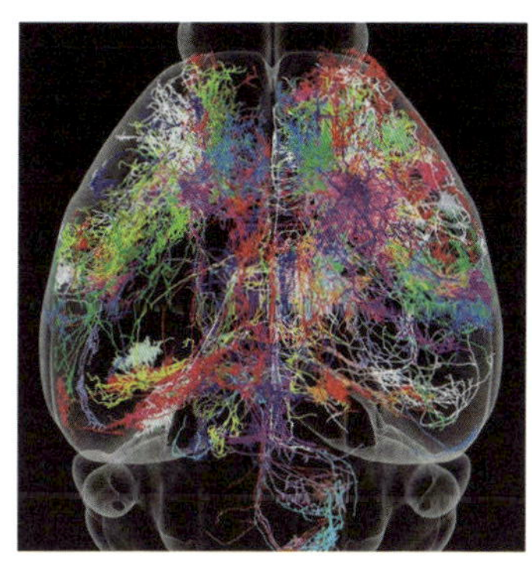

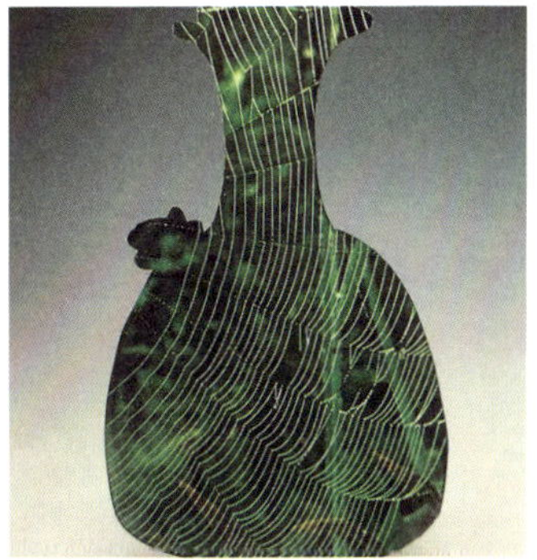

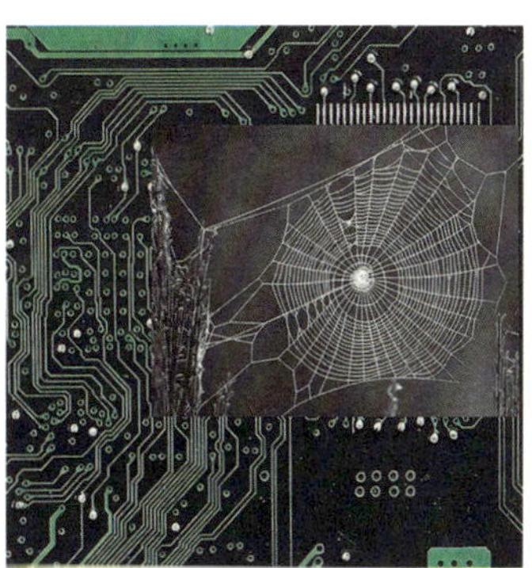

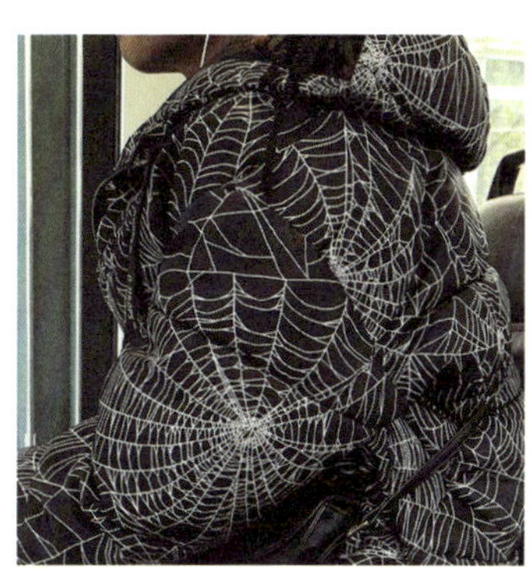

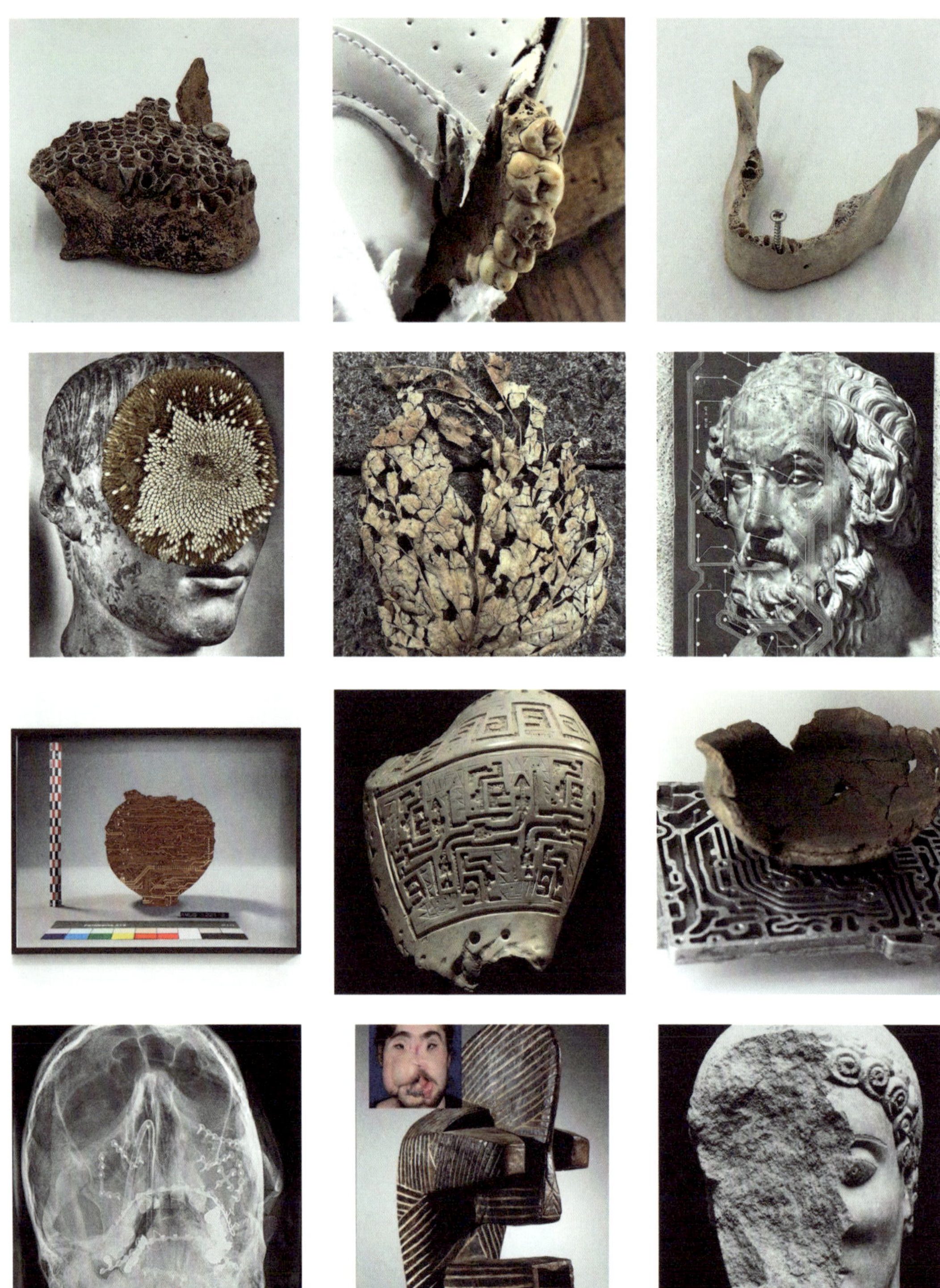

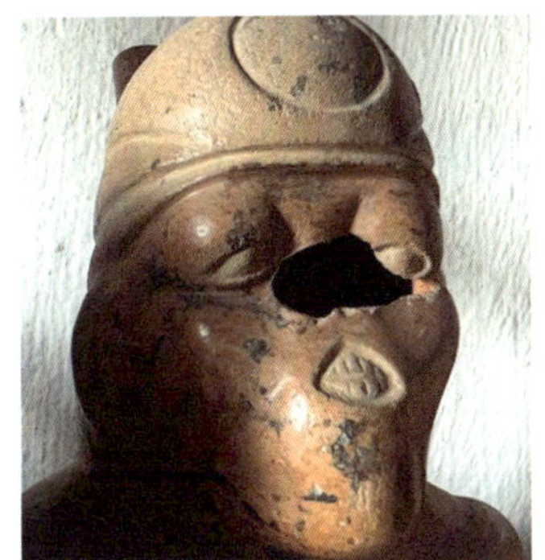
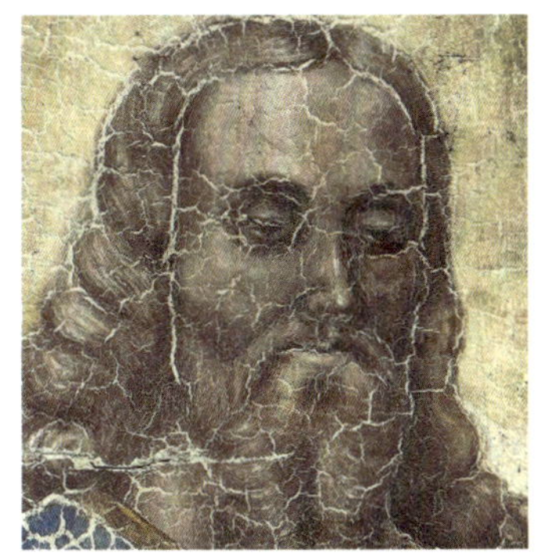
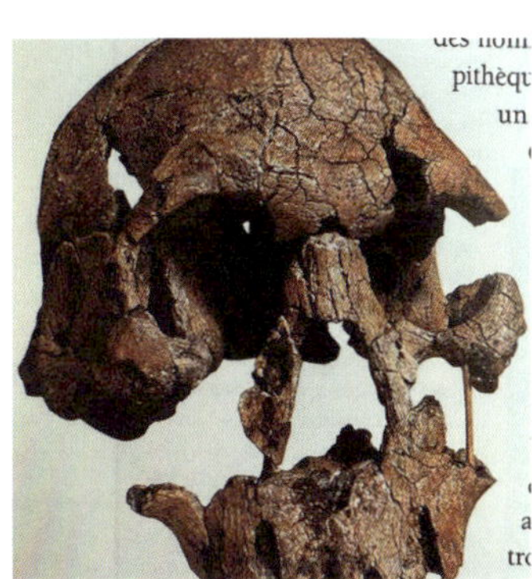
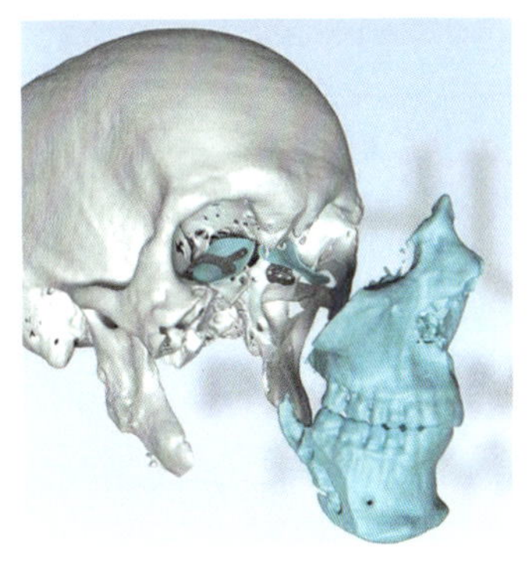
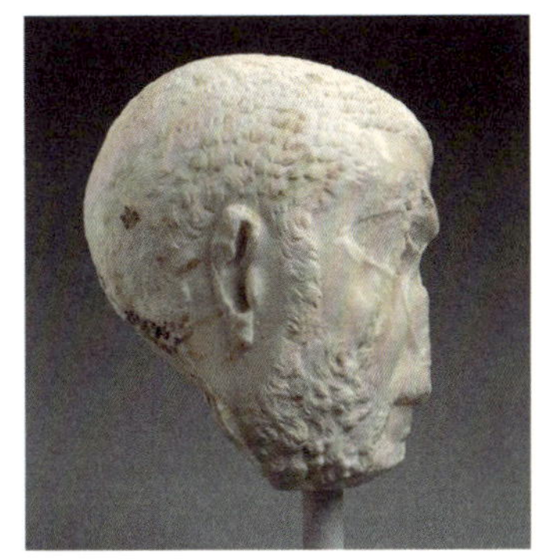
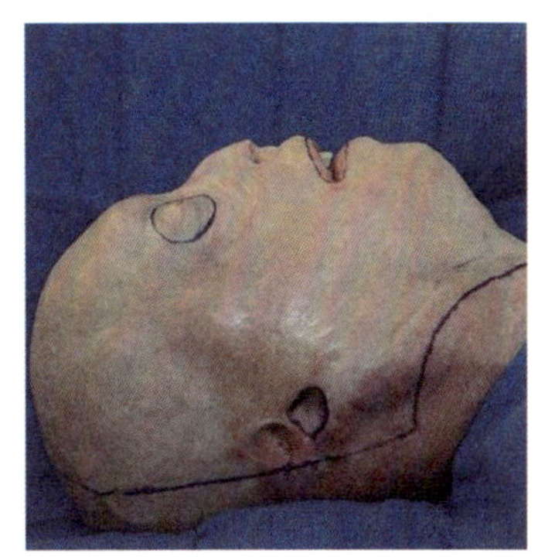
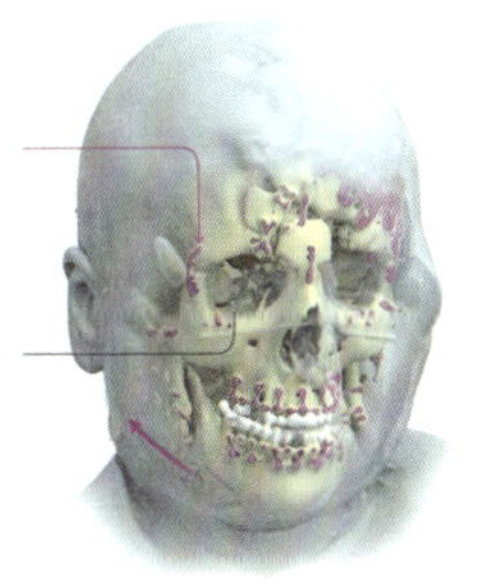
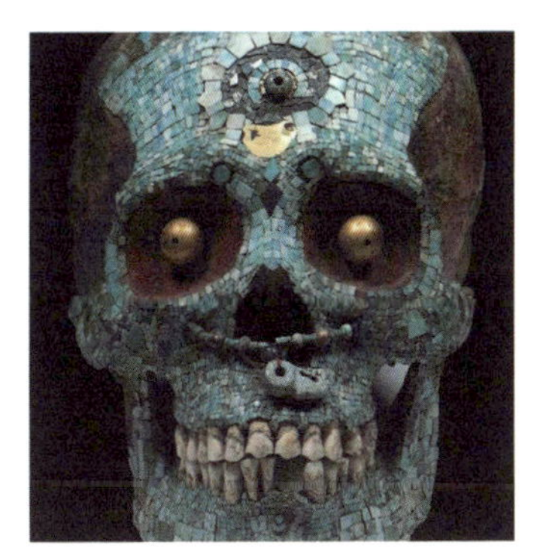
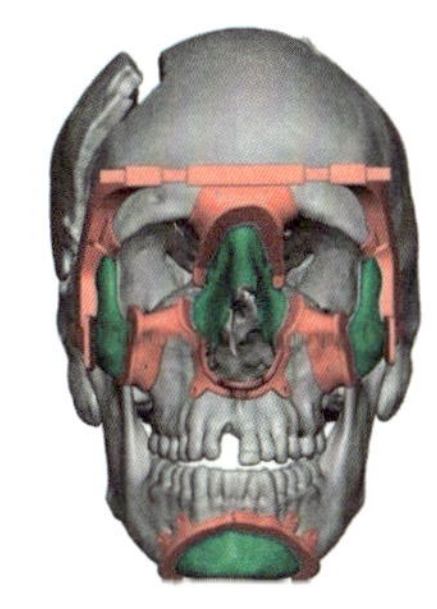
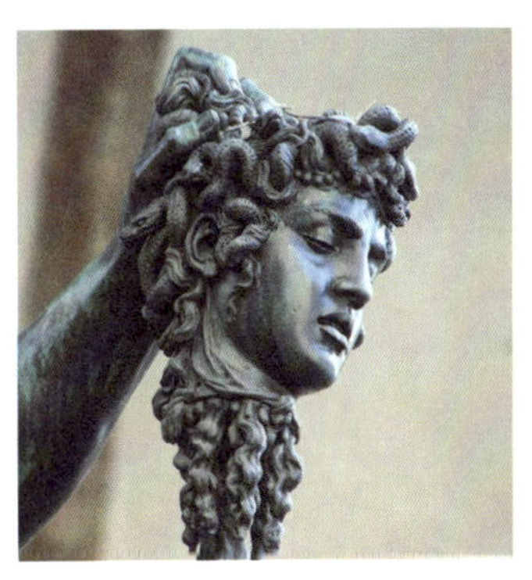
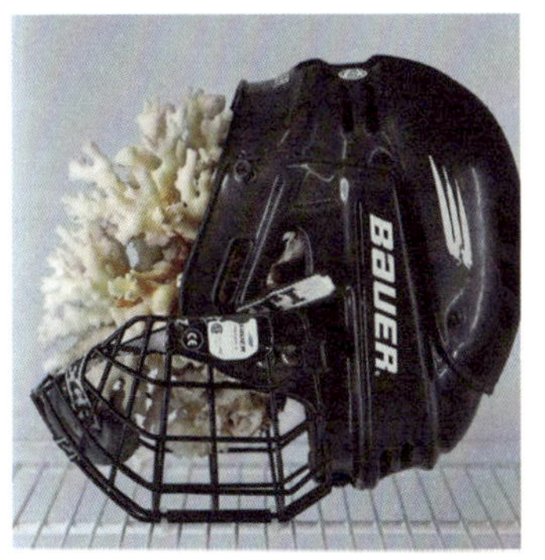
BAUER
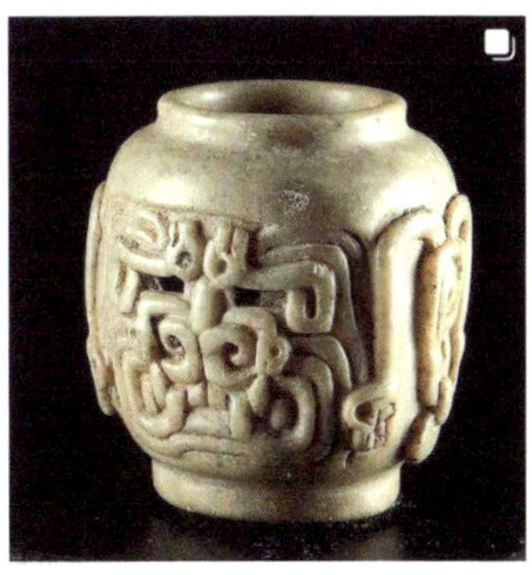

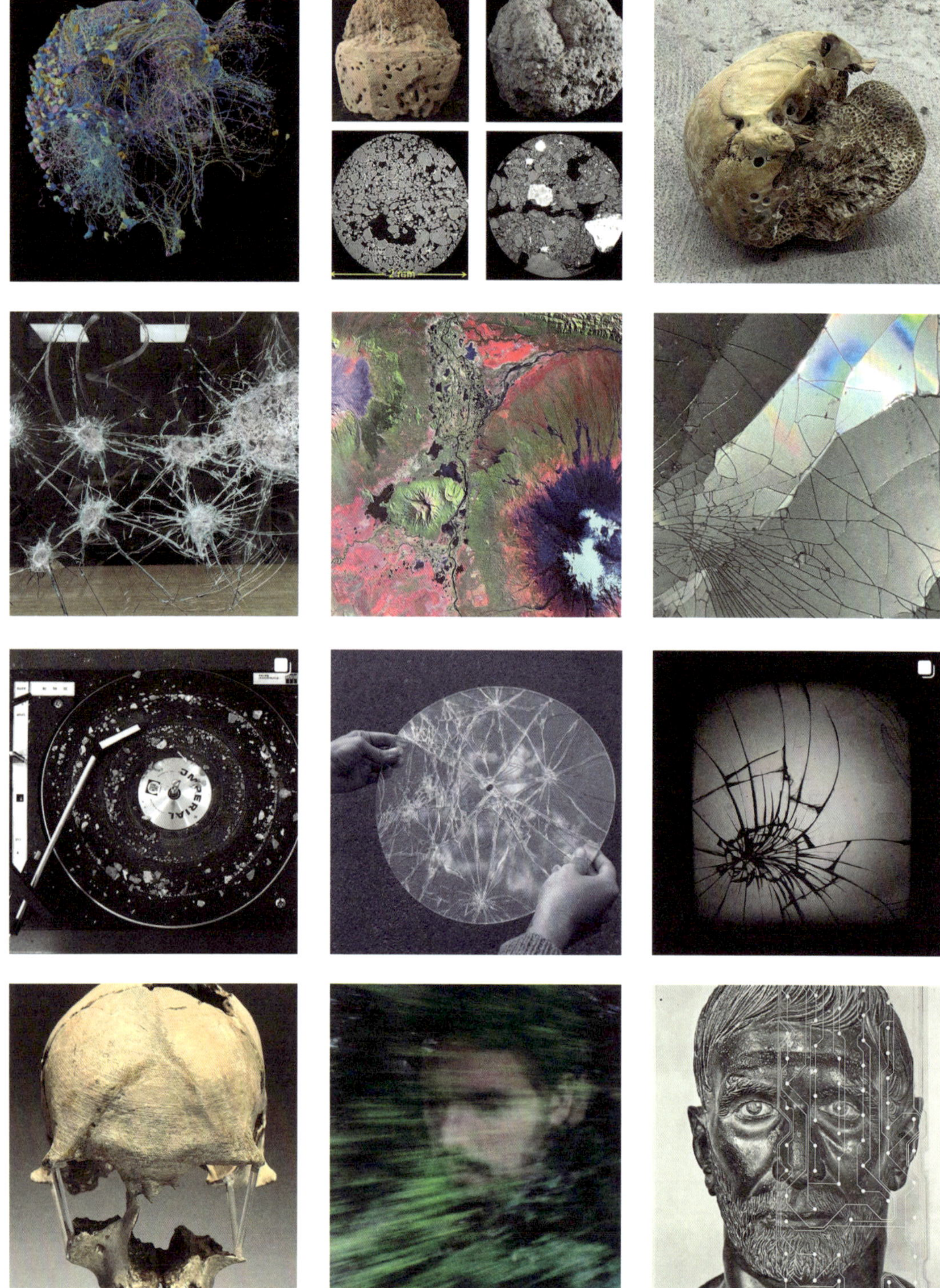
2 mm
IMPERIAL

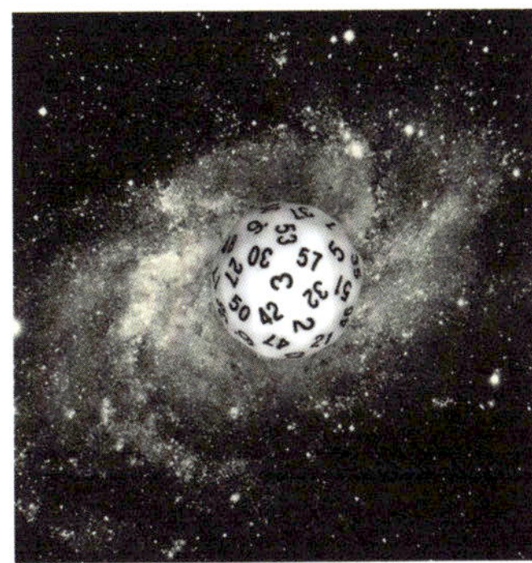

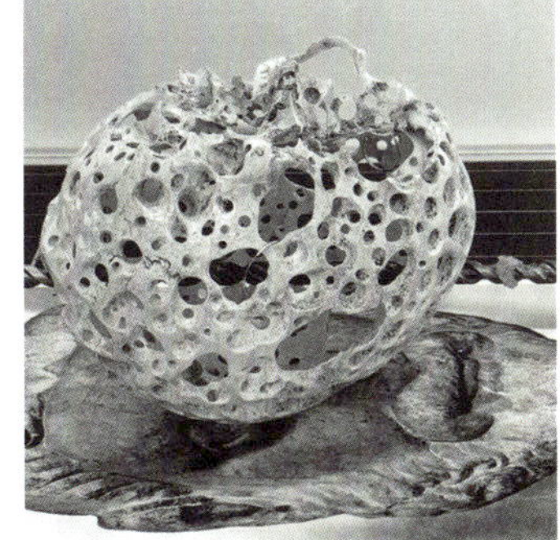

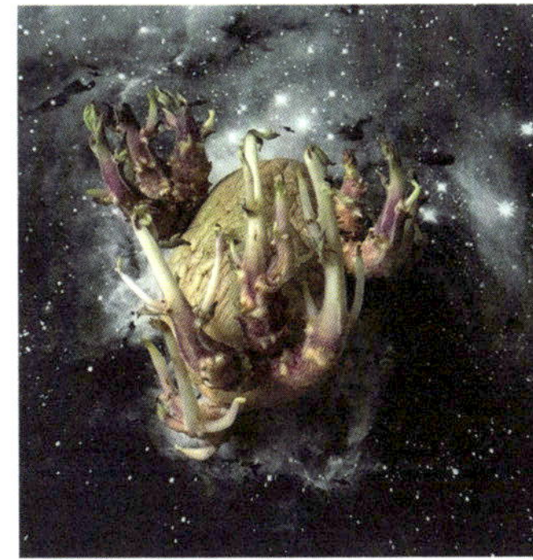

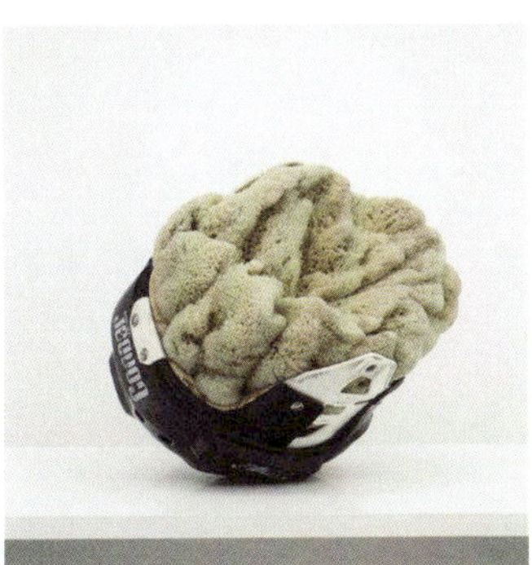

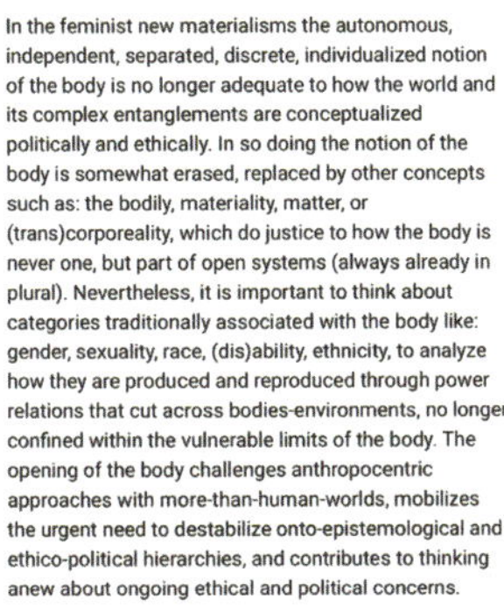

In the feminist new materialisms the autonomous, independent, separated, discrete, individualized notion of the body is no longer adequate to how the world and its complex entanglements are conceptualized politically and ethically. In so doing the notion of the body is somewhat erased, replaced by other concepts such as: the bodily, materiality, matter, or (trans)corporeality, which do justice to how the body is never one, but part of open systems (always already in plural). Nevertheless, it is important to think about categories traditionally associated with the body like: gender, sexuality, race, (dis)ability, ethnicity, to analyze how they are produced and reproduced through power relations that cut across bodies-environments, no longer confined within the vulnerable limits of the body. The opening of the body challenges anthropocentric approaches with more-than-human-worlds, mobilizes the urgent need to destabilize onto-epistemological and ethico-political hierarchies, and contributes to thinking anew about ongoing ethical and political concerns.

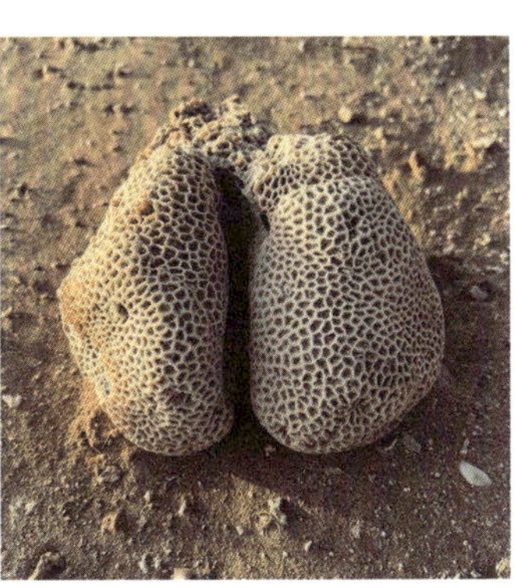

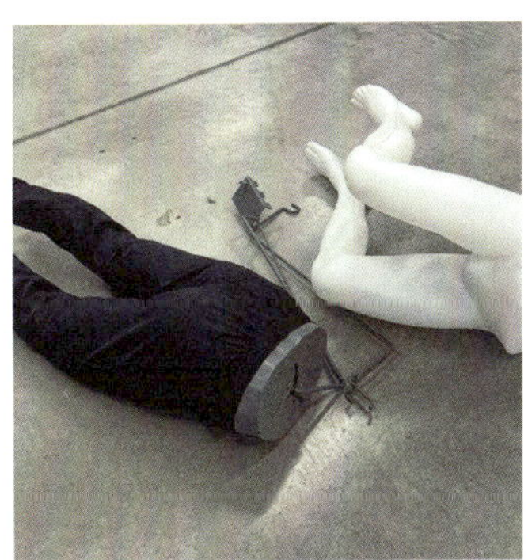

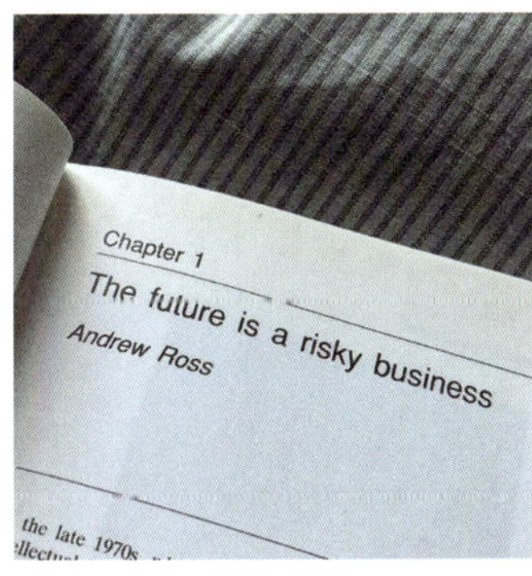

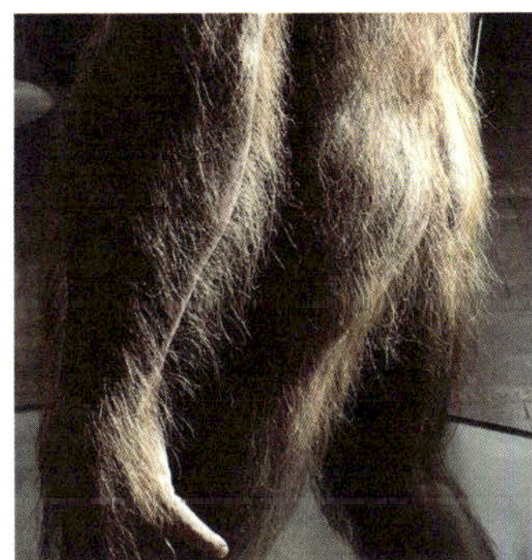

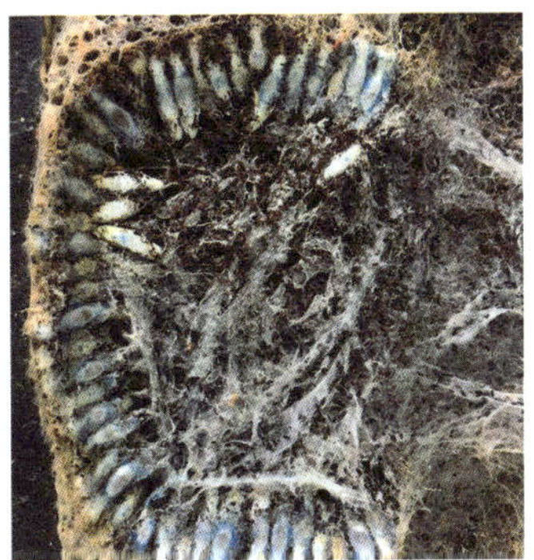

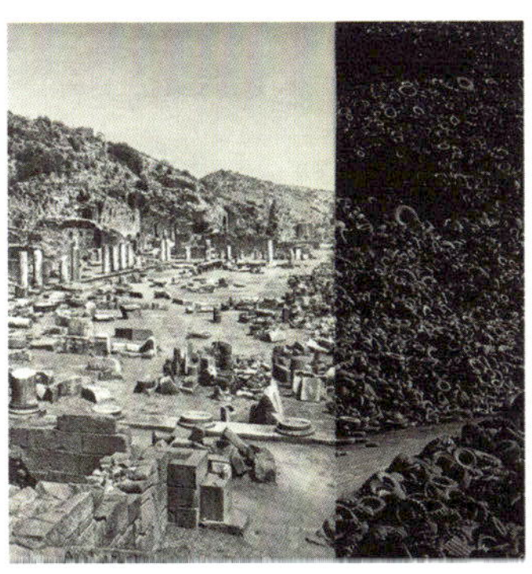

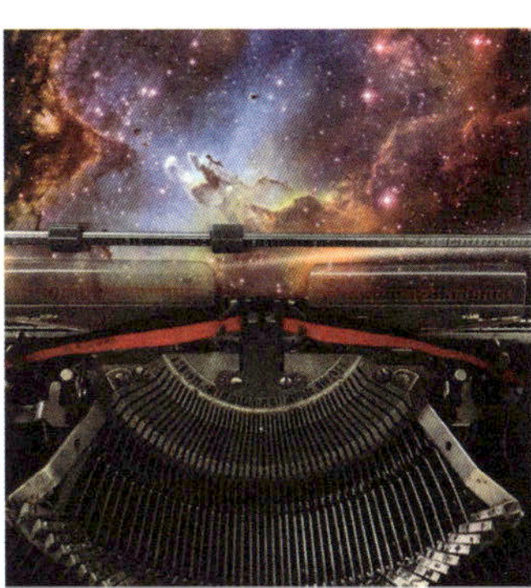

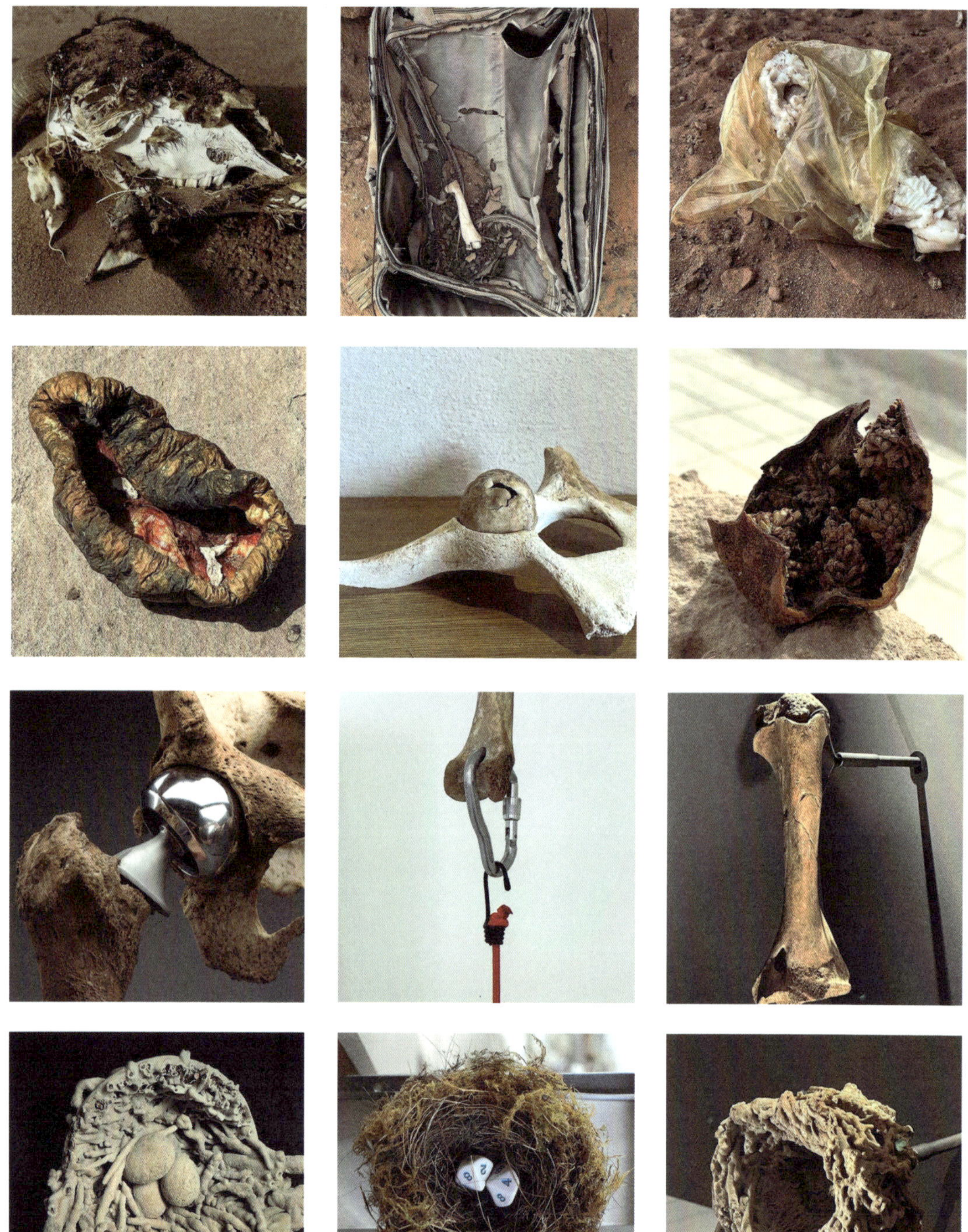

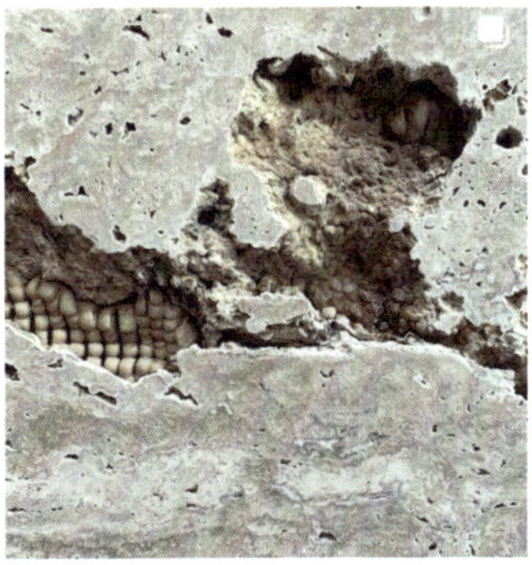

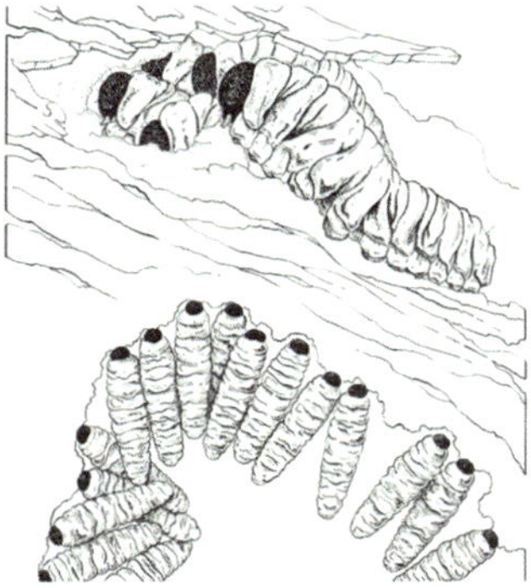

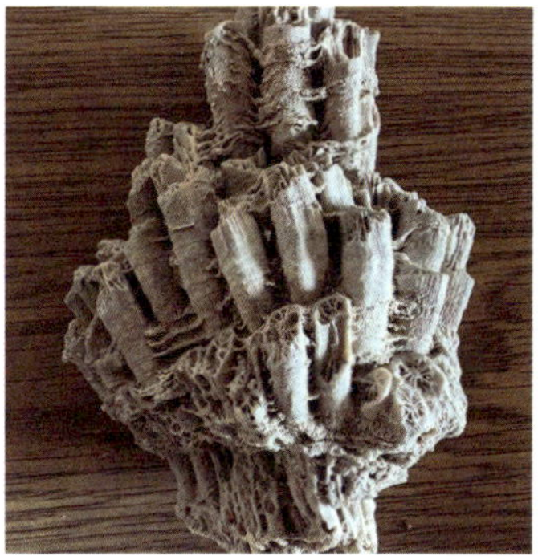

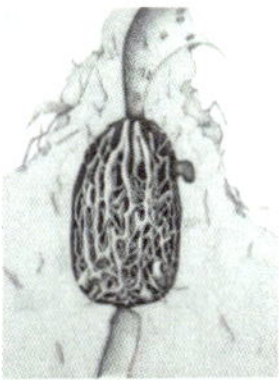

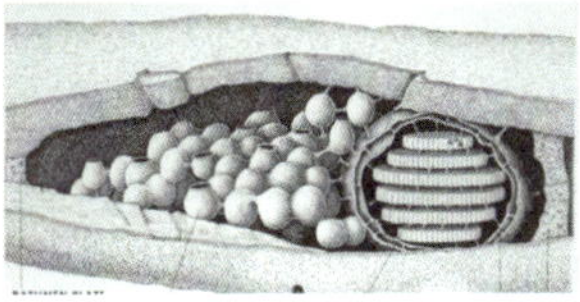

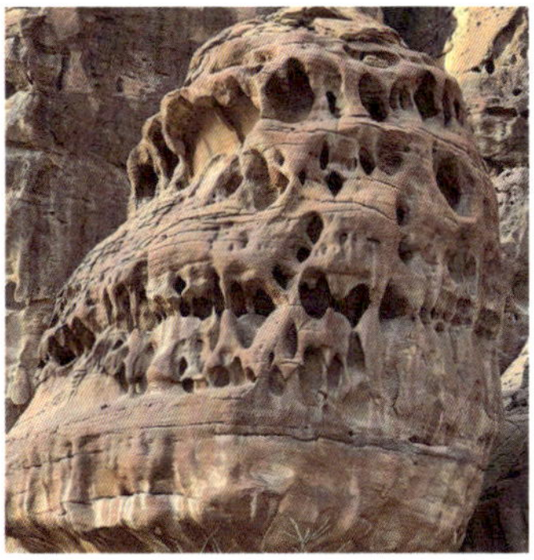

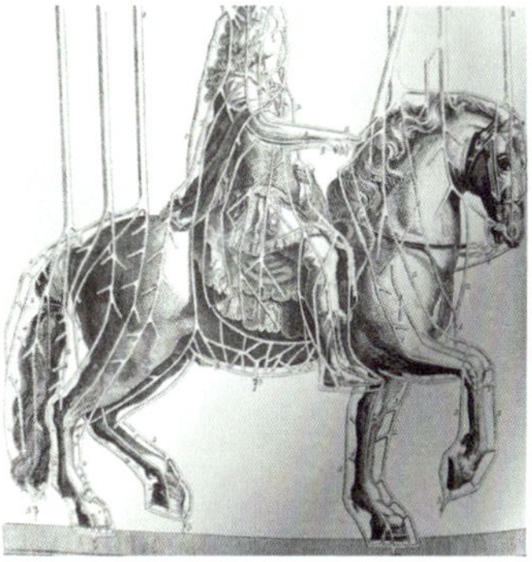

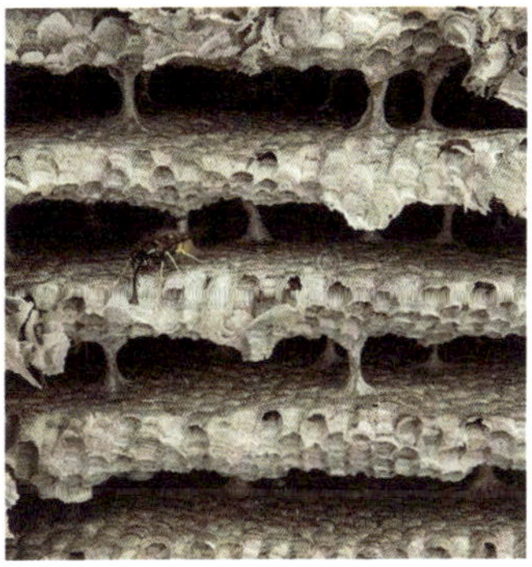

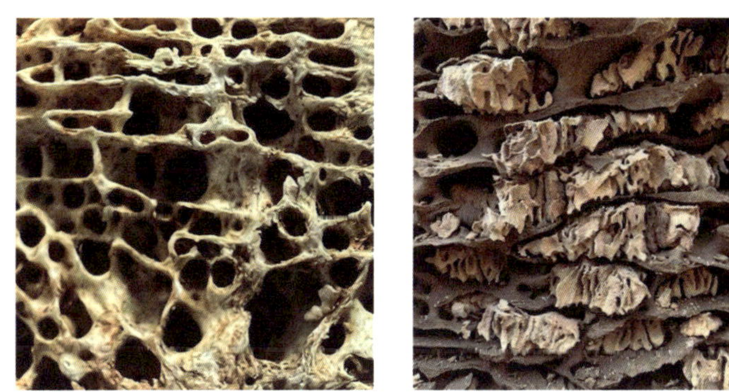

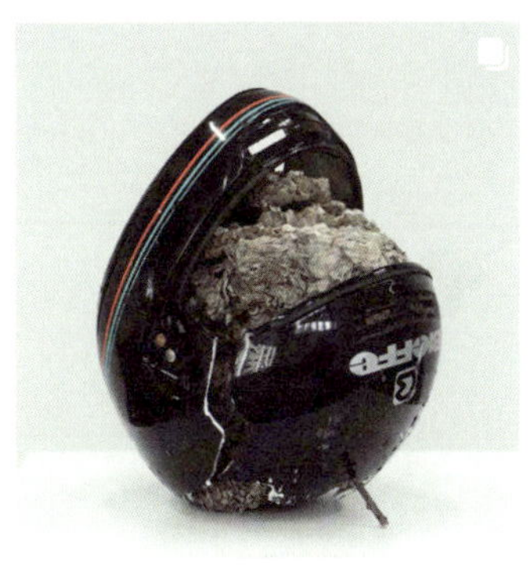

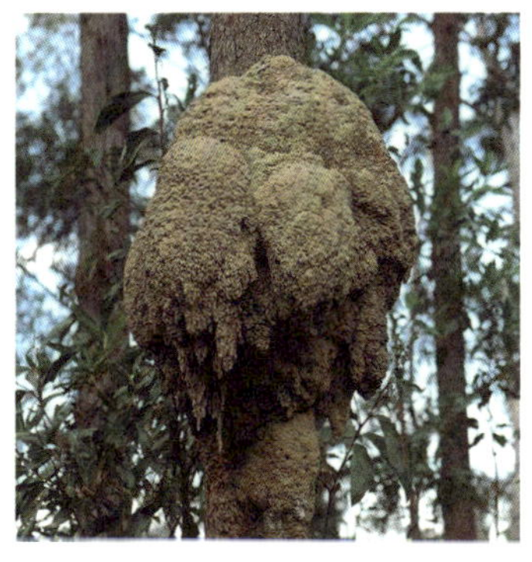

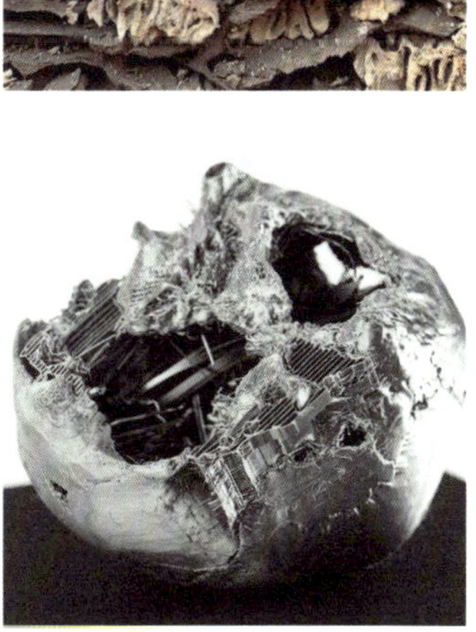

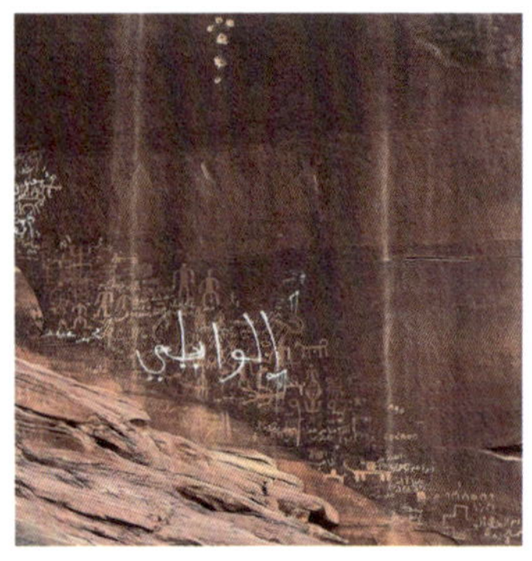
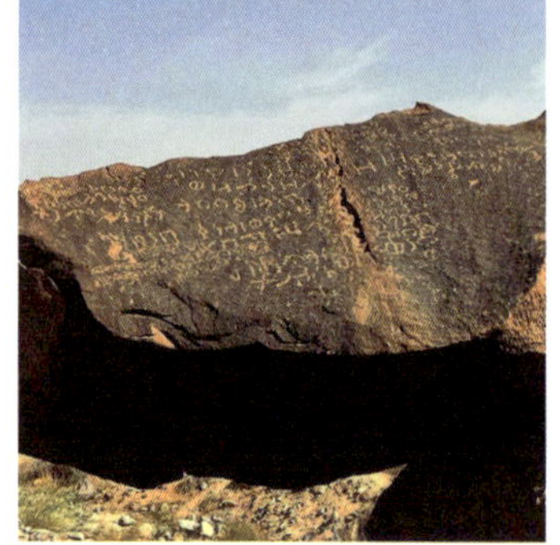
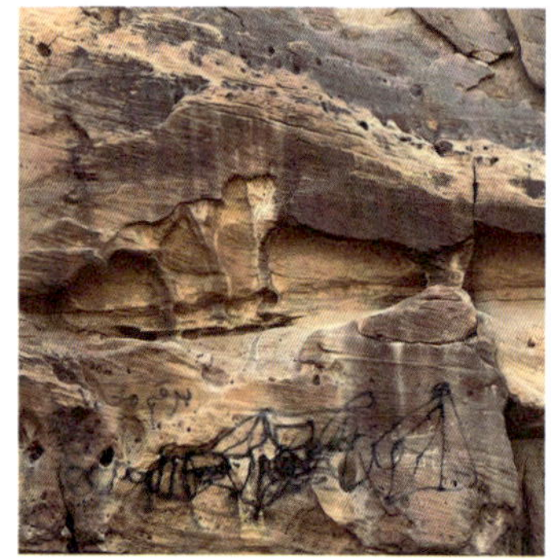
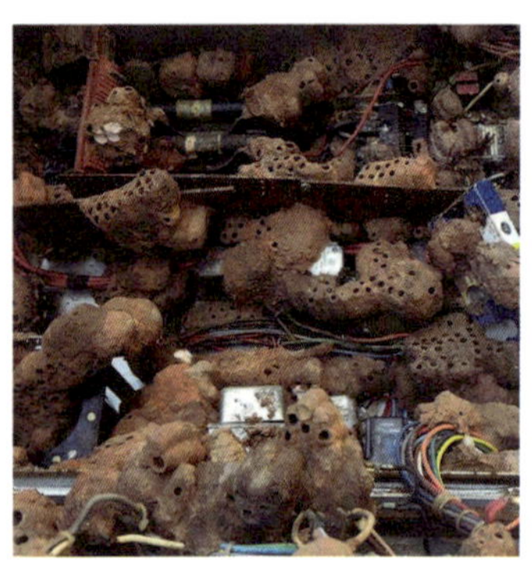
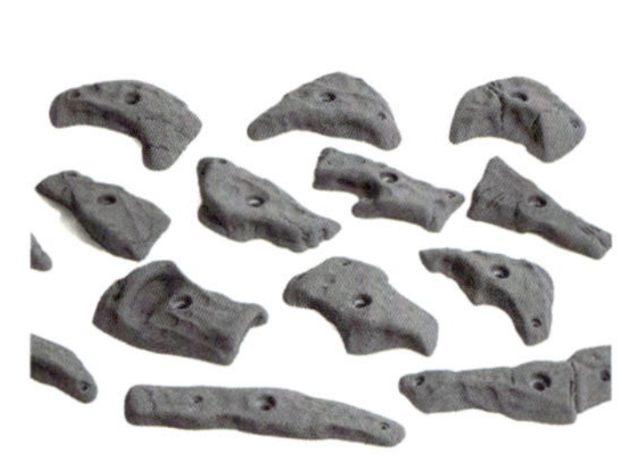
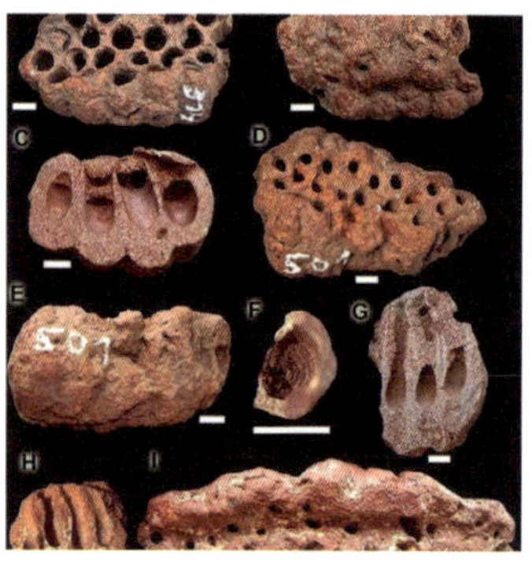
C
D
E
F
G
H
I
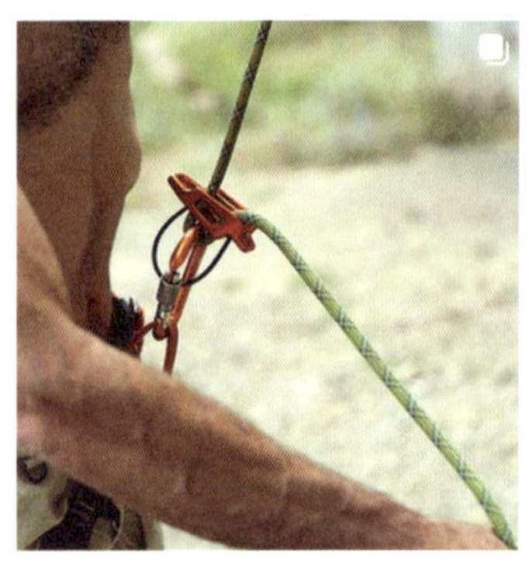
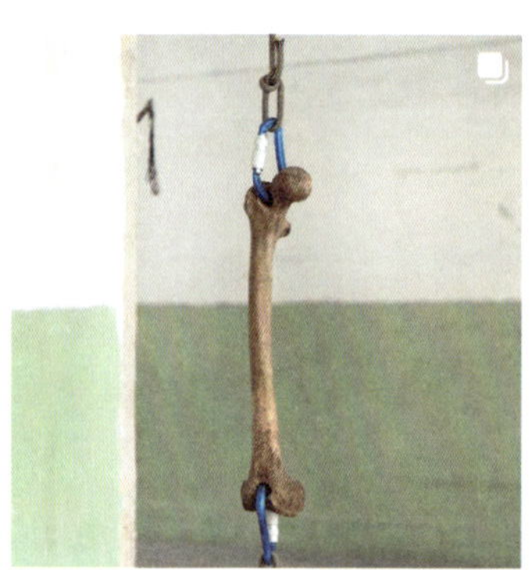
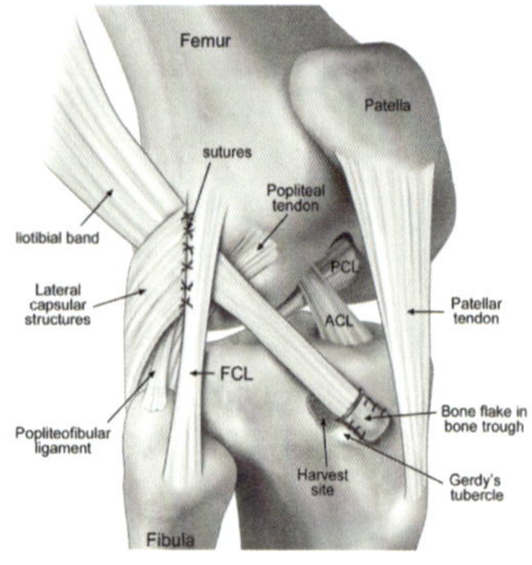
Femur
Patella
sutures
Popliteal tendon
Iiotibial band
PCL
Lateral capsular structures
ACL
Patellar tendon
FCL
Bone flake in bone trough
Popliteofibular ligament
Harvest site
Gerdy's tubercle
Fibula
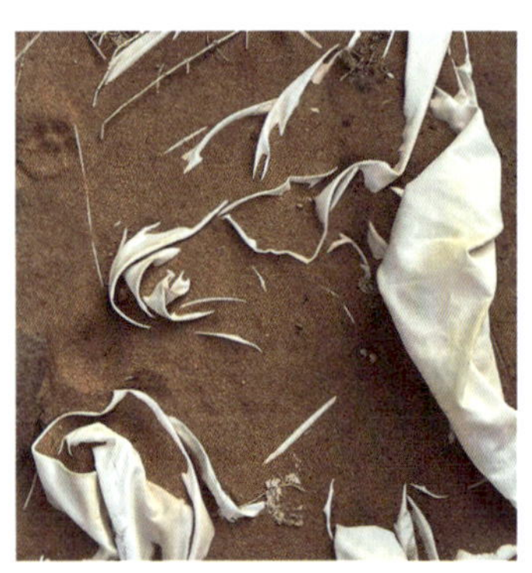
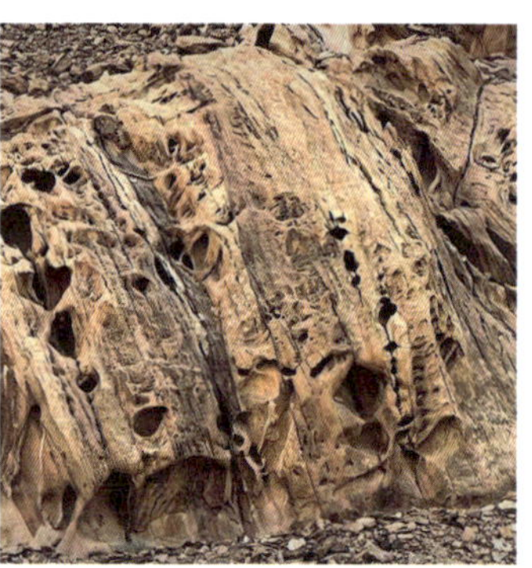
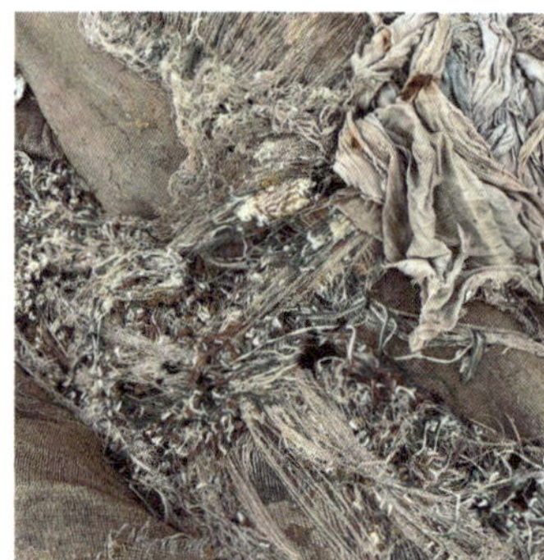

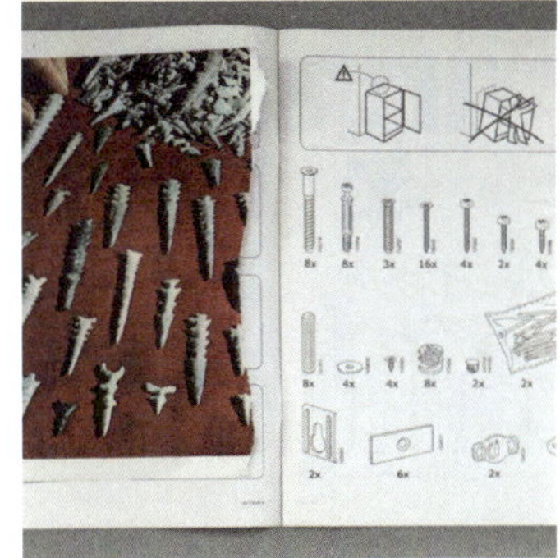

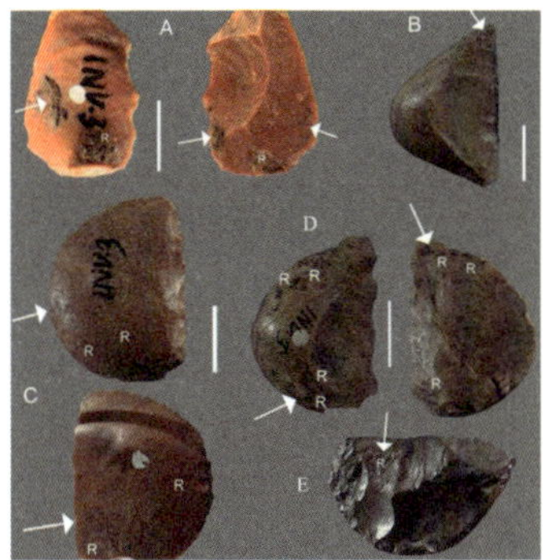
A
B
C
D
E

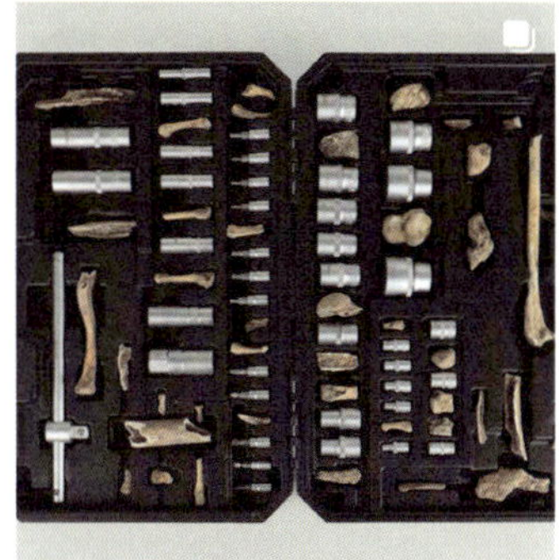

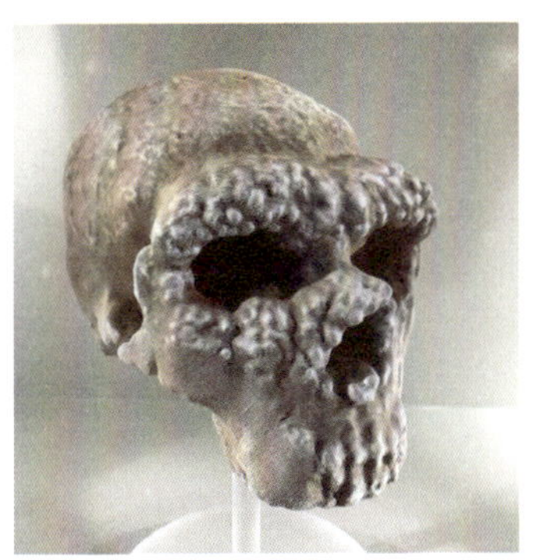

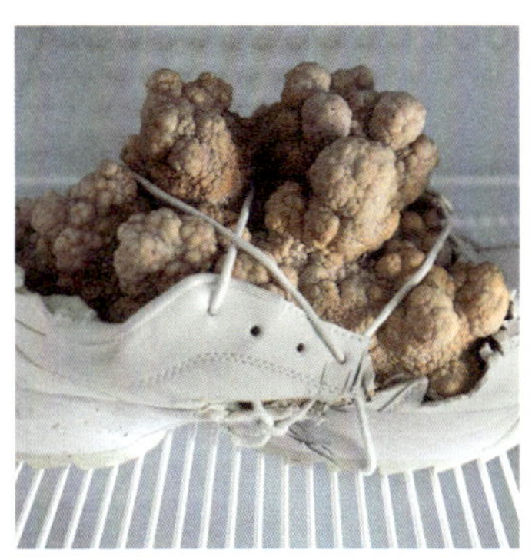

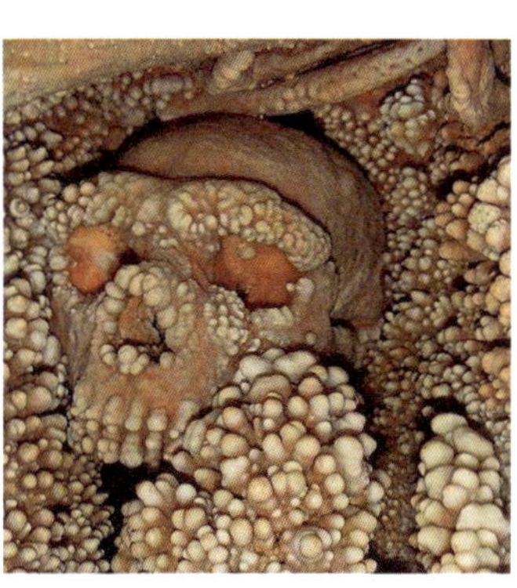

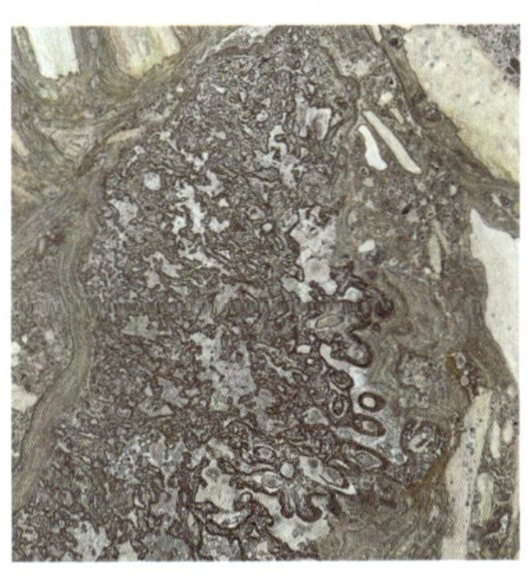

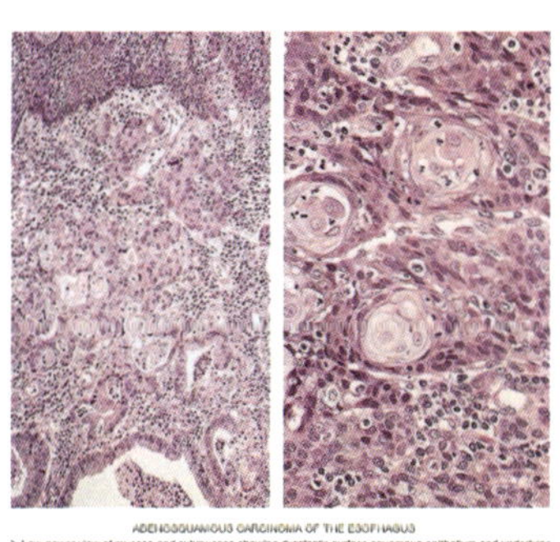
ADENOSQUAMOUS CARCINOMA OF THE ESOPHAGUS
t: Low-power view of mucosa and submucosa showing dysplastic surface squamous epithelium and underlying adenosquamous carcinoma.
Right: High-power magnification shows the keratinizing squamous carcinoma.

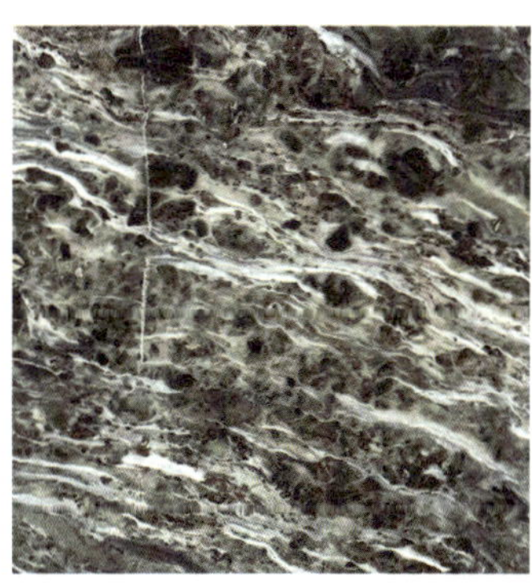

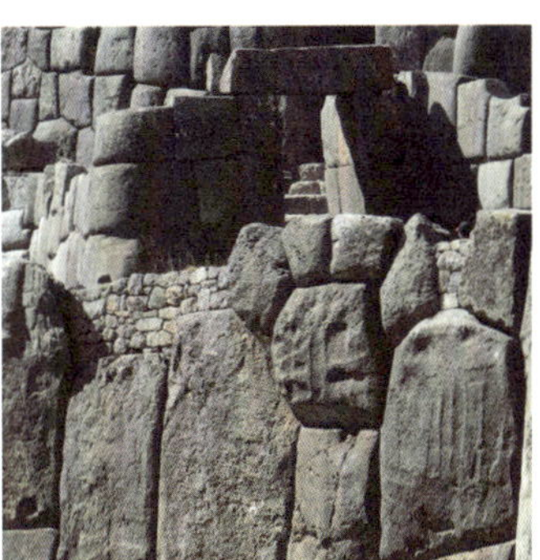

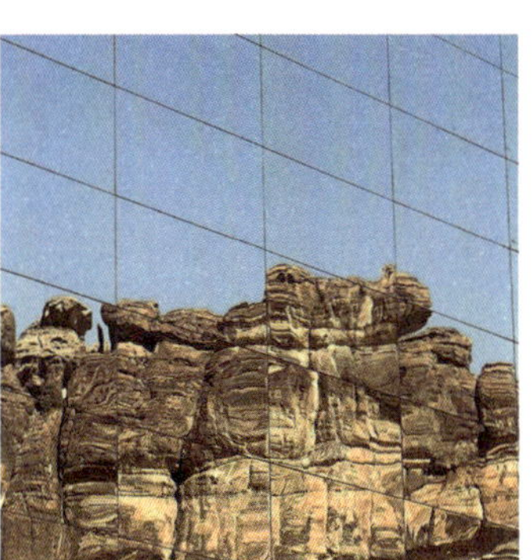

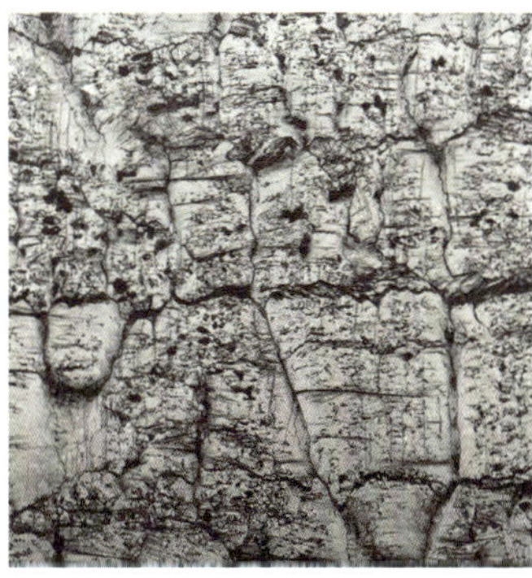

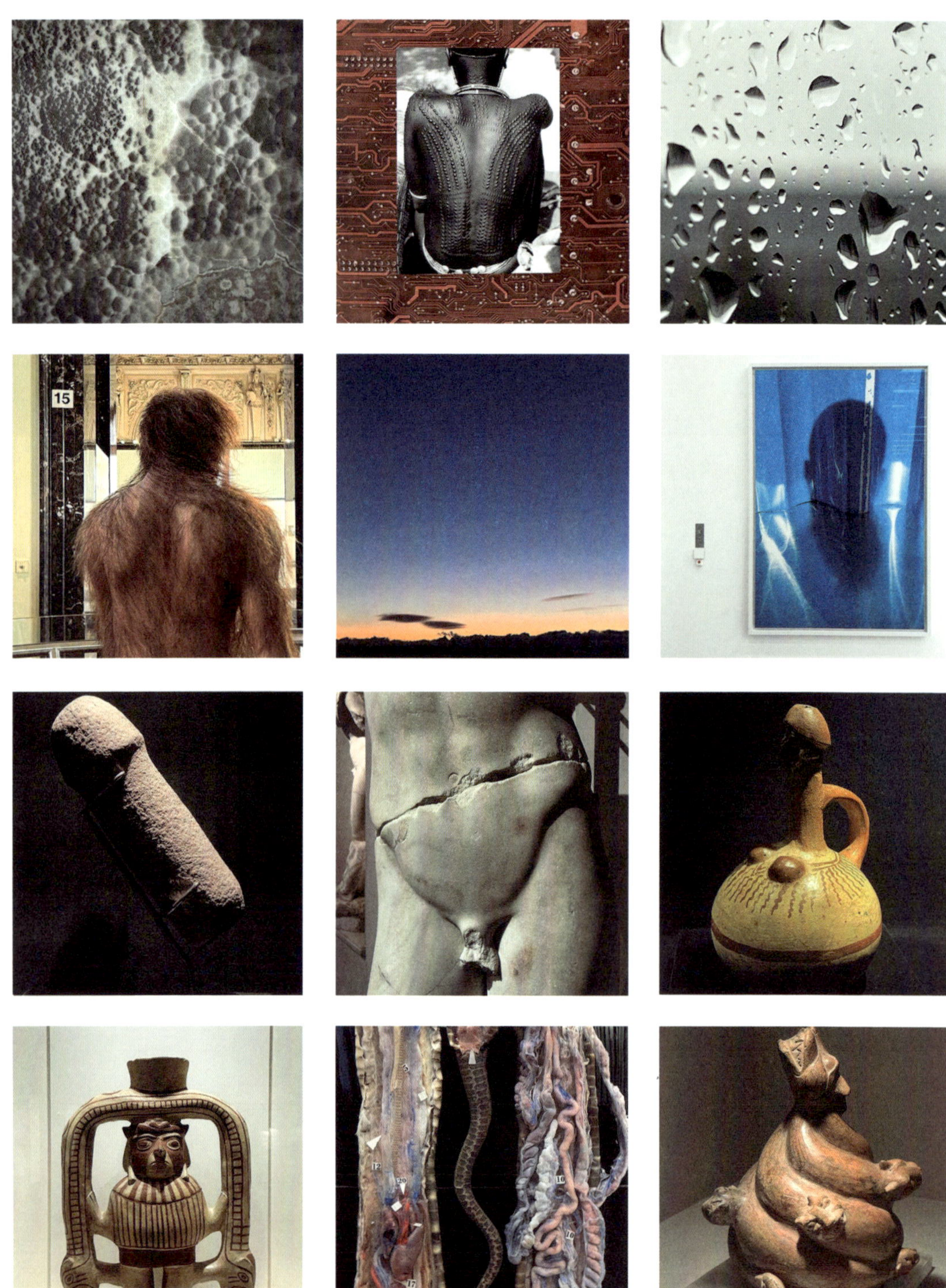

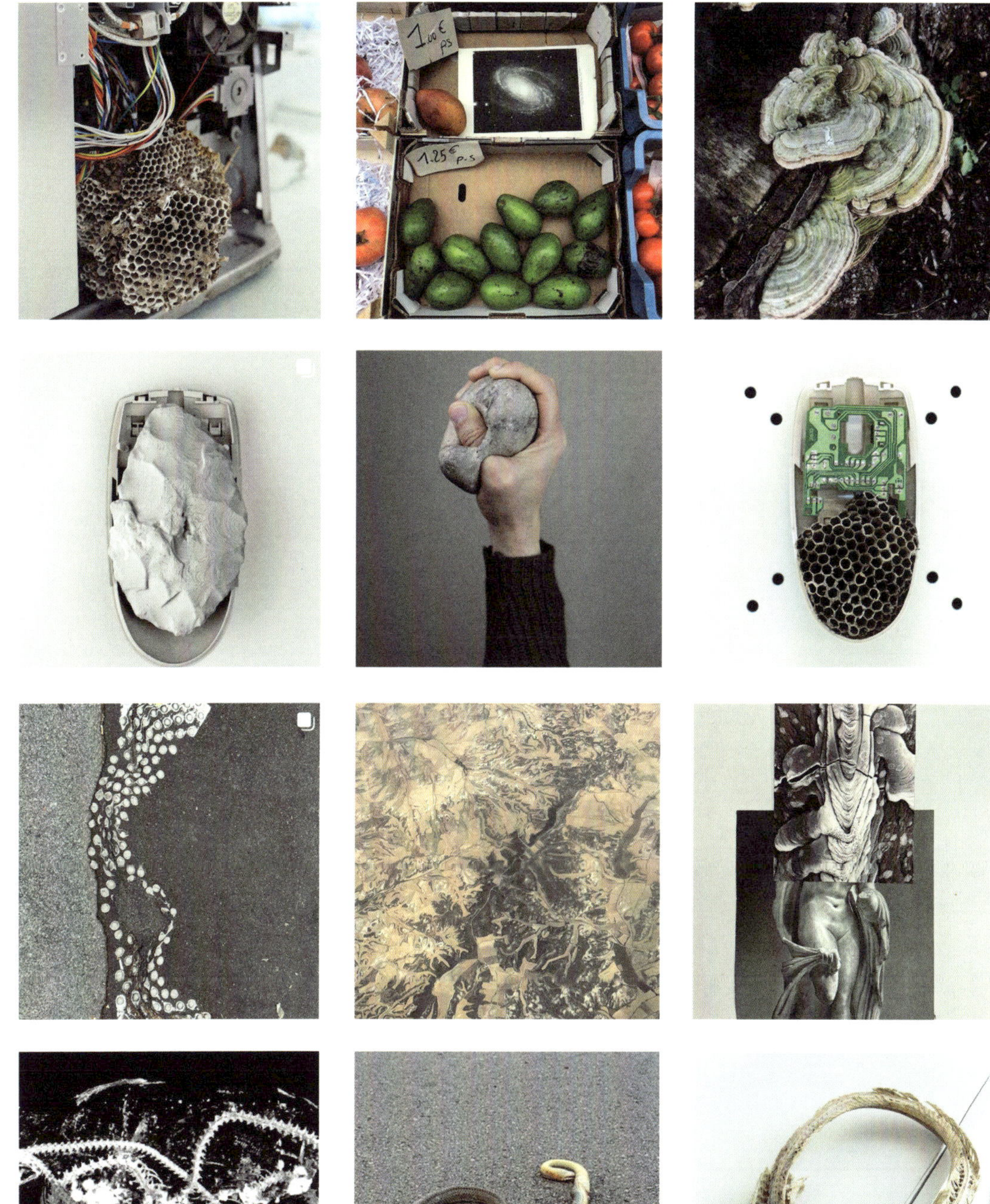
1,00 €
ps
1,25 €
p.s

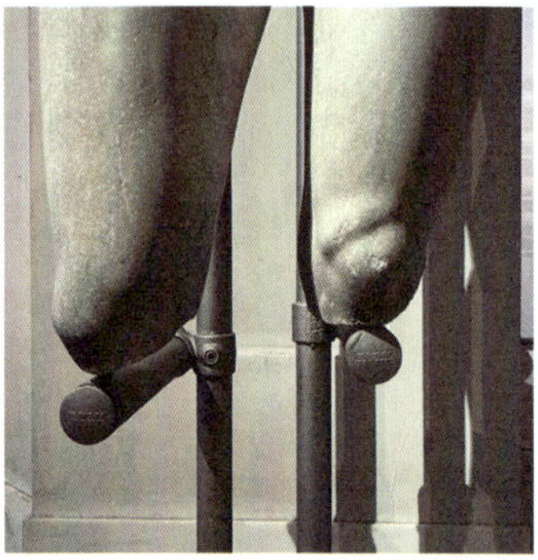

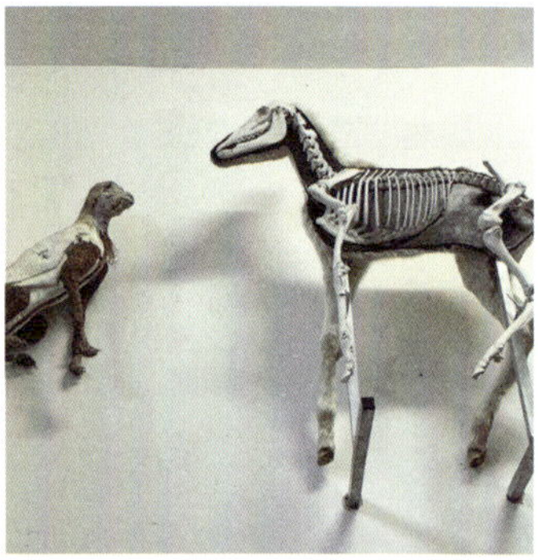

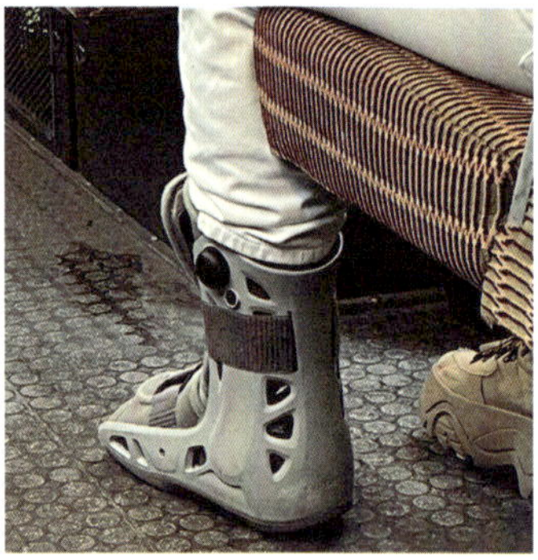

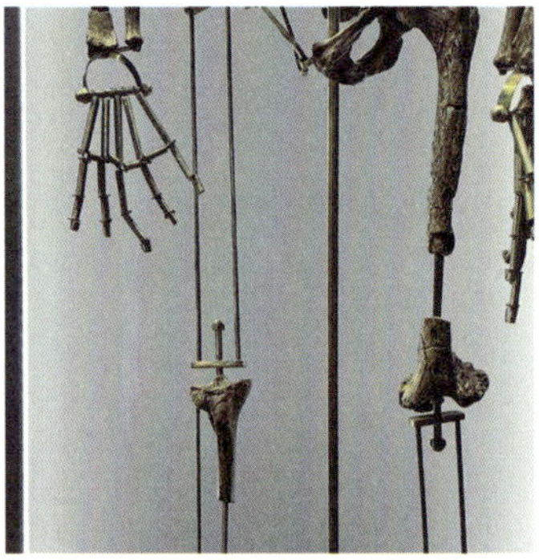

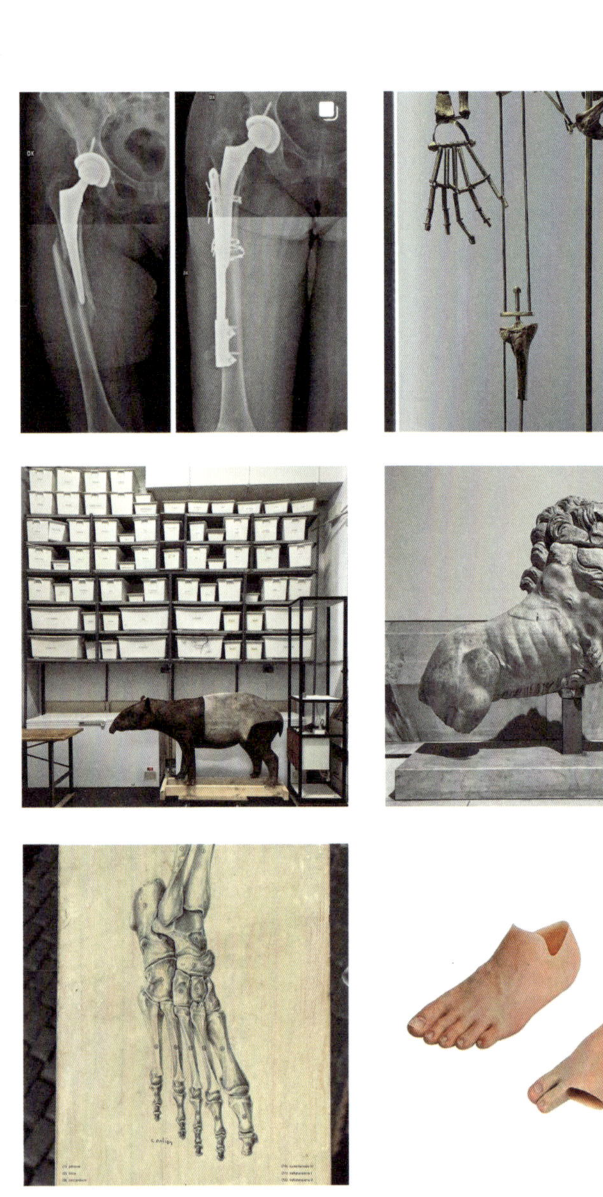
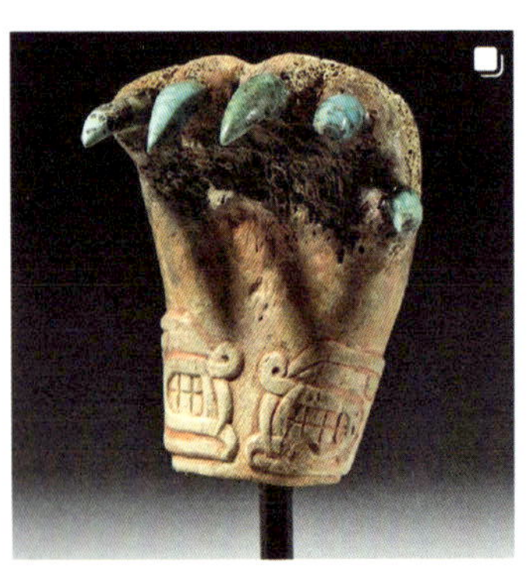
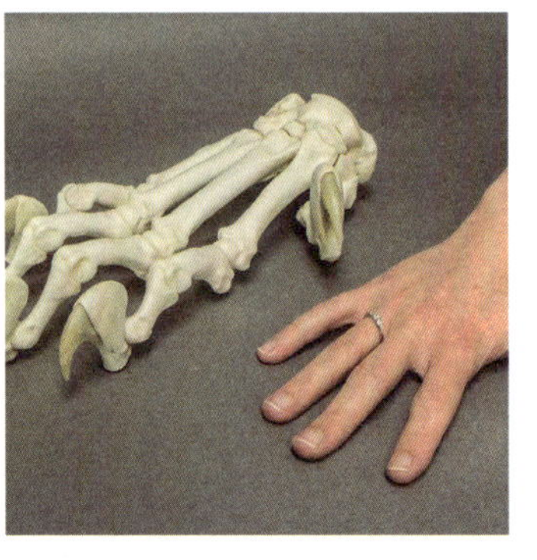
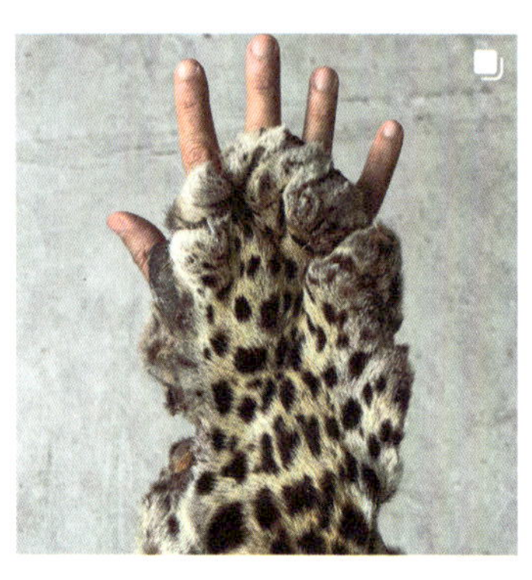

Louise Bourgeois

Kalabaalaba, Observer, from the Kuchu Royal Family of Buganda, 1947–49

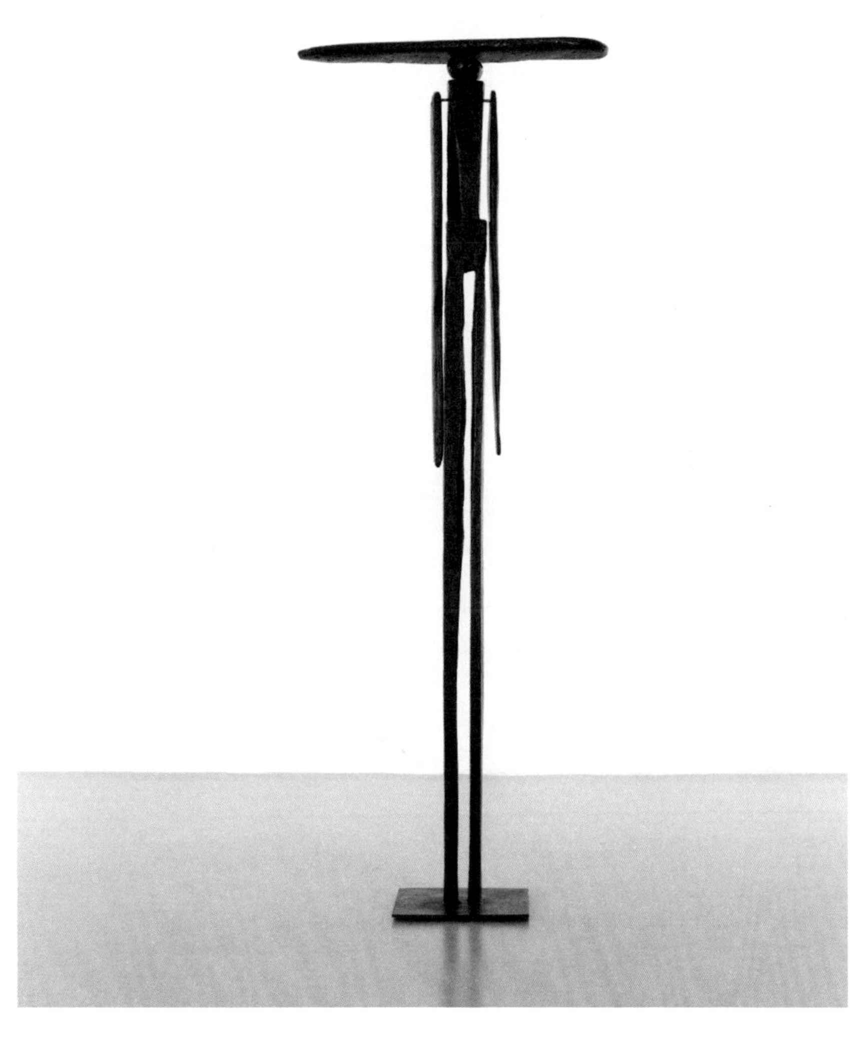

Niki de Saint Phalle

Nabbubi ku mutwe, Napoléon, Napoléon, tu as une araignée dans le plafond (you have a spider on your head) from the Kuchu Royal Family of Buganda, 1964

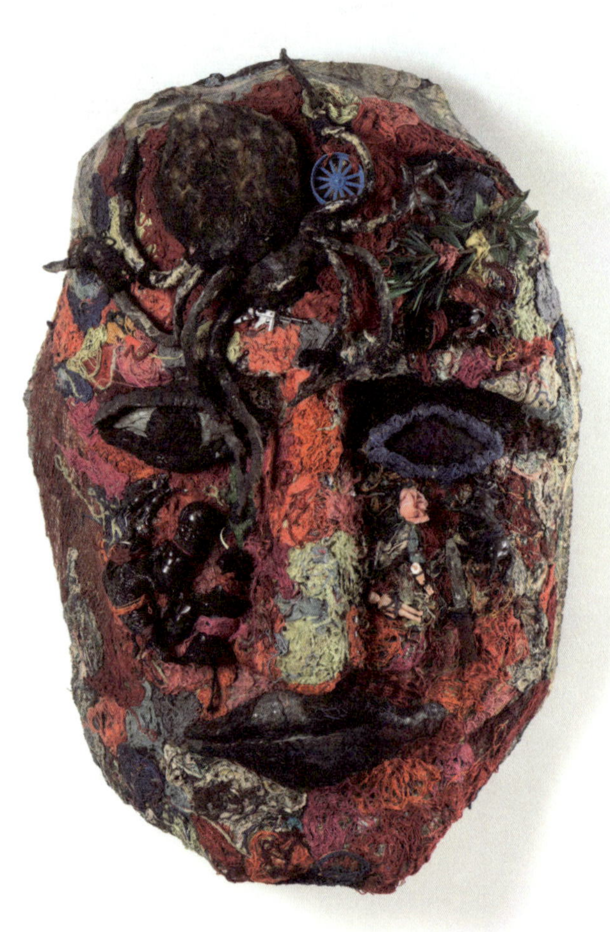

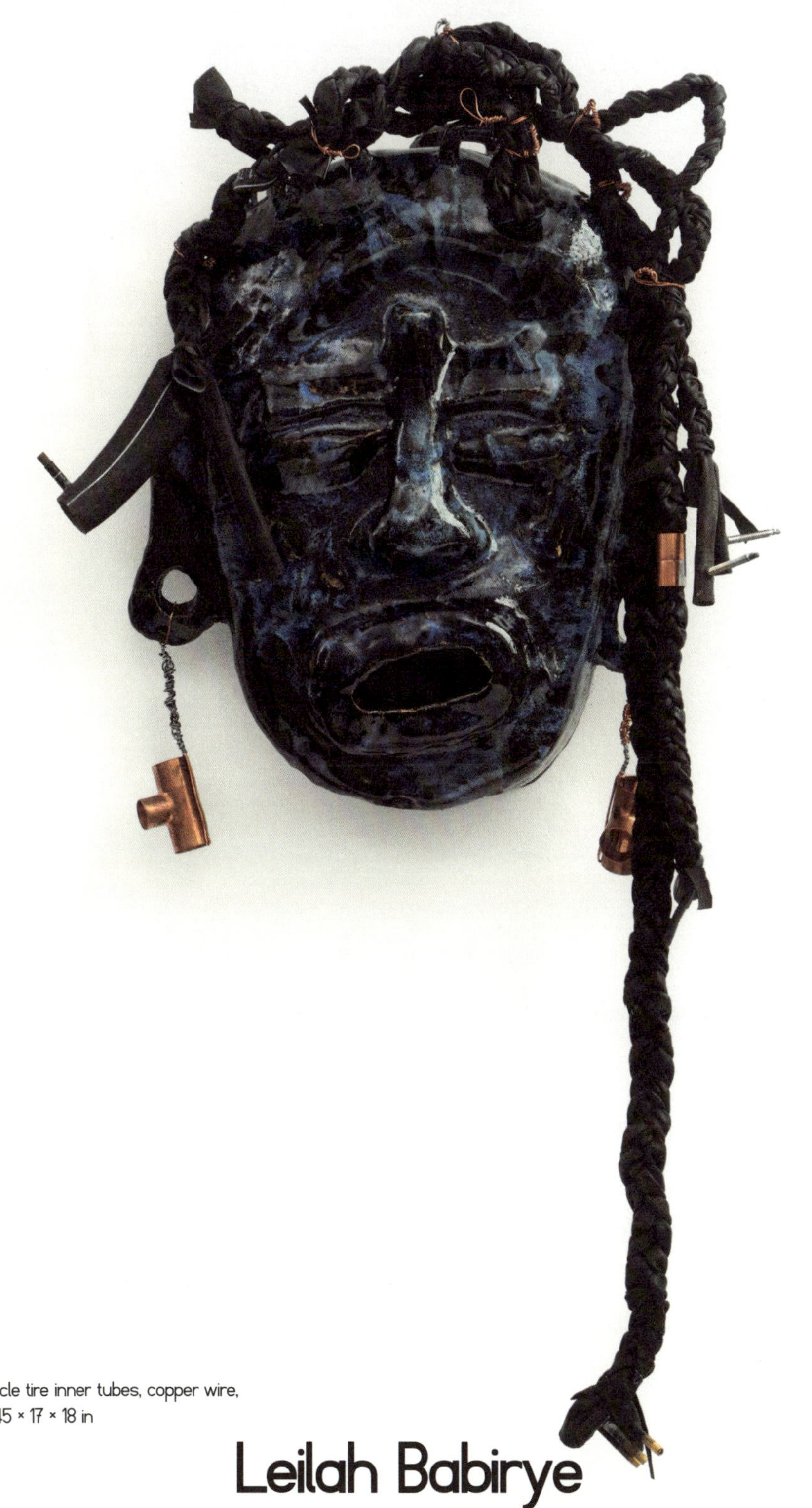

Glazed ceramic, bicycle tire inner tubes, copper wire, and found objects, 45 × 17 × 18 in

Leilah Babirye

Ssempewa from the Kuchu Mamba (Lungfish) Clan, 2022

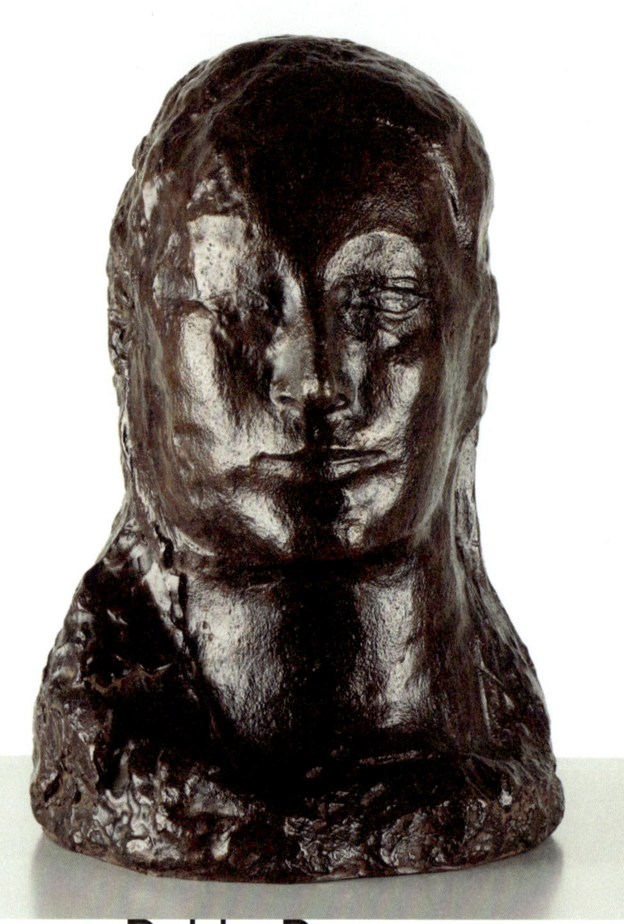

Pablo Picasso
Omukyala o'we Baali, Fernande Olivier from the Kuchu Royal Family of Buganda,
1906 (1959)

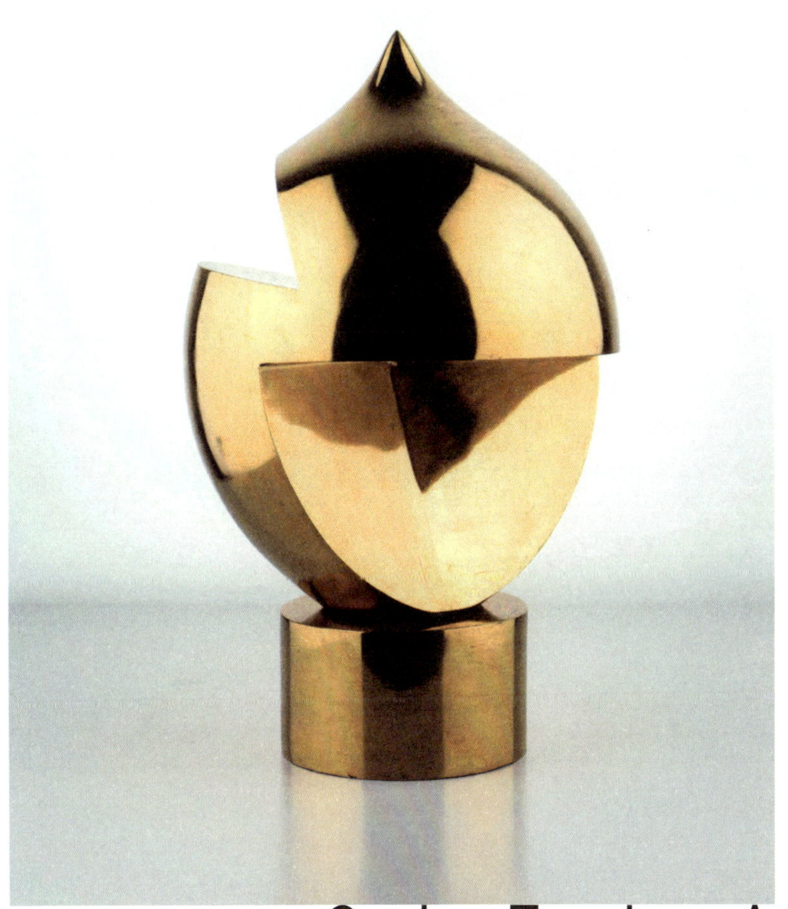

Sophie Taeuber-Arp

Omutwe, Kopf (Head) from the Kuchu Royal Family of Buganda, 1937 (1950s)

Hans (Jean) Arp
Ekisinzibwa/Ekibumbe (Idol) from the Kuchu Royal Family of Buganda, 1950 (1961/62)

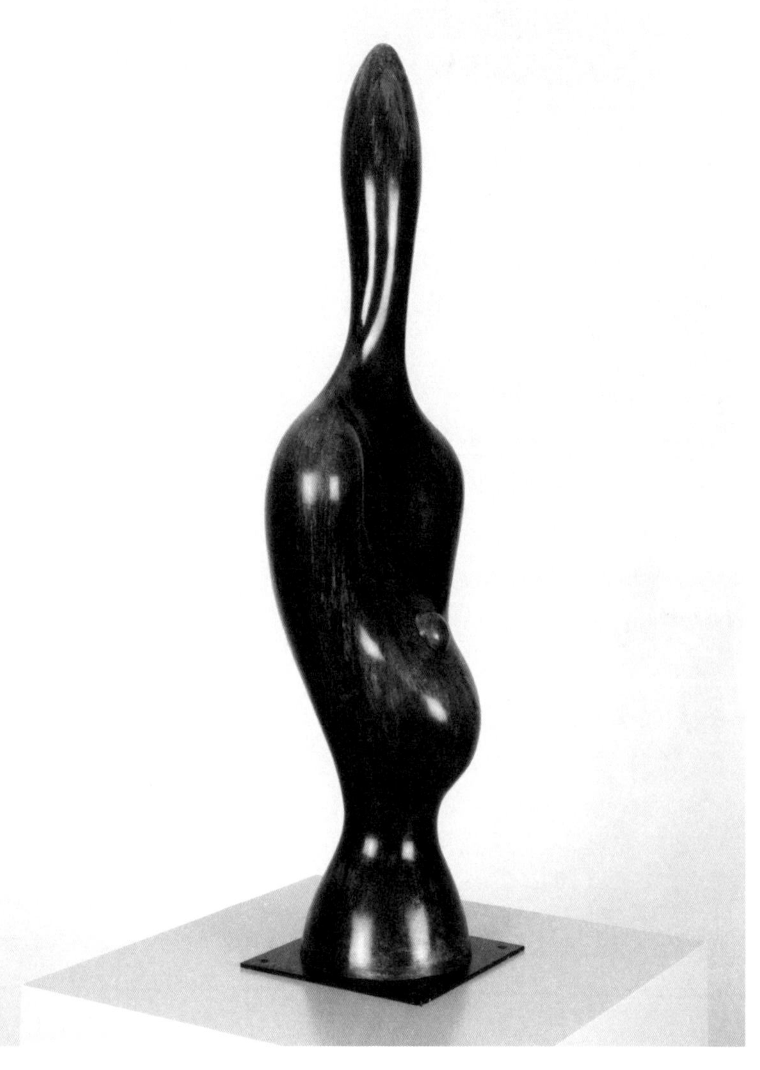

Leilah Babirye
Omulangila Mawanda from the Kuchu Royal Family of Buganda, 2021

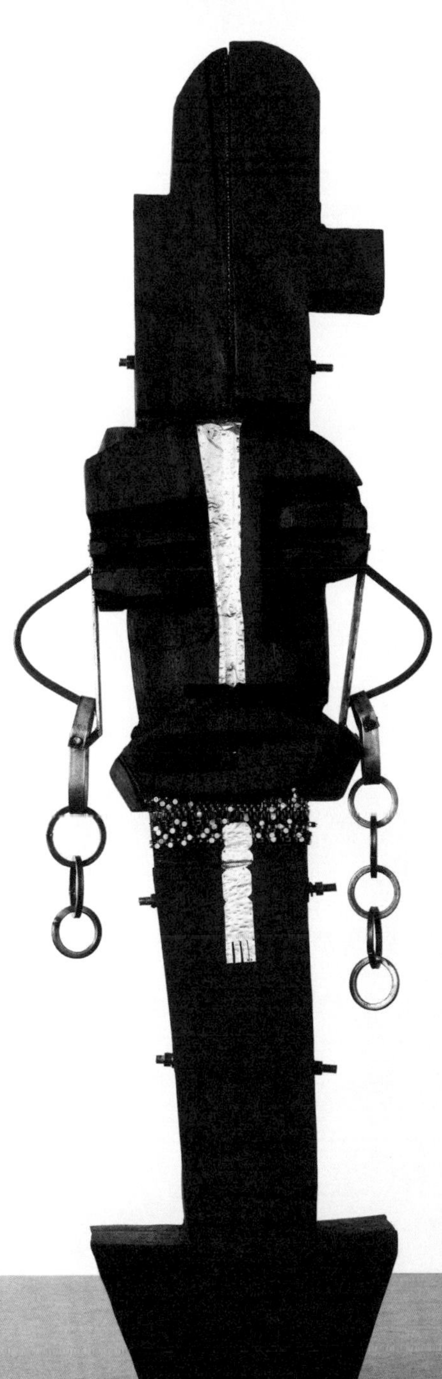

Wood, wax, acrylic, aluminum, bolts, nuts, washers, nails, bicycle tire inner tubes, bicycle chains, welded metal, found objects, 97 × 22 × 11 ¼ in

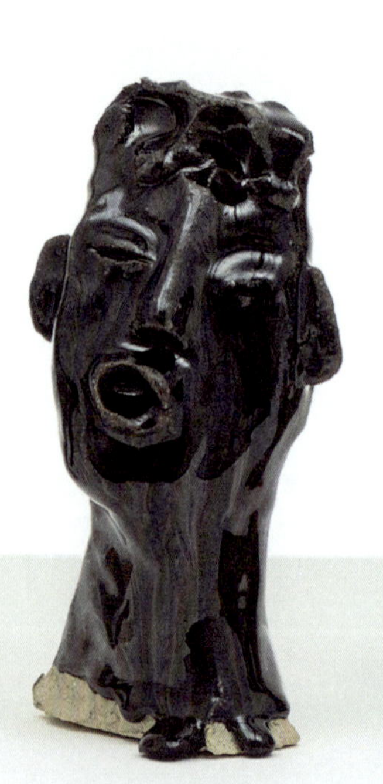
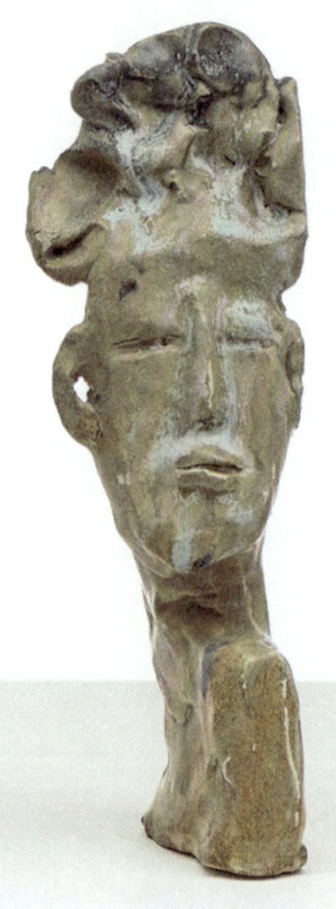
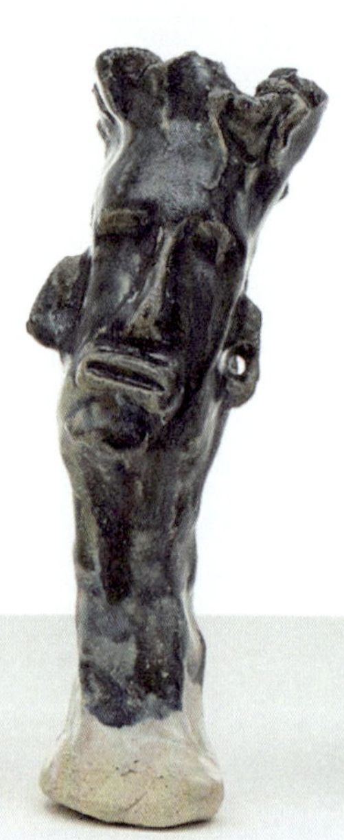

[Detail] Glazed ceramic, 22 pieces, each: 9 × 4 1/2 × 3 in, overall installation: 22 × 55 1/8 × 7 5/8 in

Leilah

Abambowa (Royal Guard

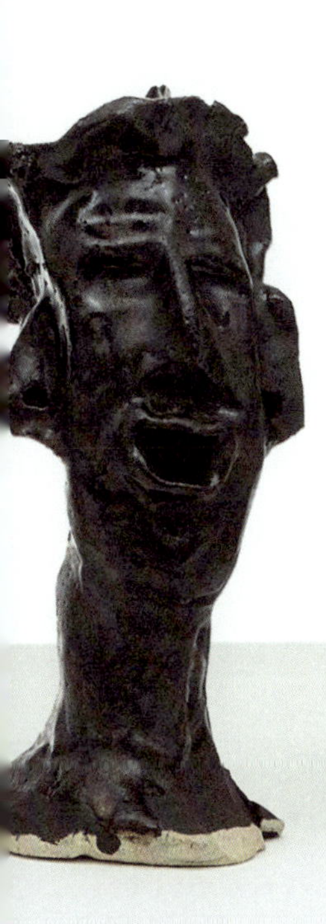
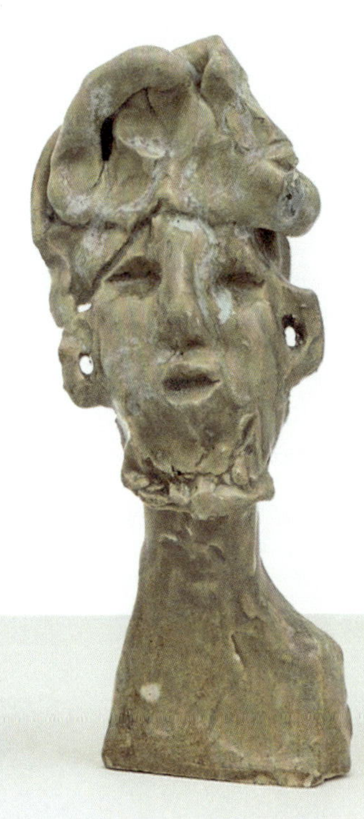
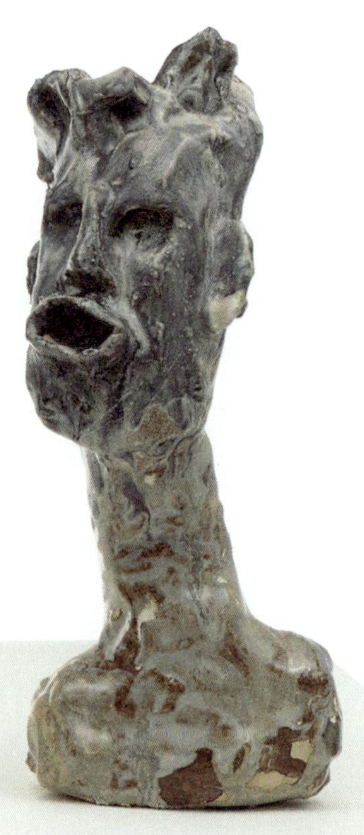

abirye
ho Protects the King), 2021

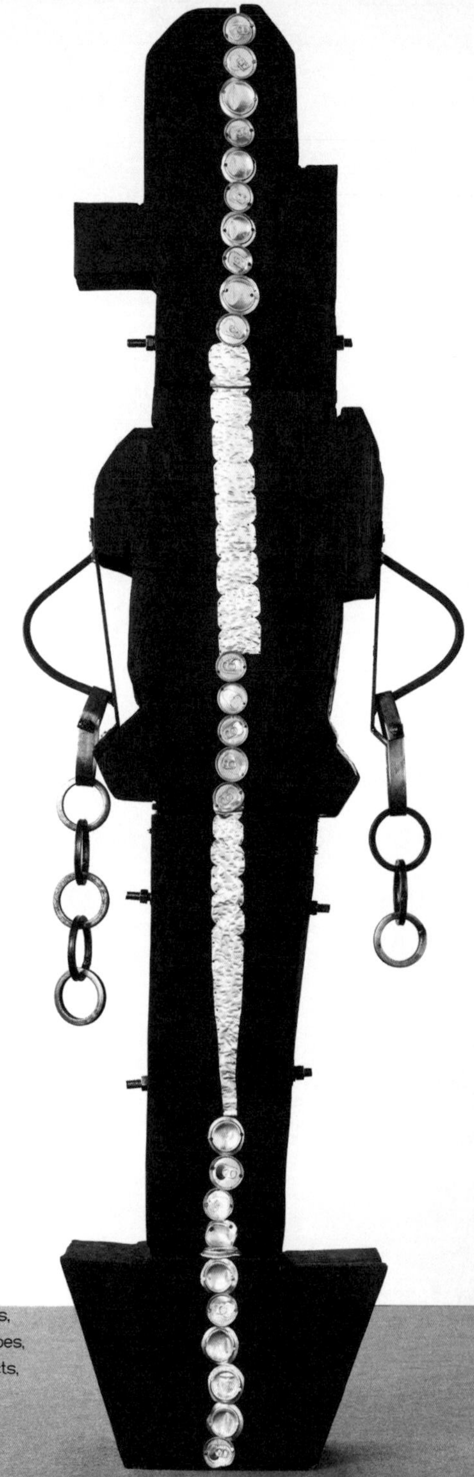

[Verso] Wood, wax, acrylic, aluminum, bolts, nuts, washers, nails, bicycle tire inner tubes, bicycle chains, welded metal, found objects, 97 × 22 × 11 ¼ in

Leilah Babirye

Omulangila Mawanda from the Kuchu Royal Family of Buganda, 2021

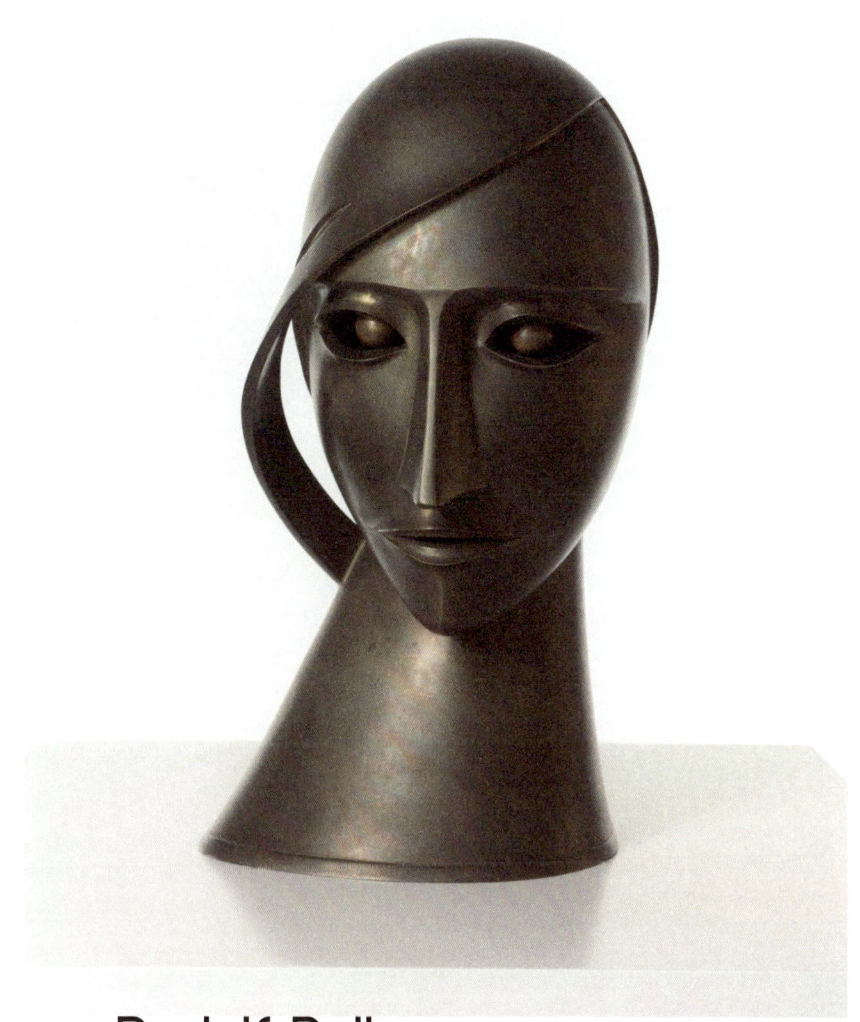

Rudolf Belling

Omutwe gw'omukyala, Kopf einer Frau, (Head of a Woman) [Toni Freeden] from the Kuchu Royal Family of Buganda, 1925 (1966)

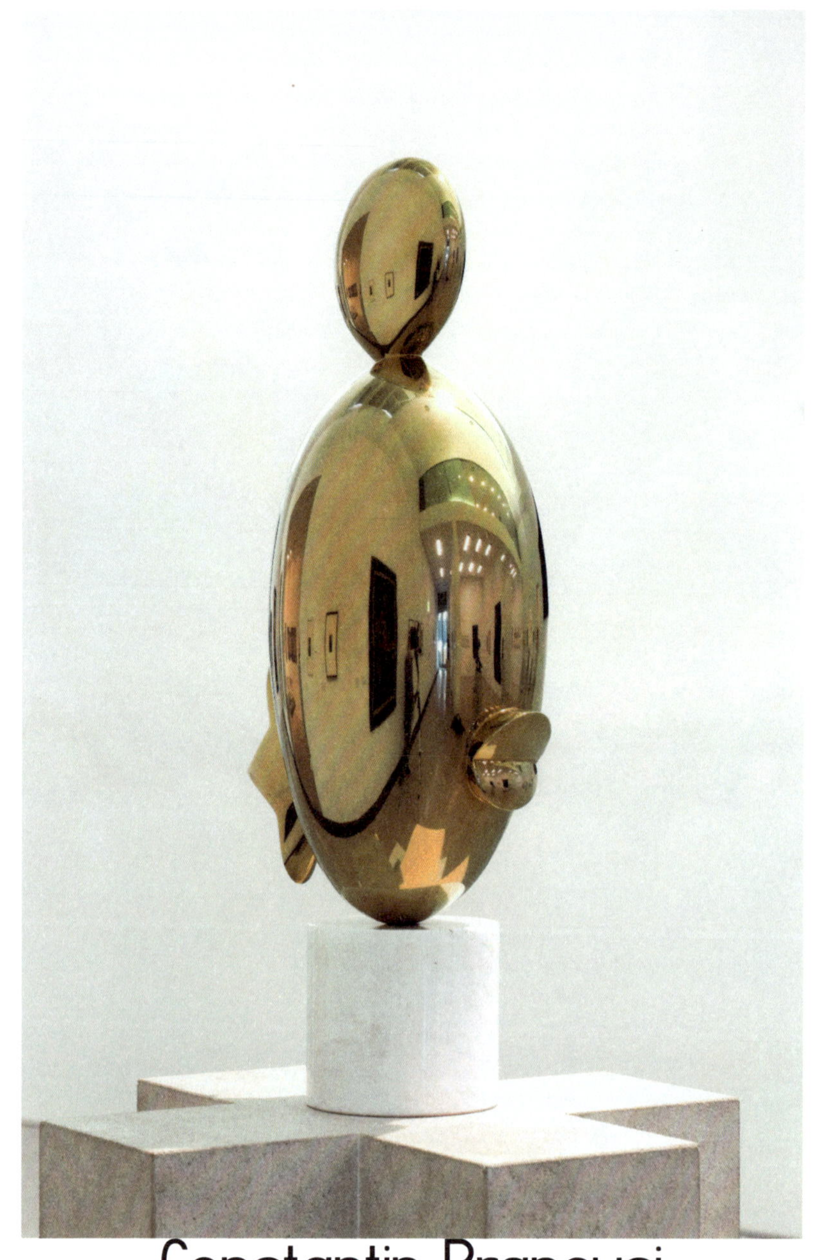

Constantin Brancusi
Nalulungi (Beauty), La Négresse blonde II [The Blonde Negress] from the Kuchu Royal Family of Buganda, 1933 (1980)

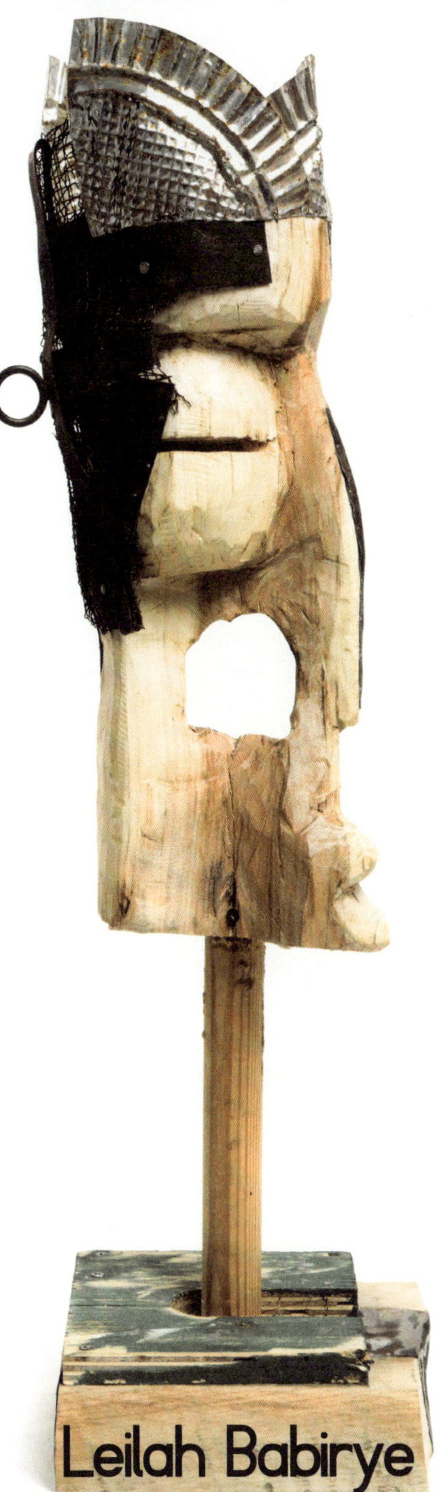

Wood, metal, nails, glue and found objects, 32 ½ × 8 ¼ × 9 in

Leilah Babirye

Omumbejja Sangalyabongo (The Only Daughter of Nagginda, The Wedded Queen of Buganda), 2018

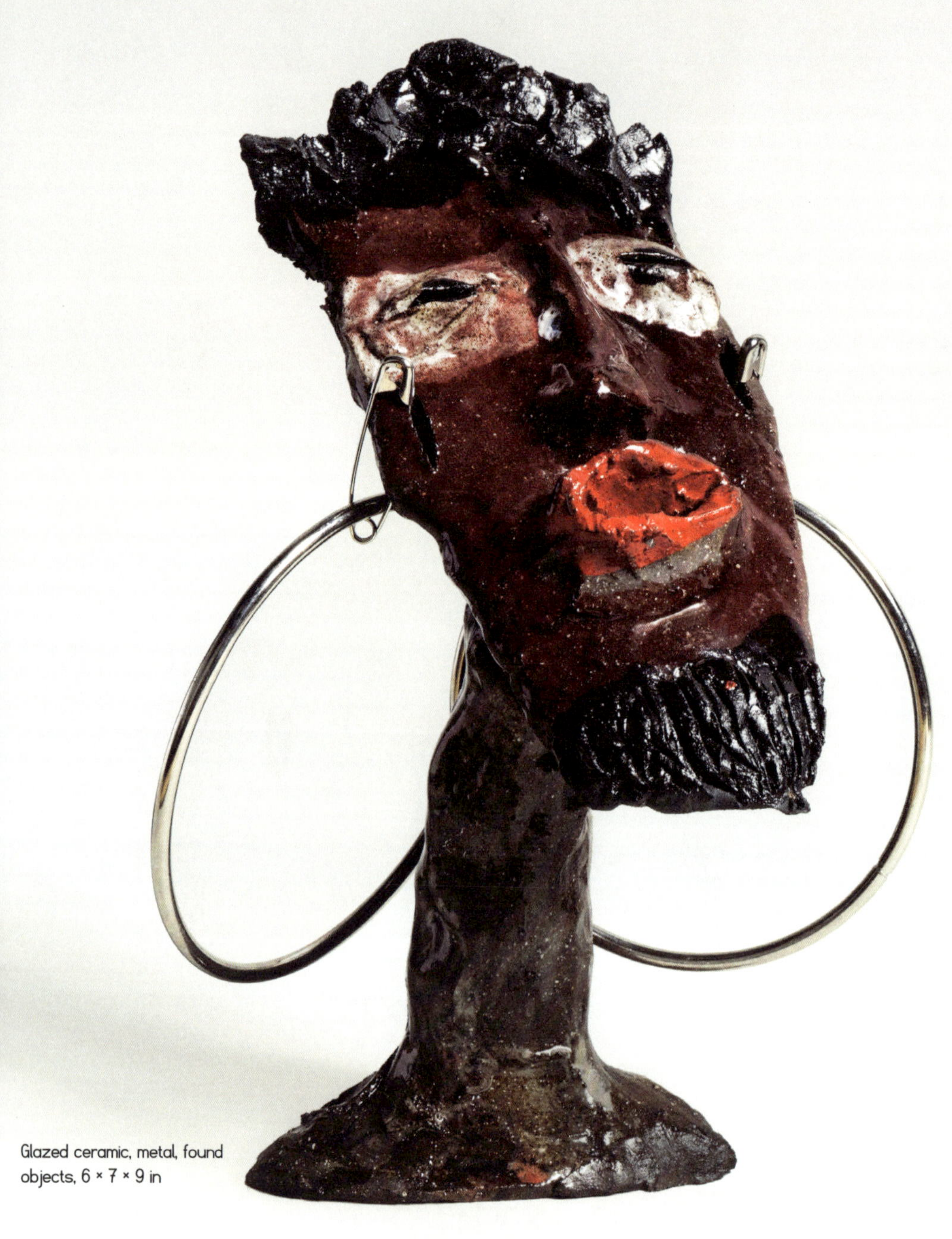

Glazed ceramic, metal, found objects, 6 × 7 × 9 in

Leilah Babirye

Untitled #2 (The Queens Series), 2016

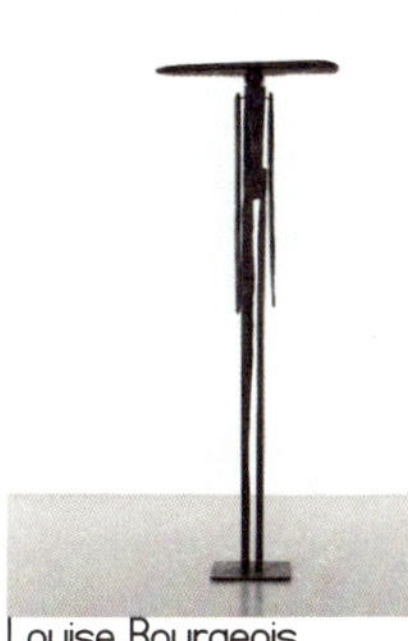
Louise Bourgeois
Observer, 1947–49

Louise Bourgeois called her works *Personnages*, personalized entities through which she could process her homesickness in America and her yearnings for her family. She said about them: "They represent the people I left behind in France: my father, my brother, my cousins. … I replicated my whole family." In Bourgeois's case this means the sculpture becomes a real person whom she misses, becomes a fetish, a vehicle that conjures up their presence and through which the yearning is overcome. The artist described her work as exorcisms, a way for her to resolve emotional and personal conflicts by substitution.

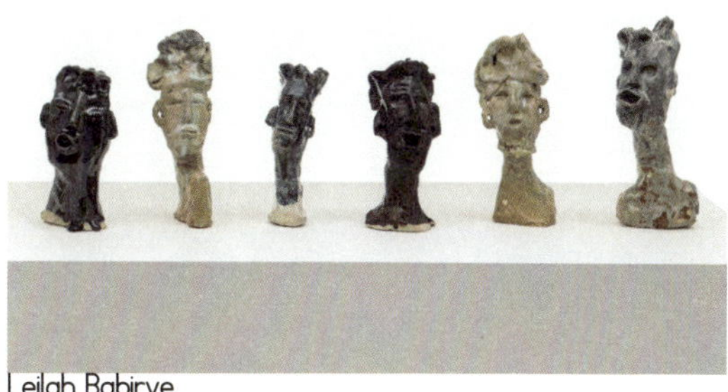
Leilah Babirye
Abambowa (Royal Guard Who Protects the King), 2021

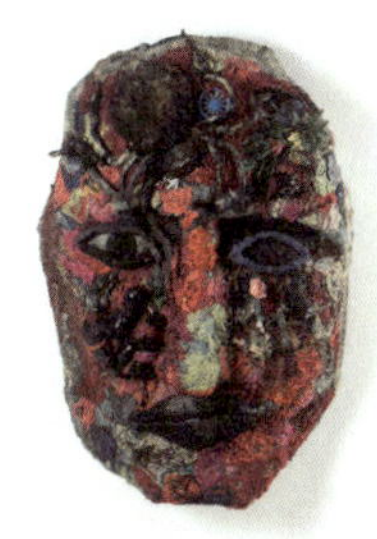
Niki de Saint Phalle
Napoléon, Napoléon, tu as une araignée dans le plafond, 1964

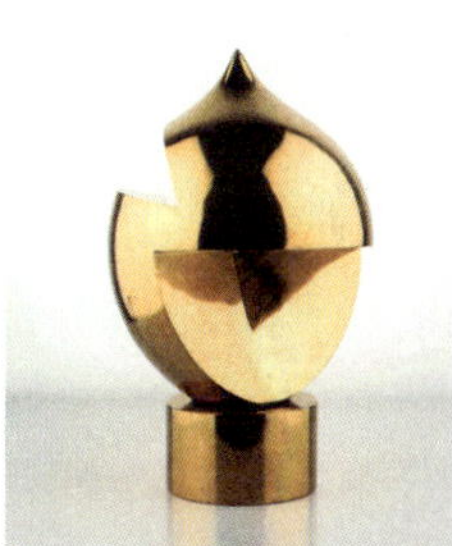
Sophie Taeuber-Arp
Kopf (Head), 1937 (1950s)

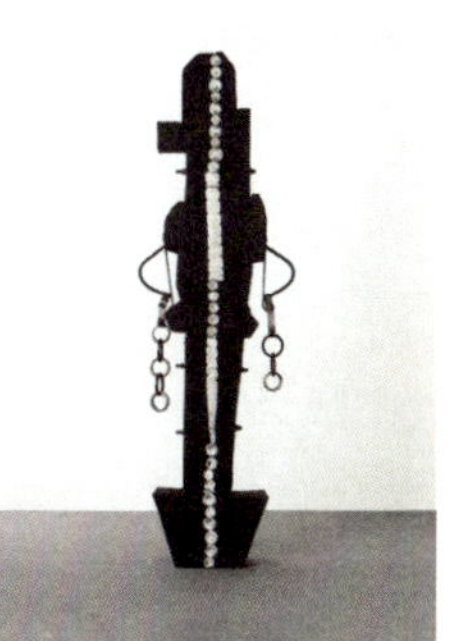
Leilah Babirye
Omulangila Mawanda from the Kuchu Royal Family of Buganda, 2021

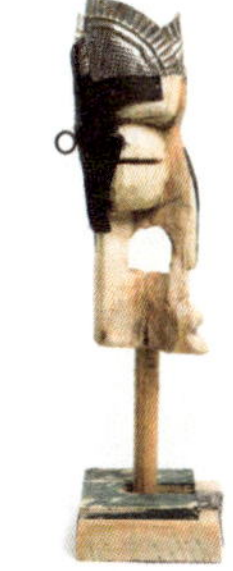
Leilah Babirye
Omumbejja Sangalyabongo (The Only Daughter of Nagginda, The Wedded Queen of Buganda), 2018

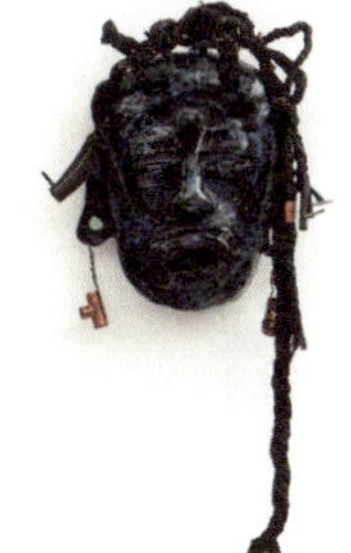
Leilah Babirye
Ssempewa from the Kuchu Mamba (Lungfish) Clan, 2022

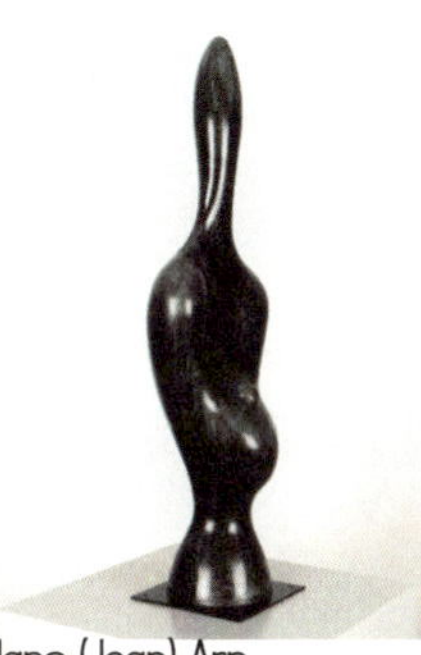
Hans (Jean) Arp
Idol, 1950 (1961/62)

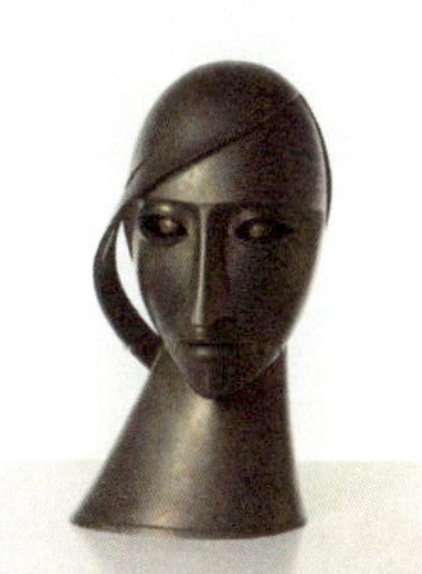
Rudolf Belling
Kopf einer Frau (Toni Freeden) (Head of a Woman [Toni Freeden]), 1925 (1966)

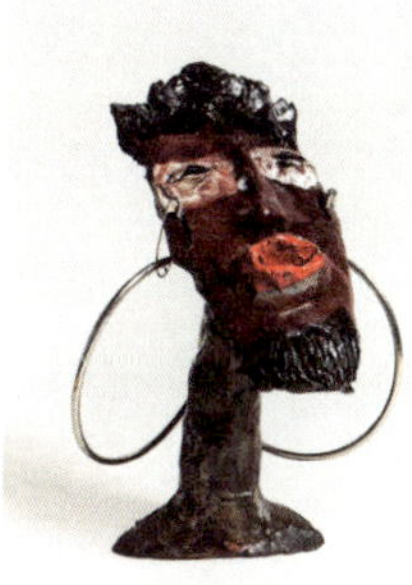
Leilah Babirye
Untitled #2 (The Queens Series), 2016

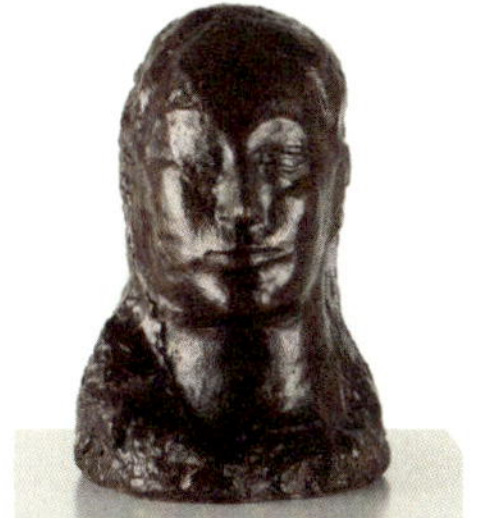
Pablo Picasso
Tête de femme (Fernande) (Head of a Woman [Fernande]), 1906 (1959)

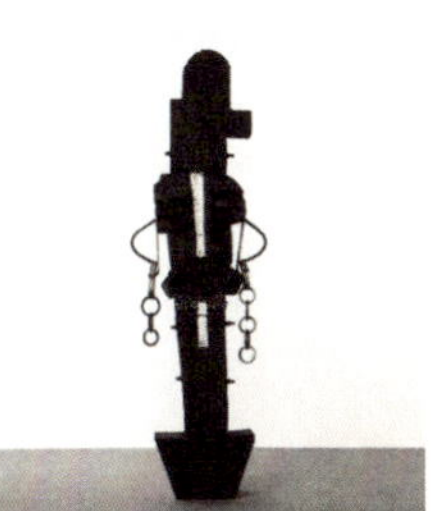
Leilah Babirye
Omulangila Mawanda from the Kuchu Royal Family of Buganda, 2021

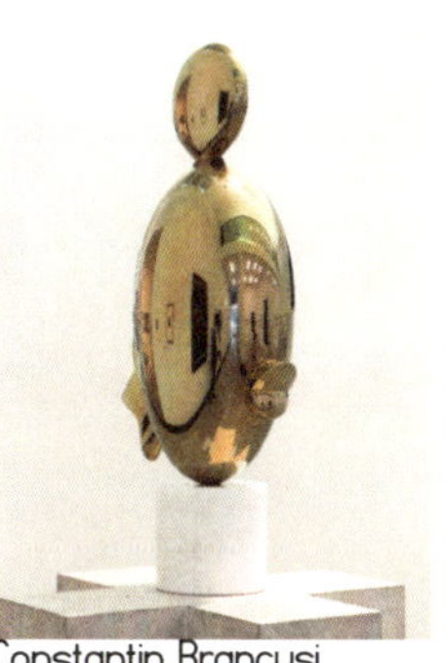
Constantin Brancusi
La Négresse blonde II, 1933 (1980)

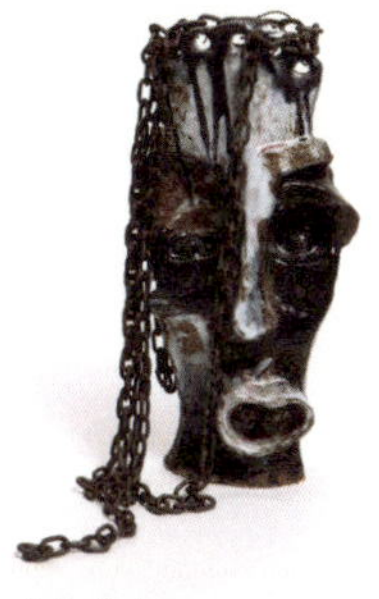
Leilah Babirye
Namasole Nakatya (Queen Mother of Ssekababka Mwanga II), 2018

Leilah Babirye

Namasole Nakatya (Queen Mother of Ssekababka Mwanga II), 2018

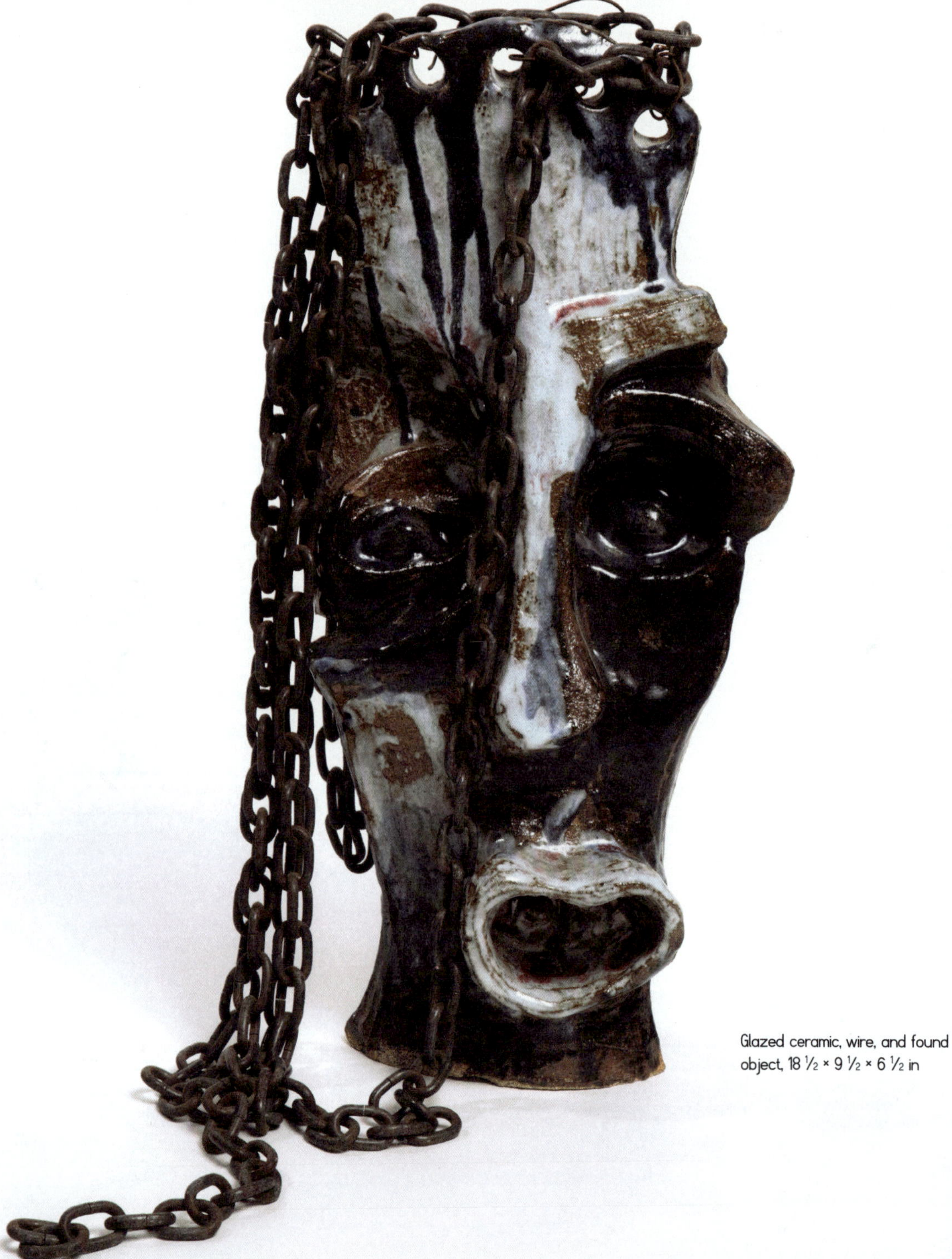

Glazed ceramic, wire, and found object, 18 ½ × 9 ½ × 6 ½ in

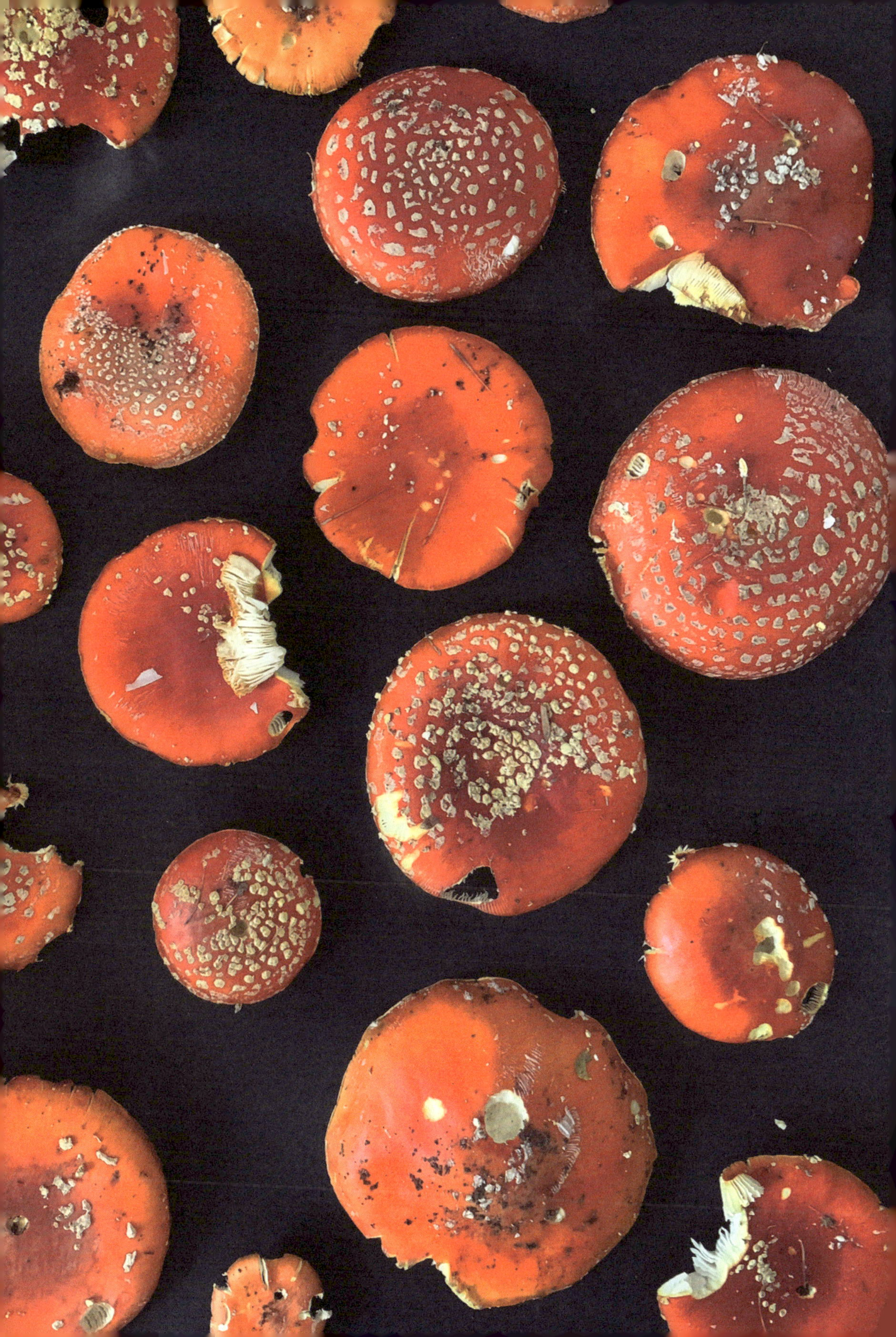

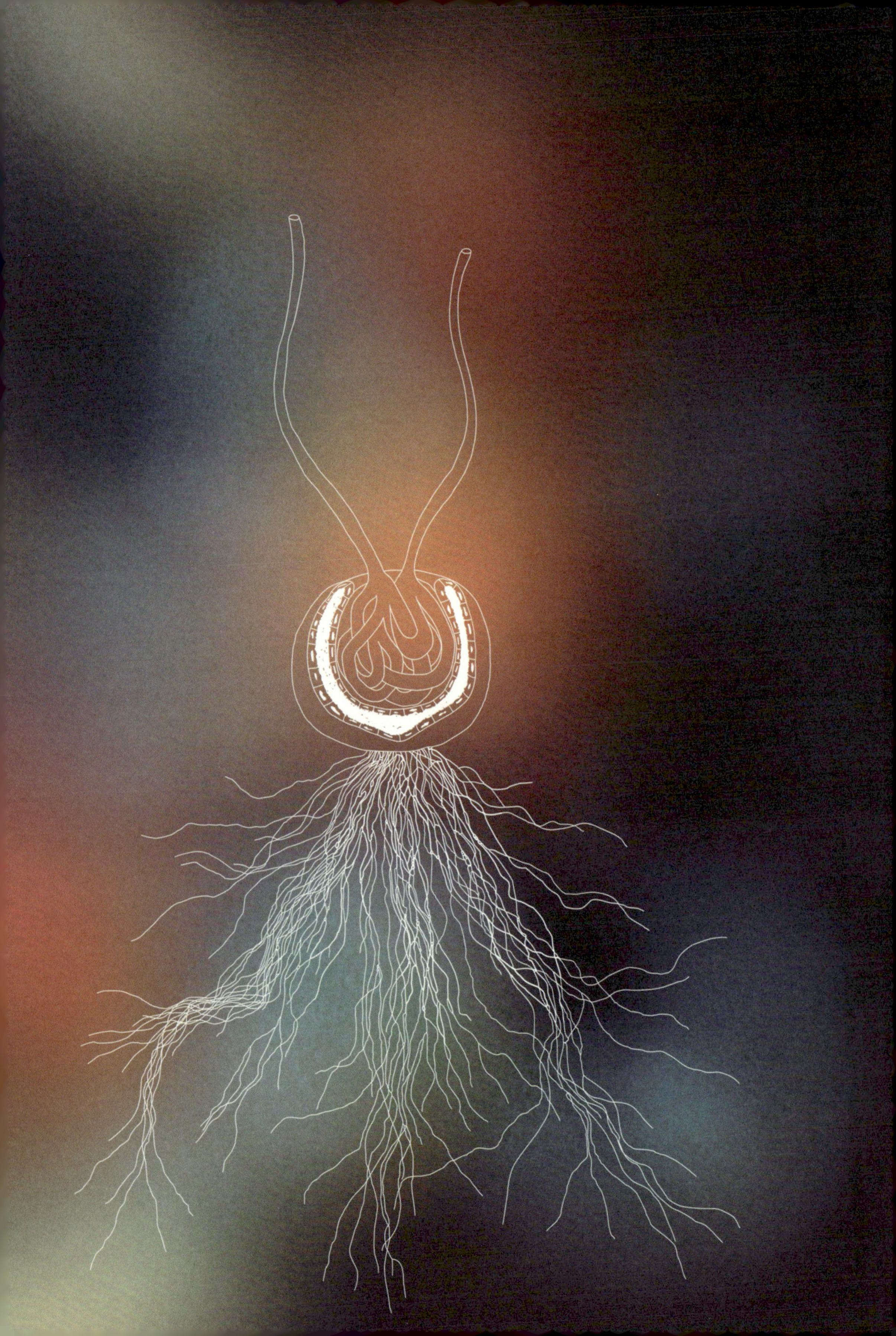

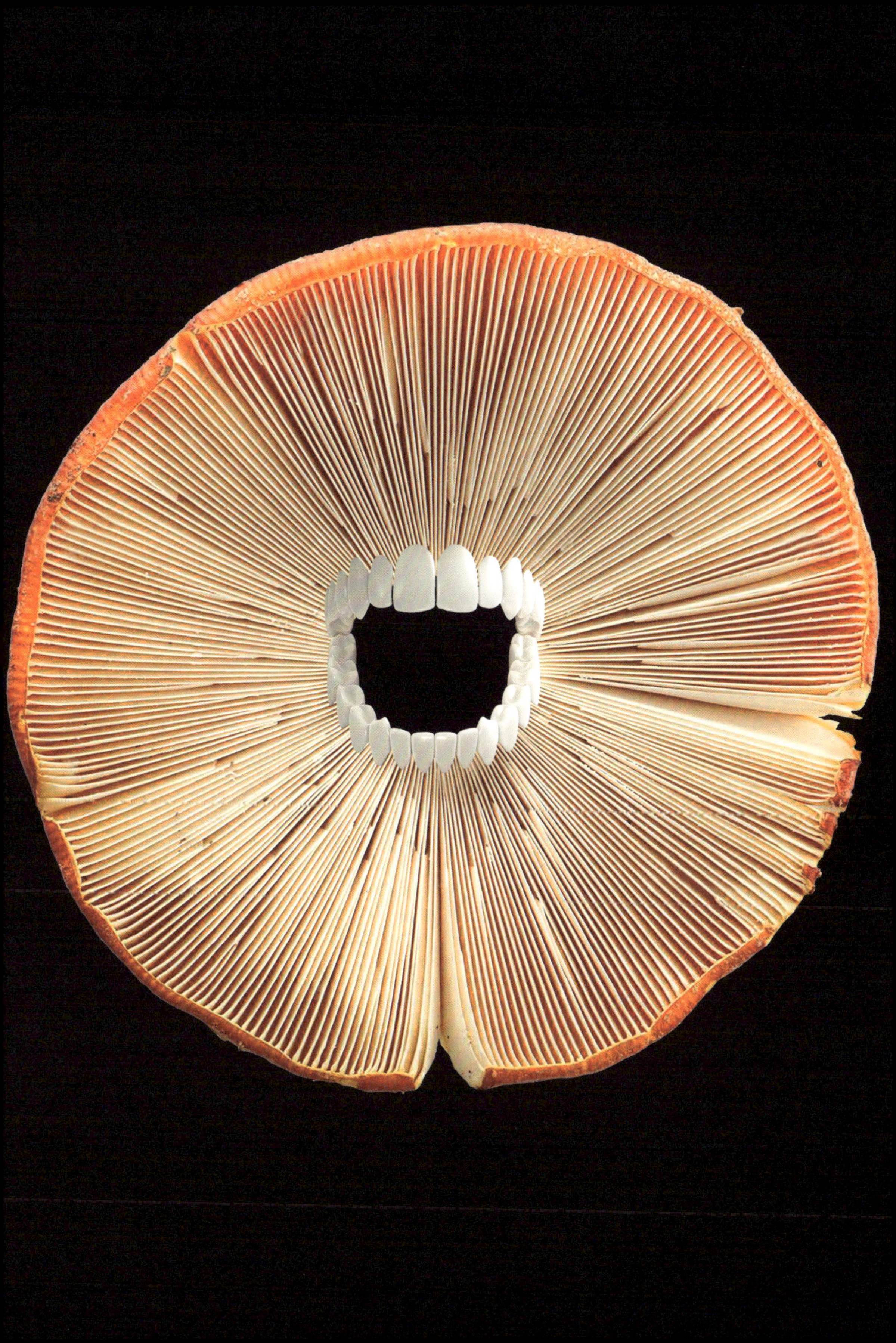

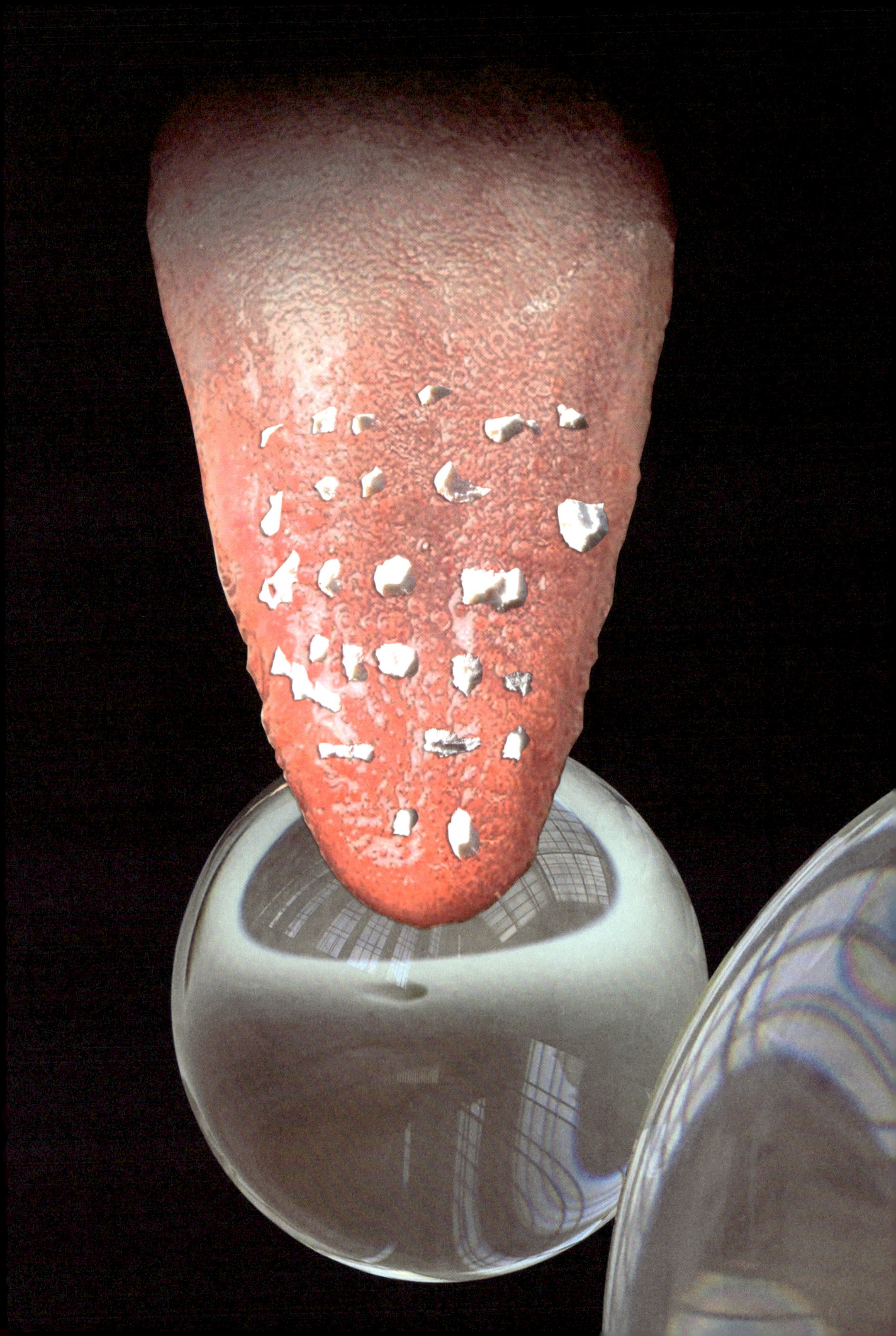

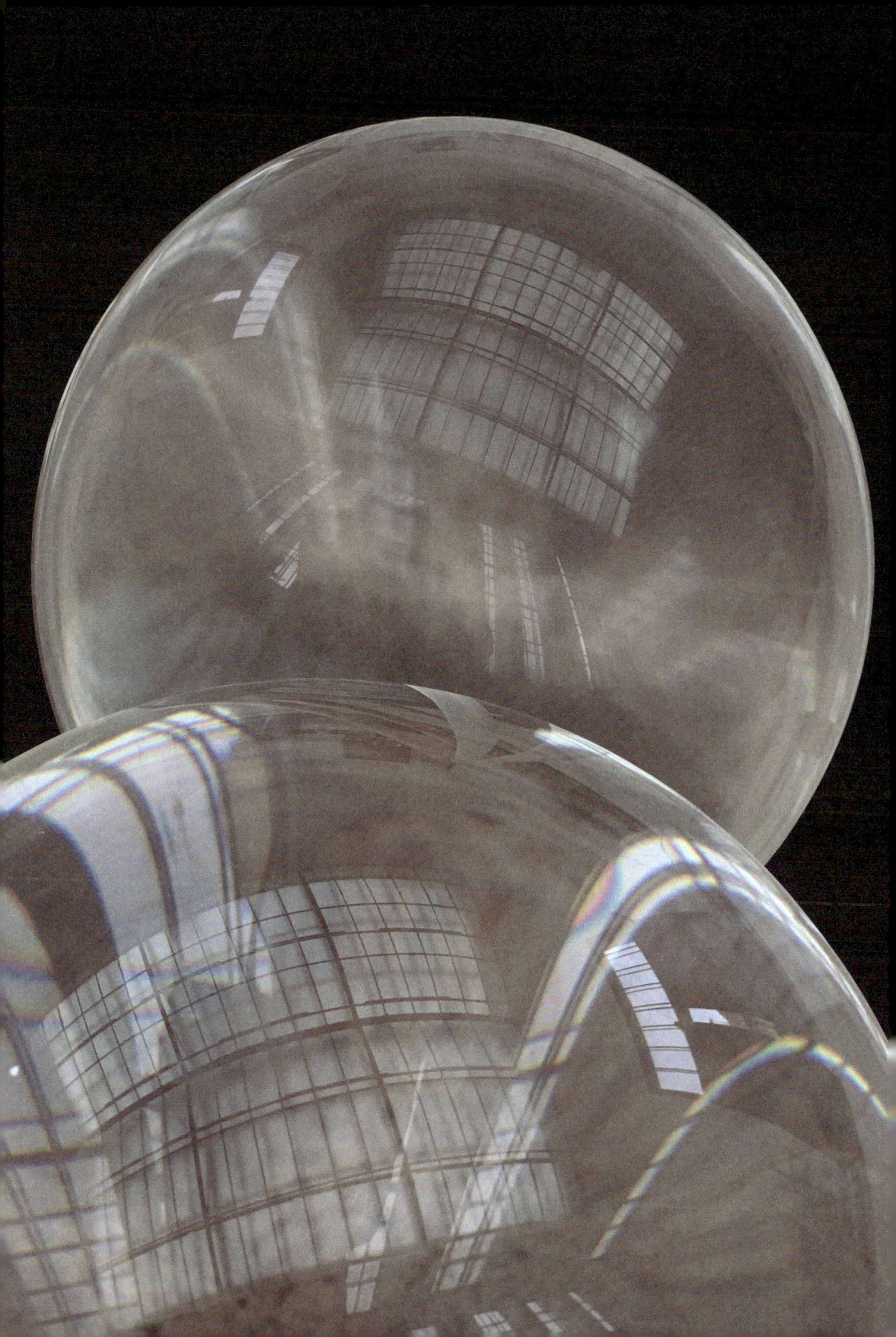

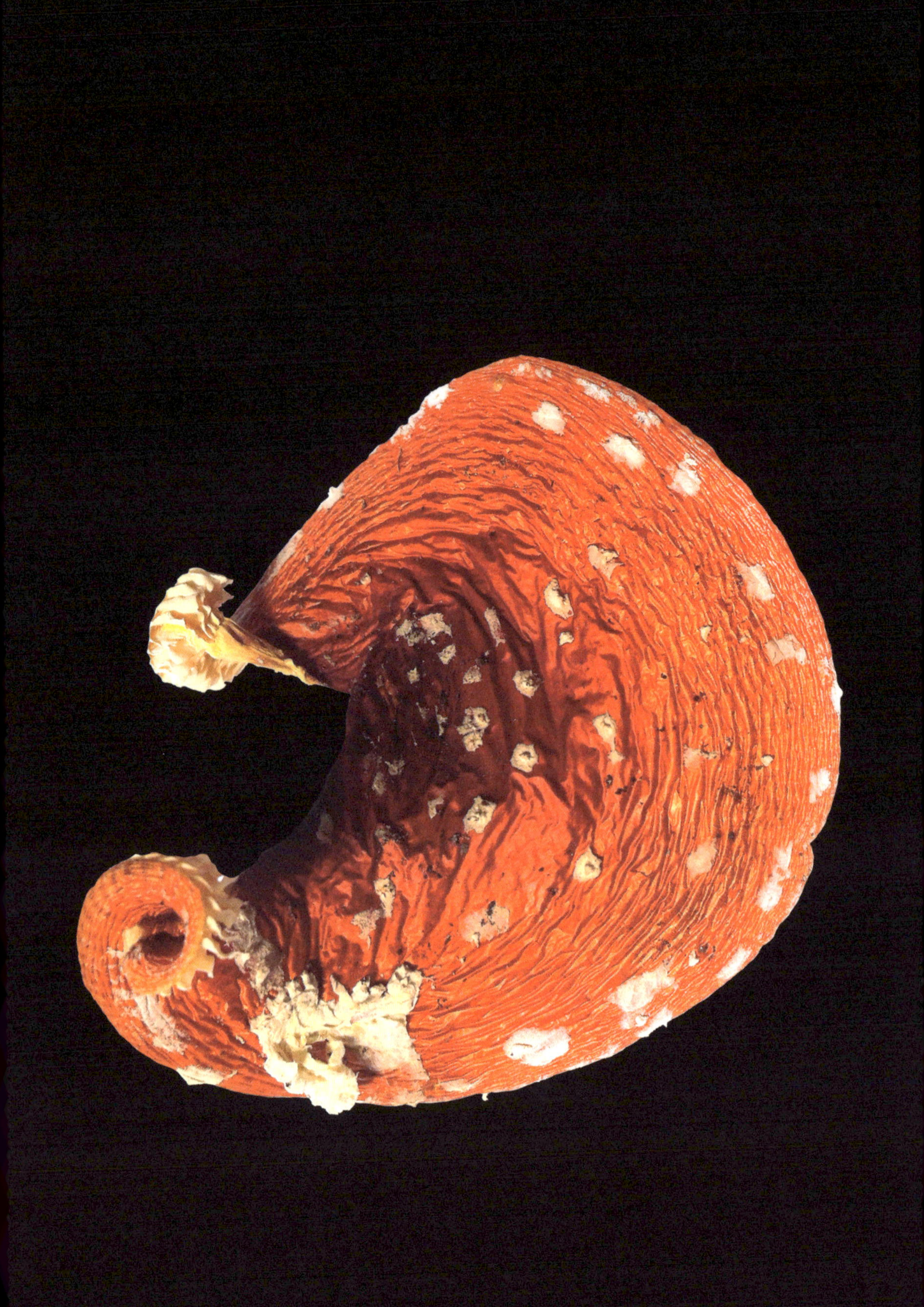

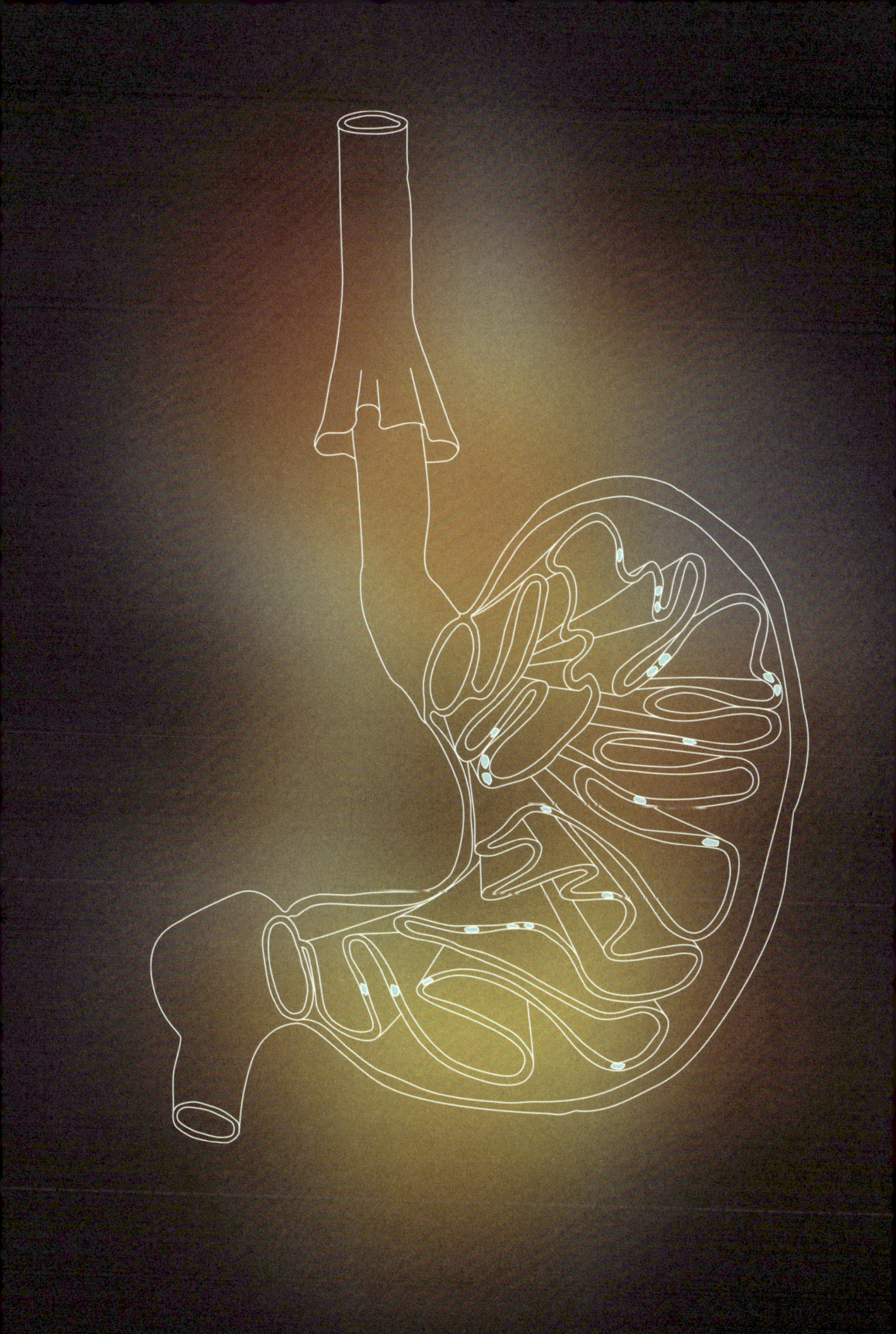

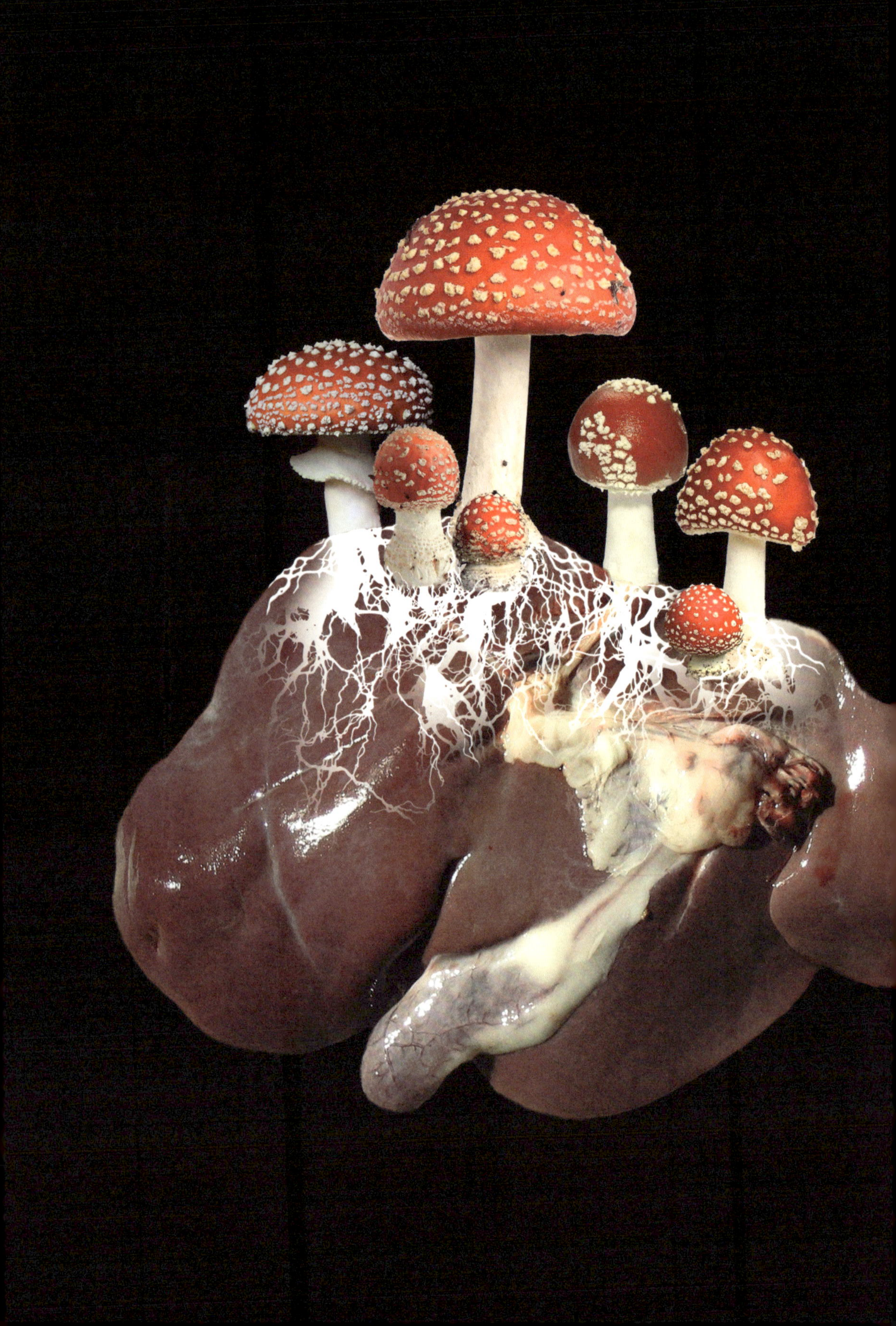

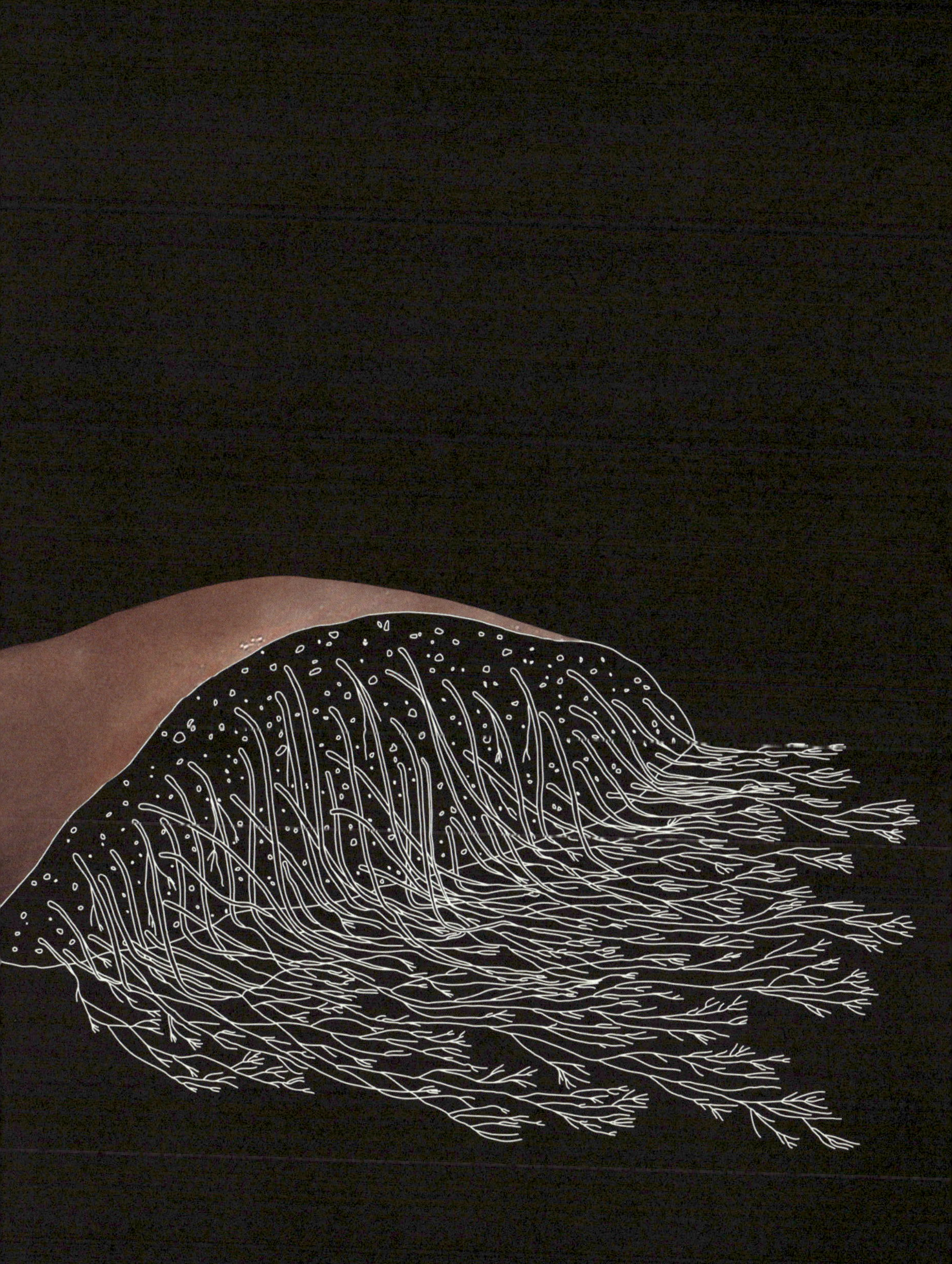

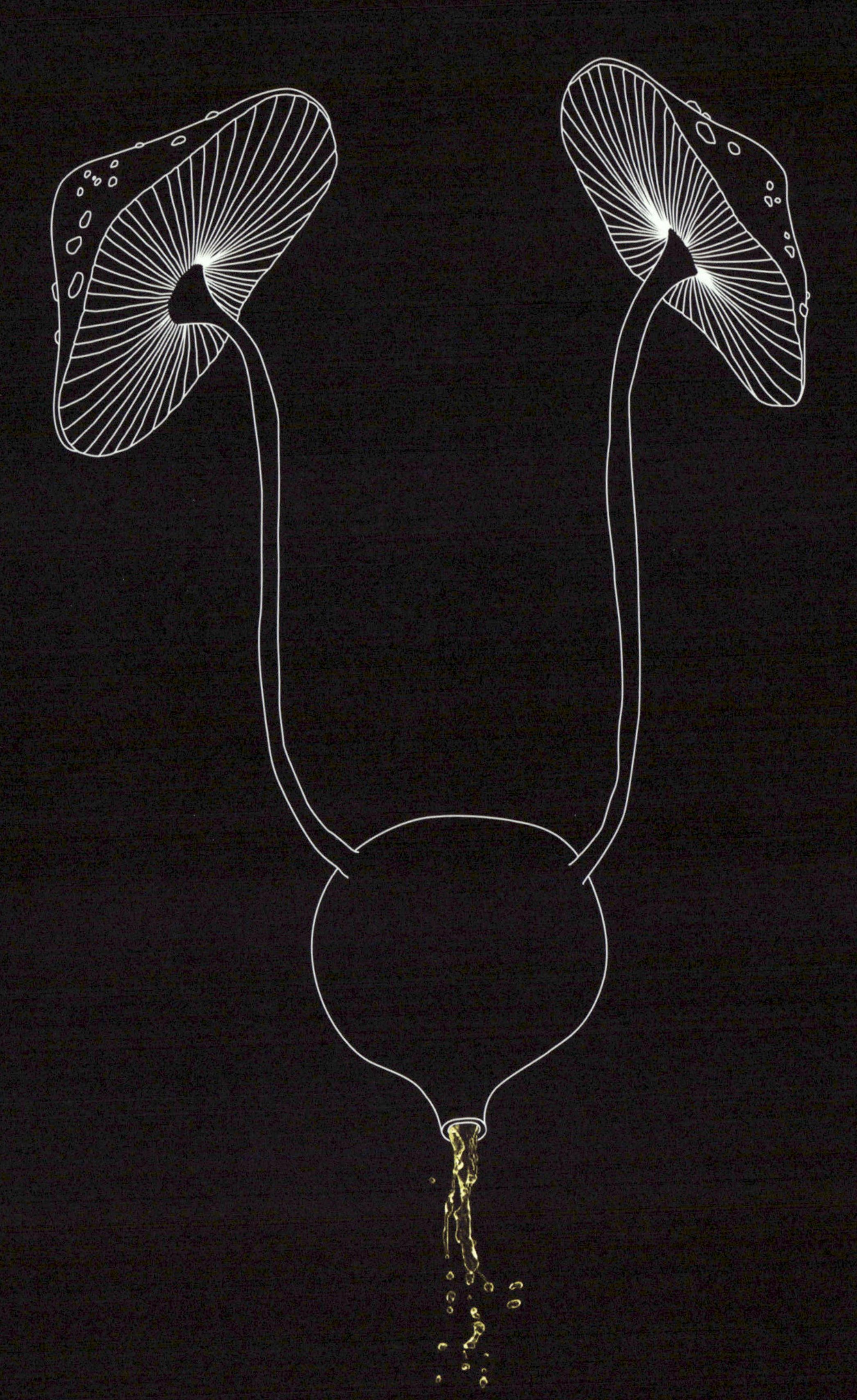

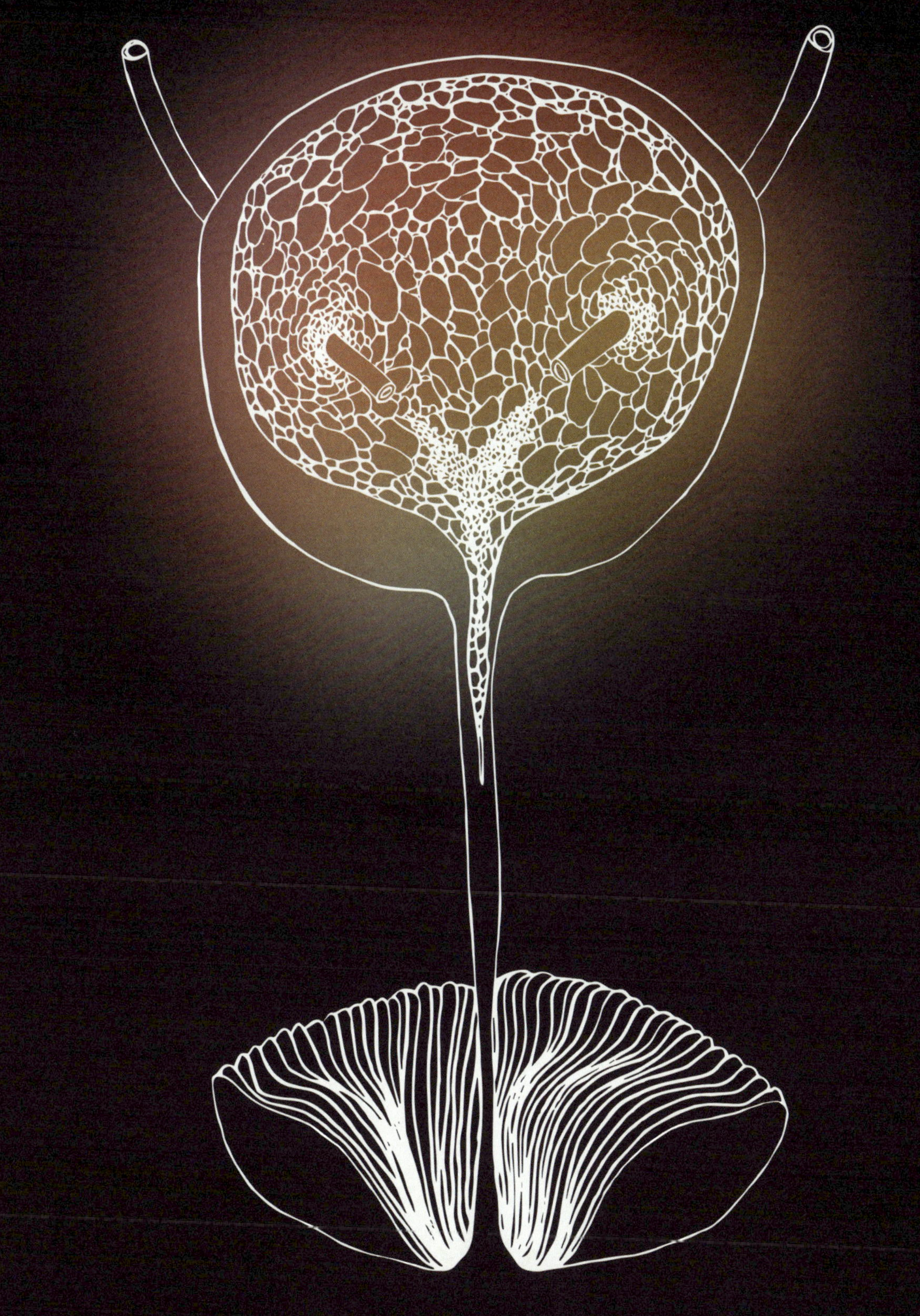

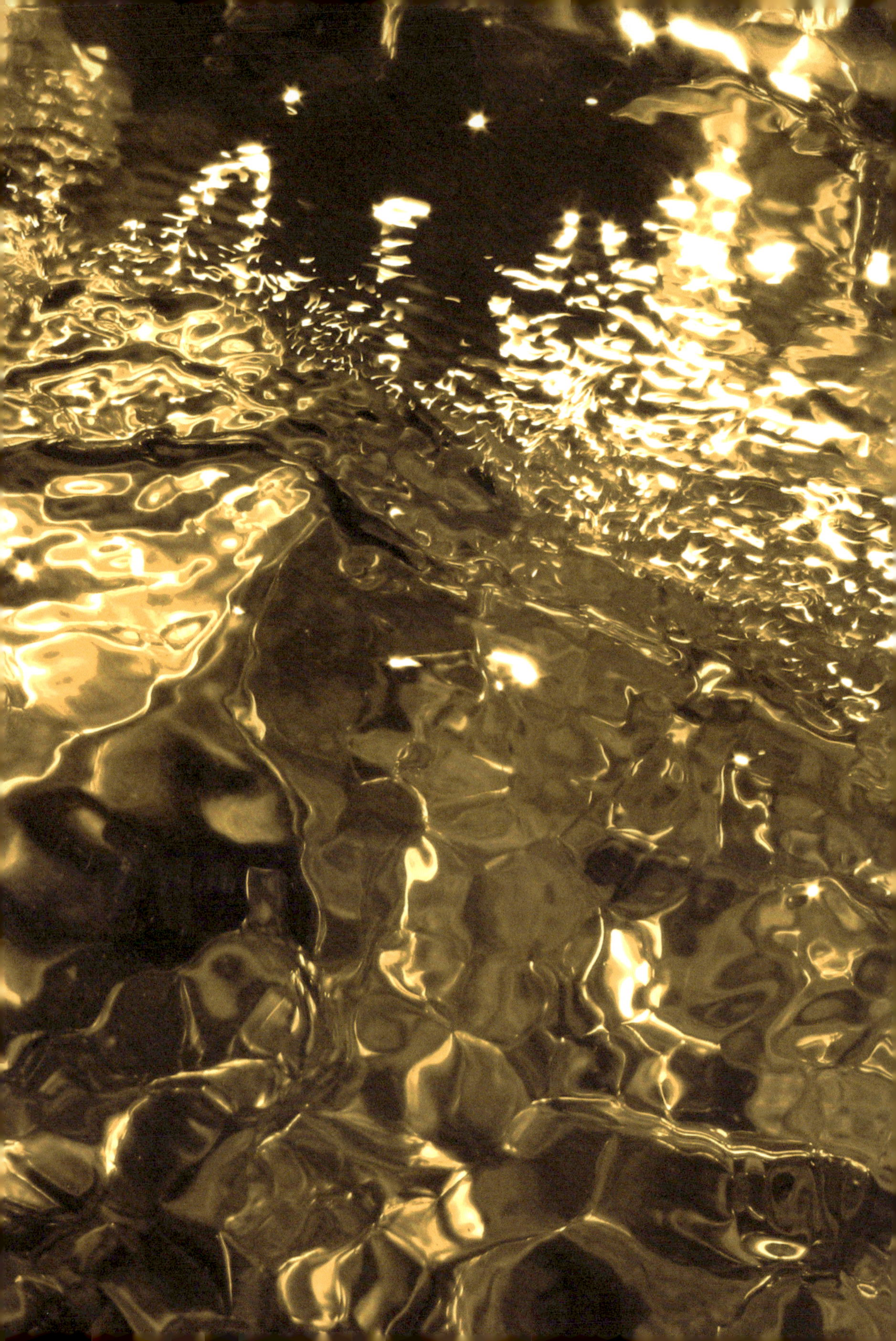

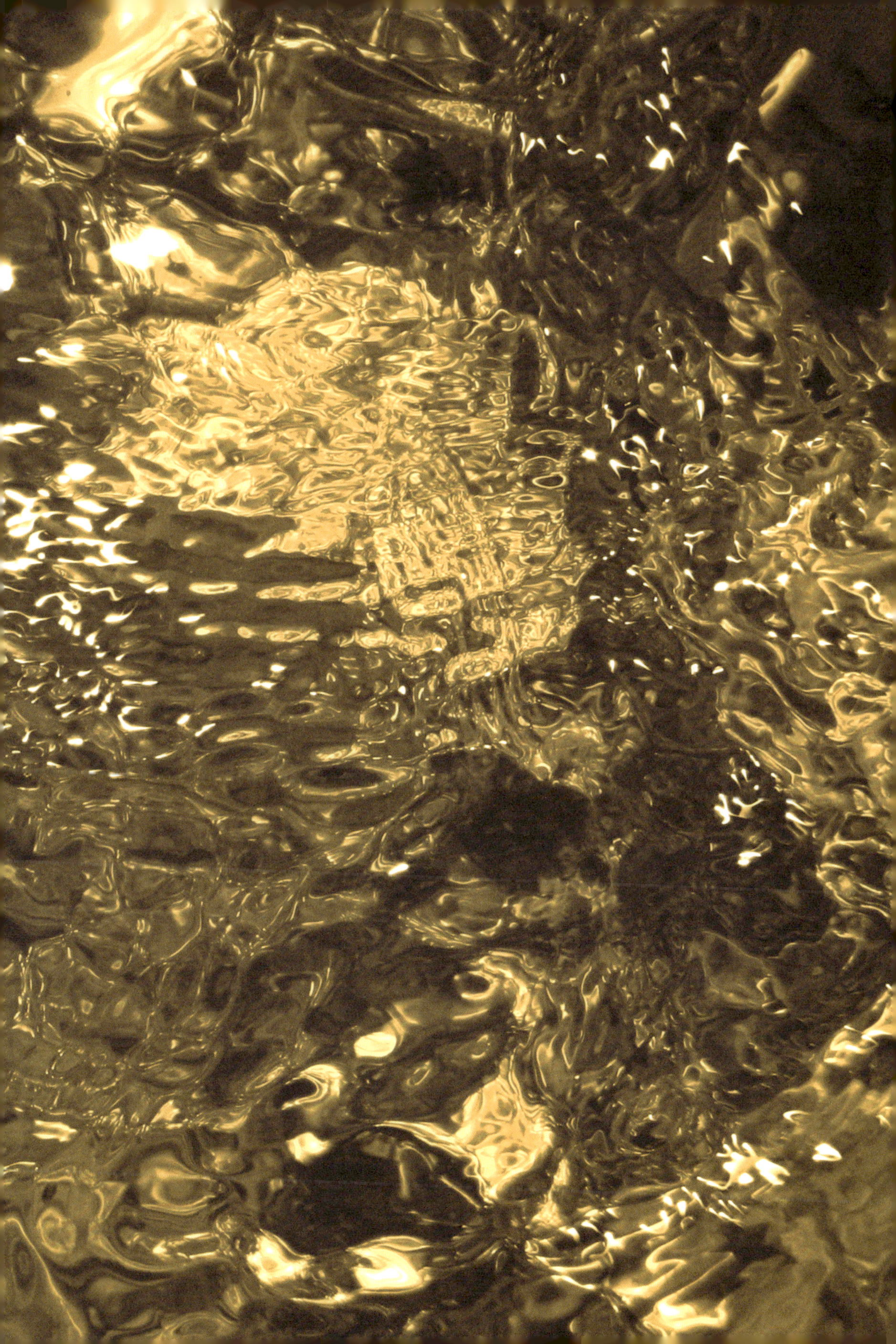

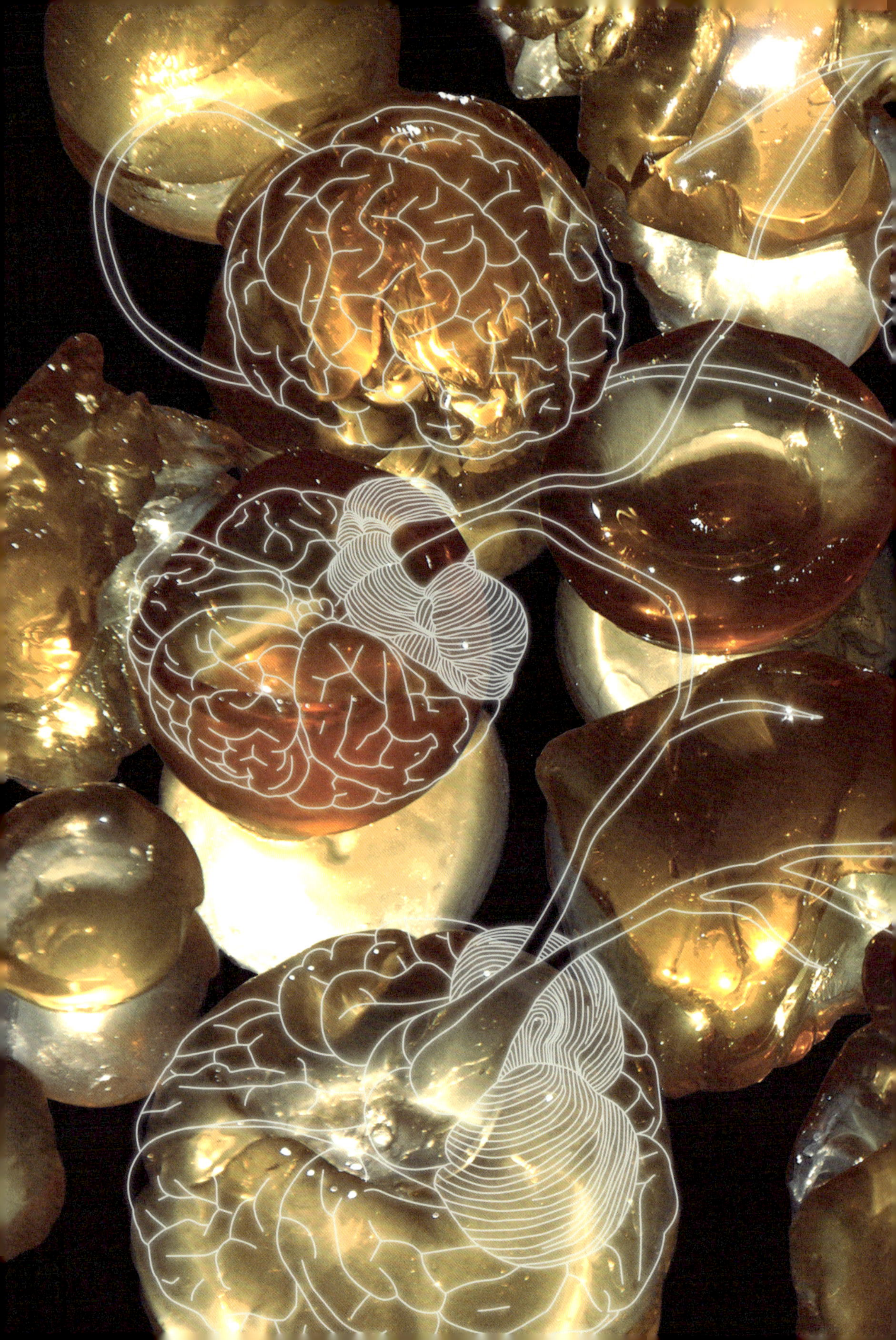

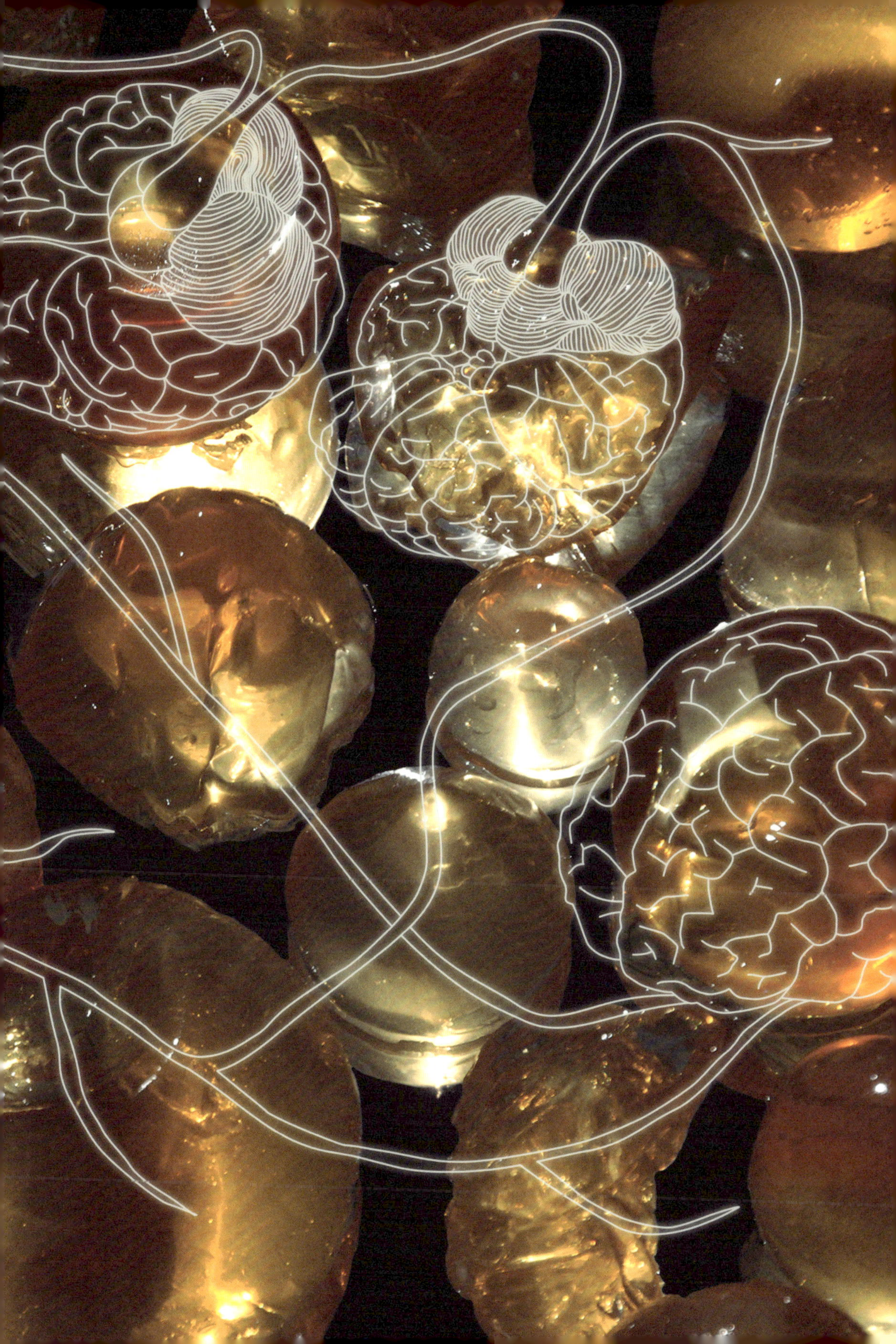

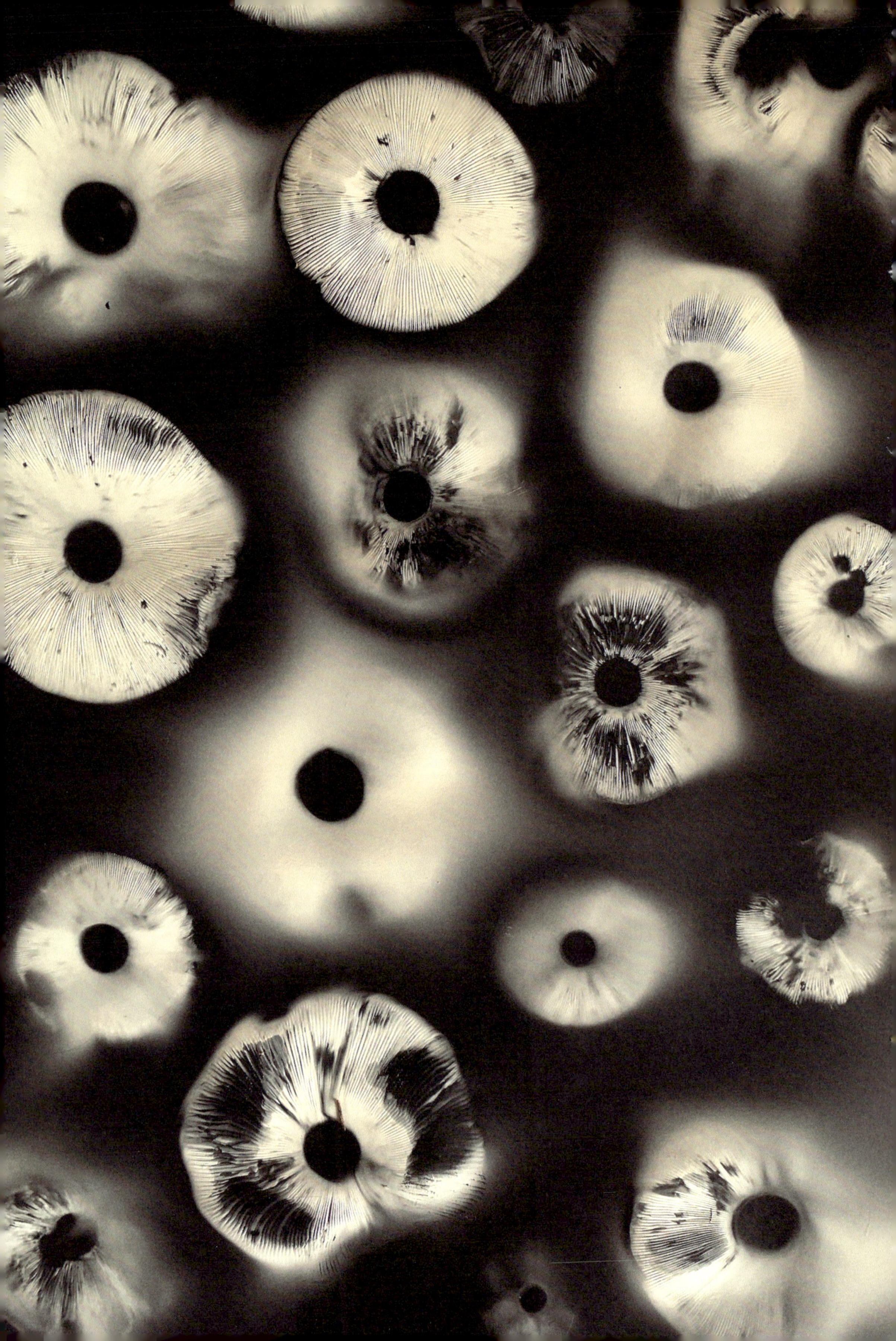